DESIGN-ING THE FUTURE

テスラがトヨタに勝てない理由

日経BP

ジム・M・モーガン　ジェフリー・K・ライカー　稲垣公夫 訳

私のパートナーであり最愛の人である妻メアリー、
私の誇りである息子グレッグ、
そして、「いつも、全力投球」することの意味をわれわれに
教えてくれたクリストファー・モーガンに捧ぐ

ジム・モーガン

いいものなら採り入れ、
そうでなければ捨てる。
そこに、自分らしさを
付け加える。

――ブルース・リー

ソクラテスは「真の知識とは自分が何も知らないことを知ることである」と言ったという。これが正しいとするなら、どうやら私はその境地に到達したようだ。製品開発の内部と周辺で実に様々な仕事を40年近くやってきて、私が確信を持てるのは自分が学ぶべきことがいかに多く残っているかということだ。

しかし、私は幸運にも何人もの類希な人たちと一緒に仕事をし、古代中国の呪いといわれる言葉にある「数奇な時代」(interesting times) に住む恩恵を受けることができた。(訳注：出典は不明) だから、皆さんと共有すべきことはたくさんある。しかし、それだけでは「なぜ前作に続いて新たな本を出すのか?」という根本的な問いへの答にはならない。

私がこの本を書いたのは、今日まで多年にわたり私を助けてくれた多くの人に深く強い「義理」があると思うからだ。私なりに少しでも恩返しをしたい。私がかつて置かれたのと同じような苦しい状況にいるのに、優れたメンターに恵まれていない人は少なからずいるだろう。幸運にも素晴らしいメンターに出会えた私の経験を共有することで読者の皆さんの助けになるなら幸甚である。私は多くの素晴らしいメンターに恵まれたが、その一人、アラン・ムラリーの口癖は「生きることは、他者に奉仕することだ」というものだ。このムラリーの言葉に、私は特に強く啓発される。

この精神で私は本書をあなたに贈る。あなた自身の考えで、いいものなら採り入れ、そうでなければ捨て、自分らしさを付け加えていってくれるよう願っている。あなたの旅路の成功を祈る。あなたが大切にしていることはしっかりとつかんで、決して離さずに進んでほしい。

ジム・モーガン

ミシガン州トラバースシティ、オールドミッション・ペニンシュラ

私は、自分の職業人生のすべてにわたって、非常に優れた能力を持った人と一緒に、素晴らしい製品をつくりあげるという、とても重要な仕事に従事する幸運に恵まれた。ボーイングでは、後に業界の変革をリードすることになったボーイング777の開発をはじめ、マクダネル・ダグラス社やロックウェルとの統合、さらには、政府から補助金を得ている欧州のエアバス社と競い合うなかで生じたボーイングの経営危機からの回復に貢献する機会も得た。

私の責任が1人の技術者からチーフエンジニア、経営幹部へと広がっていくにつれて、企業において持続可能な競争優位性を実現する鍵は製品の卓越性と人材であるということが、よりはっきりと理解できるようになった。優れた製品を創出し、優れた人を育てることができないなら、他に何をやろうと意味はない。ボーイングとパートナー企業の開発チームが力を合わせて素晴らしい飛行機を設計し、生産することに私はひたすら情熱を注いだ。

2007年にフォードのCEOに就任するため37年間在籍したボーイングを去った。私にとって辛い決断であったが、その一方で私は米国を象徴するもう1つのグローバル企業の再建に貢献し、多くの人の人生に良い影響をもたらす機会を再び与えられたのだと思った。

実際、フォードの経営状況は外から見ていたのより、はるかに悪かった。2006年には170億ドルの損失、20年にわたる市場シェアの低落、部品メーカーの倒産、迫り来る金融危機といったことは、誰の目にも明らかな問題だった。フォードのなかに入っていくと、会社の活力を吸い取っているものの正体が見えてきた。競争力のない製品ラインナップ、整合性のない雑多なブランドといった問題だ。

しかし、もっと問題だったのは、地域別部門間の縄張り争いや、機能別組織の内向きでタコツボ化した姿勢だった。会社を立て直すためには統合的なプラン策定が不可欠だったが、縄張り争いやタコツボ意識はそれを邪魔していた。

しかし、こんなひどい状況でも、私は成功への道は人材にあると確信していた。フォードには能力があり、懸命に頑張る人材が豊富にいる。必要なのは、まともな再建プランだ。さらに、プランに加えて、こうした素晴らしい社員たちの努力をレーザー光線のように鋭く結集させる何らかの手段が必要だと思った。

私はボーイングでのキャリアの最初の頃から「共に働くマネジメント・システム」(working-together management system)というやり方で改善を続けてきたが、それはフォードでも役立つと確信していた。このマネジメント・システムの原則と仕事の進め方は、管理と意思決定のためのシステムとなるだけではない。人間性尊重(リスペクト)と巻き込み(インクルージョン)と遂行責任(アカウンタビリティ)に基づいた、リーダー層に期待される振る舞いの方向性を示すものだ。

その結果、私はワールド・ワイドな1つの全社プラン策定に会社を集中させることができたし、フォード社員並びにフォードの全利害関係者が共に働き、繁栄し、卓越することを可能にする連携・透明性・遂行責任の環境と文化をつくり出すことができた。

この時期に私が親しくなったのがジム・モーガンだった。彼はフォードの製品と製品開発能力の両方を共に変革する活動の、上級幹部層のキーパーソンだった。この活動のおかげでフォードは、顧客が価値を認めて買ってくれる製品、業界をリードする製品を開発することができ、それがフォードの再建プランの中核部分になった。

再建中の最も厳しい時期にもわれわれは製品や人材への投資を続けたが、それは単独のヒット商品だけではビジネス全体の成功につなげることはできないからだ。卓越した製品を何度も何度も開発し、社員、顧客、ディーラー、組合、地域社会などすべての利害関係者に利益をもたらす成長を生み出す能力を持って初めてビジネス全体の成功が可能となる。

本書でモーガンとライカーは彼らの多大な知識と経験を動員して、あらゆる企業でこのような能力構築が可能になる進め方の青写真を提供している。本書は、製品の卓越性のみならず、「ターボチャージャー付きの製品開発のしくみ」を社内に構築することで永続する企業価値をつくりあげたいと考えているあらゆるリーダーにとっての必読書だ。著者らは、優れた企業がどうやってこれらの考え方や手法を日々使って自社を変革しているか、社員・顧客・地域社会にとってより良い未来をどのように築こうとしているか、理論的な裏付けと実世界での事例の両方を提供してくれる。

私は現在、グーグル、メイヨー・クリニック、カーボン3Dといった著名企業の取締役を務めている。名誉なことだと思う。これらの企業はそれぞれ違う産業であっても、「共に働く」という経営とリーダーシップの原則は同じで、社員1人ひとりの会社への貢献と能力を非常に大切にしている。

有能な人材が素晴らしいビジョンを実現すべく総合的な戦略と徹底した実行計画を使って共に働くことほど効果的なことはないし、それを達成する方法として、私の提唱する「共に働く」という原則は最良だと思っている。

本書を読むことはそのゴールへ向かう第一歩だ。だが、そこにとどまってはいけない。行動して、本書のアイデアをあなたの組織で使ってほしい。あなたがそれに成功し、しかもその過程を楽しんでくれたら誠にうれしく思う。しかしそれ以上に、あなたが本質的な価値のあることに貢献できる機会が得られることを願ってやまない。

アラン・R・ムラリー

目次

INTRO-DUCTION

競争と繁栄へ向かって、製品開発の卓越性がいかに大きな力を発揮するか

The Power of Product Development Excellence to Compete and Prosper

未来を予測する
最良の方法は、
未来を創ることだ。

——ピーター・ドラッカー

未来を設計する

「とてつもなく凄い（insanely great）製品」は、業界に革命を起こす。新しい業界を創ることさえある。アップルのiPodやiPhone、グーグルの検索エンジン、フェイスブックの友達をつなぐ初のソフトウェア、アマゾンの商品発送サービスのような製品だ。ビジョンを持った天才が率いて大成功してきたこういったベンチャー企業は、新製品に組み込まれた新しいアイデアが端緒となって、後には創業者を億万長者にした。まるで、ある日突然凄いアイデアが生まれ、業界全体が魔法のように変貌するかに見える。

そして、われわれ凡人がいる。

マスコミでは革命的な製品を取り上げる報道が主流だが、それは製品開発の氷山の一角に過ぎない。新製品やサービスの大半は既存製品の延長線上のイノベーションであり、世間の注目はそれほど集めないものの、それを創り出す企業やその顧客にとっては革命的な製品と同じくらい重要である。

われわれ凡人にとって良い知らせは、リーン製品・プロセス開発（LPPD、Lean Product and Process Development）の諸原則という、製品を創り出すための「とてつもなく凄い」方法があるということだ。この諸原則は、航空宇宙、医療機器、オフィス家具からロボットまで、様々な業界の企業に導入され、その効果が実証されつつある。

こういったパイオニア企業に共通する特徴は、現状に甘んじることなく、持続的成長を達成する最も確実な方法は競合製品に勝てる新製品・サービスを絶え間なく生み出していくほかないと確信していることだ。これらの企業は「未来を予測する最良の方法は、未来を創ることだ」ということを知っており、それを達成する最良の方法は最善の製品を一貫して創り出していけるように自社の製品開発システムをつくりかえることだと理解している。

できたてのベンチャー企業なら製品発売が予定より遅れたり、バグが残っている製品を出したりしても許容されるかもしれないが、世間に認められた企業にそれは許されない。これらの企業は、自社の社員、顧客、地域社会に対して明るい未来を保証するために、新たな売上を生み、事業を成長させ続けることができる「次の」素晴らしい製品やサービスを確実に創出していく方法を必要としている。

本書は、あなたの会社の製品やサービスに関する夢を、すばやく、正確に、高品質でしかも低コストでかなえる方法を理解できるように、製品開発の「ブラックボックス」の中に入っていく。この目的のために、本書はイノベーションに関する一般的な方法論を超えて奥までぐんぐん踏み込み、われわれがサポートしてきたLPPDのパイオニア企業で素晴らしい結果を出しつつある具体的な手法を深掘りしていく。

そして、どんな企業でも、素晴らしい製品やサービス、ブレークスルー製品、そして改良版に至るまで、着実に次々と生み出すことによって、自社製品を常に更新し続けることができると示したいのだ。ただし言っておくが、そこには、多くの人たちが偉大な何かを達成しようと情熱を傾けて共に努力すること以外、何のマジックもない。

未来を設計する能力を構築する

もしもあなたが、素晴らしい製品を生み出したいけれどインスピレーションから来る突然の僥倖に賭けるつもりはない人だとしたら、本書はあなたのためのものだ。幸運の訪れを待つのではなく、並大抵ではない規律ある努力と継続的学習と改善が求められる厳しい道を敢えて歩む意志がある人には、なおのこと好適である。あなたがそういう人なら、持続的で優れた企業になるためにわれわれが知る最良の道は、卓越した製品を次々と生み出す能力を意図的かつ系統的に構築していくことだ。

顧客に喜びをもたらす製品やサービスとは、顧客の期待を上回り、意図した通りにいつも機能し、予定通りに発売できる製品やサービスである。そのような製品・サービスの開発を通してこそ、あなたの会社の未来を創ることができる。本書は、そのための現実的なやり方を提示したい。

その秘訣は、有能で熟達した社員が一見不可能に思えることを実現するために、粘り強く、協力して働けるようにすること、そして、それをずっと続けられるようにすることだ。ひょっとして、先に挙げた「ものすごく成功した」ベンチャー企業も、このシステムを使っていたら、製品はもっとバグが少なく、顧客も最初から大満足できたかもしれない。

リーン開発——継続的イノベーションの原動力

リーンという概念は『リーン生産方式が、世界の自動車産業をこう変える。』（*The Machine That Changed the World*、沢田博訳、経済界）というベストセラー書によって初めて世に出た。リーン生産とは、より少ない資源で生産することをめざすものだ。つまり、最高の品質の製品を、納期通りに、顧客が求める数量だけ、より少ない在庫、より短いリードタイム、より狭いスペース、より少ない労働時間で生産すること。生産におけるこの新しいパラダイムのお手本は主としてトヨタだった。

その効果があまりにも大きかったため、他の自動車メーカーもできるだけうまくこれを導入しようとした。そうせざるを得なかったのだ。他の産業もすぐに続いた。より少ないインプットで大きなアウトプットが出る方法を欲しがらない会社などないからだ。

『リーン生産方式が、世界の自動車産業をこう変える。』の読者のほとんどは、生産の卓越性、即ち「トヨタ式生産システム」に注目したが、この本には藤本隆宏と彼の論文指導教官だったキム・クラークの研究に基づいたリーン製品開発に関する重要な章があった。彼らは、後に出した本で、日本の自動車メーカーがより高い品質の製品設計をより短期間で、より少ない技術者の工数で、より小さな材料費で生み出しているというさらに具体的な情報を提供した。

日本メーカーは、より少ない人・時間・カネで新車を開発できているから、より短いサイクルで製品を更新していくことができると示したのである。また、日本メーカーの設計プロセスはリーン生産システムともうまく連携していたことから、欧米企業では日常茶飯事だった品質危機や設計変更（イーロン・マスクがテスラ3に関して語った「生産地獄」のようなこと）なしで、工場での新車生産を素早く立ち上げることができた。（＊1）

クラークと藤本が提示したリーン製品開発の主要な特徴を以下に示す（＊2）。

- 非常にはっきりとした顧客についての理解があり、それが開発プロセスのあらゆる段階、あらゆる場面で常にど真ん中に置かれている
- チーフエンジニアと呼ばれる1人の強力な個人。この人は、開発プログラム全体の主導者であり、顧客ニーズ発見とコンセプト作成から生産準備、発売に至るまでのすべてに責任を負う
- 製品設計と生産設計が同時並行で進んでいく。これが開発プロセスを加速し、品質を上手くつくり込むのを容易にする
- よく訓練され、担当する部品やシステムに関して深い知識を持った技術の専門家の高度なチ

ームワークがある

● 主要部品メーカーとの統合的かつ緊密な関係と構造。このなかで部品メーカーは開発チームとうまく連携し、製品や生産プロセスを設計していく

ハーバードでのこの研究と、ほぼ同時期にミシガン大学で取り組んでいた一連の研究の結果、トヨタで行われていることの実相とツールがより深く理解されるようになった。われわれ自身（共著者2人）の研究に加え、同僚だったアレン・ウォードとデュアード・ソベックの研究は、われわれがトヨタの製品開発システムを理解する上で大いに役立ってくれた。「リーン製品・プロセス開発」（LPPD）という、正確ではあるものの、若干耳慣れない印象の名前を考え出したのもアレンだ。

われわれはミシガン大学での研究を基に2006年に『トヨタ製品開発システム』（*The Toyota Product Development System*、稲垣公夫訳、日経BP）を出版した。この著書でわれわれはトヨタにおけるリーン製品開発とはいかなるものかを描くために13の原則を詳しい説明付きで提示した。このモデルは人・プロセス・ツールを中心につくられていた。

われわれは、リーン製品開発とは1つのシステムだから、トヨタのような卓越した成果を得たいなら、その一部をつまみ食いすることはできず、人・プロセス・ツールを統合した「システム」を構築する必要があると説いた。

その後も続いてきたわれわれの研究

前著を出版した後も、われわれは大いに学び続けた。トヨタから学び続けたのはもちろんのことだが、様々な産業でいろいろな経験を通して学んでいった。トヨタの外での学びは、広範な産業分野の企業への指導を通してであったが、ジム・モーガンの場合は、２００４年から２０１４年にかけてフォードの技術部門の幹部として同社の「新製品主導の変革」(the product-led transformation) にかかわったという個人的な体験も含まれる。これら多様な経験に基づく事例を本書の各所に織り込んでいる。こうした経験を通してわれわれは、前著で提示したモデルを調整し、トヨタ以外の企業の製品開発の変革プロセスについても多くを学んだ。

そのなかで確かに学んだと思えるのは、トヨタのマネをするのが正しい方法ではないということだ。手法の単なるコピー&ペーストでは上手くいかない！　リーン変革とは実験と学習を繰り返しながら、自分なりのシステムやカルチャーを構築していく旅路である。しかし、リーン製品・プロセス開発への変革の旅路でずっと先行しているトヨタやフォードやその他無数の企業から学べるアイデアはたくさんある。あなたの会社のリーン変革への旅路に大いに役立つはずだ。

本書は『トヨタ製品開発システム』の出版後にわれわれが学んだことを紹介している。われわれはさらに多くの技法やツールを見出したが、それよりも重要なのは、「製品開発中心の変革」をどのように主導し、いかにして継続的改善とイノベーションの文化の方向に向かうのかに関して非常に多くを学んだことだ。

本書を通じてわれわれのモデルとストーリーと経験を読者の皆さんと共有し、それが皆さん自身のリーンの旅路に役立ってくれたら非常に嬉しく思う。

変革への情熱

企業においては、今の仕事のやり方をもっとよくするための改善活動、それも主として製造での作業時間短縮をめざしたものに魅力を感じるという自然な傾向があるようだ。率直に言えば、われわれはこれに戸惑ってしまう。確かにオペレーショナル・コストを削減し、製品を製造・配送する方法を改善することには非常に価値がある。しかし、価値を高める機会は、製品・プロセスの開発段階においてのほうがはるかに多い。

ヒット商品は売上や利益率や市場シェアを増やすのみならず、社会からの評価を高め、ブランド価値を増大させる効果がある。それに製品・プロセス開発段階での意思決定がその後何年にもわたるオペレーショナル・コストや製品の品質の過半を決定づける。このような短期的なビジネス上の効果に加え、製品・プロセス開発は企業全体を統合していくめったにない機会ともなる。

新製品をサポートするために全社を動員することで、顧客中心の企業文化を生み出すのだ。それ自体が競争優位性の源泉となり得る。製品・プロセス開発があなたの会社の未来をデザインする活動だとわれわれが考えるのはこのためだ。

幸い、多くの企業が生産現場でのリーンの効果に刺激を受けて、さらに効果を出そうと上流プロセスまで遡りたいと考えるようになってきた。『トヨタ製品開発システム』出版後の10年間でわれわれはLPPDを自社の開発に導入した多くの先進的な企業を指導し、助言し、そこから学ぶ機会を得た。

この仕事を通じてわれわれはフォード、マツダ、メンロ・イノベーションズ、キャタピラー、ソーラー・タービンズ社、GEアプライアンス、ミシガン大学病院、ハーマンミラー、テクニップFMC、ホンダ、ボーズ、エンブラエルといった企業から、たくさんの貴重な教訓を得た。このような多様な産業の多くの企業をサポートするなかで、われわれはこういった多様な環境で効果を出すには、基本原則、つまり「第一の原理」に立ち戻ることが必要であると学んだ。

これには様々な実験と学びを必要としたが、「リーン製品・プロセス開発は自動車産業だけでなく、試みられたあらゆる産業で効果が出る」という最もうれしい知らせを得るに至った。

こうした事例を本書で紹介するために、われわれはこれらの企業に大変お世話になった。この活動は、それを導入した数々の企業を大きく変えたのみならず、LPPDに対するわれわれ自身の考えも変えてくれた。

様々な産業分野において開発のやり方を変えていく仕事を通じて、「ハイ・パフォーマンスな製品開発システム」に関するわれわれの見方は大きく変わり、企業の開発のやり方を変えるために何が必要かということを、以前よりもはるかに深く理解できるようになったと思っている。

前著ではトヨタの開発の考え方と従来の製品開発の考え方を対比し、両者の違いを際立てさせるように最善の努力をした。しかし、企業を変革し様々な産業にこのモデルを適応させることに関しては、当時のわれわれにはまだ限られた経験しかなかったと今は思う。

リーン製品・プロセス開発（LPPD）のモデル

LPPDシステムには、独特でパワフルなやり方、ツールや手法がたくさんある。本書でこれから説明していくつもりだ。しかし、ここで理解しておくべきおそらく最も重要なことは、LPPDがまさしくシステムであるということだ。

成功に結びつく製品・プロセス開発の機能は、相互作用する多数の要素が連携して複雑な全体をつくり出している。最善の結果を出すには全体がどう機能すべきかをよく考え、それに影響を与える開発システムのプロセス、ツール、テクニカル・システムをよく理解し、対処していく必要がある。

同時に、ツールやテクニカル・システムと同じように、人とソーシャル・システム（制度や組織構造、カルチャー、風土など人が関わる様々なことがら）もまた全体に大きく影響するのであって、こういった面までもよく理解し、よりよくしていく努力が欠かせない。

さらに言えば、開発は「活きているシステム」であり、時間の経過とともに生じる内外の環境変化にうまく適応していかなければならない。われわれのLPPDアプローチは、これらの要素すべてに直接的に対応するとともに、進化し改善し続ける「活きた」開発システムの構築を可能にすると信じている。このLPPDのモデルと、これから詳述していく章立てガイドの概説を図I－1に示す。

図I-1 LPPDのモデルと、章立てガイド

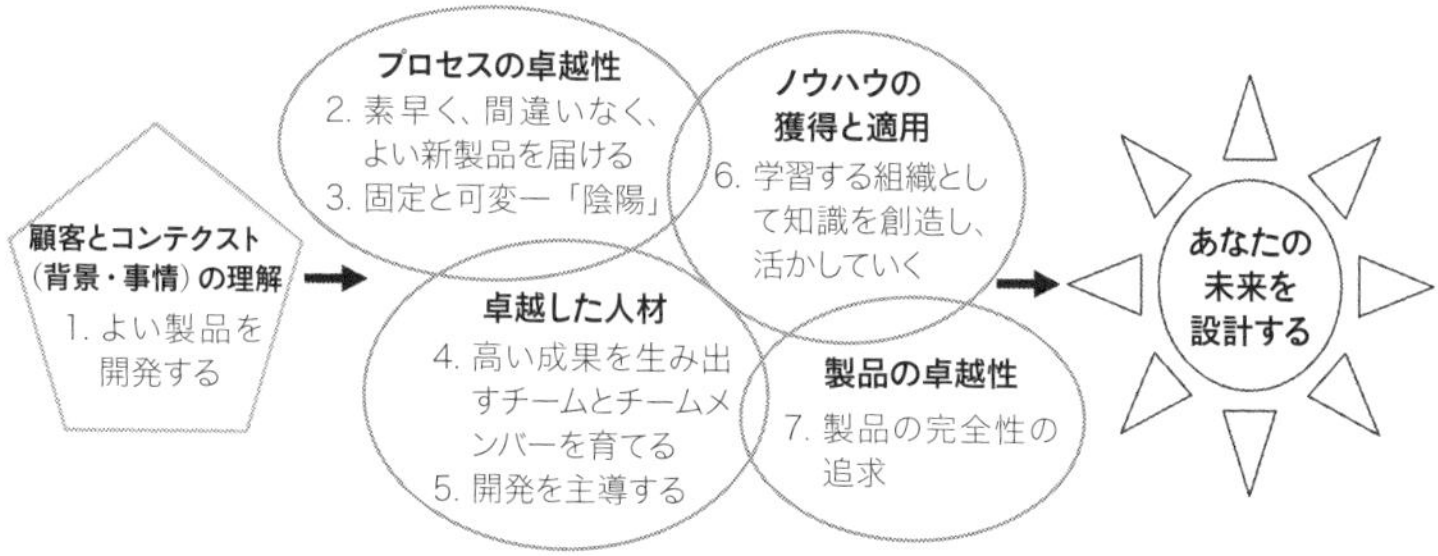

顧客とコンテクストを理解する

第1章 よい製品を開発する。それは、顧客にとっての価値を創り出すことに始まり、顧客にとっての価値を創り出すことで完結する

製品・プロセス開発の成功は、顧客1人ひとりに届けられる特定の具体的かつ実際的「価値」にかかっている。これを実現するためには、顧客とコンテクストの両方への現実的な深い理解から出発する必要がある。コンテクストとは、その製品がどのように顧客に選ばれ、使われ、機能し、顧客にとっての価値を実現していくのかという現実に立脚した文脈である。

これは、顧客が実際にその製品を使っている現場で顧客を観察することからしか得られない。真に腹落ちするまで深く理解しなければならない。観察に加えて、開発の第一線で行う、「的を絞った実験」「セット－ベース設計」「素早い学習サイクル」を通して、この理解はさらに深まっていく。

第1章では、複数の企業で使われている技法やツールを紹介する。これらの技法やツールは顧客を深く理解し、顧客理解から直接・間接に導かれる重大な知識のギャッ

プはもちろん、その他の重大なギャップをも見出してそれらを埋め、チームの進む方向を揃えて開発の成功確率を劇的に高めるためにも使われる。

プロセスの卓越性

第2章　素早く、間違いなく、よい新製品を届ける。情報の可視化、協業、共通のリズムに合わせて全体と個々が共に進んでいくコンカレント・エンジニアリングを使って開発プロセスに流れをつくる

ウォーターフォール型の旧来の製品開発方式への批判は1980年代からあった。それに対して、リーン製品・プロセス開発は、はるかに統合され、同時並行で進むプロセスをつくる方法をわれわれに提示してくれる。そこでは、製品の専門家はもちろんのこと、生産システムの専門家、それぞれの部品を専門とする部品メーカー各社、さらには、いずれその製品を製造することになる工場の人たちも、開発プログラムのできるだけ早い時期からコラボレーションする。

リーン製品・開発プロセスでは、その製品を使う人が、仕事・作業・活動を実際に

どのように行っているかを深く理解し、その理解に基づき製品の部分間の重要な相互依存性を発見し、これによって機能横断的に開発業務を統合して卓越したレベルの開発業務の同時並行性を実現する。

開発日程上の余裕を最小化しつつ予定通りに進め、今の段階から次の段階へと、アイデア生成とその検証、試作がスムーズに流れるようにするのはとてつもなく大変な仕事で、あらゆる階層、あらゆる専門分野での高いレベルの力量と透明性（可視性）と協力を必要とする。

しかし、こうした努力によって達成されるスピードと精度は、大きな競争優位性となる。「離れ小島」で新製品開発に取り組む従来のやり方（縦割り、タコツボ型の組織運営）は、顧客に最大の価値を届け、あなたの会社に最も望ましい未来を創り出すには不十分な方法だ。

だから、あなたは価値を届けるバリューストリームの全体を自ら精査し、変えていかなければならない。コンセプトづくり、開発、製造、販売、設置・保守は、価値を届けるシステム全体から見れば個々のステップに過ぎない。さらに、当該製品が自社の全体目標や価値体系にどのように位置付けられるかを会社としてよく考える必要がある。第2章では、ツールや技法に加え、製品開発のやり方を大きく変えて成果をあげた企業の例を紹介する。

第3章　固定と可変――製品開発の「陰陽」。高品質・低コストを実現するため共通なものを個々の製品の枠を超えて標準化し、この標準化をもって技術者が新製品の独自性創出のためにイノベーションに打ち込める時間をつくりだす

一見すると矛盾するように感じる2つのものが、実は全体の両面である。LPPDは、われわれが製品開発の「陰陽」と呼ぶ2つの側面を調和を取りつつ統合することによって、創造性と効率の両立を可能にすることを示してくれる。西洋の社会にいるわれわれは、相異なる2つのもののうち、どちらか1つしか選べないという二項対立でものを見る傾向がある。

たとえば「設計の標準化」と「イノベーション」を並べると、どちらか1つしかできないと考えてしまう。東洋の思想では、しばしば「対極にあるもの」を新たな美しい何かを生み出す「調和するもの」と考える。

トヨタ式生産システムの専門家の指導を受けた人なら誰もが「標準化なくして改善なし」という言葉を耳にタコができるほど聞かされてきたはずだ。その意味は、「標準とは、われわれが今知っている最善の方法を明確に定義し、それをベースにして改善して、新たな、今より良い標準をつくり出していく」(継続的改善)ということである。

トヨタにはある種の経験則があり、新車を開発する際は、部品の7割は以前と同じものを使いながら残り3割の部分で設計を変えて製品を差別化し、顧客に価値をもた

らすことに集中する。車の内部には顧客が見ることのない部品がたくさん使われている。こういった部品について、現時点で最も優れている設計標準を適用するのは理にかなっている。

そうすることで、製品を差別化する部分において最大の創造性を発揮できる。さらに、これが設計プロセスの速度を上げ、品質を高め、コストのかかる金型変更を減らし、同じ工場での混流生産を容易にしている。第3章では、この「陰陽」のバランスをうまくとることに関して複数の企業の事例を紹介する。

卓越した人材

第4章 高い成果を生み出すチームとチームメンバーを育てる。高い成果を生み出すチームとチームメンバーは、持続可能な開発システムの心臓部である

人材こそが優れた製品開発システムの最も重要な要素だ。開発システムをうまく動かしていくにはスキル・活気・創造性が必要だが、いずれも人の力である。それをずっと維持していけるようにするのも人だ。学びと成長は人ならではの能力であり、そ

の能力あればこそ、開発システムの改善と進化が可能になる。

トヨタにとってこれはあまりにも重要で基本的なことだったから、彼らは長い間、意図的に「製品と人材を同時に開発」すべく励んできたのだ。LPPDに取り組む企業にとって、人の育成は人事部門任せの課外活動ではない。人の育成は、自社の日々の仕事のなかに埋め込まれるべきものだ。

第4章では、成功した企業がどのように人を採用し、チームとして力を発揮し成果を出せるように育てているか、事例をもって紹介する。

第5章　開発を主導する。人々が能力を発揮するには、顧客に関する強いビジョンを持った強いリーダーに率いられる必要がある

前著でわれわれはトヨタにおけるチーフエンジニアの役割について書いた。チーフエンジニアはいまなお他企業から最も興味を持たれるトピックの1つであるが、もっともなことだ。古手社員なら「昔はそういうリーダーがいた時代もあったが、時代の進展とともにプログラム・マネジャーという職位に退化してしまったようだ」と思うかもしれない。

現在、多くの企業には、何らかの種類の技術リーダーと、スケジュール及び予算を管理するプログラム・マネジャーがいて、プログラム・マネジャーの権限は技術リー

ダーよりも強い。そして、マーケティングが顧客の声を代表する。

しかしわれわれは、このようにリーダーの役割を小分けにする方法よりも、製品ごとに事業責任と技術的能力と顧客への深い理解を持つ1人の強力なチーフ・アーキテクトを持つ方法のほうが有効だと考える。チーフエンジニアはオーケストラの指揮者のように、当該製品のビジネス全体を統合する。

しかし、チーフエンジニアは孤島にいる孤高の人ではない。自分1人だけで成功することはできない。チーフエンジニアは企業の様々な部門で様々な役割を果たしているリーダーたちに依存するところが大きい。LPPDシステムでは、CEOから機能別部門長まで、あらゆるリーダーがチーフエンジニアとその指揮する製品の成功に力を尽くすことが求められる。有効な業務システムと適切なリーダーを組み合わせることで、すべての要素をまとめて、毎回着実に素晴らしい製品を開発することができる。第5章では、製品開発における様々なリーダーの役割と強固なマネジメント・システムの構築に関して議論する。

ノウハウの獲得と適用

第6章　学習する組織として知識を創造し、活かしていく。学習する組織は、製品やサービスにおいて新しい価値を創出するために知識を創り、適用していく

現代の開発部門には知識を記録するための強力なコンピュータ・システムがあり、その多くは、知識を獲得し広めるために紙あるいは電子データの「知識ベース」と様々なタイプのチェックリストを備えている。これは、大半の開発部門が学びをツールの問題と捉えているからだ。こういう人々は、知識を学び、適用する能力を高めるために使える最新の技術やツールを知りたがる。

しかし、われわれの経験では、必要なものが新しいツールであるケースはほとんどない。われわれから見ると、問題の核心はむしろ組織文化上の課題である。問題があると認めるのを恐れる人たちは学習の価値を過小評価したり、理解できなかったりする。学ぶことは仕事ではないと思い、課外活動と見なしてしまう。こうした人たちが真に役立つ組織的学習の阻害要因だ。

本物の「学習する組織」は問題を積極的に探し出し、その問題を封じ込めるために素早く動き、続いて深い振り返りをすることで次に備えて学ぼうとする。問題と解決策を共有することで個人のノウハウを組織としての知識に転換することができる。ツールや技術は有用だが、大抵の場合、学習に際しての人の側面に切り込むほうが大きな効果が出る。第6章では、学習する組織を築いていく上での人の要素と技術的な要

素の両方を議論する。

製品の卓越性

第7章 製品の完全性の追求。その道の達人としてしかるべく励み、顧客1人ひとりのために本物の価値を創り出す方法を継続的に改善していく

いままでに説明したすべての要素をもってしても、製品の卓越性は保証されない。実際の製品の設計とデリバリーの両方がともに非常に高いクオリティで実現しなければならない。なるほど。しかし、それは実際どういうことなのか？　なによりもまず、その製品が顧客に本質的な価値を提供する必要がある。

当然だが、その「本質的な価値」は様々な形を取りうる。デザイン性、使いやすさ、信頼性、ワークマンシップ、設計効率等々は、すべてあなたの製品の品質と競争力に影響する要素だ。

アップル、トヨタ、フォードといった会社では、近年、設計・ワークマンシップ・製造の卓越性をまとめて、単一で隙のない特性として「クラフツマンシップ」と呼ぶ

ようになった。彼らにとってクラフツマンシップは自社の製品を差別化するだけのものではなく、製品卓越性の理念の中核に据える重要事項である。

クラフツマンシップは単なる技術的基準の集合をはるかに超えたものだ。最善の製品は顧客との間に感情的なつながりを創出する。難解と感じるかも知れないが、至ってシンプルとも言えよう。使いやすく、信頼性が高く、常に意図した通りに機能する製品は、顧客との間にしばしば最も強い感情的なつながりを創り出す。第7章では、「設計」自体と「信頼性」と「デザイン効率」をともに改善する仕事のやり方を提示する。

コンセプトを行動に変える

無論、この本を読むだけではあなたの会社に役立つことは何も起こらない。あなた自身が何かをしなければならない。各章の最後に読者が振り返りをするための質問を挙げ、あなたの会社をあなたなりの方法で変えるために役立つ、あなたが取り組むことができるような課題を掲げた。

最終章では、われわれ自身のＬＰＰＤ変革の経験に関して議論し、様々な産業でそれぞれの変革の道を歩んだ企業のさらなる事例と、目下形成されつつある製品開発主導の企業変革のサポート方法のモデルを紹介する。

本書の目的

本書を貫く目標は、読者を導き、やる気にさせ、挑戦させること、素晴らしい製品のアイデアを速く効率的に高いクオリティで市場に届けるための実現可能な技法とツールを提供することだ。それ以上に、1回の製品開発プログラムに有効なだけでなく持続的に有効な、製品・プロセス開発の強靭なシステムを読者の皆さんが自ら築いていくお手伝いをしたい。

しかし、リーン製品・プロセス開発は、マウスを1回クリックすれば更新できるソフトウェアのアップデートではない。あなたはその変革にコミットし、きつい仕事に取り組まねばならない。これは、意味ある変化をもたらすためには常に必要なことだ。

実際に本書で紹介するすべての変革事例に共通する要素は、きつい仕事とあきらめない粘り強さとコミットメントである。とりわけ、フォードにおいてムラリーCEOの下で行われた製品開発主導の画期的な変革ほど、これを如実に示すものはない。

続く各章でLPPDを詳細に説明する前に、まずフォードの製品改革における歴史的な成功を概観する。製品のみならず、会社の運命をも大きく変えたケースだ。フォードは、以降の章で詳しく説明するツールや技法の多くを上手に使って変革を成し遂げた。

しかし、必ずしもフォードを世界水準の卓越したリーンの模範として取り上げるのではない。フォードもまた、他の自動車メーカーと同じく苦しみの渦中にある。来るべき自動運転、カーシェアリング、電気自動車（EV）といった難しい課題に取り組んで進化していかなければならないのは皆同じだ。それでもなお、フォードの物語はLPPDの実践を議論するための共通基盤を提供してくれる。各章にはフォードと同じような道を歩もうとした多くの企業の事例が登場する。それらの事例を理解する上でも、フォードの物語が土台となってくれるはずだ。

コンセプトから行動へ

各章であなたにとって何が一番重要であるかをわれわれが知っているという前提には立たない。したがって、「重要なポイント」の一覧表を敢えて入れないことにした。その代わり、その役割を読者に託したい。読書に際し、本の字面だけを追ってその意味を深く考えないのはよくあることだ。そこで、各章の最後にあなたが読んだことを振り返り、それが自身の会社にどう適用できるのかを考えてもらうよう工夫した。第1章から始まって以後の振り返りには、標準化したフォーマットを使う。

1 ビジョンをつくる　その章が示唆しているLPPDのビジョンを要約する。ビジョンとは、5年から10年、あるいはそれ以上先の長期的なものだ。次はあなたの番である。このなかで、あなたにとって何が理にかなっているか、あなたの会社のビジョンとするならどこをどう変えたいか、読者自身に考えていただきたい。

2 あなたの現状　あなたの会社は、そのビジョンに対して、今どこにいるか？　その答がもし「我が社は既にそこに達している」というものなら、そのビジョンは十分に野心的とは言えない。1に戻りなさい。あるいは、答が「この領域でギャップがものすごく大きく、この領域では何かを始めたところだが、他の領域ではうまくやっている」というものなら、あなたは正しい方向に進んでいる。

3 行動する　あなたが今すぐやれる最初のステップは何か？　読者が1つの章を読んだ後、大きな組織的変革を1つ実行し、また本に戻って次の章を読むということはないと考えている。しかし、何らかの行動をとることは、その章のメッセージを明確にし、あなたが歩み出すきっかけにはなる。いずれにせよ、最初のステップを踏み出すのが最も難しいというのはよくあることだ。

あなたは、その仕事の最高責任者ではないかもしれない。あなたの権限の範囲で何ができるか？　できるのは、同僚を集めてその章を読んでもらい、可能な行動を議論することかもしれない。その章で紹介されたコンセプトのなかから1つか2つを選んで、依然未熟な形であったとしても、試行してみるのもいい。今進めているか、これから始めようとしている開発プロジェクトの進め方に関するざっくりしたプランを描いてみるのもいいだろう。

あなたの現状

ここは序章なのでLPPDの指針的原則に関して詳しく説明しなかったが、われわれが勧めているような旅路に出るために、あなたの会社の強みと弱みを改めてよく考えるのは意味のあることだ。

1 あなたの会社は、製品やサービスの開発に対して適切なリソースを適切に配することに充分気を配っているか？　会社の未来にそれがどのようなインパクトを与えるか、よくよく考えた上でのリソース配置になっているか？

2 あなたの会社のリーダーは、製品やサービスの開発を「継続的に」改善していくべきケーパビリティ（伸びる可能性のある能力）として考えているか？

3 あなたの会社のリーダーは、会社の未来について、戦略について、そして、顧客にとって際立った魅力ある製品やサービスがどんな種類のものかについて、深く考えているか？

4 あなたの会社のリーダーは、社員をその能力にふさわしい尊重をもって遇し、あらゆる階層において社員を育成するために適切な投資をしているか？

行動する

1 あなたの会社で、製品・プロセス開発において優先順位を付ける際に影響を与える「影響のネットワーク」をよく理解するために充分な時間を割きなさい

2 あなたの会社の戦略書のコピーを入手し、それがあなたの製品やサービスの未来のビジョンをどう明確に描いているかを研究しなさい

3 本章で紹介したＬＰＰＤの原則と、その原則に照らしてあなた自身が会社の中でどのように行動しているかを振り返りなさい

フォードの歴史的V字回復

フォードは、大胆な戦略をいかにして製品・プロセスの卓越性につなげたか

Ford's Historical Turnaround: *How Ford Connected a Bold Strategy to Product-Process Excellence*

私がフォードに行ってみると、
問題は私が考えたほどには
悪くなかった。
それは考えたより、ずっと、
ずっと、ひどかったのだ。

――アラン・ムラリー
フォード・モーター元CEO兼社長

物語の背景

製品開発は事業に大きなインパクトを与えられるか？　人は物語を通して最も効果的に学ぶという。まずはとてつもなく凄い物語から始めよう。

フォードのストーリーは、本書でこのあと解説していく「リーン製品・プロセス開発モデル」（LPPDモデル）の背景を説明し、予告編の役割を果たす。われわれは、ある意味で「製品主導の変革とはどんなものか」という結論から始めることになる。

われわれはフォードを「リーン・エンタープライズ」（リーンな企業）の模範事例として提示したいのではない。米国を代表するグローバル企業の劇的な製品主導の変革、ひょっとしたら米国史上最高の業績V字回復劇の1つから学んだ貴重な教訓を示したいのだ。

著者の1人モーガンは、フォードにおけるこの最も興味深い時期に、初めはグローバル製品開発システム（GPDS）構築のリーダーの1人として2年間、続いて車体・プレス部門のグローバル部門長として8年働いた。モーガンはCEO兼社長のアラン・ムラリーがフォードに来る少し前にフォードで働き始めた。

もう1人の著者ライカーは、フォードを外部から研究していた。われわれは読者が洞察とインスピレーションを得られるように、内外2つの視点を組み合わせて製品開発の威力を示すこの事例を描いていく。フォードの変革は、本書でこのあと詳しく説明するLPPDの原則の多くを理解するのに役立つはずだ。しかし、まずはこのV字回復の物語を内側から見ていこう。

優れたリーダーを見つけてくる

2009年4月3日にクライスラーは連邦破産法第11項（チャプター・イレブン）の適用を申請した。同年6月1日にGMがその後を追う。フォードもいずれそうなるだろうと思われていた。ところが、誰もが驚いたことに、同じように崩壊寸前だったフォードは、裁判所の保護や納税者からの支援なしに自らの財務危機に自力で立ち向かうと決めたのである。

あれほど多くの国民に愛される車を世に出し、顧客が大切に感じる思い出をつくり出してきたビッグスリーのいずれもが、もはや顧客が求める車を開発していなかった。これは、フォードの創業時代を特徴づけ、自動車産業を創造するきっかけとなった驚嘆すべき製品イノベーションとは、かけ離れた事態だった。

1925年にヘンリー・フォードはサタデー・イブニング・ポスト紙に驚くべき広告を掲載した。そのなかで彼は同社のやっていることの背後にあるビジョンを明確に述べた。この一部に、次のようなくだりがある。

「ハイウェイは国民のものであり、そのハイウェイを運転することは、あらゆる国民の手に届くべきものだ。これは、心底からの信念である」

ヘンリー・フォードは、米国のハイウェイを誰もが使えるように「解放」したかった。

た。

「自動車の民主化」こそが、大成功したフォード・モデルTの背後にあったシンプルだが強力なアイデアだった。このブレークスルー製品は、大半の労働者が買える価格であり、設計、製造及びサプライチェーン管理において業界を根底から変えるイノベーションだった。

多くの人は、フォードの組立ライン（コンベアを用いた流れ生産）というイノベーションが自動車産業への彼の最大の貢献であったと思っている。しかし、人々の暮らしを一変させ、「自動車産業」という、世界的に最も重要な産業を創り出したのは、自身のユニークかつ魅力的な製品ビジョンを実現しようとするヘンリー・フォードの強い意志であったとわれわれは主張したい。

フォード・モーター社は継続的に製品の進化と製造の効率化に取り組むことで、このユニークな製品思想の改善を続けた。1912年にモデルTの小売価格は525ドルだったが、フォードが宣伝を出した1925年には265ドルになっていた。フォード社の努力は何年にもわたる前代未聞の利益と成長で報われ、モデルTだけで世界シェアの54％を占めた。トータルでモデルTはなんと1500万台も売れたのである。

この革命的製品へのヘンリー・フォードの粘り強いこだわりが世界を変え、競合他社のはるか先を行く、一見無敵に見えるほど好業績の自動車産業の巨人をつくり出した。ヘンリー・フォードのガレージというつつましやかな場所から出発して、フォード社は、あの広告の文言を借りるなら、「歴史上最も偉大なメーカー」にまでなった。

しかし、２００６年9月5日にアラン・ムラリーがフォードに来たときに見たのは、かつてのフォードとはかけ離れた会社だった。その火曜日、ミシガン州ディアボーン市にある本社地下の役員駐車場へ車を入れるや、彼は同社の経営がいかに深刻な状態にあるかを悟った。フォードは、もはやかつてのような「その製品をもって世の中に革命を起こす会社」ではなかった。巨額の販売奨励金を払っているというのに、記録的な数の消費者がフォード車から離れていくのを止められずにいた。

ムラリーは、役員駐車場の過半を占めるジャガー、ランド・ローバー、ボルボといったフォードが所有する高級ブランドの車列を横目に、このことを考えたに違いない。フォードの上級幹部でさえ、フォード・ブランドの車に乗っていない。昔から製品そのものが三度の飯より好きな、いわゆる「プロダクトガイ」だったムラリーにとって、これは非常に気がかりなことだったが、同時に、かつて米国を象徴する存在であったこの会社の根底にある問題を発見する上でかなりよい手がかりを与えてくれ

出典：https://media.ford.com/content/fordmedia/fna/us/en/features/opening-the-high- ways.html#

た。

1つだけはっきりしていたのは、他にどんな問題があるにせよ、フォードには深刻な「製品の問題」があることだった。実際、競争力のある製品が皆無であるため、同社は2006年に史上最悪の170億ドルの損失を計上した。市場シェアは10年にわたって低下を続けており、主要部品メーカーは倒産、社員の士気も急落していた。株価は下げに下げ、1株1・01ドルという惨めな価格にまで落ち込んだ。この結果、株式時価総額は55億ドル（ちょっとしたベンチャー企業並み）、社債格付もジャンクボンド並みの水準まで下げた。

フォードにやって来たムラリーには、良いニュースと悪いニュースがあった。有能な人材が大勢いて、何とかしようと頑張っている機能別・地域別の組織があった。これは良いニュースだ。だが、これらの部門は会社業績を改善するために独自の計画を持つ独立企業として行動していたから、混乱が生まれ、各部門が必要としている不可欠な資源とやる気を奪っていた。それが悪いニュースだった。さらに、誰も欲しがらないような競争力をもたない製品ラインナップしかない多数の無秩序なブランド群を見つけた。これが最悪のニュースだった。

このような自ら負った傷に加え、大恐慌以来最悪の金融危機に突入しつつあった米国経済は待ったなしの状況だった。フォードの経営状況はかなり切迫していた。GMとクライスラーはいずれも独立企業として存続できなくなり、多くの主要部品メーカーが道連れにされた。実に、米国の自動車業界では前例のない厳しい危機の時代だった。

フォードの問題がムラリーの予見よりもずっとずっと深刻なのは明白だった。実のところ、自動車業界の一般的見解は、フォードは高速の「死のスパイラル」に突入しており、この会社のトップとして最もふさわしくないのが「飛行機野郎」（ボーイングからやって来たムラリー）だというものだった。

フォードの苦境がいつ始まったのか正確に特定することは難しいが、1990年代末には、いくつかの面で明らかな負の兆候があった。2000年にはアイデンティティ・クライシスに陥った。自らの存在意義や目標をすっかり見失っていたのだ。フォードの経営陣は同社が自動車メーカー以外ならどんな会社になってもよいと思っているかのようで、広範な多角化を推進した。

特に、彼らはフォードをゼネラル・エレクトリック（GE）のようにしたかったらしい。経営陣は同社を幅広く多角化し、関心や注力点を多数の事業に分散させた。こうして彼らは、中古車販売事業からハーツレンタカー、高級車のジャガーまで、企業買収の資金を捻出しようとして、将来のために不可欠な製品開発資金の一部を流用してしまったのである。

このため同社は止むを得ず「ファスト・フォロワー」、つまり他社の製品を素早く後追いする戦略を採るに至る。そのせいで自動車業界の新車開発のペースに何とか追従していくので精一杯になってしまった。会社にとって重要な技術開発能力まで剝ぎ取ってしまったから、しばしば基本的な設計の責任を部品メーカーに丸投げした。それも部品メーカー同士を競わせ、最安値まで叩いた上で丸投げするのだ。また経営陣は、社内の部門間の競争を煽り、その結果、部門間の協力や協業が減って部分最適が蔓延した。

さらに、GEの「ゼロサム人事評価システム」を真似て社員をABCにランク分けした。これは各部門に一定のランク別比率を強制的に当てはめ、Cランク社員を解雇させるという過酷な制度で、それまでに重ねた所業と相俟って、社内の内部抗争がどんどん広がり、不健全と言うべきレベルまで達していた。

フォード社内は「宮廷内の陰謀」と経営幹部への過剰な特権付与に満ちた危険な環境になってしまった。しかし、おそらく最大の誤ちは、フォードが顧客と製品価値への注力という創業者の価値観を放棄し、成長至上主義及び株主価値最重視という価値観に転換したことだ。結果は予想通りで、同社の業績は一段と悪化する。かくなる上は、多くの大企業がするのと同じように、コスト削減目標の過半を社員の大量解雇で捻出するほかなかった。

２００２年だけで同社は2万人以上の社員を解雇し、5工場の閉鎖を発表した。このコスト・カットは翌年まで続き、より多くの部門でより多くの社員を解雇し、最終的には全部門と会社全体が甚大な影響を受けた。レイオフによるコスト・カットは社内抗争を一層激化させ、わずかばかり残っていた製品開発への投資資金まで奪ってしまった。

抗争を経て、なんとか会社の経営権を奪い返したヘンリー・フォードの曽孫、ウィリアム(ビル)・クレイ・フォード・ジュニアは、今回ばかりはどれほどコスト削減をやろうとも、それだけでは会社を再建するにはまったく不十分だと理解していた。だからこそ彼はボーイング社というフォードと同じく米国を象徴する大企業を立て直した経験と実績を持つリーダーを2006年にリクルートしたのだ。このために彼はあらゆる手段を使った（＊1）。

ビル・フォードはアラン・ムラリーを雇うことが会社を救う唯一の方法だと考えていた。ムラリーは最終候補者リストの最有力候補だったのではない。彼が最終候補者リストそのものだった。ビル・フォードはこの男をリクルートするために、カネにも労力にも糸目をつけなかった。

フォードのリクルートチームは信じられないほど粘り強く働きかけ、ムラリーは何度か断った末にとうとうフォードのトップ就任に合意する。フォード経営陣が同社の現在の製品ラインナップと新車のプロトタイプをムラリーに見せたとき、フォードには競争力のある車がないのではないかというムラリーの疑念が当たっていたことがはっきりした。

それどころか、彼が考えていた以上に製品の現状が悪いのは明白だった。ムラリーにとって、今後もコスト削減を続ける必要はあるものの、なにより急を要するのが資金調達なのは明らかだ。グローバルのフォードチームが力を合わせて「顧客が価値を認めてくれる車」を開発しようと張りきったところで、資金がなければ何もできない。

フォードの問題の解決策が「顧客に卓越した価値を届ける」、即ち完璧な競争力のある車を開発することであるのなら、そのための資金、それも莫大な額の資金が必要だ。そこで彼とCFOドン・ルクレアは、後に彼が「史上最高額の住宅改修ローン」と呼ぶことになる借入の申し込みのためウォール・ストリートに向かった。2人は2006年11月に新たな製品開発プログラムの資金として約240億ドル調達するのに成功したが、それは金融危機でこうした資金が枯渇し、巨額の借入が絶望的になる直前のことだった(＊2)。この借入の担保は、青い楕円形の「フォード」のロゴマークを含む、会社全体であった。

前経営陣の下、同社は自動車業界全体を見渡してあらゆる領域の投資で痛ましいほど遅れをとっていた。これは彼らのやりたい放題の企業買収のために払った代償だった。フォードの工場や設備は老朽化し、製品技術も施設も時代遅れになって、マーケティング費用は激減、その他にも多くの必要な投資がなされていない。ある意味で安易な方法は、これらのニーズに対して資金を均等に配分することだ。

しかしムラリーは、それでは倒産は避けられない、破綻を先延ばしするだけだと結論づけた。フォードは製品を開発する方法そのものを変革し、同時にグローバルな製品ラインナップを根底から刷新する必要があった。

そのためには、調達した資金の大半を新製品開発に投入しなければならない。この大胆な決断は、ムラリーのリーダーとしての勇気と、このV字回復は競争力ある製品こそが中核となるべきだという自らの固い信念を示していた。

「我が社は、顧客が価値を認めてくれて、買ってくれる車をつくらなければならない」という言葉は、「社員よ、意識をそこにこそ集中させるべし」というムラリーからの呼びかけだった。

しかし、この製品主導の革命を成就するには、資金以外にも不可欠な要素があった。会社の能力を徹底的に使い尽くすために、ムラリーは、全世界に広がったこの大きな企業を1つに団結させる方法を見つける必要があった。そこで彼の次の戦略は「ワン・フォード」という考え方に基づき、パートナー企業を含む「拡張企業」(理念と目的を共有する大きな企業集団)の方向性を統一させることだった。

ムラリーは、他社との競争に勝ち、全員にとって利益の出る成長をつくり出すために、フォードのみならず拡張企業全体が「1つのベクトルの合ったチーム」として動く必要があり、そのためにプランを掲げるのだと明確に示した。

この大胆なプランを実行するには、ムラリー自らフォードのあらゆる部門の社員と深い対話を重ねなければならない。対話のためには手段が要る。現下の苦境にもかかわらず、社員はフォードの歴史に強い誇りを持ち、自分たちにはかつての栄光の日々を取り戻すだけの力があると自負しているのをムラリーは知っていた。1925年のサタデー・イブニング・ポスト紙のフォードの広告をムラリーが発見したのは、ちょうどその頃だ。

この広告はフォードの伝統を巧みに表すのみならず、「顧客が定義する価値」、しかも「他社からは得られない価値」を届けるという同社の魅力的なミッションを、説得力があって誰もが受け容れることのできる「製品中心の方法」で伝えていた。

それだけではない。フォードが誇る歴史の一部を使うことは、彼が受け継いだ、人数は減ったものの有能なフォードのチームと心を通わせ、その士気を鼓舞する理想的な方法だった。必要な資金を調達し、魅力的な製品を創るという切迫した必要に基づいた彼のビジョンでグローバルチームをやる気にさせた後、ムラリーはフォードの現状の原因をもっと深く理解しようとした。

彼には行動を起こせというもの凄い圧力がかかっていたが、それでもフォードに魅力的な製品がないことの背後にある理由と、同社のひどい業績の根底にある本質的な問題をまず理解する必要があることが分かっていた。

現状を深く理解することから始める

フォード社の変革は、その現状の短期的問題と長期的問題に対して、目を背けずにありのままの姿で理解することから出発しなければならない。ムラリーはこれを自分自身で主導することにコミットした。

深く探れば探るほど、フォードの状況は悪く見えた。経営再建初期のこの時期に彼が見たものはどれも気が滅入るものばかりだったが、ムラリーは常に冷静な姿勢を保ち、フォードは改善の機会の宝の山であり、同社にこれだけ問題がありながら業績が良かったとしたら、そのほうがもっと心配だっただろうと語った。

マクロレベルの理解

ムラリーは、自分がトヨタの生徒であると誇りを持って語っている。彼はボーイング社時代に経営幹部グループの視察団の一員としてトヨタを訪問した際に多くを学んだ。そのため彼は、何かを本当に理解するためには、その一番のおおもと（現場）に立ち、自分自身で何が起こっているかを見て、聞いて、感じるべきだということを知っていた。彼は社員との対話集会に出席し、組立工場を訪問し、設計会議に出席し、会社のあらゆる部門のキーパーソンと1対1で話し合った。

実際、ジム・モーガンとの個人的関係もそこから始まる。モーガンはムラリーから「話したいので部屋に来てくれ」というメモを受け取った。ムラリーはボーイング社勤務時代にリーンの指導者として名高いジム・ウォーマックの指導を受けたことがあり、ムラリーがフォードのCEOに就任した際、ウォーマックはモーガンと彼の経歴をムラリーに知らせていた。最初の会合は、2人の強い友情と、何回もの1対1の会合と、その後の7年にわたるムラリーのモーガンの仕事に対する断固としたサポートにつながった。

ムラリーは、フォード社内を見て回るだけにとどまらなかった。彼はフォードのパートナー企業集団のうち重要な協業先である自動車ディーラーや主要な部品メーカーとも会った。誰とでも、いつでも、十分に時間をとって率直に話し合うムラリーの姿勢はフォードでは前例のないものだったが、彼はこれこそフォードが今まさに必要としていることだと考えていた。

ムラリーはまた、自動車業界とその中でのフォードの位置を知ろうとした。彼はフォードが試乗用に持つ競合メーカーの車が非常に少なく、しかもそれを試乗できるのは上層部に「政治的に正しい」（上層部が聞きたい）レポートしか出さない車両評価の専門家に限定されていることに驚いた。つまり、ほとんどのケースでフォード車は他社の車より優れているという結論になっていたのだ。

ムラリーは競合メーカーの車を運転したがり、経営陣にも運転させたいと思い、何より製品技術者に運転させたがった。そこで彼は、製品開発グループが競合メーカーの車を数多く試乗できるように準備させた。

彼はフォードに関して多様な視点からの評価をもっと理解したいと考え、ＪＤパワーズ、センター・フォー・オートモーティブ・リサーチ、自動車安全協会といった自動車業界の第三者機関をはじめローカル新聞社や様々な金融機関等を訪問し、ベテランの自動車業界担当記者からも話を聞いた。こうした訪問の多くで彼はフォードのキーパーソンの幹部を同行させた。彼らに率直に耳を傾け、そこで聞いたフォード批判に対し、自己正当化するのではなく深く反省しなさいと命じた。

しかし、最も重要なのは、顧客をより深く知る必要がある（第１章でさらに説明する）ということを彼が知っていたことだ。特に彼は顧客の意見を、フィルターを通さずにそのまま聞きたがった。このために彼は数日間、終日ディーラーで過ごし、顧客に車を売り、直接話し、顧客が買う際に何を考慮するかを直接聞き出した。彼はまた過去90日の間にフォード車を買った顧客に事前アレンジなしに自分で電話をかけ、買った車やフォードとのやりとりに関する感想を聞き出すという定期的な習慣を始めた。

彼の現場への没入は個人的に彼の心を動かし、大小様々な深い洞察や気付きにつながり、それが彼のその後の計画のすべてのステップで役立った。しかしながら、この動きは重要ではあるが、このような徹底した調査はトップだけでなく会社の全階層で行わなければ会社の変革にはつながらない。

マクロからミクロレベルへの変革

さもなければ、フォードの変革に関する物語の多くは、ここで止まってしまっただろう。つまり、ムラリーという1人のヒーローが馬に乗って街にやって来て、問題を発見し、1人で会社を苦境から救おうとするストーリーなら、ここで終わりだ。しかし、フォードを救ったのは、いかに優秀であったとはいえ1人のリーダーに過ぎないムラリーの力量を超えて、はるかに広範囲に及ぶ人々の力である。即ちこのV字回復物語のヒーローは多くの人たちなのだ。確かにムラリーは適切なリーダーを動員し、チームメンバーが適切な優先事項に集中するという状況をつくり出す上で大きな影響力を発揮した。

だが、会社を救った実際のワークの多くは塹壕の中で、つまり「ミクロレベル」で起こったことだ。それは何千人もの社員の献身的行動であった。彼ら彼女らはビジネス誌には名が出ないかもしれないが、その貢献がフォードの成功に決定的な役割を果たしたのである。そこでわれわれは、車体・プレス技術という1つの技術部門内の変革の経験を語ることを通して、この物語の一部でも読者と共有したい。

ミクロレベルの理解

車体・プレス技術　モーガン率いる車体・プレス技術部門はB&SE（Body and Stamping Engineering）と呼ばれており、電気、シャーシー等と同じく、フォードのグローバルな開発組織の1つだった。

B&SEの責任範囲は、車体構造やドアなどの箱型ユニット、外装システム（ランプ、バンパー、トリム、ガラス等）の製品開発、プロセス開発、金型、試験（安全試験を含む）及び生産立ち上げ、さらにはこれらに関連する性能特性である。

一言で言えば、B&SEのチームは、タイヤとホイール以外の外から見える部分のすべてに責任を持っていた。このチームのメンバーとして、ミシガン州ディアボーン市、ドイツのケルン市、ブラジルのバヒア市、メキシコシティー、南京、オーストラリアのメルボルン市の拠点に様々な技術分野の専門家、金型と設備の技術者、機械工、テクニシャンが配属されていた。

これはユニークな組織だ。フォードでは昔から、自動車業界のほとんどの会社がそうであるように、車体設計は「開発部門」の一部で、プレス技術及び金型製造は「製造部門」

の一部だった。

しかし、フォードでは製品開発と製造部門の間のコミュニケーションとコラボレーションがうまくいっていなかった。両者間のやり取りは協調作業というより小競り合いの連続に近かった。デリック・クーザックとジョー・ヒンリヒス（当時グローバル製造の専務）は、こうした両部門の相異なるカルチャーを調和させたいと考えたものの、実現には時間が足りないと感じ、両部門を統合するという大胆な決断を下し、モーガンを責任者に指名した。モーガンは当初、こうした動きに懐疑的だったが、有能で物事をはっきりと言う部下たちのおかげで、しばらくしてモーガンはこの戦略の熱心な信奉者になっていた。

ムラリーと同様、モーガンと彼のチームも自分たちが置かれた現状を深く理解する必要があった。このために彼らが採用したやり方の多くが非常に役立ったことから、最初の現状評価段階が終わった後もずっと、彼らはこれを日常業務のやり方に組み込んでいった。

B&SEの幹部チームは階層を飛び越したインフォーマルな会議を開催し、管理階層を何層か飛ばして組織内のあらゆる層の技術者と直接的な対話を始めた。この会議では第一線の技術者が直面している課題や、現状を改善するアイデアに関して遠慮のないやり取りを交わした。

階層を飛び越す会議に加えて、技術者、テクニシャン、管理者から直接意見を聞き、ワン・フォードの製品主導型戦略を直接伝えるために、様々な拠点で「全員会議」が開催された。最初のやり取りでは感情的な反発が目立ったが、率直な対話を始めることが重要であり、その誠実さが信頼構築の力になった。

週次開催のデザインと品質のレビュー会議は会議室にこもるのではなく、しばしば工場の現場やディーラー、部品メーカーや車のテストコースで行われた。「現場に立って、自分の目で見ろ」、つまり、一緒に見て、協力して働くということが日常的に期待される姿勢になり、これが理解の共有、チームワーク、さらには成果の劇的な向上につながった。

B&SEチームのメンバーは、製品開発のプロセスのバリューストリーム（価値の流れ）上で自分たちの上流や下流に位置するパートナーとも会い始めた。彼らは組立工場やプレス工場や試作工場や金型工場の作業者、テクニシャンや監督者と会って話し、自分たちの設計が引き起こしている問題を自分の目で確かめ、それをどうやったら改善できるか話し合った。

これはバリューストリーム全体で仕事が実際にどう行われているかということに関して貴重な洞察を提供し、調整や変更が必要な具体的領域を特定し、チーム全体の活動成果と、その結果生み出される車をどう改善できるかを理解させるのに役立った。彼らはムラリーの指示で会社が揃えた競合メーカーの多数の新車に何度も試乗し、フォードの車と競合メーカーの車を並べて細かく比較評価する「ウォーク・アラウンド」イベントをチームとして開催した。オートショーにもチームで参加し、現状と未来のモデルの両方を評価した。

B&SEチームはまた、顧客から集めたクオリティに関する膨大な「言葉通り記録」（verbatims）、つまり実際の顧客から得たフォード車の問題を顧客自身の言葉通りに記録した報告書を熟読した。比較的単純で分かりやすいものは品質の責任者と管理者に直接渡され、彼らが対策を立て、レビューし、設計標準を更新し、必要に応じて分かったことをチームと共有していく。

「言葉通り記録」が十分に理解できない場合、技術者は顧客の住む場所まで足を運び、現地のディーラーを通じて顧客から直接話を聞き、具体的な問題をより完全に理解して、有効な対策を打ち出せるようにした。加えて、開発チームはディーラー及びそこに働く整備員と協力し、修理がより効率的になるような設計変更を通じて修理のコストを下げる方法を探し出した。

技術者や管理者は製品に関する顧客イベント、たとえばマスタングならショーやレースコース・イベント、F150ならオフロード・イベントやレース、その他様々なスポーツ・イベントに参加し、顧客がどのように愛車を扱っているのかを自分の目で確かめ、直接話を聞いた（もとより技術者の多くはこうしたイベントに熱心に参加していた）。彼らは顧客と話し合い、競合メーカーの車を研究し、戻って来ては得られた洞察をより広範なチームと共有していった。

B&SEはまた、一連の詳細なベンチマーキング・イベントを開催し、そこでフォードと競合メーカーの車をティアダウン（バラバラに分解）してサブシステムや部品を研究した。これらのイベントには主要部品メーカー、製造、製品開発の担当者が参加した。互いに緊密に連携して仕事を進めるようになってきた彼らにこういったイベントに共に参加してもらうのも、より高い価値をいかにして顧客に届けるべきかということについて、共通の全体像を持てるようにするためであった。

「全員にとって恩恵が得られる成長」(Profitable Growth for All)を創出するために、皆の心を1つにする

「リーンなグローバル企業になり、世界で最も良い乗用車やトラックをつくり、それをもって全員にとって恩恵が得られる成長を創り出す」というフォードの目標は洗練を感じさせるシンプルなものであったが、それゆえなおのこと、容易に実現できるものではなかった。この時点で1つだけ確実に言えたのは、この極めて困難な仕事を達成するための鍵となるのはフォードの社員であるということだけだ。

ムラリーと経営幹部チームは社員の能力を引き出し、よりよく活かさなければならない。とはいえ、自分たちが愛する会社を救いたいなら、彼らは今までとは全く違う共に働く方法を見つける必要があった。

心を1つにする――マクロレベル

ムラリーがCEOに就任したとき、フォード内外の人間は同社の経営幹部チームがクビになるのを待っていた。うまくいったV字回復物語の筋書きなら、そうなるはずだ。しかし、実際には違っていた。人心を一新し、自分のチームを外から連れて来るに違いないという大方の予想に反し、ムラリーは既存の幹部チームをほぼそのまま残したのである。

早い段階で2人だけ例外がいた。1人はビル・フォードの義理の兄弟で、首席補佐官役のスティーブ・ヘンプ、もう1人はマーク・シュルツだった。ムラリーにとって、ヘンプはムラリーと幹部チームの間に不要な管理階層を1つつくっていると感じるだけの存在だった。シュルツは自主的に退社した。ムラリーは他の経営幹部を辞めさせることはなかったものの、幹部たちのポストを若干変更し、皆が協力して働けるよう、適材適所になるように調整した。

チームの編成　適切なチームを編成するということは、成功できる環境を上級幹部が築いていく努力のうち主要な部分を占める重要事である。ムラリーはこれを非常にシステマティックに、深い思慮をもって行った。

実績のある、結果指向でかつチームづくりができる幹部を選んでいったが、特に、製品主導のV字回復の成否がかかる重要な職位に関しては、絶対に正しい選択をしなければならない。その職位とは製品開発のバイスプレジデントである。ムラリーがこのポストに選んだのがデリック・クーザックだった。

フォード車の大半が競争にかろうじて付いていける程度という情けない状態だったが、輝きを放つ事業もあった。フォード全体から見ると比較的小さな市場ではあるものの、ヨーロッパではかなりうまくやっていた。フォードのヨーロッパ事業の責任者として、クーザックはダイナミックなデザイン主導と最高の性能特性を実現し、強力な欧州競合車と互角に戦える製品で競争力を復活させていた。

クーザックは日本のマツダの幹部として働いた経験からLPPDを深く理解していた。静かだが意志が強く、謙虚な態度の彼は、深い技術的見識と、フォードの未来の製品及びその製品を開発する組織のあり方について明確なビジョンを持っていた。こうして何十年かぶりにフォードは1人の真の製品開発のグローバルリーダーを持つことになった。

1つのチーム、1つの計画、1つの目標

フォードは組織を挙げて意識と行動をさらに鋭く集中させる必要があった。ムラリーは素早く動いた。彼の「ワン・フォード・キャンペーン」は、スローガンを書いたポケットカードを常に携帯しなさいといった類の表層的なものではなく、当然ながらはるかに大きな根源的変革を求める動きだった。ムラリーは就任第1日目から経営幹部チームと一緒に「ワン・フォード」のための製品再生計画を策定し、全社の方向性を揃えた。

世界中の能力をもっともっと活かすためにグローバルな機能組織をつくり、経営幹部の意識を集中させるためブランドを売却し（ボルボ、ジャガー、ランド・ローバー）、戦略展開プロセスと根気強いコミュニケーションを通して全社員をこの計画に積極的に参加させるべく大いに努力した。

彼はまた、自ら深く信奉する力強い「共に働くマネジメント・システム」（working together management system）を持ち込んだ。これが「ワン・フォード計画」に命を吹き込み、社員の能力を引き出し、企業文化を変え、さらには会社全体を足並み揃えて前へ前へと進めていった。

リーダーシップにリズムを作る

ムラリーの「共に働くマネジメント・システム」の心臓部は、ビジネス計画レビュー（BPR）だ。経営幹部チームの方向を揃え、ムラリーが心中に描いた集中的な取り組みを全社に展開するために導入した最初の手法の1つだ。毎週木曜日に彼はすべての機能別、地域別リーダーを集め、事業環境、計画に対する進捗状況、主要目標の達成状況をレビューした。

レビューしたのは新たに発生した問題と先週からの変化だけだ。このイベントが経営の「ペースメーカー」となり、会社全体のマネジメントの行動を駆動した。厳格なリズムを守ることが鍵だった。ムラリーはよく「このプロセスの素晴らしさは、また来週集まり、そのときには皆が必ず進歩しているということです」と言っていた。

自ら進んで自分自身に責任を課す

最初のBPRに出席したとき、経営幹部チームがやる気に満ちてマホガニー製の大きな円卓を囲んで座っているのを見て、ムラリーはうれしく思った。一方、部屋の隅の椅子にそれまで見たことのない人たちがノートパソコンやファイル・フォルダや本を抱えて座っているのに気づいた。

彼らはどういう人かと問うと、「幹部が必要とするかもしれない参考データを持参しています」という答が返ってきた。ムラリーは「経営幹部が自分の部門で何が起きているかを知らないなんてことがない限り、この人たちはこの会議に出席する以外に、もっと大事な仕事がきっとあるだろう」と言った。翌週から経営幹部はサポートスタッフを連れずに出席するようになった。

秘密は管理できない（問題は隠さず、表に出そう）

BPRから浮かび上がった次の組織的問題は、「フォードには問題がない」ということだった。まったくないのだ。ムラリーは啞然とした。同社が何十億ドルもの損失を計上し、株価が暴落し、市場シェアを失い続けているというのに、BPRでのプレゼンテーション・スライドはどれもこれも緑色（問題なし）。まるでムラリーの出身地の森林の豊かなワシントン州のようだった。

こうした状態が何回か続いた後、フォードの問題は「問題があると認めるのを皆が恐れているため、助けを求めなかったこと」であるということが明らかになった。過去には問題を顕在化させた人もいたが、キャリア上の壁に遭遇するのが常だった（冷遇されたり、悪くすれば退職を余儀なくされる）。

ムラリーがボーイングでの経験から学んだ最も重要な教訓の1つが、問題を公然と議論できる環境だった。経営幹部には、ここ数十年間この階層では見られなかったレベルの透明性と率直さが求められた。ムラリーは経営幹部の好ましからざる態度（問題があるのを認めない）を叱責し、彼がこれからの幹部に期待する行動がいかなるものであるかを明確に述べた。

ついに北中南米プレジデントのマーク・フィールズが量産立ち上げに赤い色をつけ、問題を報告した。部屋の全員が息を呑み、その多くがフィールズは解雇されるのではと予想するなか、全員の視線がムラリーに注がれた。

ところが、ムラリーは拍手を始め、部屋の全員に「この問題の解決に貢献できる人は誰ですか？」と問いかけた。この話は瞬く間に全社を駆け巡った。それでも古手社員の多くは「問題がありますと手を上げて、それで助けてもらえるなんてことがあるだろうか？」と懐疑的だった。

しかし、じっくりと時間をかけ、経営幹部が首尾一貫した行動をとったため、会社の大半の組織で問題を顕在化することが普通の慣習になっていった。ムラリーは「問題は『存在している』かもしれないが、『あなた』が問題なのではない。むしろ『あなた』は解決策の一部なのだ」と全社に向けて繰り返し強調した。

グローバルに展開する

フォードのトップに就任するまで、ムラリーはフォードがグローバル企業だと思い込んでいた。しかし彼は就任後間もなく、フォードは社員がたまたま同じ名刺を持っているだけのローカル企業の集まりに過ぎないことに気づく。

BPRの導入に加えて彼は組織のグローバル化（製品開発、製造、マーケティング等）に取り組み、各分野に1人ずつグローバルリーダーを任命した。この動きはフォードがグローバルな人材を基盤にスケール・メリットを活かしていく上で決定的な役割を果たした（これは同時に、第3章で説明する標準化やプラットフォーム戦略においても不可欠だった）。

製品開発の組織

フォードは過去に製品開発組織の様々な形態を試していた。やがて同社は深い学習のための強い機能別組織を活かしつつ、チーフエンジニアとその配下で進められる製品プログラム（第4章で説明）に意識を集中させるマトリクス型組織を採用するに至った。機能別グループは卓越した人材育成に集中し、チーフエンジニアは卓越した製品開発に集中する。製品のあり方を決めるのはチーフエンジニアであり、機能別グループはそのビジョンをどう実現するかを担当する。全体を引っ張るのはチーフエンジニアだ。

最大の違いは組織のソフトウェアにあった。マトリクス型組織は多くの機能別組織に似ているが、フォードでは機能グループの人々は自らの仕事は開発プログラムを成功させることであり、彼らはそれで評価されると知っている。このマトリクスを通した製品への意識の集中が、組織全体の日々の行動様式と日々の意思決定、人の処遇といった面にまで浸透していった。このマトリクス組織で得られるようになった協力の水準は、従来の機能別組織では稀にしか見られないものだった。

心を1つにする――ミクロレベル

車体・プレス技術：製品に集中させることでグローバル組織の方向を揃える　B&Sのユニークな組織構造はすでに紹介した。最初にグローバル化のため組織構造に階層を加えたために複雑さも一層増していた。この多様でグローバルな技術チームを一体化する鍵は、製品へ徹底して意識を集中することだ。エンジニアリングは高度な専門分野である。技術者が自分の専門分野の詳細に囚われ、それが製品全体にどのように影響しているかという見方ができなくなるのはよくあることだ。

しかし、変わった。チームは自らの組織としての目的と、高度な専門能力を持った技術者及びテクニシャンの個々の目的を、可能な限り最良の製品を創ることに向けて文字通り再定義しなければならなかったからだ。専門分野の内側の競争や自部門の利益ばかりを考えていたのでは、こんなことはできない。かつては敵と思っていたデザインスタジオは、今や顧客だ。

以前は、バリューストリームの下流の技術者が上流から来たデザインのアイデアに対して「実現できない」と報告を書くのが常で、素敵なデザインをつくりだすための要件に拒否権を発動するかのようなメンタリティーで仕事をしていた。そこから脱して、「機能を超えたコラボレーションによって、フォード史上最も魅力的なデザインを創ろう！」という考え方に転換する。

具体的な「この車」のためにチーフエンジニアに協力し、開発チームのビジョンを理解し、ビジョンを実現するために働く。当然、このように働くのはなかなか難しく、しばしば激しい論争になった。しかしこれは、従来のやり方では絶対に得られなかったに違いない、大いなる達成感を与えてくれた。

人々は開発した車に誇りを持つようになり、機能別部門の間に強い絆をつくり出した。小さな一例として、新車種「フュージョン」の開発に際し、機能横断型チームがどのように働いたかを紹介しよう。

全く新しい車種「フュージョン」に関するチーフエンジニアの目標の1つは、中型車カテゴリーにワクワクするデザインを持ち込むことだった。デザインスタジオにとってこれは大仕事だった。たくさんのチャレンジがあったが、なかでも特に開発チームを悩ませたのは、車体の外側に複数のボディ部品を跨って入る鋭いキャラクターライン（デザインを際立たせるために入れた鋭い凸状の折り目）だった。

このラインの折り目がシャープであること、なおかつすべてのボディ部品の折り目が滑らかにつながっていることが決定的に重要だった。このような形状のラインは製造に大きな技術的困難を生じさせるから、以前なら「実現性がない」として必ず拒否されていただろう。今回は拒否することなく、プレス技術が金型を再設計してちょうどよくなるように調整した上で、デザインスタジオのデザイナーと一緒にプレス金型の製造工場（ディアボーン金型・工具工場）で初期試作の塗装済みパネルをレビューした。

このチームは毎日遅くまで働き、細かい部分を微調整していった。デザイナーが工場へ行ったのは、このときが初めてだった。それどころか、デザイナーの中にはフォードが金型工場を持っているのを知らない人さえいたのである。フュージョンが発売されるや、中型車のデザインを再定義したと非常に高く評価され、広く真似されるようになった。

拡張企業――マッチド・ペアと、部品メーカーとの関係修復

製品・プロセス開発は企業内で完結するわけではない。他の多くの産業と同様に、自動車産業では部品メーカーが新製品開発に重要な役割を果たす。２００７年、フォードは部品メーカーと完成車メーカーの関係に関する調査で最下位にランクされていた。フォードは、部品メーカーが一番嫌う完成車メーカーだった。フォードと部品メーカーの敵対的な関係は何十年にもわたっていた。

当初の販売計画台数に毎回達しないまま、懲りずに繰り返される新車開発と、部品メーカーの技術・能力を尊重しない姿勢は不健全というほかなく、対立の源だった。さらに事態を悪くしたのは、部品メーカーがどうやったらフォードと協力して働けるのか、分からなかったことだ。

開発部門と購買部門が2つの異なるメッセージを送っているような状態で、これが非常に強い不満とムダを生み出していた。開発技術者がブレークスルー技術に注力する一方で、購買の意識は価格一本槍だったのだ。

開発部門と購買部門の幹部はオフサイト・ミーティング（会社から離れた場所で会うこと）を開いて解決策を話し合い、「マッチド・ペア・プロセス」と呼ぶ、従来にない新しいやり方を考え出した。このプロセスでは、開発と購買の専門家1人ずつを専門分野でマッチングさせ、ペアを組ませる。まず、グローバルの開発部長とグローバルの購買部長にペアを組ませた。順次、下の階層でもペアを組ませ、各サブシステムのリーダーも互いにペアを組むようになった。

各ペアは開発プログラムで結果を出し、長期戦略を策定し、年次コストダウン目標の設定と実行に責任を負う。彼らは各部品メーカーに対しても「1つの声」で話すよう努めた。部長が週次のマッチド・ペア会議の議長になり、そこで2部門のリーダーのチームがプログラムのコスト問題や部品メーカーのパフォーマンス問題を話し合い、部品の種類ごとに事業計画をつくっていった。

マッチド・ペア戦略は部品メーカーとの関係を修復し、フォードを年次調査の最下位から第1位へ押上げただけでなく、技術的な側面と業務上の側面の両方への取り組みを通して部品メーカーの生産性を上げることでフォードのコスト削減に貢献した。これは、開発部門と購買部門にとって、非常に大きな教育的効果もあった。マッチド・ペア・プロセスについては、第4章でさらに詳しく説明する。

B&SEのなかに、より効果的な「マネジメントのリズム」をつくり出す

ムラリーのBPRに多くの人の注目が集まるのは、妥当なことだ。しかし経営トップの動きだけを見ていたのでは氷山の一角を見るようなものだ。このシステムは、最上位の少数の経営陣に限定されず、そこから各分野の専務、部長、チーフエンジニア、課長やエンジニアまで全階層へ、同時並行で世界各地へ、広く深く展開されていった。彼らは同じ計画を共有し、整合の取れた優先項目に集中し、共通のフォーマットと相互依存的な評価指標を使った。

一番重要なのは、B&SEチーム内で同じ水準の透明性と率直さを求めたことだ。B&SEにオオベヤ（大部屋）を準備し、その壁一面を使って改善活動やパフォーマンス水準などの重要なデータを貼り出している（第1章、第2章でさらに解説する）。これが、デザイン・レビュー、開発マイルストーン・レビュー、マッチド・ペア会議と組み合わされ、その他のしくみとも緊密に繋げられて、B&SEチームが事業を前進させていくのに使える、強力でリズムに乗ったマネジメント・システムの構築につながった。

卓越した製品と卓越した人材を同時並行で創っていく

グローバル開発部門は、卓越した技術力を育成する努力を倍加させる必要があることに気づいた。以前の幹部は社員の技術的能力より個々人の「起業家精神」の方をはるかに重視すると明言し、多くの重大な技術業務

をアウトソースすることまでやった。こうなれば、技術者にとって出世の一番の早道は管理職をめざして自分の仕事を変えることだ。アウトソーシングすればよいという考えが、技術者の出世戦略と大掛かりな組織改編と相俟って、いくつかの重要な領域で深刻な技術能力不足の事態を引き起こした。

開発部門は、場合によっては必要なスキルを外から雇わざるを得なかった。しかしそれが長期的な解決策にならないのは明白だ。個々の技術分野のリーダーは、人事部で自部門を担当するパートナーと一緒になり、それぞれの技術分野ごとに技術能力習得モデルを作成した。さらに各チームメンバーと定期的に会って指導する「技術メンター」も割り当てた。

彼らはさらに先まで進み、昇格候補の技術者をいままでの職歴と関係の薄い職務へ配置転換するのを止めさせた。こうしたやり方は技術者の不満を増すのではと思うかもしれないが、自分の専門分野を極めるべく努力していた技術者にとっては、待ち焦がれていた施策だった。

グローバルに戦える組織をめざして、単一で競争力のあるグローバル開発プロセスを構築する

先に説明したように、フォードは製品が地域によってばらばらであるだけでなく、開発プロセスも同様だった。地域ごとに製品が独立していて、グローバルな標準化された開発プロセスが存在しないという状態のため、グローバルな広がりを持っているにも関わらず、そのスケール・メリットを十分活かして最強の競合メーカーに対抗していくことができずにいた。そのため、強い競争力を備えたグローバルな開発プロセスの構築が優先事項となった。

グローバルな製品開発プロセスの構築——マクロレベル

フォード製品開発システム(FPDS)は、元々グローバル・システムになることを意図してつくられたのだが、残念なことに各地域でばらばらに発展していった。結果的に、どの地域でもあまり効果的なしくみにはならず、そうこうするうちに肥大化した煩雑な手続

きの迷路となって、開発プログラムのチームが理解するだけでも四苦八苦する、ましてやそれをスムーズに通過させるのは非常に困難という代物になってしまった。

その結果が、開発マイルストーンに対する遅れ、開発後期に多発する設計変更、不満だらけの開発チーム、予定より遅れた上にトラブルだらけの製品ローンチ（販売開始）だった。

FPDSの弱点の原因は、FPDSを築く過程とその背後の考え方にあった。フォードの製品開発のパフォーマンスを改善しようと真剣に考えた結果、様々なスタッフグループが多くの硬直的なルールを作り、それぞれのルールに即して監査を行っていた。ステージ・ゲート・モデルも、管理強化の有力な手段になると考えて導入したものの、結果は惨憺たるものだった（マイルストーン管理やデザイン・レビューに関するもっと上手なアプローチを第2章で示す）。

チームは、ゲートレビュー（トール・ゲート［料金徴収所］と呼ぶ企業もある）をなんとかして通り抜ける必要がある。レビューの通過基準を決める権限を握っているのは本社スタッフだ。基準を通して特定の（本社スタッフが選んだ）手法を強制する結果になっていた。長年FPDSを主管してきたスタッフグループはこの間、ゲートレビューの基準に数々の「ベストプラクティス」を営々と積み重ねた。

そのせいでゲートを通過するのが非常に煩雑で厄介になっていたばかりか、ゲート通過の要件を理解することすら困難になっていた。善意の結果とはいえ、このような複雑さのせいで問題の発見が難しくなり、開発の後期に至って隠れていた問題が次々と浮上してくるのが常態になっていた。

現実に立脚したこのような分析を経て、フォードは自社の開発のやり方をゼロから始めて根本的につくりなおすと決意した。ゴールは真にグローバルな製品開発システムの構築だ。続く数カ月でモーガンは有能な機能横断チームを編成した。彼は開発の主要な部門からオピニオンリーダーで、頭が柔らかく、理想を言えばすでに世界水準の開発システムの経験を持っている人材を探し出した。

たとえば、このうち2人はマツダの開発プログラムに参加するため日本で2年間勤務した経験を持つ。しかし、最も重視したのはそれぞれが特定の分野の専門家であり、新車を開発するために何が必要かを分かっていることだった。

チームの最初のステップは、共に学び合い、開発プロセスのあるべき姿の共通ビジョンを策定することだった。GPDSチームはボルボからジャガーまでフォードが所有する世界にちらばるすべてのブランドを訪問し、ベンチマークした。当時、フォードはマツダの大株主だったことから、マツダのプロセスも詳細にベンチマークすることができた。

チームはまた、製品開発のやり方の可能性を探るため社外の製品開発の専門家と会い、様々な産業の製品開発プロセスを調べた。最終的にこのチームはマツダのリーンな開発プロセスをGPDSの土台として選び、それにボルボのバーチャル・シリーズのようなベストプラクティスを組み込んだ。

フォードはボルボの手法に手を加えて、CAD・CAEなどのベンダーの協力を得て、特別にカスタマイズされたバーチャル・リアリティ（VR）とソリッド・モデル設計ツールを使って開発プロセスを最初から最後までサポートするシステムを構築する。

このシステムの全体は、1つの車種を市場に届けるために欠かせない主要な「ワークストリーム」に分割された。車体開発、電気・電子開発、シャーシー開発、試作、車両試験、生産技術、ローンチ（量産立ち上げから発売まで）である。

選ばれたリーダーは自分が担当する専門領域においてLPPDプロセスを開発し、自部門の関係者のコミットメントを得る責任を持つ「ワークストリーム・リーダー」になった。ワークストリーム間で成果物を共有し、コラボレーションをやりやすくするため、GPDSチームはオオベヤ（可視化した情報を共有する大きな部屋）を準備した（第1章以降の各章で説明するオオベヤは、「素早く正確に新製品を開発する」ために不可欠な手法だ）。

オオベヤのおかげで、開発プロセスを壁に貼り出し、チームがクリティカルな問題に集中し、問題が深刻化する前に手を打って、自分たちの仕事をよりうまく統合することが可能になった。

壁にはワークストリームごとに整理されたベンチマーク情報がたくさん掲示されている。壁が情報で埋まるにつれ、フォードとマツダの間の大きなギャップがますます明らかになり、チームメンバーは気落ちした。しかし同時に、それは自分たちの努力をどこに集中すべきかを示してくれるものでもあった。

オオベヤは元々チームの開発プロセスを可視化し、グローバルな開発システムをつくりやすくすることが狙いだったが、予想外の効果もあった。GPDSのオオベヤが、フォードの幹部が来たがる場所になったのだ。幹部らは製品開発で何が起こっているかを知りたがっていた。

ここに来れば、マツダとのギャップがはっきりと貼り出され、その対策も示されている。各ワークストリームのリーダーは自分たちのやっている仕事に関する議論をリードする。部屋では激論が戦わされ、鋭い質問がたくさん飛び交った。全員が合意しているのではなかったが、全員が議論にのめり込んでいた。後には、実際の新車プログラムの管理やグローバルな機能別部門でもオオベヤが使われるようになった。

実際の新車開発プロジェクトと並行して、様々な部門で出てきたアイデアをここで試行することにかなりの時間が費やされた。このような「飛行中の」開発プログラムにおける実験を通じて、チームは何が機能し、何がしないかを学び、学びに応じてＧＰＤＳを調整していく。

この試行の結果は、後に実際のしくみを切り替えていく段階でもうまく活用できたし、同時に「変化はすぐそこに来ている」という心躍るメッセージを広げるのにも役立った。

グローバルな製品開発プロセスの構築――ミクロレベル

本社レベルでのＧＰＤＳ導入は必要なことだったが、実際の製品開発プログラムを変えるには全く十分ではなかった。機能別部門の内部で、ＧＰＤＳが求める要件の具現化をそれぞれがいかにサポートし、目標を達成するかということに関して、細かいワークがまだたくさん残っていた。

今までよりも厳しいリードタイム、コスト目標、品質要求を達成する能力を身に付けるためには、相応の習熟努力が必要だ（ここで使われたアプローチは第9章で説明する）。

出発点として、機能別部門はそれぞれ、コスト・品質・タイミングの目標達成計画を作らなければならない。これが出発点になることを機能別部門がよく理解する必要があった。各ワークチームは、製品・プロセス開発の全体の中で自身が担当する部分がどこにあるかを把握し、当該担当部分について現状のバリューストリーム・マップ（モノと情報の流れの図とともに、停滞時間を付加価値時間と対比させて時間軸上に描いたもの）を作った。

通常なら3日かかる作業だ。各チームは、大きな紙と付箋を使い、典型的な開発プロジェクトにおける主なプロセス・ステップと情報の流れを描き出した。彼らはまた、世界中の自動車産業はもちろん、自動車以外の産業も含め、様々な企業の開発、試作及び金型製造に関して詳細なベンチマーキングを行った。このようなギャップ分析を通して、改善の機会がどこにあるのか明白になった。

B&SEのチームはあまりにも多くの改善の機会を発見したため、優先順位図を使って順位をつけ、問題を1つひとつ、より深く理解するよう努めた。これが、対策を考え出したら同僚と話し合うという習慣の形成につながっていった。

彼らは、この過程を「問題解決A3報告書」と呼ばれるリーンの手法を教える機会としても活用した。これは、当該の問題解決においてこの道筋を選択したのはなぜかという流れをざっくり理解できるように、1枚のA3サイズの紙の片面に要点だけを書いていくものだ。

A3報告書では、期限を区切った実行計画を後段部分に必ず書かなければならない。A3報告書を半ば強制的にチームメンバーに使わせたのは、彼らの思考を簡潔明瞭に表現し、他者とのコミュニケーションを容易にするためだ。A3報告書はその作成を主導している人が利害関係者から意見をもらえるように、常時持ち歩いて積極的に活用するよう奨励された。

バリューストリームの分析を通して、どの部門にもかなり共通する1つの洞察が得られた。その洞察とは、開発グループや開発者個人の設計完了・凍結が時期尚早すぎたがゆえに、後になって設計に関する問題が見つかり、それが設計のやり直しという多大なムダにつながっているというものだ。

開発者が設計コンセプトを決めて設計を詳細レベルで解析し、詳細なCADモデルまで作りながら、後の段階に至って当該部品が接続するはずのサブシステムとうまくつながらなかったり、現有の工場の能力ではつくれないといった不整合が判明する事態があまりにもたくさんあった。そこで、チームはこの傾向を抑えるため「完成前の適合性評価」（CbC、Compatibility before Completion）と呼ばれる原則を応用していく。

設計を早い段階で凍結してしまうのではなく、多様な視点からしかるべく検討した後に凍結するということだ（第2章で詳細に議論する）。こうなると、上流側の設計の第一線で今までより多くのワークをこなさねばならない。しかし、結果的に設計の下流プロセスで生じていた多大なるムダを省き、より早く車を市場に出せるようになったのである。

チームは部品メーカーとの間でも、GPDSの要求及びそれをサポートするための仕事のやり方を包み隠さず共有した。チームはまた、部品メーカーに対してフォード側が自社ではできないこと、やりたくないことを要求しないという原則に従った。この原則がフォード社内の金型・工具工場の変革につながった（第4章で詳述する）。

フォードとの取引からの撤退を選んだ部品メーカーも何社かあったが、大半の部品メーカーはこれをチャンスと捉え、この学びが自社のプロセス改善に役立ち、フォードとの連携も強化されるはずと受け止めて真剣に取り組んだ。

結果――フォードの将来の姿

ムラリー時代を思い返すとフォードのV字回復があらゆる指標から見て素晴らしいものだったことが分かる。これを「米国ビジネス史上最高の回復劇の1つ」と呼ぶ識者もいる（＊3）。フォードの外側にいるアナリストの多くが同社の成功要因はムラリーの戦略的決断に尽きると言ったが、これは不正確だ。アナリストは、それが「製品主導の復活劇」であったこと、さらに組織のあらゆる階層において人々の深い関与が不可欠であったことを見落としている。
この変革は米国を代表する企業を救っただけでなく、ついにはグローバルに競争し繁栄する会社としてフォードを復活させるに至った。たとえば、2017年のフォーチュン誌「世界で最も評価される企業番付」でフォードは北米自動車メーカーのなかで最上位にランク付けされている（＊4）。

結果――マクロレベル

開発の能力　2010年の時点ですでにGPDSプロセスは開発後期の設計変更を50％削減し、新車プログラムの総開発リードタイムを25％以上短縮、総開発コストを60％削減していた（＊5）。さらにこのプロセスは、フォード史上最も顧客をワクワクさせ、数々の賞に輝く車を記録的な数で開発する原動力となった。
この好業績を支えたのが、フォードのプラットフォーム開発能力の向上だ。たとえば、車両プラットフォーム数を2005年の27から2014年の12、さらに2016年には9まで削減しながら以前より多くのモデルを生み出し、それぞれの製品の効率や性能特性も大幅に改善した。

財務上の結果　財務上の結果は、驚くべきものであった。

- 利益は、2006年の170億ドルの赤字から2013年の86億ドルの黒字に。(＊6)
- 粗利益率は、2006年の2%から2013年に13%まで改善。(＊7)
- 社員1人当たり売上高は、2006年の53万3743ドルから2013年の81万1656ドルへ増加。(＊8)
- 株価はムラリー就任の前月の665ドルから2013年12月には1700ドルに上昇。(＊9)
- 信用格付は、2006年のジャンクボンド並みから2013年には投資グレードへ昇格。(＊10)

おそらく最も重要なのは、フォードの車1台当たりの利益(実売価格指標による)が赤字からトヨタに次ぐ2位となり、GMに比べると66%も高くなったことだろう。(＊11)

結果——ミクロレベル

リーンなやり方を適用したことによる結果は、ミクロレベルでもマクロレベル同様に素晴らしいものだった。

- 金型設計リードタイムを50%短縮。
- 社内の金型・機械工具の品質問題が80%低減。

● 開発の生産性は20％向上。
● プレスの材料歩留まりが10％向上。製品品質とクラフツマンシップも向上。
● 車体外装部品の千個あたりの手直し率は53％低減。
● "Things Gone Wrong"（TGWs）と呼ばれる、小さいが品質に重大な影響を及ぼす因子を30％以上低減し、フォード社の顧客満足度向上に貢献した。
● フォードは、米国ハイウェイ交通安全協会からすべての自動車メーカーの中で最も多くの5つ星評価を得た。
● 2013年に「フュージョン」がオートモーティブ・エクセレンスのデザイン賞及び未塗装車体・ドアの卓越製造賞を受賞し、安全性で5つ星評価を得た。
● B&SEチームは、2015年マスタングやオールアルミニウム製F150といった、当該セグメントを牽引するような先進的モデルの開発に貢献した。
● フォードの車体・外装チームは、部品メーカーとの強力なパートナーシップへのコミットメントを実証したことに対してプレミヤ・オートモティブ・サプライヤーズ・コントリビューション・トゥー・エクセレンス賞を受賞した。（＊13）

これらの成果に加え、ほぼ同時期にフォード本社が行った調査によれば、社員満足度の指標はB&SE内で26％向上した。導入した業務や技術の手法は、よりよい製品と生産性向上だけでなく、フォードのB&SEをよりよい職場することにも貢献したのである。

この先の展開　感動を呼ぶフォードの物語は、「製品主導の変革」のポテンシャルを示してくれる。同時に、このような鮮やかな復活は、どこかから持ってきたものを官僚的なルールで強制したところでやれるものではないことも教えてくれる。懸命な努力と非常に厳格な規律を要する困難で複雑な仕事であり、全社を動員する必要がある大きな仕事だが、やる価値は充分にある。

われわれは、会社の大きさは違っても、どんな業界のどんな会社でも、倒産の危機に瀕していなくても、フォードが成し遂げたのと同じような製品主導の変革を成し遂げられると信じている。

本書では随所に様々な業界の企業の実例を数多く盛り込んだ。どのような種類の製品主導の変革であっても、まずは会社の現状を直視する分析から始めなければならない。それは、顧客と製品に関する深い理解から始まる。第1章でわれわれは、LPPDを実践している企業がどのようにそれを達成したのかを紹介する。

Your Reflection

あなた自身の振り返り

われわれは各章の内容を振り返り、行動に移すための標準フォーマットを次の第1章から使い始める。しかし、よい事例はどんなものでも、何らかの振り返りをするだけの価値がある。

1 フォードにおいて製品主導の変革が成功したことに関して、あなたが学んだことを3つか4つ選び、書き出しなさい。

2 あなたの会社には、ムラリーのようなCEOはいるか？　即ち、製品開発に情熱を傾け、勝てるチームをつくるスキルを持ったCEOはいるか？

3 そういうCEOがいないとしたら、卓越した製品開発への変革を主導することができる最上位の役員は誰か？

4 卓越した製品・プロセス開発をめざしてすでに始めた活動はあるか、あるならそれは何か？　それらの活動は「おおむね官僚的で開発チームの仕事をむしろ阻害している」か、あるいは「卓越した製品開発をしっかりサポートしている」のいずれだろうか？

CHAPTER 1
よい製品を開発する
Creating the Right Product

やるべきでないことを効率的にやるほどムダなことはない

――ピーター・ドラッカー

顧客がコンピュータを楽々快適に使えるように、細かい部分まで汗水たらして頑張ること、顧客はこれに対してこそお金を払ってくれるのです。われわれはこの達人ということになっています。これはわれわれが顧客の意見を聞かないということではありませんが、今まで全く見たこともない製品に関して顧客が意見を言うのは難しいものです。

――スティーブ・ジョブズ

アップル創業者

フォーチュン誌「アップルの年俸1ドルの男」

いまでは広く知られているが、失敗作の例を挙げれば切りがない。フォード・エドセル（1957年発売、デザインの悪さなどから全く売れなかった車）、ポンティアック・アズテック（2000年から発売され、デザインで酷評されたSUV）、ニュー・コーラ、クリスタル・ペプシ、ＨＰのタッチ・パッド、アップル・ニュートン、マイクロソフト・ズーン等々。これ以外にも無数にある。

こうした製品は、全く売れなかったばかりか、場合によってはブランドの価値を大きく傷つけ、回復に何年もかかった上に何十億ドルもの費用と膨大な工数の浪費という結末を迎えた。

いや、そういう事例は『石器時代』の話だ。今日の企業は、個人のプライバシー侵害が懸念されるくらいまで細かい情報をいくらでも集めることができる。こんなハイテク情報に満ちた環境だから、とんでもない大失敗はありえないって本当？　いや、実際は、大失敗の可能性がある。

- 欠陥電池のせいでサムスン・ギャラクシー・ノート7は爆発し、23億ドルの損失を計上するリコールにつながった（＊1）。
- アマゾン・ファイアー・フォン（2014年）は、価格199ドルを0・99ドルまで大幅に値引きしたが、なお1・7億ドルの損失を出し、2015年に販売を打ち切った（＊2）。
- グーグル・グラス（2013年）はクールな製品だったが、コンピュータ化されたメガネを欲しがる消費者はほとんどいなかった(*3)。

- ルルレモン・アストロ・パンツ(2013年)は、一部の製品で素材が薄過ぎるため体が透けて見えると指摘され、回収することになった(*4)。
- バーガーキング・サティスフライ(2013年)は普通のフライドポテトよりカロリーが少なかったが、それを好んだ消費者も少なかった(*5)
- 球形のメディアプレイヤーのグーグル・ネクサスQ(2013年)は値段が高すぎ、発売して間もなく販売中止になった(*6)。
- ナイキ・フュエルバンド(2014年)は、競合メーカーが多数いるフィットネス・デバイス市場で競争できなかった(*7)
- F-35統合打撃戦闘機(空軍、海軍、海兵隊3軍の要求に応えた攻撃用戦闘機)や航空母艦ジェラルド・フォードのような政府プロジェクトは予定より数億ドルのコスト超過、何年もの開発遅延にもかかわらず、予定の性能を全く達成できなかった(*8)。

これらは世間に広く知れわたった失敗事例に過ぎない。有名な製品開発の失敗の背後には、いずれも何千件もの失敗がある。知られていないだけだ。

実際、失敗とまでは言えないにせよ、経営幹部が非常に注意深く監視しているにもかかわらず、新製品開発のほとんどが期待した結果を全く出せていないという事態はよくある。マッキンゼー社の調査によると、世界中の84%の経営幹部がイノベーションこそ自社の成長戦略にとって非常に重要であると答えたが、驚くべきことに、その94％が自社のイノベーションの実績に不満を持っていた（＊9）。

どうしてこんなことが起きるのか。イノベーションに投入される経営資源と経営幹部の注力は増すばかりだ。企業は、高度な販売・マーケティング戦略の元となる空前の量の顧客情報を得ることができる。それなのに、製品の売上が期待値に達することはめったにない。

われわれは、より多くの情報、より高度な分析、より多くの経営資源の投入が必ずしもよいとは言えず、それだけでは不十分であるからだと考える。われわれの経験では、その原因は、ほとんどの企業が詳細設計を始める前の段階で、「顧客を真に理解する」に足る十分な時間と労力を割けないことと、顧客理解から直接間接に導かれるもの以外の重大な知識ギャップを発見し埋めるための「実験」に十分な時間と労力を割こうとしないことにある。

フロントローディング

われわれの前著『トヨタ製品開発システム』（＊10）に挙げた原則の1つが、「フロントローディング」だ。トヨタが「ケントウ」と呼ぶ、検討と分析の重要なフェーズである。われわれが前著を書くための研究をしていた当時、トヨタが顧客とコンテクストを深く理解するために例外なく必ずかけていた時間の長さは他社に比べて突出していた（コンテクストとは、顧客1人ひとりがその製品をどのように選び、どのように使うのかという事実の集積に基づく文脈）。

トヨタでは、この「ケントウ」（検討）段階で、非常に密度の高い集中した取り組みが行われていた。少人数の知識豊富な上級技術者チームが幅広く情報を集め、多くの設計案を考え出し、真剣な考察を通して最終案に収束させていくのだ。

「ケントウ」は詳細設計に入る前の段階で行われ、次のような本質的な質問に答えていく。

- この製品はどのような問題を解決しようとしているのか？
- どの特徴が最も重要で、顧客に評価されるのか？
- この製品は、いかにして競合製品にない価値を顧客に届けるのか？
- この製品は、全体としてどのようなコンテクストで顧客に使われるか？
- この製品は、競合他社が次の製品サイクルで出すと予想される製品に対して、どのように優位に立つか？
- 重大な知識ギャップや、大きなリスクのある領域はどこか？
- 製品開発の計画はどのようなものか？

われわれは、この「ケントウ」の時期こそが、トヨタ製品開発システムの最も重要な部分であると主張した。なんといっても、まちがった製品を開発するのは最悪のムダだ。それは開発にかかる時間、資金、全社から集めた才能ある人材の浪費に他ならない。

トヨタの開発の第一線の中心には、製品ごとに任命された、1人の、責任を負うチーフエンジニアと呼ばれるリーダーがいる。

前著では、チーフエンジニアがいかにして配下のチームを導いて顧客理解を深めさせ、ユニークな価値を顧客に届けるビジョンを創り上げたかという物語をいくつか紹介した。トヨタで有名な物語の1つが、ミニバン「シエナ」のチーフエンジニアが、既存のトヨタのミニバンを自ら運転して、米国、メキシコ、カナダの全州を回って研究したというものだ。

彼は、ホーム・デポ（全米最大のホームセンターチェーン）の駐車場で顧客が定尺のベニア合板を板のサイズよりちょっと小さな荷台に積み込もうと苦労している様子を観察した。またあるときは、自身が運転する高い車高のミニバンが大草原を走行中に横風を受けてハンドルを取られることを身をもって体験した（彼はまた、長時間ドライブの間、子どもたちを飽きさせないことの重要性も学んだ）。

その頃、トヨタはミニバンの米国トップシェアの地位をホンダのオデッセイに奪われてしまっていたが、顧客及びコンテクストを深く理解しようとするこのようなチーフエンジニアの行動が後のトヨタのイノベーションにつながり、ついにはオデッセイを売上で再び追い抜くことになった。

多くの企業では、開発部門は販売やマーケティングの担当者が作った製品コンセプトに基づいて新製品を設計する。その販売やマーケティングの担当者は、大量のデータを分析して顧客ニーズを理解したと考えている。トヨタでは、販売やマーケティングにとって最も重要な顧客はチーフエンジニアであり、彼らはチーフエンジニアのために働く。データは有用だが、チーフエンジニアは自ら直接の観察を通じて顧客と製品を肌で理解しようとする。

技術そのものと、技術によって何が可能になるかをよく分かっているチーフエンジニアが顧客を肌で理解し、コストに影響する因子を理解した上で製品のビジョンを創るのだ。前著では、「ケントウズ」（検討図）と呼ばれる「早期段階を描くやり方」も紹介した。通常は手書きのスケッチだ。

トヨタの開発チームは、こうした早期段階のスケッチを、ケントウの段階で複数の設計案を書き留めて伝え合うのに使っていた。チームメンバーはまた、シンプルな試作品を素早くつくり、それを使って実験を繰り返し、プロジェクトのなかでリスクの高い領域を早期に掴んで理解するために役立てていた。

このようなワークを敢えてやるのは、大量の人的資源や資金が詳細設計に投入される前の早い段階で重要な知識ギャップを発見し、それを埋めるためだ。チームが新製品やサービスのビジネスチャンスを発見したとして、分かっていないことはまだたくさんある。チームメンバーは、顧客とコンテクストと製品・サービスの理解に加えて、このあと直面するであろう大きなリスクやチャレンジをより深く理解し、成功する製品を開発する確実な計画を策定しなければならない。

「ケントウ」段階は、そのお膳立てをするためにある。これは、彼らがすべての答をこの段階で得なければならないということでは全くない。開発プログラムを通して、チームの学習はずっと続いていく。しかし、早い段階で敢えて時間をかけてこうした「ケントウ」を行うなら、当該新製品がそのユニークな顧客価値をいかにして実現するか、それを具体化する筋のよいプランはいかなるものかということについて、少なくともチームは１つの確固たる共通の概念的理解をもって以降の開発に臨める。

われわれは、こうした研究の後も引き続き多様な産業の多くの企業を指導する機会を得てきた。その経験と学びを通して、「ケントウ」の段階で重大な知識ギャップを見つけて埋める方法について、すでに分かっていることを土台に、自らの思考をさらに洗練させることができたと思っている。今に続く研究の過程で、成功した企業が製品開発プログラムの第一線でやっていることは、次の４つのカテゴリーに大まかに分類できることがわかってきた。

1 深い理解を得るためのワークに励む

2 複数のソリューション案の集合を作る

3 学習するために実験する

深い理解を得るためのワークに励む

われわれは、新製品やサービスの開発の早い段階で「自分が知っていると思い込むな」というシンプルなアドバイスを皆さんに1つ贈る。新製品がどうあるべきか、深く理解するのに必要なワークに、厭わず励みなさい。

本章冒頭のスティーブ・ジョブズの言葉にあるように、これは、顧客が求めているモノやコトのさらに上を行き、顧客が今求めているニーズのみならず、顧客自身もまだ気づいていないニーズをも満たすため何が可能かを知ることまで含む実に大切なワークだ。

その答を得るのに最も適した場所は「ゲンバ」(現場)、つまり顧客がいる場所である。あなたは、新製品やサービスがどのようにして最善の顧客エクスペリエンス(体験)を提供し、顧客の問題を最適な方法で解決し、いかにして顧客の作業を競合製品よりも快適に完遂させられるかということに関して、真に深い洞察を得なければならない。そのために、顧客の環境に自らどっぷりと浸かりきりなさい。

現場に行って、よく見る

チャールス（チャーリー）・ベイカーは、ホンダ車のフルモデルチェンジの最初の米国人チーフエンジニア（ホンダでは、「ラージ・プロジェクト・リーダー」、ＬＰＬと呼ばれる）に任命され、訓練のために日本へ送られた。

ホンダの技術センターで車を設計・開発するための最新のシステムや技術を学ぶのだろうと彼は予想していたのだが、彼の指導のために特に選ばれた非常に経験豊かなチーフエンジニアは、ベイカーを技術センターではなく東京の街へ連れ出した。東京の街中を歩く間、その指導者は彼に何が見えるかと訊いてくる。

ベイカーが周りに見える車とその特徴を次々に説明していくと、指導者は「違います。何が見えますか。車のことを言わないでください」と言うではないか。ようやくベイカーは理解して、目の前にいる人々が様々な交通パターンをどう処理しているか、どの車に見とれているかといったことや、人々が車に乗り降りする様子などを説明し始めた。ベイカーは、顧客にとって本当に重要なモノやことがらを「見る」ことを学んだのだ。

次にこの指導者は、ベイカーが車の向こうにあるもの、つまり人と暮らしの様々な側面を見るように仕向けていく。人はどのような価値観を持ち、どのように選択しているか。それを理解したなら、魅力的な製品を創る際にその理解をどう活かすか。ベイカーによれば、「人間、顧客、人の価値観や意思決定に重点が置かれていました。それ以外のことはすべて些細なことに過ぎませんでした」と言う。

「現場に行って自分の目で見よ」という教えは、リーンで繰り返し教え込まれる基本中の基本に由来するが、製品開発においても製造現場と同様、実にパワフルだ。市場調査報告書やフォーカスグループの調査要約に頼ってばかりでなく、自ら経験しなさい。そして、顧客のニーズと、その製品が使われるであろう状況（コンテクスト）をよく理解しなさい。「行って見る」とは、単に周りを見回しメモを取って済むものではない。自分の観察眼を磨き、現場で出会った人々との対話の能力を高めなさい。顧客に何が欲しいですかと聞くだけではだめだ。それを知るのは顧客の仕事ではなく、あなたの仕事なのだから。顧客の世界に浸りきりなさい。この直観的な経験は、はるかに強力であり、あなたの製品を差別化し、顧客にユニークな価値を提供する革新的な洞察を得る無限に近い可能性を秘めている。

前著で紹介したミニバン「シエナ」の事例の通り、トヨタのチーフエンジニアは、顧客が自身の問題を解決するために、あるいはやりたいことをやるために、車がどのように役立っているのか、「現場へ行って、見る」ことを実行している。しかし、あなたの製品の目標が顧客に「感動のエクスペリエンス！」をもたらすことであるなら、どうしたらよいだろう？

心躍るエクスペリエンスを届けるために、浸り切る

ハーレー・ダビッドソン社シニア・バイスプレジデント兼チーフ・スタイリング・オフ

ィサー（デザイン統括役員）のウィリー・ダビッドソンは、「形は機能に従うが、形と機能は両方とも感情に従属する」と語った（＊11）。

顧客が製品を買うときの意思決定はもちろん、購入後にその製品を使うときも、感情的なつながりが重要な役割を果たすことに疑いの余地はない。しかしながら、つかみどころのないこうした特性を理解するのは、多くの製品で極めて難しいとされてきた。光を瓶に閉じ込めたいと願ってもなかなかできないのと同じようなものだ。

フォード・マスタング（Ford Mustang）は「感情的つながりがすべて」とも言える製品である。それを買う論理的な理由はない。消費者にとって、マスタングよりも理に適った交通手段の選択肢はたくさんある。マスタングを所有し、運転することは、「心躍るエクスペリエンス」（感情的な体験）なのだ。

顧客が欲するこうした「エクスペリエンス」を言葉で説明するのは非常に難しく、ましてや定量化はさらに困難である。たとえばそれは、個性重視の人々で構成される世界に向けての目に見える意思表明なのかもしれない。そのような顧客がマスタングに期待するのは直感的な体験であり、自身の独自性の表象だ。

それを理解するにはどうすればよいのだろう？　われわれには詳細で具体的な手法の持ち合わせはないが、大ヒットした2015年モデルのマスタングの開発をデイブ・ペリカクが主導した際に、深く理解し、魅力的なビジョンを創り、それを市場に届けた経験から学べるものはたくさんある。

ペリカクがチーフエンジニアに任命され、次期マスタングの開発の責任を担うことになったとき、このブランドはGMのカマロに売上で大きく水を開けられた二番手で、過去5年間、カマロに負け続けていた。マスタングが顧客との感情的つながりを失っているのは明らかだった。ペリカクはそれを取り戻す方法を見つけなければならなかった。

「マスタングのファンはカルト宗教の信者のようなものです。しかも、とても容赦ないカルトです」とペリカクは語る。

「もしも失敗したら、彼ら（顧客）はすぐにそれに気づいて、容赦なく文句を言って来る」（＊12）

世界各地に250のマスタング・クラブがある。会員にとって、マスタングを所有するということは遊びではない。真剣なのである。しかし、マスタングはその「モージョー」（mojo、顧客を魅了する力）を失い、顧客はフォードにそれをはっきりと知らせていた。

ペリカクは物心がついて以来ずっと「マスタング・ガイ」だった。何台かを所有し、それ以上の数のマスタングを改造し修理し、妻へのプロポーズまでマスタングでという徹底ぶりだった。マスタングこそ彼がフォードに入社した理由の1つであり、明けても暮れてもマスタングのことばかり考えていたという。

こんなふうにマスタングと共に育ってきたペリカクだったが、チーフエンジニアとして、マスタングと顧客の間の感情のつながりについて研究し、深く考えるために、ここで改めて時間をとる必要があると気づいた。

マスタングがどこで間違ったのか、理解しなければならない。なぜ中核ファンを裏切ることになったのか。あらゆるタイプの顧客と会って話を聞きたい。彼は、顧客がいる場所へ行く必要があった。

まずは米国中のマスタング関連イベントに出席し、親子二代の所有者の熱狂的な話を聞いたり、マスタングが顧客の人生の中のストーリーにどのように複雑に、しかもしっかりと織り込まれているのかを聞いたりした。彼は人を研究していく。

マスタングのオーナーが歯ブラシを使って実に細かいところまでマスタングを徹底清掃し磨き上げるのを観察しながら、そのプライドと情熱を肌で感じた。オーナーがエンジンを始動させ、ガラガラ唸るエンジン音を聞いて満面の笑みを浮かべるのを見て、自分もそうした。マスタングのタトゥーを目撃したこともある。ボンネット裏だから表からは見えないが、エアブラシで描いたまさに世界に1つだけの精巧なイラストも見た。ハンドルを握ると文字通りまるで別人になる顧客の様子もこの目で確かめた。

ペリカクはこのような観察を通して、彼らにとってマスタングとは何なのかを理解し始めた。それは自らの個性を主張する1つの方法なのだ。腕を折り曲げて筋肉を誇示するように、顧客はマスタングで自らの個性を誇示する。ペリカクは、次期マスタングのあらゆる細かい部分がこの「顧客の赤裸々な感情の表現」につながる必要があると確信した。

逆の言い方をするなら、この特別な「エクスペリエンス」を高めるのに貢献しないものはマスタングに入れてはならない。彼は開発チームの決定に際して常に問いかけた。それは個性の表現か？　それは強く見えるか？　それは大胆でエッジが効いているか？　それは「マスタングだ！」と叫んでいるか？　答がノーなら、そんなもの、入れるな。

次にペリカクはこの種の車としては稀にしかやらないことをした。女性のグループの話を聞いたのだ。彼は、これまで女性はマスタングの顧客としても、購入に影響を与えるインフルエンサーとしても見過ごされてきたが、それは大きな間違いだったと感じていた。女性の視点を理解したい。

あるスポーツカーが女性の共感を呼ぶ一方で、他のモデルは感情を害するほどの反発を生んでいる。なぜそうなのか。議論の最後に、ペリカクは彼女たちから聞いた意見をこのように要約した。「つまりあなたたちが言っているのは、ワルっぽい男性は好きだけど、性格が悪い男性は嫌いということですね」。大笑いした後、彼女たちは「まさしくその通り！」と答えた。

この対話を通じて彼は車のスタイリングに怒りや攻撃性が見えると女性に全く受けないことを発見した。しかし、好奇心をそそり、ちょっとエッジが効いて、強く、自信に満ちているスタイリングなら、女性の関心を惹きつける。この対話はマスタングのスタイリングに大きな影響を与えた。

ペリカクとそのチームはデザインコンセプトを見るたびに「これは怒りを表しているか、それとも自信と力を表しているか？」と聞いた。意見を出した女性の多くにマスタングのスタイリングの早期レビューに参加してもらった。これらのレビューは、このプログラムの「デザイン言語」を根底から変えることになった。

ペリカクと彼の小さなチームはそれまでに学んだあらゆることを読み返して、マスタングがどこで道を誤ったのかを理解しようとした。こうして共有した「エクスペリエンス」に基づいて、マスタングはこれまでよりもはるかに強く、ユニークで、大胆にならなければならない。チームはまた、怒りに満ちたデザインや漫画っぽいデザインを避けるよう努めた。

この車は、正真正銘、ルーツに忠実で、他の何かを真似したものではない、マスタングにしかできない形で突出しなければならないのだ。限界を超えるかのように先鋭化し、所有者にとって個性の表現としてふさわしい存在になる。その隅から隅まで、マスタングならではの個性を打ち出す必要があった。

マスタングの「心躍るエクスペリエンス」を再構築するための出発点は、明らかにスタイリングの芸術性だ。これだけは絶対に間違ってはならない。このため、ペリカクはマスタングのチーフデザイナーのケマル・クーリックがコンセプトスケッチや縮小クレイモデルを前に熟考している場所へ向かった。

彼らはマスタングが内包すべき不敵さと強さのシンボルとして、デトロイトの中心街にあるジョー・ルイス（黒人のボクシングチャンピオン）の拳の彫刻を選んだ。これは1965年に発売された初代マスタングと、チャンピオンボクサーの両方の先駆的な独立性を表現するシンボルである。

この「エクスペリエンス」をうまく顧客に届けるためには、ペリカクとクーリックと彼らが率いるチームは、これから行う何百もの詳細な決定をすべて正しくやっていかなければならない。このうち、3つを以下に紹介しよう。

1 適切な外観デザインの追求　この車が内包するパワーを外装デザインで表現することの多くは、マスタングの「おしり」の形から来る。まるで猛獣が獲物に飛びかかろうと身構えているように見える。このデザイン・キュー（特定の印象を引き出すデザイン上の特徴）には強い「ヒップ」が不可欠だ。これは後輪上部の「リア・クォーター」と呼ばれる部分である。「ドンピタ」と感じられるデザインに到達するまで、デザインチームはこの部分のデザイン案のモデルを数え切れないくらい作った。

無論、どんなに素敵な外観でも、デザインしただけでは車を市場に出せない。つまり、製造できなければならないのだが、残念なことに、最高に魅力的なこのスタイリングには製造が困難な部分があった。特にプレスにとって、リア・クォーターパネルのデザインは難問だった。妥協するつもりのないペリカクは、車体・プレス技術チームに直接呼びかけて協力を求めた。以前なら、プレス部門はこのようなスタイリングは製造不可能だとデザイン案に拒否権を発動しただろう。

今回は、拒否する代りにこのデザイン・キューの具現化は不可欠だと受け止め、実現に向けて小さなチームが編成された。そして、プレス工程における複数の重要なイノベーションに共に挑んだ。チームはこれに成功し、止まっていてもまるで動いているような躍動感に溢れたデザインが実体化したのである。

2 顧客にとって重大な特徴に関しては、決して諦めない　マスタングのデザインのDNAを象徴するもう1つの重要な要素は、複数のランプを順次点灯していくリア・ウィンカーだ。このことをペリカクは理解していた。「真っ暗闇の中でも、ウィンカーランプが灯れば、瞬時にマスタングだと分かる」。問題は、順次点灯するこのウィンカーランプのせいでマスタングの見込原価が予算比で20ドル超過することになり、ペリカクに対して「このランプをやめろ」という非常に強い圧力がかかっていたことだ。不安は的中し、ある経営幹部がこのランプを外せとはっきり指示した。

ペリカクはこれを拒否し、「あなたには私をこの職務から外す権限がありますが、もとより理由があって私を任命したはずです。私は顧客を代表しており、このウィンカーランプは絶対に外せないと確信しています。取り除くことはできません」と主張する。気まずい沈黙の後、その幹部は「分かった。ランプはそのままでいい。でも、次の会議までに20ドル分の原価を返してくれ」と言った。

ペリカクはモーガンのチームやその他の開発グループと力を合わせ、ランプ以外の部分でコストダウンする方法を見つけ出す。彼は職を賭けても正しいと思った製品を届けようとした（この種の勇気に関しては、第5章で説明する）。

3 車の機能をもって顧客に感動を届ける

マスタングの運転席に座り、エンジン・スタートボタンを押す。あの独特でハスキーなエンジン音にぐっと来る。アクセルを踏み込めば、その低音の唸り声があなたの心拍数を上げ、鳥肌を立たせる。これこそまさに、もの凄いパワーをどう感じてもらうか、聞いてもらうか、その真髄である。

しかし、これは偶然の産物ではない。ペリカクはパワートレイン開発の人々と一緒になって、「ぐっと来る」このサウンドにぴたり到達するまで、様々な排気システムを50種類もチューニングした。これもマスタング・エクスペリエンスの一部なのである。ハーレー・ダビッドソンのサウンドを思い起こさせるが、ハーレー・ダビッドソンは実際にそのサウンドで特許を取得している。

ペリカクはこう語る。

「マスタングは、顧客に語りかけるデザインで、絶対に所有したくなる車、他の何かになろうとしていない、紛れもなく純粋な『マスタングのデザイン』でなければなりません。それは、スティーブ・マクィーン演じるブリットル刑事（マスタングを駆るカーチェイス・シーンで有名）や、米国の代表的なマッスルカー（かつてのアメ車を象徴する大型エンジン搭載の大きな車）、ジョー・ルイスの拳といったものを連想させる『心躍るエクスペリエンス』なのです」

ペリカクはマスタング・カルチャーのなかで空気を吸い、そのカルチャーを生きてきた男だ。自分の顧客をよく知っており、顧客にとって何が一番重要か、分かっていた。この知識で武装して戦い、プッシュし、この製品の開発の完全な主導権を握った。彼は自らの職を賭けてまで、組織的な強圧を押し返した。これは品質機能展開や市場調査やフォーカスグループなどのツールを通じて顧客の声を開発時の議論に持ち込むのとは全く違う態度である。その手のツールが生み出すデータが非常に役立つ場面は確かにある。しかし、深い理解とビジョンとリーダーシップに取って代わるデータはない。

こうしたペリカクの努力はすべて大きな成果となって返ってきた。まずは２０１５年型マスタングの売上だが、前年比49％増。加えて、次のような素晴らしい結果をもたらした。

- ２０１５年、ＧＭのカマロを売上で37％上回った（＊13）
- 本書執筆時点までにカマロとチャレンジャーを売上で上回っている（＊14）
- 本書執筆時点までに世界で最も売れているスポーツカーの地位を維持している（＊15）
- 「ドリームカー」調査で第1位。テスラモデルSより1つ上、カマロより5つ上にランク付けされた（＊16）

マスタングは格別のサクセス・ストーリーだが、あなたがつくり上げようとしている顧客エクスペリエンスは、車のように鉄とガラスから創り出す必要はないかもしれない。ビットやバイトから作られる場合もある。

それでは、ソフトウェアの世界で「行って見る」という原則を使って同じように深く理解し、卓越した顧客エクスペリエンスを創出するには、どうしたらよいのだろう？

人類学者のように考える

メンロ・イノベーションズ（Menlo Inovations）は、「技術に関する人間の苦しみをなくす」という遠大なミッションを掲げる小さな受託ソフトウェア開発会社だ。このミッションを実現するために、同社はソフトウェアを開発する方法のあらゆる側面を変える必要があった。ハイテク人類学者（High-Tech Anthroporosist）を擁し、ペアでプログラミングし、オープンオフィスの中で協力的な職場環境を築くといったユニークな特性を構築して今に至る。

メンロで顧客を深く理解するのはハイテク人類学者という職名の専門家の役割だ。ハイテク人類学者もペアを組んで働く。彼らは製品を使うユーザーが働く現場へ行って、系統立ったやり方で調査していく。こういった調査では、大抵は顧客企業のＩＴ部門の窓口担当者が会社の意見を集約した（はずの）内容に耳を傾けるものだ。

しかし、ハイテク人類学者はそうはせず、真の顧客たるエンドユーザーに焦点を合わせてじっと観察する。彼らはその製品が使われる職場（即ちゲンバ）で何日も過ごし、ターゲット・ユーザーをその環境の中で観察し、インタビューして、当該製品の性能に関するコンテクストをまるごと理解しようとする。

実際の作業のなかでユーザーが感じ、経験している「問題」を彼らは「痛点」（pain points）と呼び、付加価値を生み出す最大の機会と捉えて注意深く観察し、探し出すべく努める。

ハイテク人類学者には、ユーザーの気持ちになり切る共感力が求められる。ハイテク人類学者は潜在的なユーザーから得た学びのうち、クリティカルな（重大な）内容を「マインドマップ」にまとめて、ユーザーの心の中にある「現状」と「ありたい未来の状態」に関する考えを視覚的に描き出していく。

これは、必ずユーザーの実際の職場で行わなければならない。CEOのリチャード・シエリダンが言うように、「設計はコンテクストに依存する。真のユーザーをその自然環境のなかで研究しなければならない」のだ（＊17）。以後、彼らは、ここから得た情報を具体的な設計ソリューションに変換していく。

複数のソリューション案の集合を作る

メンロのハイテク人類学者の仕事は、顧客ニーズの発見に留まらない。それをはるかに超えた役割を果たす。ハイテク人類学者こそ、開発プロジェクト全体にわたって顧客指向を貫く1本の糸である。最初にユーザーのもとを訪ねてよく観察した後、ハイテク人類学者は問題を文章で明確に描き出し、未来のありたいビジョンのたたき台を作る。

開発プロジェクトはここから始まる。この短い手書きの要約は、ハイテク人類学者が何を実現しようとしているのかを示している。メンロは、作るのは大変だが非常にわかりやすいこの文書をクライアントに見せ、これから何を実現していくのか、クライアントと深い理解を共有する。ハイテク人類学者がその共感力をもって現場で感じ取ったものは正確だっただろうか。開発初期におけるこの協力のプロセスが、クライアントとメンロ内のハイテク人類学者以外のメンバーとの間に共通理解を生み出す。

共通理解が得られたら、主管のハイテク人類学者は他のハイテク人類学者を集めてこの文書を基にブレイン・ストーミングを行い、アイデア出しをする。このグループ・ワークは稲妻のように素早く進められるが、その場でハイテク人類学者はなるべく多くの異なる視点から検討するよう努め、ユーザーインターフェースのソリューション候補を手早くスケッチしていく。

この後、ハイテク人類学者報告会で主管のペアハイテ

図 1-1　何が必須かを伝えるためのマインドマップ。インタビューを基に作られる（ウェブサイトの設計の例）

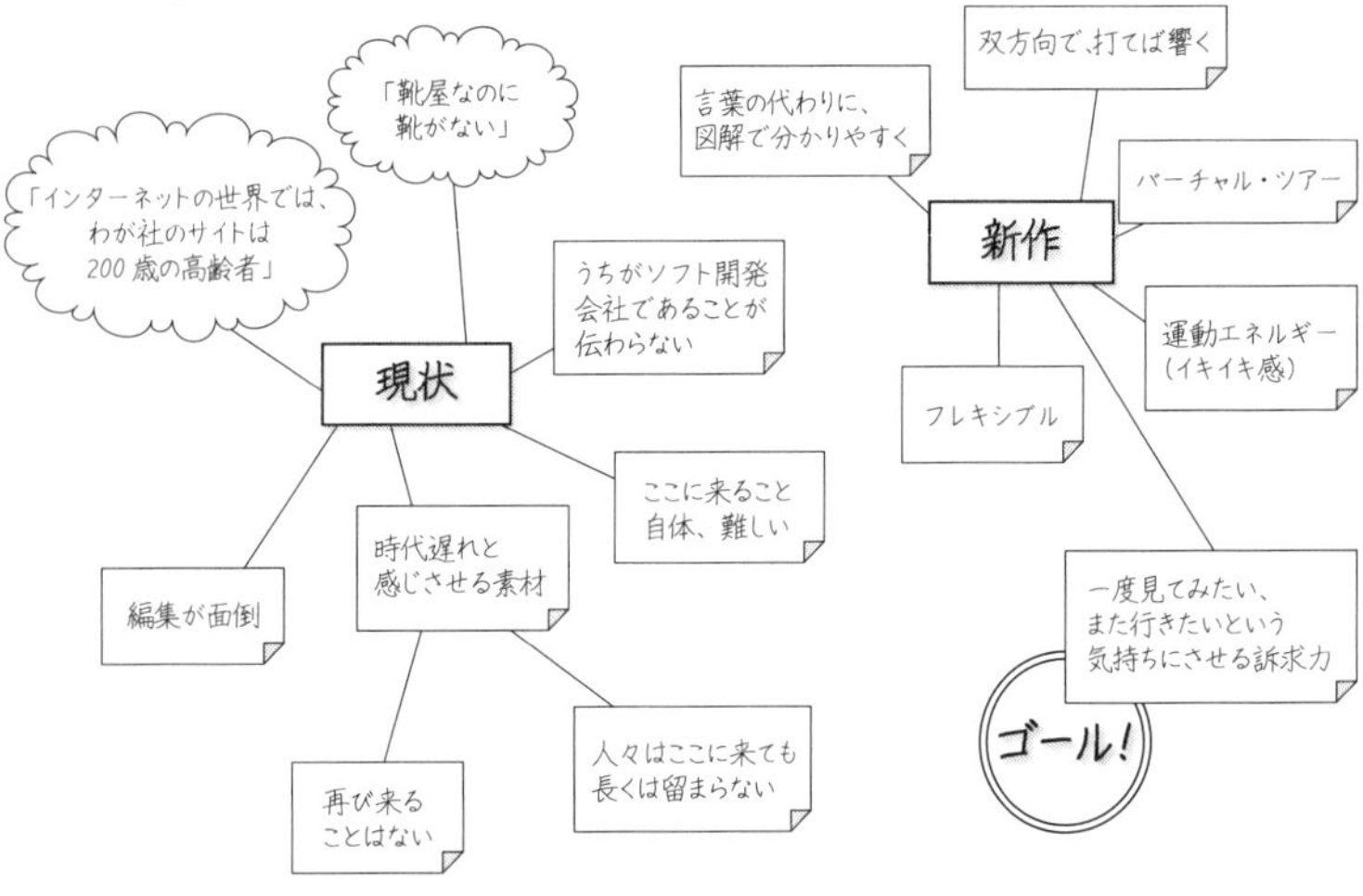

ク人類学者がすべてのスケッチを見て、少数のソリューションに絞り込んでいく。メンロがめざすのは個々のユーザーにぴったりくるソフトウェアだ。したがって、主管ハイテク人類学者はこの絞り込みの段階で、「『ぴったりくる』とはどういうことか」に関して、自分たちの考えをさらに明確に具体化するとともに、他の人々にそれを分かりやすく伝える必要がある。このために、ハイテク人類学者はユーザー・インタビューから作った「マインドマップ」（図１－１）と呼ぶ図を使う。

「ペルソナ」の収束

観察とアイデア出しとその評価に基づいて、ハイテク人類学者のペアは10から30の「ペルソナ」を作る。ペルソナとは仮想上の人格という意味だ。それぞれのペルソナは、「ペルソナ・カード」で表現される。ターゲット・ユーザー候補１人ひとりについての細かいバックグラウンドや特徴を合成してつくった「物語」を１枚のカードに手で書き込み、そこに架空の名前と写真を貼り付けたカードだ。

このカードを射撃の標的のような「ペルソナ・マップ」に貼り出していくのだが、面白いのはここからだ。ハイテク人類学者のペアはクライアントに対して、なんと「ターゲット・ユーザーとして『キー・ペルソナ』を選んでください」と迫るのである。当然だが、議論や論争が起こる。しかし、クライアントは最終的に１人のペルソナを選んで決着する

（＊18）。

非常に厳しく、疲れる仕事と想像されるが、そうであればこそ、ハイテク人類学者のペアは断固としてクライアントにペルソナ集団の中から1人のキー・ペルソナを選ばせる。これによって開発の実務をその「特定の1人のユーザー」に集中させることができる。ターゲット・ユーザーをペルソナの名前で呼ぶのも、この考えを貫徹するためだ。

こうして、たった1人のキー・ペルソナのカードが標的の中心に貼られる（射撃の標的の絵を使うのは、開発の進め方を示唆する教示的な意味もある。チームが狙うべき的を明確に伝えつつ、「出荷を早めたいなら一部の機能を落としましょう」といったトレードオフの余地も示している）。

続いてハイテク人類学者のペアはクライアントに「2次ペルソナ」を2人選んでもらう。2次ペルソナのカードは的の外周に貼り付けられる。ハイテク人類学者は「全員のために製品を開発すれば全員に不満が残る結果となり、いずれ市場で他社製品に殺される」から、この優先順位付けが欠かせないのだと主張する。

デザイン・アセスメント

ここまで、ハイテク人類学者は自ら実行した調査とクライアントとの対話から学んだものを総動員して、明確な「製品ビジョン」を創り上げてきた。開発の次のステップは、その製品ビジョンを具現化すべく、大雑把な画面のモックアップ（スクリーンのポンチ絵）を手で描くことだ。

ハイテク人類学者のペアは再びゲンバに立ち、キー・ペルソナとして選ばれたターゲット・ユーザーに画面モックアップを見せる。そうして得られた意見を整理し、その場ですぐに修正していく。ここは「素早く間違うべし」という考え方と「素早い実験のスピリット」が本領を発揮する場面だ。

ハイテク人類学者はまた、標的の中心を一撃で撃とうとはせず、ターゲット・ユーザーにとって最適な製品の可能性を探るため、複数の設計ソリューションの候補を作る。

メンロの大半のプロジェクトでは、エンドユーザーと共に3回から4回の大きなデザイン・アセスメント会議を行うが、その間に、もっと小規模で小刻みなレビューをやっている。

典型的なデザイン・アセスメントは次のような具合に進んでいく。ハイテク人類学者のペアはエンドユーザーに彼らの「自然の環境下で」（つまりゲンバで）プロトタイプのインターフェースをほぼ説明ナシで見せて全体の流れをざっと説明し、対象の作業をユーザーに実際にやってもらう。

ハイテク人類学者はこのレビューの間ずっと、ユーザーが何をするか、何を言うか、すべて書き留めていく。完璧に直観的に操作できるようになっていないと、ユーザーはどこかでひっかかる。そこでハイテク人類学者は何を変えなければならないか、質問し始める。ハイテク人類学者はしばしば複数のデザインの選択肢を試すために複数のプロトタイプを使い、大量のメモを取り、毎回帰社してから報告会を開催する。

こうしたワークはすべて、実際にプログラムを書き始める前のプランニングの段階で行われる。画面のモックアップは、カード1枚に1つの機能だけを記述した「ストーリー・カード」（メンロは索引カードを使っている）に落とし込まれ、プログラマーのペアが各カードのプログラムを作成するのに必要な時間を1枚ずつ見積もる。

続いて顧客がプランニング・ゲームに参加して、ストーリー・カードを矯《た》めつ眇《すが》めつしながら作業計画に含めたいストーリー・カードを選んでいく。作業計画もメンロ流の週次計画シートを使う。

選んだカードそれぞれの見積り時間の2倍（ペアの作業だから2人分）に時間当りの金額をかけ、合算すれば、それがそのまま開発費用だ。依然計画段階であるから、クライアントは自分たちの予算内に収まる範囲でカードを足したり、カードを取り除いて機能の優先順位を調整したりすることができる。

いよいよ実行の段階に入るとまず、メンロの開発者の目の前で顧客がストーリー・カードを再び矯めつ眇めつして次週のためのカードを選ぶ。この選択がそのまま次の1週間の週次プロジェクト・スコープを確定するのだ（次の1週間で何と何をプログラミングするかを決める）。このときに顧客に選ばれたカードは、次の週の作業計画のなかで「顧客に承認された作業負荷」として優先順位付けされる。

壁には「ワーク・オーサライゼーション・ボード」（作業管理板）が掛けられている。

週ごと日ごと担当者ごとにやるべきワークと進捗具合を視覚的に分かりやすく示すためのボードだ。ここに、「顧客に承認された」ストーリー・カードを貼っていくのである。これ以降、顧客は毎週毎週メンロにやって来ては実物でデザイン・レビューを行い（前週に出来上がったプログラムを顧客が自ら使ってみて検証するということ）、続いて、残りのカードをまた矯めつ眇めつして次の１週間分のカードを選んだ後、帰っていく。

この学習サイクルは、要するにＰＤＣＡである。ＰＤＣＡはハイテク人類学者が顧客の声を代弁する段階から回り始め、実行段階に至っても週次で回りながらずっと続いていく。メンロでは手直しはほとんど発生せず、大半のケースで１００％の顧客満足度を得ていると聞いても、多分驚きはないだろう。

データによって自分自身を思い込みから解き放つ

ここまでわれわれは、直接観察することの重要性を強調してきた。市場調査はどこへ行ったのか。大量の定量データはどこにあるのか。データを無視してはならない。データは役に立つのだ。母集団となる人口統計を理解し、開発中のプロジェクトがライバルたちの製品といかにして競い合っていくかを考えることには価値がある。

われわれは大規模なデータを必要なものと見なすが、それだけで十分とは考えない。データはニーズのトレンドと全体的な傾向、多様性を確かめるのに役立つ。分かりやすいようにグラフやチャートにするのも大切だ。昔に比べるとはるかに多くのデータが得られるようになった。時に多過ぎるほどだ。しかし、データの価値は解釈にかかっている。

様々なデータが有意義に使われた最も興味深いケースの1つは、以前に『ザ・トヨタウェイ』（稲垣公夫訳、日経BP）で紹介した初代レクサスのチーフエンジニアの例だろう。チーフエンジニアの鈴木一郎は、市場調査を「背景調査」として利用しつつ、競合車のオーナーを集めたフォーカスグループに自らインタビューを行った。

彼は、メルセデス・ベンツ、BMW、ボルボ、ジャガー、キャデラックの所有者の好みにパターンを見出し、トレードオフ曲線を作っていく。競合車は、たとえば「洗練された外観」のように、ある面で強い一方、空気抵抗など別の面では弱いといった具合に、トレードオフ曲線上の異なる位置にきれいに並んでいた。

続いて彼は「妥協を拒否する」条件を設定した。その目標の1つが「洗練された外観でありながら空気抵抗が小さい」というものだ。発売初年度からレクサスを米国のベストセラー高級車に押し上げた主要なイノベーションを方向付けたのは、こうした設計上のチャレンジであった。

モノヅクリ・イノベーション

「モノヅクリ」とは、言葉の上では「価値のある何かを作る」という意味だが、はるかに深遠な含意がある。これは、匠の技への熱い心を捉えた言葉なのだ。何かを格別にうまくつくる。そこには卓越性とイノベーションと、強い自負心がある。モノヅクリという言葉には、こうした「血の通う生きた精神」が込められている。

モーガンはマツダと一緒に仕事をして、「モノヅクリ」は、マツダの人々にとって、機能横断型チームが顧客により高い価値を届けるために一致協力して働いていくための1つの具体的な手段でもあると考えるようになった。新車開発プログラムを支えていく上で革新的アイデアの創出は欠かせない。「モノヅクリ」に込められた考え方や行動の仕方が人々のなかで一種の規範として働き、革新的アイデアの創出を非常にうまくやる方法の1つになっていると気づいたのだ。

小さな機能横断チームこそ、モノヅクリ・プロセスの中核である。典型的なやり方では、製品開発、製造、購買、主要部品メーカーの人が参加してまずチームを編成する。このチームには「(自分たちが担当する)その車のサブシステムの価値はいかにして創り出されるかを根底から考え直せ」というチャレンジが与えられる。

その出発点は、現状をよく知ること、つまり現行モデルの車をよく研究することだ。チームはそれぞれ自分たちが担当するサブシステムの現状を、自社の車と競合メーカーの車の両方の観点から研究していくのだが、ここは濃密な学びとイノベーションを引き出す一種の公開討論会(フォーラム)のような場である。

トータル・コストをミニマムにしながら最高の性能を確実に実現するには、設計と製造の戦略はいかにあるべきか。その「ベストな戦略」の可能性を探るため、チームは当該サブシステムの様々なバージョンをティアダウン(分解)して分析し、機能面の違いを対比するのだ。

これらのチームは初めのうちは別々に独立して働く。あるチームが「目下のところ可能なベストは何であるか」をすっかり理解したら、次にチームは当該サブシステムの設計・製造のための従来よりもよい方法を提案していく。これは「競合ベンチマーキング」と言えなくもないが、この種の技術的活動で通常見られるのよりもはるかに高度で豊かな創造性をもってなされる。

チームに参加しているメンバーはここまで様々なサブシステムのティアダウンを通して学び、同時にチーム内の他のメンバーの多様なものの見方からも学んできた。加えて、バリューストリーム全体というものの見方(必要なステップのすべてを見つけ出して描く)を活かすための準備もしてきた。こうした学びが、顧客に届けるトータルの価値を高めることに寄与する新鮮で革新的なアイデアの創出につながっていくのである。

サブシステムの部品はスケッチやアイデアと共に「カラクリ板」と呼ばれる板に貼り付けられ、様々なチームがお互いを訪問してアイデアを共有し、意見を交わす。対話の結果は記録され、次世代の製品に組み込む機能やデザインの候補として各プログラムチームに提案される。こうしたアイデアが品質・性能・コストの大きな改善につながっていくのだ。

機能別部門からチームに参加しているメンバーは複数の開発プログラムを掛け持ちして

おり、このことが、プロジェクトを横断する学びを共有し、設計における適切な共通化を推進する上で有効な進め方を確かなものにしている。

最近では、企業でモノヅクリ・イベントを企画運営するとき、われわれは参加者に対して視野を広げて他の産業からの事例を含めて学ぶよう奨励している。作成されたスケッチや図やモックアップは、チームによって、特定の製品レベルの評価基準（性能、コスト、サプライチェーン等）で評価される。そのなかから選ばれたものだけが、より精度の高い試作品を用いる試験や実験という次の段階に進むのである。

幅広い代替案の集合から始め、思慮深く収束させよ

概念的にいえば、フロントローディングとは、つまり、たくさんの代替案を考え出し、設計の複数の側面を同時に注意深く考慮して収束させていくことだ。われわれの友人で仲間であった故アレン・ウォードは、これを「セットーベース・コンカレント・エンジニアリング」と呼び、これに関して自動車業界ではトヨタが最も優れていると言った。「トヨタの第二のパラドックス：意思決定を遅らせることがどうやってより良い車をより速く開発することにつながるのか」という記事で、ウォードと共著者らは「これは、ジャスト・イン・タイムに見られる『在庫を減らした方がより確実に、予定通りの製品納入につながる』というトヨタの第一のパラドックスと同じくらい重要なパラドックスである」

と主張した(＊20)。

開発の従来のやり方を「ポイント－ベース」と呼ぶ。早期に1つのソリューションに収束させ、このソリューションが複数の観点から実現可能になるまで試行錯誤を繰り返しながら設計を手直ししていくというものだ。たとえば、機能の実現のみを考えて設計し、設計を固めた後に製造容易性の観点からその設計を修正していく(図1－2)。

この結果、大抵の場合、顧客の観点を含め、あらゆる面から見て「最適ではない」設計になってしまい、結局のところ革新的と言えないばかりか、開発に時間とコストが余計にかかるお荷物製品になってしまうのだ。

こんなやり方をしていれば、新車開発プロジェクトで製造などの機能別部門が「この設計の通りにしたら、自部門の効率が落ちてしまう」と言って図面を突き返して来るのも無理はない。さらに、大量の手戻りが発生する。これは、ペリカクがプレス技術と協力して複雑なスタイリングを実現し、マスタングを個性的な車に仕上げた思慮深いコラボレーションとは対照的な、事実上の拒否権発動である。

図1-2　ポイント－ベース 対 セット－ベース設計

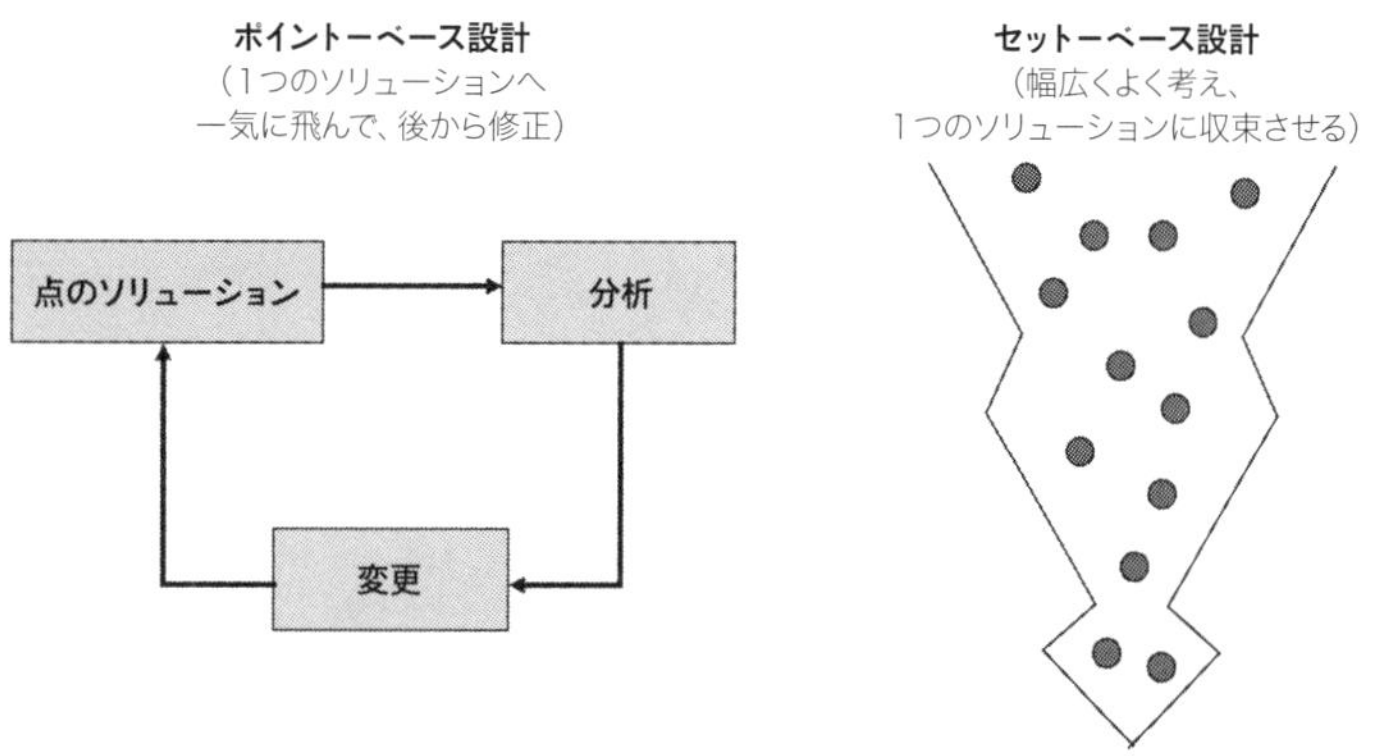

セットーベース手法のパラドックスは、フロントエンドに従来よりもずっと多くの時間と労力をかけ、たとえそのために意思決定が遅れることがあったとしても、最終的にはより速く、より良い（顧客を含めたあらゆる観点から見て「より良い」）設計が実現するということである。まだほとんど制約条件がなく、資本もあまり投下していない段階で設計空間を広くとり、徹底的に探索することによって、機能横断チームは、顧客とコンテクストと、その設計が製造においてどう位置づけられるかということまで、深く理解することができる。

これだけ早い段階では、ソリューションの集合を絞り込むのに必要なすべての答がしばしば揃っていない。そんなとき、どうやって意思決定をするのか？　答は実験をすることだ。

学ぶために実験する

製品開発の第一線では様々な時点で様々な人々が興味深いアイデアを出す。さらに、それぞれ自分のアイデアがベストだと思い込んでしまうことがよくある。結構おもしろい議論がそこから展開されることもあり、これ自体はよいことだ。しかしどんなに激しく論議しても、ベストな選択につながらない場合がある。多様な専門性を持つ人が集まって率直な論議を交わすのは製品開発において欠かせない要素だが、そこには限界もある。

最も優秀な技術者なら、議論する代わりに、科学者のように考え、直ちに行動に入って、そのアイデアの強みと弱みを理解するための実験を始めるだろう。あなたの知識は限られており、予測する力も完全ではない。それゆえ、「このアイデアをどうやったら実験で検証できるか?」という問いのほうがはるかに好ましいのである。

『トヨタのカタ――驚異の業績を支える思考と行動のルーティン』（稲垣公夫訳、日経BP）で、著者マイク・ローザーはここで説明したのとよく似た科学的思考法のモデルと、科学的思考方法を身に着けさせるための練習のルーティン（カタ）を提示している（＊21）。

本書では第6章で詳説するが、その中核には挑戦目標に向かって一歩ずつ進む素早いPDCAサイクルがある。挑戦は明確で、とても困難な目標だ。ここでは、挑戦とは「チーフエンジニアのビジョン」である。

しかし達成への道筋はまだ判然としていない。確かな道を探すには、ローザーが「ターゲット状態」と呼ぶ一連の短期的目標を設定し、試行錯誤的な学習プロセスを何度も繰り返し、それらの短期的目標を1つずつクリアしていく必要がある。

残念ながら脳科学の研究によれば、人は、自然に科学的思考をするようにはできていない。われわれの脳内には思い込みを生じさせる癖がある。つまり、設計空間を深く理解する前にソリューションに飛びつく癖があるのだ。

ポイントｰベース思考は自然なもので、セットｰベース思考は不自然なほどの忍耐心を必要とする。ノーベル賞を受賞したダニエル・カーネマンの言葉を借りれば、われわれの脳は本能的には「遅い思考」ではなく、「速い思考」を好む。ローザーの主張している

「改善のカタ」は、それを学ぶ者に「遅い思考」を繰り返し練習させ、自然に「遅い思考」ができるようになるまでもっていく。この反復的学習に有効なツールがラピッド・プロトタイピングだ。

「狙いを定めた忠実度」のプロトタイプを段階的に

製品開発においてプロトタイプで実験するという発想は、昔からある。人類が最初に車輪を板切れに取り付けて走らせてみるという試みがなされたときよりも、さらに遡ることができるだろう。しかしプロトタイピングは時の流れとともにどんどんと、コストが嵩むもの、形式的なもの、複雑で時間がかかるものになってしまい、これに歩調を合わせたように、プロトタイピングを通して学ぶという意識が薄れてきてしまったように思われる。

多くの企業が高度で複雑なプロトタイプを作っており、テスト部門及びスペシャリストを擁する会社もたくさんある。こうした会社の人はプロトタイピングに熟達するものの、その目的とそこから何を学ぶかということへの理解は限定的だ。その結果、多くの企業で物理的プロトタイプはもはやその費用を負担しきれない贅沢品となってしまい、できるだけコンピュータ上のモデリングやシミュレーションで代替すべきだと結論付けるに至った。

バーチャル・プロトタイプはとても強力なツールになり得るし、試験プロセス効率化の助けにもなる。しかし、物理的な製品の開発において物理的プロトタイプを一掃してしまえというのは、多くの場合、まずい考えだ。

プロトタイプの目的は学ぶことである。プロトタイピングを通して、性能、設計インターフェース、製造容易性、安全性などに関する重大な知識ギャップを埋めていくのだ。五感をすべて動員して物理的プロトタイプに触り、観察し、皆で共有できるという事実には、もの凄い威力がある。簡易的な物理的プロトタイプであっても、必ずや学びを加速し、よりよいコラボレーションを育むことができる。

バーチャル・プロトタイプに魅力を感じる理由の1つは、物理的プロトタイプを作るのに必要な時間と費用である。今やますます精緻な物理的プロトタイプが求められつつあり、非常に高価で時間がかかるだけでなく、しばしばそれを作るために高度に専門化されたテクニシャンを必要とし、これがともすれば開発者や技術者を試作のプロセスから引き離し、この結果、学べたはずのものをまるで学べないまま終わっているとわれわれは見ている。物理的プロトタイプを排除する代わりに、物理的プロトタイプをより速く、より安く作り、そこからもっと多くのことを学ぶ方法を共に考え出そうではないか。

われわれは、企業は創造性を発揮して、プロジェクトのある時点で必要な知識を学ぶために必要な「最低限の忠実度の」(つまり最も粗い)プロトタイプを追求すべきだと考える。「その時点でめざしている最終的な姿」に忠実であろうとするあまり、過度に複雑で精巧なプロトタイプを作ろうとするのは、ポイントーベース設計のもう1つの例だ。つまり、今の時点で最善と思われる1つのソリューションに収束させてしまい、実際の製品と同程度の精巧さでプロトタイプを作ろうとし、その時点で本来学ぶべき大切なことがあるのに、それを見過ごしてしまうのだ。

開発チームは「ここで必要な知識は何か」「それをどのように試験すべきか」ということをはっきり分かっていないから、それを補うために、めざしているつもりの最終的な姿を忠実に再現するプロトタイプを作ろうとする。

この時点でチームはプロトタイプの元となっている設計ソリューションから逃れられないと感じてしまい、極端な状況にでもならない限り、設計を変更しようなどとは考えない。このような罠に陥るのを避けたいなら、プロトタイピングをセット－ベースの収束プロセスの一部として使い、それぞれのプロトタイピングの目的をよくよく考えることだ。

今の段階で、設計の中で検証しようとしている仮説は何か。あなたの仮説を検証するためのシンプルで安く素早い方法は何か。こうなれば、あなたも科学者のように考えているということだ。ほとんどの場合、科学者の実験室にあるプロトタイプの形は、販売できる製品とはかけ離れているものだ。

シリング・ロボティクス社とプロトタイピング

「低忠実度プロトタイピング」は、シリング・ロボティクス社（Schilling Robotics）創業者のタイラー・シリングが長年唱えてきたメッセージである。シリング社は、水深４０００メートルで非常に難しい細かい作業を実行できる、信じられないほど複雑なＲＯＶ（遠隔操作型無人潜水機）を作っている。

同社のROVは市場でシェア40%を占めるほど競争力があり、売上も伸びていて、同社のROVの中でも最も難しく、重要な部分であるマニピュレーター・アーム(ロボットの腕)のシェアは95%以上だ。

しかしシリングは気がかりな傾向に気づいていた。彼は長年にわたり、技術者が自分たちのアイデアを試すために、どんどん精巧で高価なプロトタイプを追求していくのを見てきた。コンピュータ・モデルに切り替えて物理的プロトタイプをやめようかという段階に至り、「いや、その前に」と彼は言って、技術者とプログラム・リーダーに単純な質問をしてチャレンジを与えた。シリングはこんなふうに言う。

「もしも明日の朝、巨大な隕石が地球に命中し、すべての文明が消滅するが、君たちが今日中にプロトタイプを完成できればそれを防止できると仮定したら、どのようなプロトタイプを作るか、という問いです。技術者はともすればすぐに標準部品のカタログを持って来たり、切削加工の会社や組立のアウトソーシング会社を使おうと言い出したりするものですが、こんな問いかけをされたら、その手の『今あるソリューション』は頭から一掃するしかありません。

その代りに、彼らは社内に在庫がある金属片や接続金具や締結部品、手持ちの溶接機、木片、グルー・ガン(スティック状のホットメルト接着剤を狙った場所に押し出して接着する装置)を探し出してきます。そして、ほとんどすべてのケースで、うまく動作するプロトタイプを非常に素早く作って、問題を解決することができます」

こうしたプロトタイプを不細工で見栄えが悪いと感じる人もいるだろうが、シリングは「必要な知識を今すぐ持てる。4～6週間後ではなく、即座に。これは立派なプロトタイプを作るより、はるかに価値があります。今は見栄えが悪くても、われわれはこれからそれをよいものにしていくのですから」と説明する。

アトラス・アクチュエーター・アームのプロトタイプ

シリング社で12年間働いてきたベテラン社員のスコット・フレンワイダーは、この実践的で「ミニマリスト的」な方法を何回も使った実績があり、それが素早い学びを可能にするだけでなく、技術者の理解を深めると考えている。当然ながら、シリング社では高機能で最先端の様々なCADやシミュレーション・ツールを一通り揃えて活用している。

しかし、今までの経験から、こうしたツールは、製品の保守のために人間が中に手を入れられるかを調べたり、非常に柔らかい部品（ホースや電線など）を使った機構を確かめたりするのには、あまり役に立たないと感じている。

アトラスという製品の開発に際して、フレンワイダーと彼のチームは、それまでよりははるかに強度の高いアクチュエーター・アームを、さらなる高精度とフレキシビリティを持たせるように設計せよという大きな課題を与えられた。

彼の経験によれば、このアームで最も解決が困難な技術的課題の1つが、「ピッチ・ヨー関節」の設計だった。なぜなら、このアームの最後の3つの関節がなるべく緊密に結合され、しかも強度要件を満たす必要があったからだ。

関節を動かすためにリニア・アクチュエーターが必要だったが、油圧式アクチュエーターは動力を油圧で伝達するためにアームの真ん中にホースを通さなければならない。設計上の課題は、アクチュエーターの中にこうしたホースやその他の機構を配置しつつ、どんな場合でも絶対にホースがもつれたり、絡まり合ったりしないように保証することだ。フレンワイダーは、あるデザイン・レビュー会議を終えて出て来たときのことを今も鮮明に覚えている。

その会議では、チームが揃ってCAD上で設計をレビューし、「これで決まりだ！」という確信を持った。彼はそれでもなお、会社で最も頭の良い社員の1人、ウィリアム・クラッセンが、なぜチームの議論のあいだ、この設計に懐疑的だったのだろうかと思わずにはいられなかった。フレンワイダーは、クラッセンとその経験の深さにかねてより一目置いていたから、自分の仮説を試してみることにした。

シリングの仮想の巨大隕石の話が頭の中で鳴り響くなか、フレンワイダーは試作部屋へ向かい、自らの設計を検証してくれる粗いモデルを作り始めた。まず設計の図面をプリントアウトして木材の上に描き、ノコギリで切って接着剤やネジでアームのいちばん重要な部分の粗い動作モデルを作った。彼は瞬時にアームがうまく動作しないことを見抜く。直ちにチームの開発者たちを呼び集め、一緒に問題を分析した。

彼らは代替案を考え続け、プロトタイプを素早く手作りし、アームの動作状況をより忠実に再現すべく徐々にモデルの忠実度を上げていった。この結果、チームは3週間のうちにすべての要件を満たす設計、あるいは要件を超えることができる設計に辿りついた。

簡易だがぎこちないこのプロトタイプを作らずにチームがそのまま開発を続けていたら、問題は開発のずっと後期にならなければ発見されなかっただろう。もしそうなっていたら、時間の余裕がないため、極めて限られた設計の選択肢しか検討できず、チームは強度要件を満たすために、多分ずっと大きく、重く、高価でしかも動作精度がずっと低い、劣悪なアームの設計で我慢するしかなかっただろう。

設計チームが自らの手で作った簡便型のプロトタイプを用いて設計ソリューション空間を探索したことで創造性が高まり、はるかに良い設計を実現できたのだ。

シリング社におけるソフトウェア開発のためのプロトタイプ

シリング・ロボティクス社は「検証すべき短期的な目的をはっきり定め、その目的に適うよう忠実度を絞り込んだプロトタイプを作る」という原則を、ソフトウェア開発やユーザーインターフェースの開発でも活かしている。

同社はジェミニというプログラムでこの戦略をメンロ社のようなハイテク人類学者プロセス（ハイテク人類学者がペアを組んで顧客とコンテクストを深く研究する）と組み合わせた。既存のROVのユーザー・インターフェイス（UI）はかなり複雑で、経験豊かなオペレーターが必要だった。

ところが、そうした人材は人件費が高く、人数も少ない。この状況を、なんとか変えたい。シリング社でこのプログラムのソフト開発リーダーを務めるバレリー・コールと、顧客との窓口を担当するゲーリー・エベレットがハイテク人類学者のペアを組んだ。目標は、もとより画期的な製品であるジェミニROVのUIを完全に直観的に操作できるものにして、経験が浅いオペレーターでも比較的短時間で習熟できるようにすることだ。

「私は既存のUIをいくつか調べましたが、どれもあまりにも複雑で、思考停止になるほどでした」とコールは語った。「あらゆる情報をオペレーターに見せてくれるのですが、それは所詮技術者が設計したものに過ぎなかったのです」。これが、「操作が難しい」という大量の苦情につながっていた。

ベテランのオペレーターからの苦情もあった。ハイテク人類学者ペア2人の前には、大きな仕事が待ち受けていた。

コールはソフトウェア開発のベテランとしてペルソナやストーリーボードのプロセスを知っていた。しかし、シリング・ロボティクス社のそれまでのやり方では、必要最小限の機能の製品を作るだけでも、大量のプログラム開発と長いリードタイムを要した。

これへの投資額がかなり大きかったことから、UIに問題が発生した場合でも技術者が大きな変更を行う可能性は低かった。技術者は概ね修正を重ねる形で問題を解決しようとし、この結果、プログラムはますます複雑になっていった。

別のやり方を模索していたコールと同僚は、メンロ社がやっている方法を聞いて強い興味を持った。様々なＵＩデザインを手で描いて、本物のユーザーと想定される人に直接それを見せて意見を聞き、その場で手速く修正し、可能性のあるソリューションを試しながら収束させていく。コールはこう説明する。

「われわれは、リーンのコーチがハードウェアの開発者に『セット－ベースの低忠実度プロトタイプ』の活用法を教えて良い結果を出したのを見ていましたから、メンロ社のプロセスを使えば同じ考え方をソフトの世界に適用できると考えたのです」

まず、チームメンバーは自分たちのターゲット・ペルソナを決めなければならなかった。それまでの製品とはずいぶん違う製品開発である。ペルソナ開発が決定的に重要だった。彼らはかなりの時間をかけて社内外の経験豊かな人と話した。顧客を訪問し、様々な人が自分の職務を果たしている様子をつぶさに観察する。

ターゲットとなるのはどのような人であるかを徹底的に議論し、情報を更新し、ターゲットとなり得る人を様々に取り上げては考え直し、長い時間を費やして自分たちのターゲット・ペルソナを洗練させていく。彼らは、メンロ社のスペシャリストを招いて助力を請うことまでやった。

最終的に彼らはペルソナの標的の中心に「チェット」という人物を掲げた。チェットは若く、頭がよく、ちょっとぶっきらぼうで、ビデオゲームやスマートフォンに熟達している（彼の生活の中の不可欠な要素）。彼はこの業界に数年間勤務している。二次的なターゲットが、チェットの上司の「ハンク」だ。ハンクはチェットより経験があり、仕事に熟達し、部下の指導がうまい。しかしながら、ハンクは自分のような高スキル人材が不足している現状を維持したいと密かに思っている。

ハンクにしてみれば高スキル人材への需要が高まるほうが望ましいのだから、自分の知識をガードしようとするのも無理はない。つまり、ハンクはこのUIがターゲットにするユーザーではない。次にチームメンバーは非常に単純なUIデザインをブレインストーミングし、何百種類もの手描きの画面の絵を描いた。最終的に彼らは、ユーザーのところへ持参して試してみるUIデザイン・キットとして次の3種類を選ぶ。

- 「ベビーシッター」という愛称をつけた、細かい手順まで「ユーザーを手取り足取りして導いてくれる」バージョン
- そのときに必要のない情報は表示しない「知らない、気にしない」バージョン
- 「仕切りたがり屋」と名付けられた従来のUIに近いバージョン。現行製品ほど複雑ではないものの、オペレーターに多くの情報を見せるのが特徴だ

続いて彼らはデザイン・キットをユーザーのところへ持ち込む。唯一の問題は、肝心の「チェット」に相当するユーザーが全員フィールドに出払って不在であったことだ。このレビューのために実際に選ばれたのは、チェット（フィールドのユーザー）というよりハンク

（その上司）に近い人たちだった。

コールとエベレットは、今回会えるのがハンクしかいない以上、このレビューをハンクに近いユーザーだけでやってみることに渋々同意したが、これはとんでもない間違いだった。

第1ラウンドでコールは「CPU」の役割を演じ、オペレーター役の参加者が次々に繰り出す指示に従って、紙のUIを入れ替えていく。その間にエベレットが詳しいメモを取った。参加者は、どうすればよいかわからなくなってもコールが何も教えてくれないので、ものすごく不満げになり、とうとう怒り始める。

実際、これを参加者と進めるにつれ、ペルソナ・マッピングは適切な人とやらなければうまくいかないことが明白になった。そこで彼らは何を調べようとしているのかをさらに詳しく顧客に説明し、ようやくのことで、海底油田の石油掘削リグへの飛行機便がキャンセルになってオフィスでぶらぶらしていた男を見つけた。彼は理想的なユーザーで、実際にペルソナのチェットそのものだった。そこからもっと多くのチェットを探すのは簡単だった。コールとエベレットは怒濤のごとく、速く、多くを学ぶことができた。

ユーザーとこうしたやり取りを重ねていくうちに新たな発見がたくさんあり、コールとエベレットはそれに驚くことになる。たとえば、ベビーシッターのデザイン・キットは手取り足取り、ステップ・バイ・ステップで導いてくれる。一般用のソフトウェアに普通に入っている「ウィザード機能」のようなものだ。画面の下部に「パンくずリスト」（複雑な構造のメニューの中でユーザーが今どこにいるかを示してくれる表示）があり、ユーザーの操作が進むにつれて、その進み具合を表示していく。開発チームはこの機能に特にプライドを持っていた。

しかし、どのユーザーもこの機能に気づきすらしないのだ。別のデザイン・キットでは、画面の半分を隠して他の半分に集中できるよう、画面が2分割されていた。デザイナーは画面の中心に巨大な矢印を表示した。それなのに、誰もその意味が理解できず、その矢印の存在にまるで気づかない人もいた。

シリング・ロボティクス社に戻ってくるたびに、コールとエベレットは興奮してチームを呼び集め、学んだことを皆に話す。彼らは個々のデザインの特徴を書いたカードの横に「このボタンは全く使われない」といったユーザー試行から得られた結果を書いた付箋を貼ったり、うまくいった機能の横に「笑顔マーク」を書き入れたりした。

図 1-3　仮説グリッド

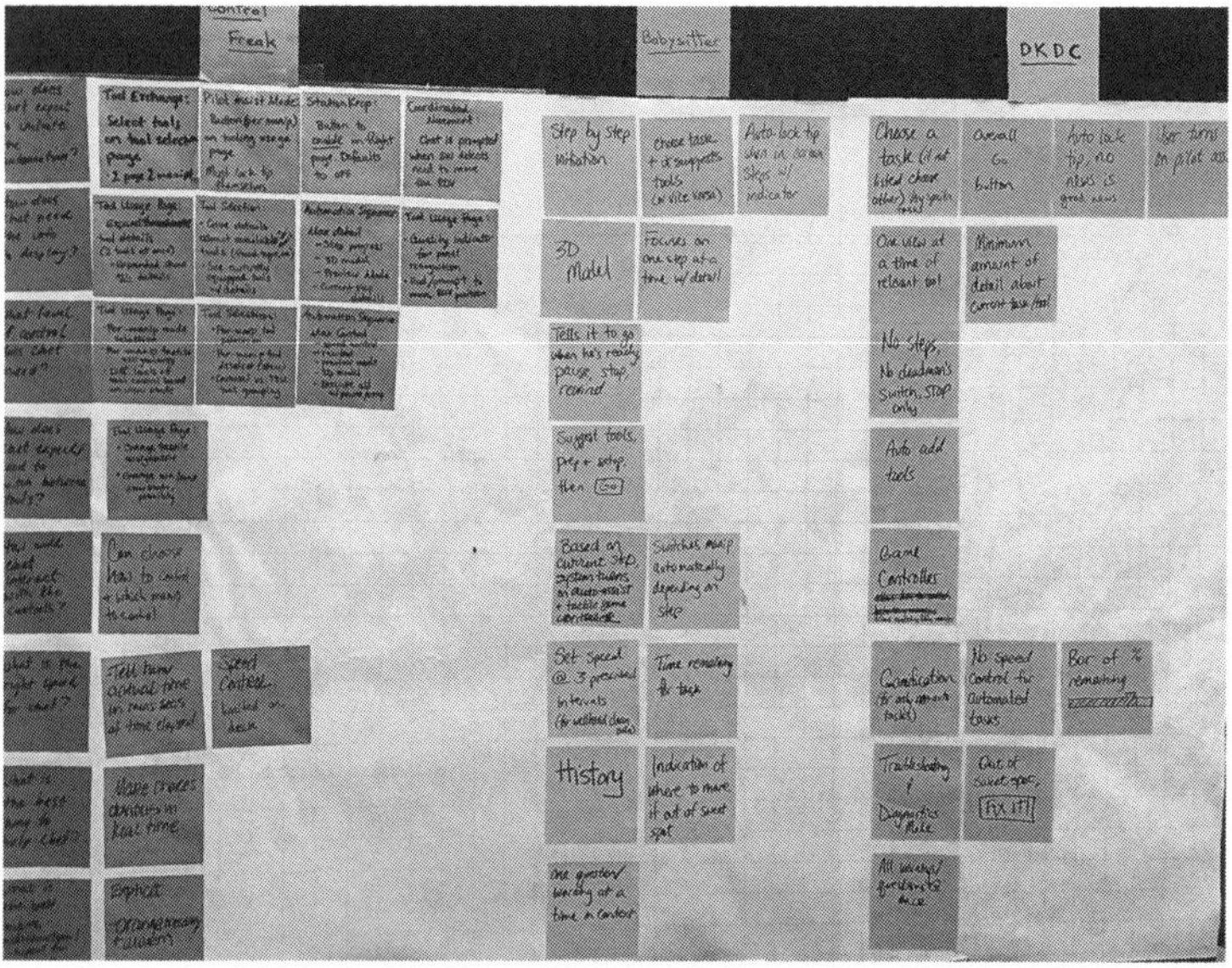

得られた情報を分析し、パターンを探し、何が起こっているのかということに関して仮説を立てて、それを次のユーザー試行で試していく。彼らはそれを「仮説グリッド」（図1-3）に並べたが、これはチームが得られた洞察を記録し、それを次のデザイン・キット に含めるのに大いに役立った。彼らはさらに議論を続ける。

以降のユーザーとのラウンドには、動画を追加して忠実度を若干高めた更新版のデザイン・キットを持ち込むことにした。ここまで基本的に紙と鉛筆で模擬的に動きを見せていたが、この面でも改良された。

ハードウェア開発部隊はアクチュエーター・アームが実際に動作するプロトタイプをすでに作っていたので、コールとエベレットは続くラウンドでユーザー体験をより忠実に再現し、デザインにさらに磨きをかけられるよう、新しいデザイン・キットの横に動作するアームの動画を表示することにした。

「低忠実度のプロトタイプ」を作ることと、セットーベースアプローチを採ること、ユーザーと直に触れ合いながら共にワークをこなして実験を進めることをうまく組み合わせるというこのやり方で、時間とお金を節約しながら優れたユーザー・インターフェイスを開発するのがあまりにもうまくいったため、シリング・ロボティクス社はこのやり方をソフトウェア開発プロジェクトにおける標準手法にしようとしている。

無論、ここでの狙いは、すべてのプロトタイプをボール紙と木材と手描きのUIスケッチで作ることではない。狙うべきは、「言葉で議論するだけ」という状態から抜け出し、アイデアを試し、問題を解決する最も効果的で最も簡便な方法を見つけ出し、それを実行することだ。

驚くべきことだが、非常に高度な製品であっても、答はあなたが必要と思っているより低い忠実度で低コスト、かつ短時間でできるプロトタイプかもしれないのである。

FirstBuild（ファーストビルド）では実験を通して製品の様々なアイデアを試している

ここまでで、狙いを絞り込んだ適切な忠実度のプロトタイピングによって、開発プログラムの早い段階で厄介な問題を解決し、仮説を検証し、設計を最適化できることを分かっていただけたと思う。しかしあなたの直面している問題が、今まで世の中になかった全く新しい技術が売れるかどうかを調べることならどうだろうか。

実用最小限の製品（minimum viable product、MVP）を作るという方法がエリック・リースのベストセラー『リーン・スタートアップ』（井口耕二訳、日経BP）で紹介された（＊22）。われわれは複数の会社から「コンセプト・テスティングなら何年も前からやっている」と聞かされることがあるが、リースはそれより進んでいて、顧客がその製品に実際にカネを払うかどうかを実験するという「究極の検証」をやってみよと提唱する。

リーン・スタートアップを推進するグループが主として小さなベンチャー企業のソフト

ウェア製品に集中しているのに対して、GEアプライアンス（GE Appliances、今はハイアールという中国企業の傘下）のCEOケビン・ノーランは、この考え方を比較的複雑な消費者向けハードウェア製品に適用しようと決意した。

ノーランはGEアプライアンスの新製品のアイデアに関してリースが提唱する「究極の検証」をやりたいと考え、そのための速くて安い方法を求めていた。加えて彼は新製品のアイデアを生み出すために、会社の枠を超えたより広いコミュニティの力を動員したかった。

リーンの優れた実践者なら誰もがそうするのと同じで、ノーランもまず自分たちがどんな問題を解決しようとしているのかをよく理解することから始めた。GEアプライアンスの新技術の「ヒット商品確率」は業界平均水準だったが、台頭著しい新たな競争相手の何社かよりは低かった。彼は新技術が市場で成功する確率を高める手段が欲しかった。

世界中の企業をベンチマークして、無数の社内実験をした後にノーランは従来の製品開発プロセスの真逆を行く必要があると考えるようになった。製品を秘密裏に開発する代わりに、イノベーションを顧客にもっと直接的につなげる方法を採るのだ。つまり、新技術を開かれた場で開発し、開発スピードを競争優位性の源泉にしようと考えた。これがFirstBuild（ファーストビルド）誕生のきっかけだった。

FirstBuildはケンタッキー州のルイビル大学キャンパスに隣接する約3100平方メートルの広さの施設だ。設計と開発のオフィスと極小規模の工場を擁する。GEアプライアンスが年間何百万台もの白物家電を製造している「アプライアンス・パーク」という名の有名な工場から12キロしか離れていない。

FirstBuildでは、木材、板金、プラスチックを使ったほとんどの種類の小規模な加工と組立が可能だ。レーザー切断、鍛造、溶接、成形、プレス加工、複数種類の3Dプリンター、さらには非常にフレキシブルな組立ラインまで揃っている。

ワークスペースにはCADを動かせるだけの高性能コンピュータ、電子ホワイトボード、あらゆる種類の工具、様々な原材料に加え、いろいろなプリンターをひと通り常備している。ガラス張りの製造現場の外には新製品のデモや展示のためのスペースがあり、誰でもそこで製品を使うことができる。しかし、この施設の能力は氷山の一角に過ぎない。

FirstBuildに足を踏み入れるや、その創造的エネルギーが肌で感じられるはずだ。新製品の展示品を見る人々の向こうには、モックアップとホワイトボードと製品完成予想図の周りに集まった小さな集団がいくつか見える。

設計エリアの大きな木製デスクでは、スタッフが何かワークをやっている。安全メガネをかけた製造係やアーティストが工場の現場のあちこちに分散して、ハイテクから旧式まで、様々な製造装置を操作しているかと思えば、他の人達が組立プロセスを分刻みで細かく評価している。

モーガンはFirstBuildのチームを指導する機会があり、ノーランはその際に「われわれはアイデアで激論を戦わせることを奨励します」と語った。勤務時間内の場合も勤務時間外の場合もあるが、ＧＥの技術者が大学の学生や教員や「街角から抜け出た普通の人たち」と一緒になって、シンプルなものから複雑なものまで、技術開発に励んでいる。

FirstBuildには熟練のテクニシャンが待機しており、彼らのアドバイスを受けながら、意見を交わし、一緒にワークを進めているのだ。ノーランが懸命に守ろうとしているのは、なんといっても、このエネルギーと熱気だ。

「この場所の駆動源は情熱です。われわれはこれが大好きで、どんなことがあってもこれを守りたいのです。仕事が終わった後なのに、社員が自分のプロジェクトに取り組みたいと思って集まるこんな場所は、私にとって初めての体験です」

だが、当然ながら、創造的エネルギーが必ずヒット商品につながるとは限らない。ＧＥアプライアンスは、オンラインでの参加者や、実際にここへ来る人々も含めた幅広いコミュニティから意見を集め、受け入れている。しかし、どんなアイデアも実世界において素早い検証を課す必要がある。FirstBuildのリーダーは市場調査に対して非常に懐疑的だ。それ以上に「意見」を嫌う。彼らは顧客がカネを払ってくれるかどうかが真の検証であると考える。

これは、自分たちのアイデアは大ヒットするに違いないと思い込んでいる技術者や開発者をしばしば不安にさせる。FirstBuildは、新しいアイデアをオンラインの「クラウドファンディング」で試すことがある。だが、通常なら開発費を集めるところを、製品を買ってその有効性を試してくれる人を集めることで検証するのだ。スタッフが少数の「そこそこの機能性能の」コンセプト実証製品を素早く作り、オンラインやFirstBuildの製品展示エリアで販売するのだ。これが新技術の市場での成功につながったこともあれば、失敗につながったこともある。しかし、スタッフはその両方から学んでいく。

1つのサクセスストーリーが「噛める氷」だ。このアイデアはGEアプライアンス社内で長いことあちこちに提案されていたが、関心を示す開発プログラムチームは1つもなかった。チームリーダーの多くは絶対に売れない馬鹿げたアイデアだと思った。だから、GE社内の従来の製品開発システムでは前へ進められなかったのだ。

FirstBuildのチームの1つがそのアイデアを取り上げ、Indigogo（インディゴーゴー）というクラウドファンディングサイトを使い、卓上と冷蔵庫内の2種類の製品を作った。この製品は大ヒットし、何百万ドルもの利益を稼いでいる。

チームメンバーが「噛める氷」（chewable ice）プログラムの販売データを分析していたとき、大半の売上が米南西部向けで、特にテキサス向けが多く、米北東部の売上は極端に低いことに気づいた。興味深いことに、このアイデアを最初に拒絶したチームリーダー全員が北東部の出身だった。

もう1つのサクセスストーリーが、家庭用ピザオーブンだ。利益率が非常に高いハイエンド商品だが、ニッチだから売上は少ない。一方、従来の開発のやり方で進めたら大量生産品と同じくらい開発・試作にコストがかかる。こうした制約のおかげでこのアイデアもGE社内では製品化に向けて進めるに至らなかった。

しかし、FirstBuildのコミュニティから幅広く注文が届き、素早く作ったコンセプト製品の売上が好調であったことから、家庭用ピザオーブンには極めて熱狂的な潜在顧客がいるという証拠が得られた。

設計と製造プロセスのコストを削減し、FirstBuildの持つ小規模工場でカスタマイズした製品を少量でも生産できるというユニークな能力を活用して、GEアプライアンスは高利益率の大ヒット商品を世に出すことができた。これは従来のやり方では商品化できなかったものだ。

新鮮なアイデアが常によい流れになるよう、FirstBuildは複数の手法を用いている。そのうちの1つがソフトウェア・コミュニティから借りた“hackathon”（「ハッカソン」）という手法だ。

hackathonは、ソフトウェア開発者が一緒に集まってプログラムを書くことから始まった。彼らは様々なものにハッキングしたり、既存のプログラムでは一度もつくられたことのないようなものをいろいろと創り出したりしたものだ。

このケースでは、「hackathonは『家電製品と人の発想に、一緒にハッキングをしかけよう！』という活動に変貌しました」とFirstBuildのマネジャーで最初にこれを立ち上げたメンバーの1人、サム・デュプレシスは言う。

「プログラムのコーディングだけでなく、電子回路もメカもです。とにかく、出てきたアイデアを週末に作ってみて、それをイベントにしてチャレンジしようというものです。（われわれは）最も優れたコンセプトに賞を出すことにして、最も優れたアイデアなら、いくばくかでもお金が稼げるようにしました。

おかげでGEアプライアンスには何百もの素晴らしいアイデアが集まるようになり、その一部は商品化されます」

「hackathonは、純粋に創造性を引き出すのみという実にユニークな方法です。ここに来たがる人、かなり熱狂的な人がいまして、そういうイベントを週末に行います。チーム全員がうち揃って来ることもあります。賞金のためにやっている部分もあるかもしれませんが、このイベントが人を集めるのは主として創造性に満ちた雰囲気でしょう。

アプライアンス・パークの開発センターでは、技術者は大規模開発プログラムに従事し、大量生産という前提から来る制約条件のために、できることには縛りがある。技術者はここに来て、思い切り遊んで、日常の仕事の中ではやれないようなものの開発に挑めるのです。これは一部の人にとって、ものすごくわくわくすることです」

hackathonは凄いアイデアをいくつも生み出してGEアプライアンスの力になってきた。「料理の未来」といった具合にテーマを決めて開催するhackathonもあるが、こうした設定は参加者の発想範囲を「キッチンにあるもの」という所与のテーマに縛りつけることになる、とデュプレシスは語る。

これに対して「Mega Hackathon」（メガ・ハッカソン）を筆頭に多くのイベントでは、テーマをあらかじめ決めることはしない。最初のMega Hackathonには250人が参加し、メンバーのほとんどがチームに振り分けられた。事前に編成されて参加するチームも多いが、FirstBuild はチーム編成の手助けもする。

デュプレシスはこう語っている。

「参加者の多くは自分のスキルをバッジに書いてきます。われわれは、たとえば『あなたは開発技術者だから、チームに工業デザイナーを加えて、製品が優れた機能を持つだけでなく、見た目も良く、使い易くなるようにしましょうか。そうしたら、週末が終わる頃には、とても見栄えのするアイデアができますよ』と伝えます」

FirstBuild がチームにアイデアを渡すこともある。デュプレシスが続ける。

「われわれは、FirstBuild が作りたいと思っていても時間がないアイデアをホワイトボードいっぱいに貼り出します。その中に気に入ったアイデアがあればボードから取って自分たちのプロジェクトにすることもできますし、もちろん自身のアイデアに取り組んでもよいのです。

そこから後は、われわれは単に彼らの創造的な活動を促すのみ。われわれは彼らに素材を渡し、ホワイトボード上にアイデアを書き出し、ブレイン・ストーミングを助け、サンプルを取りに行き、グループがプロトタイプを作る場所を提供しているだけです。家電製品を持ち込むこともあります。ここには旧型家電の素敵なジャンクヤードがあるんです。そこから思いのままに部品を取ってもらって、それを元に何かを作らせます」

hackathon には部品メーカーも参加する。デュプレシスは「いままでに、20社前後の資材メーカーが自分たちの部品や材料を持ち込み、その使い方を参加者に教えて、hackathonのレベルの向上に貢献してくれました」と回顧する。

「例を挙げると、3Mは大勢の技術サポートチームを連れて来ました。彼らは、2液混合接着剤とか粘着テープとか、3Mの製品なら何であれ、参加者にその正しい使い方を教えてあげましょうという姿勢でここへ来てくれました」

アプライアンス・パークは、新しいものを試すのをためらいがちだ。ここでなら、資材メーカーはGEアプライアンスの技術者と一緒になって、GEの正式な工場では試行できない新技術を使ってみることができる。FirstBuildではこうした新技術を試しに使い、場合によっては少量生産を試行して試験することもある。

FirstBuildの考え方やhackathonは、単にヒット商品を出す以上の効果がある。たとえばFirstBuildのチームとルイビル市水道局が共同でウォーターステップという地元のチャリティ団体を支援したことがある。ウォーターステップのミッションは世界中で必要な地域にきれいな水を供給することだ。このチャリティ団体は多くの自然災害に対して支援を行ってきた。直近の案件は、プエルトリコでの2017年のハリケーンだ。

ウォーターステップは水の浄化のために塩素ガス発生装置を購入していた。自動車のバッテリーで作動する非常に高価な装置である。様々な悪環境下での使用に耐え、使いやすく、頑丈だが、値段がすこぶる高い。この装置の価格がウォーターステップの支援能力を活かす上で大きな制約になっていた。それに、必要な台数を確保するのにも苦労が絶えない。以前、災害が発生してから装置を買おうとしたことがあったが、そのときウォーターステップは十分な数を調達できなかった。

FirstBuildは、ルイビル・ウォーター・カンパニーとGEの技術者と共にチームを組んで、このチャリティ団体が自分たちの手で造れる塩素発生装置の設計に乗り出した。「重要な点の1つは、普通に入手できる道具と材料だけを使って、誰でも造れる装置を設計することでした」とデュプレシスは言う。

「チームはリーンの原則に従って進めました。まず、どのような製造の能力があるかを調べ、その能力に合致するように設計するという考え方です。われわれはどこでも容易に調達できる部品を使いたかった。そうすれば、出来合いの配管部品に最小限の機械加工をしただけで装置全体を組み上げられますからね。

われわれはこの考えを心に刻んでいたから、要件に適うと供にコストも80％削減できるソリューションを考え出せたのだと思います」

FirstBuildが開発した装置は、高額な塩素発生装置と同等の能力があり（その高額な装置が性能強化されていないという前提の比較だが）、しかも安い。このおかげで、ウォーターステップに集まる寄付金は5倍も有効に活用されるようになった。その後、何千台もが世界中に送られたのである。

実験を通して継続的に改善していくという精神をもって、FirstBuildは最近、これらの装置をさらに改善するhackathonを開催した。このチャレンジを受けて、技術者とデザイナーから成る約18のチームが参加し、賞金獲得をめざして競い合った。受賞したアイデアの1つは、ソーラーパネルで駆動する塩素発生装置だった。この開発チームには、デュプレシスの息子2人も参加していた。

無論、FirstBuildが生み出す製品がすべてうまくいっているわけではない。実際、その多くが失敗している。しかし目的は「失敗するなら速く、安く失敗し、そこから学ぶ」ことだ。

その一例が水出しコーヒーである。今までの水出しコーヒーは24時間以上かかる。同等の味と質を保ったまま10分で水出しコーヒーをつくるには新たな技術が要る。GEアプライアンス社内には、かなり熱心に商品化を進めようとする人が少なからずいた。同社スタッフもこれは成功すると確信し、従来のGEの開発プロセスで商品化を進めることになったのである。

しかし、誰かが「それをまずFirstBuildで試行してみたらどうか」と言い出し、やってみると、驚いたことにほとんど売れなかった。チームは今、この経験から学び、なぜそれが売れなかったのかを理解しようとしている。非常に安価で素早かったこの失敗を分析することで、ひょっとしたらこの製品は姿を変えて再登場し、商品化の軌道に再び乗ることになるかもしれない。

FirstBuildには、ここでのワークをGEアプライアンスの商品企画や大規模なプログラム開発チームとさらに効果的に結びつけることを始めとして、やるべきことがまだ残っている。

しかし、FirstBuildがGEアプライアンスの新技術開発に対する考え方を変えつつあるのは確かだ。ケンタッキーでのこのような成功に基づいてGEアプライアンスはFirstBuildの工場を拡張しており、上海でも同様の施設を開設しようとしている。

FirstBuildの事例は、どうしたら不毛なアイデア論争を脱して仮説検証の創造的方法を考え出せるかという好例だ。このようなやり方をしたおかげで、GEアプライアンスはイノベーション・プロセスを加速し、「はたして顧客がその製品を買ってくれるか？」という究極の試験を製品に課すことができるようになった。

整合し、巻き込むためのコンセプト・ペーパー

あなたの開発チームが、顧客、製品が使われる状況、製品や開発のリスクに関する重大な知識ギャップを見つけて埋めるために、ゲンバへ行ってプロトタイプを作り、実験し、試験したとしよう。それは素晴らしいことだ。しかし、分からないことを逐一調べ上げ、製品と顧客に関する情報を集めるだけでは不十分だ。集めた情報をうまくまとめ上げて、新製品に関する明確なビジョン、お客様がぜひとも買いたくなるようなビジョンを打ち立

てなければならない。

続いてそのビジョンから優先順位を明確にした性能特性プランを導き、具体的な開発計画をつくっていくべきだ。さらにこの開発計画は、その実現のために働いてくれる人々の間で正しく共有される必要がある。コンセプト・ペーパーは検討を終えて最後に書かれるものではない。検討の期間を通して作成され、ずっと進化していくものであり、ある意味では検討期間の成果物である。

前著で紹介したように、トヨタ社内でコンセプト・ペーパーは「チーフエンジニアのビジョン」とも呼ばれ、何カ月にもわたる調査と実験、チーフエンジニアとチームのキーメンバーとのあいだの濃密な討議を通して出来上がっていく。

この文書が25ページを超えることはめったにない。全体のゴール及び製品性能に関する目標が定性的・定量的に詳述され、システムレベルの品質とコストの目標（主要部品／モジュールのそれぞれについて定めた品質及びコストの目標）も記載されている。プロジェクトの範囲（スコープ）とスケジュールも含め、当該プロジェクトの財務的正当性の概略も提示する包括的な文書である。

しかし、おそらく一番重要なのは、当該製品はかくありたいという魅力的なビジョンと、そのビジョンを実現するには何を達成する必要があるかが書かれていることだ。それは開発チームに情報を与えると同時に、メンバーの士気を鼓舞するものでなければならない。

コンセプト・ペーパーの作成に当たっては、「データや情報の編纂」「主要な利害関係者との整合」、そして「拡張チームを巻き込む」という3つのステップが必要だ。

編纂

コンセプト・ペーパー作成の最初のステップは、検討期間に集めた膨大な情報をうまくまとめあげることだ。これは一種の高度な双方向プロセスであり、この間ずっと、チーフエンジニアとコアチームは集めた情報を徹底して読み込み、総合化し、1つの首尾一貫した製品の説明、すなわち当該製品はどうあるべきか、それがどのように顧客にユニークな価値を届けるのかというビジョンに統合していく作業を続ける。

この中に「何を入れないか」を決めることは、「何を入れるか」を決めるのと同じくらい重要だ。「入れることができるから」という理由だけで入れてはならない。ここで肝心なのは、顧客とコンテクストに焦点を合わせることである。

この製品は顧客のどのような問題を解決するのか。顧客は何を重視するのか。どのような顧客エクスペリエンスを作り出そうとしているのか。主要なリスクは何か。開発プロセスにおいて取り組むべき知識ギャップとして、どのようなものがあるのか。

顧客調査や市場調査に頼り切り、自らのまずい判断を「それを望んだのはお客様です」と正当化したがる企業があまりに多い。最も優れたチーフエンジニアは、製品を自分のものと考え、もしプログラムが失敗したらその責任を全面的に引き受ける覚悟がある。チーフエンジニアはこの時点でもう価値を生み出しているのだ。

チーフエンジニアは製品のポテンシャルを誰よりもよく知っており、顧客とコンテクストの本質的な理解と合わせ、成功する製品の魅力的なビジョンとしてまとめ上げることによって価値を生むのだ。顧客プロフィールの一覧表を作るだけなら誰でもできる。チーフエンジニアがやるのはそんなことではない。チーフエンジニアの責任とは、真に成功する製品を創り出すために、得られた情報に優先順位を付け、うまく適応させて、単なる情報に価値を加えることだ。

われわれは、いろいろな企業と一緒に仕事をするうちに、コンセプト・ペーパーを書く練習をしただけでも、チーフエンジニアが自分の考え方をチェックする助けになると分かってきた。コンセプト・ペーパーを書くことは、チーフエンジニアが自分のビジョンを磨き上げ、複数の製品特性に優先順位を付け、危険度の高いリスクを見つけ出して、自身のロジックをチェックするのを助けてくれる。

チーフエンジニアの話によれば、コンセプト・ペーパーを書き始める時点では、彼らの思考は思いの外曖昧で、優先順位も決められず、ビジョンも十分に魅力的とは言えない状態なのだという。コンセプト・ペーパーを書くプロセスそのものが、チーフエンジニアがそうした問題を解決する契機になる。コンセプト・ペーパーをうまく書き上げることは実に挑戦し甲斐のあるプロセスであり、このプロセス自体が具体的な製品ビジョンを描き出すのを助けてくれる。

次のステップは組織全体の合意を得ること、つまり整合を図ることだ。そこでは、ビジョンの真価が問われることになる。

整合

チーフエンジニアは誰もが認めるプロジェクトのリーダーだが、彼のビジョンは組織全体で理解し、受け入れられなければならないし、組織としてプログラムを実現する計画の作成を始める必要もある。コンセプトがまだ修正可能な初期の段階から、主なリーダーや関係者にコンセプトを広めていくことが欠かせない。

このため、チーフエンジニアは主要な意思決定者の元を訪れて作成中のコンセプト・ペーパーを見せてビジョンを説明すると共に、こうした専門家やリーダーからフィードバックを貰う。これがプロジェクトへの支持と熱意を作り出す活動の始まりだ。

最も優秀なチーフエンジニアは、これがプロジェクトへの熱い支持を作り始めるために大切な時間であることをよく分かっている。これはまた、各グループが担当するサブシステムのビジョンや要件を、チーフエンジニアの全体コンセプトやプランと整合がとれたものとして作っていくためのキックオフでもある。

このような議論を進める上での一般的なガイドラインは、チーフエンジニアが「製品がどうあるべきか」ということに責任を持ち、機能部門のリーダーが「その製品ビジョンはどうしたら最もうまく実現できるか」ということに責任を持つというものだ。機能部門のリーダーは、それぞれの専門分野のスペシャリストとして、チーフエンジニアの製品ビジョンを実現しながらコスト・品質・納期の目標を達成するための最善の道筋を探す責任を負う。

チーフエンジニアが顧客価値の最大化を求めて機能別部門に強い圧力をかける一方で、機能別の専門家もまた匠の技で実現可能性を追求する方向に強い圧力をかける人たちではあるが、機能別専門家として議論を現実に基づいたものに保つ努力をしなければならない。チーフエンジニアをサポートするということは、毎回イエスと答えることではないが、チーフエンジニアのそばで働き、整合が必要になるたびに実験することではある。

チーフエンジニアの製品ビジョンとは、いくつもの機能別専門分野に橋梁をわたすような、包括的なものである。したがってチーフエンジニアは、自身のビジョンを最適な方法で実現するために、専門分野や部品メーカーの間に自ずと生まれるいくつものトレードオフをどう解消するかという決断を幾度も迫られる。それゆえチーフエンジニアは主要なリーダーの元へ何度も出かけて行くのである。

この「整合」プロセスの終わりまでに、ビジョン実現に欠かせない主要な特性が明確に優先順位付けされ、主立ったリスクを見据えたリスク低減プランがあり、製品を市場に出すために誰が何をいつまでにやるかという概略の計画が入った、多階層にわたるしっかりした開発計画ができていなければならない。

チーフエンジニアはこのプログラムのビジョンが皆に明確に理解されたのを確かめて人々に感謝し、機能別リーダーやその他の主な意思決定者は自分がコミットした目標に関して必ずや責任を全うすると固く決意している。これから先、コンセプト・ペーパーはプログラムチームと機能別部門の間の「契約」となり、プロジェクトの進行につれて行われる幾多の意思決定を適切に導く役割を果たしていく。

われわれは成功したチーフエンジニアの何人かに「困難な問題に直面したとき、解決に向けて、開発部門のリーダーに対してどうやって圧力をかけるのですか？　彼らの中には元々あなたより地位が高かった人もいるでしょう？」と聞いてみた。

チーフエンジニアたちの答は、概ね次のようなものだ。

「もし私がもっと上のリーダーに訴えて、部門長たちに問題解決を強いたら、その時点でわれわれはすでに失敗しているということです。確かにチーフエンジニアは会社のトップにまで訴えることが可能ですが、われわれは自らの『アイデアの力』で彼らを説得したいのです。そのアイデアが彼らをワクワクさせ、プログラムに参画したいと思わせるようにしたい。彼らがそうなってくれないなら、おそらく自分たちが正しいビジョンを持っていないということです」

彼らの言葉は、成功できるチーフエンジニアの性質について、整合期間の性質について、重要な洞察を与えるものだと思う。

初代レクサスのチーフエンジニアだった鈴木一郎と、彼の妥協を許さないゴールについてはすでに議論した。あれもこれも欲しいと言うのは簡単だが、トレードオフが存在するのは理由あってのことだ。両方を同時に達成する方法は知られていなかった。たとえば、鈴木はパワフルなエンジンが欲しかったが、同時にそれはあらゆる市販車のエンジンよりも静かに回るエンジンでなければならなかった。

これを紐解いていくと、エンジン部品の加工精度をもっと上げれば両立可能であると分かった。チーフエンジニアの鈴木より高い職位のパワートレイン担当役員は、鈴木が求める要件を聞いて初めは一笑に付した。工作機械の加工精度を超えている。トヨタはすでに世界最高の工作機械を持っていた。そのトヨタの能力をもってしても、こんな加工は不可能だ。

鈴木が当時のトヨタにとって最重要と言える製品（レクサス）のために動いていたのは間違いない。それでも彼は社長に訴えようとはしなかったし、妥協もしなかった。その代り、彼は「自分につきあって、要件を満たすエンジンを手づくりで作ってくれませんか」とその役員に頼み込んだ。「手づくりなら何でもできる。1台だけならね。問題はそれを大量生産することだ」と役員は応じた。

それでもこの役員は最も優秀な部下に命じてそのエンジンを作らせ、試作車に搭載してテストコースで走らせた。技術者が代わる代わる試乗し、車を降りてくるたびに誰もが「このエンジンを量産する方法を見つけなければならない！」と叫んだ。それから、実際に彼らはそれに成功したのだ。

巻き込む

開発計画に関して経営幹部の合意を得た後は、開発チーム全体が開発する製品のことを学ばなければならない。開発する製品は何か、なぜそれを開発するのか、なぜそれが重要なのか、その製品は市場でどのように競争していくのか、どのように差別化するのかといったことだ。

チーフエンジニアは、チームメンバー全員が確実に「同じ」製品をめざして働き、全体の中での自分の役割をよく理解してこのプログラムに情熱を注げるようにリードしていかなければならない。その出発点は、プロジェクトの参加者全員とコンセプト・ペーパーを幅広く共有することだ。

たとえばトヨタでは、コンセプト・ペーパーは開発チームのキーパーソン向けに１００部ほど配布される。機密保護のため、配布先はプロジェクト全体の参加者の中でもごく一部に限定される。しかしこの１００人は重要な職位についているので、そこからプログラムのその他の参加者に必要な情報を展開することができる。小さなチームなら、コンセプト・ペーパーをチーム全体で共有したほうがよいだろう。

コンセプト・ペーパーの情報は、これからオオベヤの壁に貼り出されていく情報の出発点だ。そして、オオベヤの壁の情報がこれ以降のプログラムに関するすべての議論の中心となっていく。絵やグラフやスケッチ、スケジュール表や目標値などの情報がチームの進むべき方向と決意を表す。

オオベヤの中で、チームのメンバーは自分たちの仕事がプログラム全体の計画や目標・目的に対して進んでいるのか遅れているのかを常に見て、分かっている。自分たちが創ろうとしているものを見失うことは決してない。

幅広いチームに訴えかけるもう1つの方法が、コンセプト・ペーパーを中心に構成されたプログラムのキックオフ・イベント開催だ。これはしばしばその価値が過小評価される部分で、多くの場合、決められた標準開発プロセスに従うための義務的な活動とみなされている。

しかし適切に行えば、こうしたイベントはチームメンバーを巻き込み、情熱をかき立て、このプロジェクトが実現しようとする価値がいかなるものであるかを真に理解させ、その価値を実現する中での各自の役割をそれぞれによく理解させるための重要なステップになり得る。

チームをプロジェクトに「巻き込む」のは、チームに命令してプロジェクトに関する情報を伝えるだけで済むものではない。まるで違う。このことを肝に銘じて欲しい。あなたは、このプロジェクトが実現しようとする価値をメンバーが心底から自分のものとし、プロジェクトの成功を個人として大切に思うようになってもらいたいのだ。

したがって、こうしたイベントはまさに双方向の対話に満ちたものになる。多くの質問が飛び、時には反論も出るだろう。これは、長い時間をかけた検討の期間にチーフエンジニアが何を学んだかを皆と共有するまたとない機会だ。

効果的なキックオフ・イベントはしばしばコンセプト・ペーパーの要素を取り込み、必要な情報をチームに提供すべく、完成予想図や早期のプロトタイプ、他にも様々な説明手段を総動員して行われる。

製品のビジョンをチームに伝える方法は他にもある。その１つがストーリーボードだ。人は生まれつき視覚的な思考を好み、技術者は普通の人に比べて視覚的思考をする傾向がさらに強い。映画やソフトウェア制作でよく使われ、ピクサーのような会社では日常的に使われているこの手法（いわゆる「絵コンテ」）のアイデアを借用し、シリング・ロボティクス社は最先端の海底探索潜水艇の斬新なビジョンを伝えるのに、ビジュアルなイメージ図やストーリーボードを活用している。

同社の「ジェミニ」という製品の開発プログラムもその例の１つだ。キックオフ会議では一連のストーリーボードを使って工具交換や高度なワークを可能にする能力が伝えられた。ジェミニＲＯＶの鍵となる特徴の１つが水中で工具を交換し、潜水したまま複数のワークをこなせることで、これは大きな競争優位性だった。

ジェミニのストーリーボード（図１‐４）では、リーダーが一連の簡単なスケッチを使って、その高度な能力をチームに伝えた。こうした簡単なスケッチからたくさんの討議や議論が生まれ出て、ついには従来よりもはるかにチーム内の整合がとれるに至った。

プログラムのリーダーはストーリーボードを中心にしてチームを巻き込み、完成予想図をレビューしながら更新し、修正していった。ストーリーボードがキックオフ会議で協力を促すようなやり方で皆に共有され、引き続きチームメンバーの間に活発な議論を生み出していく上で、ストーリーボードとこうした協調的なやり方が大いに助けとなった。リーダーは、ストーリーボードがこのプロジェクトに関する深い知識を生み出したと感じた。

ここまで深い理解に至るのは他の方法では不可能だ。キックオフ会議でストーリーボードを使ったことは、重大な知識ギャップや高いリスクがある領域を発見するのにも役立ち、その対策案を複数考え、開発初期に行うべき実験をやる上でも実に役立った。

このストーリーボードはオオベヤの壁にずっと貼られていたが、これはチームメンバーがこのボードを見るといつでも製品のビジョンに直観的に立ち返ることができて、業界に再び革命を起こそうという会社としての意図を想い起こすことができたからだ。

図 1-4　新型深海探査機「ジェミニ」の画期的能力を伝えるストーリーボード

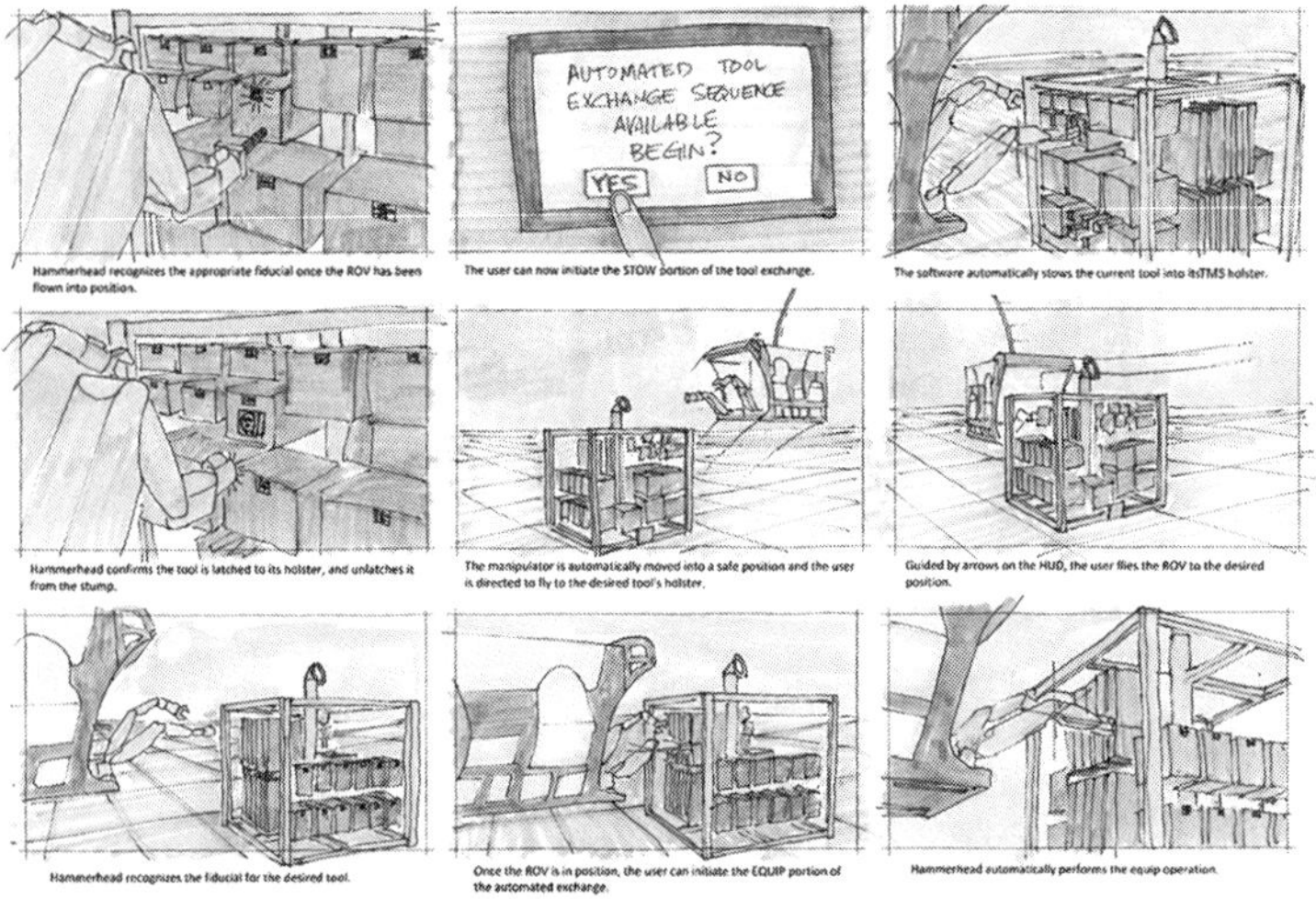

まとめ

うまくいく開発は、強力な製品コンセプトを具体化し、重大な知識ギャップを埋めるところから始まる。当たり前のように感じるかもしれないが、なぜか多くの開発プログラムでここがうまくいってない。われわれは、「経営幹部」が急ぐあまり、開発において最も重要な時期であるはずの初期段階で検討に長い時間をかけることができず、開発資源を十分に割り当ててもらえないという声をしばしば聞く。

本章では、フロントエンドへのローディングを正しい方法で行うためのたくさんのアドバイスとやり方を紹介した。これは4ステップの収束プロセス（図1-5）と考えることができる。

1 深い顧客理解　顧客基盤の母集団の特性を感じ取るためにデータは有用だが、真の理解には顧客がいるゲンバへ深く浸り切ることが欠かせない。素晴らしい設計をするには、直接の観察に加えて、顧客との感情的なつながりと共感とを必要とする。

2 セット-ベース設計　点のソリューションに飛びつき、それを試行錯誤で改良していく代わりに、セット-ベース設計では特定のソリューションに絞り込む前に、幅広い設計ソリューション空間を探索する。様々な機能グループが一緒に働くなかで機能間に生じるトレードオフを解消するには、めざす機能・性能が両立する地点を見つけるに尽きる。このために、ソリューション空間の探索は同時並行的に幅広くやらなければならない。

3 学習（PDCA）のために実験する

健全な懐疑心を持った科学者のように考えなさい。「素晴らしいアイデア」と思えるものであっても、検証は必要だ。議論で時間を浪費してはならない。すべての実験は次の実験のために学ぶ機会だ。狙いを絞ったプロトタイピングは、素早いPDCAのための素晴らしい手段だ。

4 コンセプト・ペーパー

チーフエンジニアのコンセプト・ペーパーは、「ファジー（曖昧）なフロントエンド」と呼ばれる段階で幅広く探索し、その後に収束させていくという大仕事の集大成だ。概念設計を始めるときは、幅広い探索ができるように、アイデアを意図的にファジーにしておくが、コンセプト・ペーパーは非常に具体的だ。

コンセプト・ペーパーは単なる報告書以上のものであり、主要

図 1-5 フロントエンド・ローディングで徐々に絞り込み、収束させ、コンセプト・ペーパーにまとめ上げた後に具体的な開発に集中する

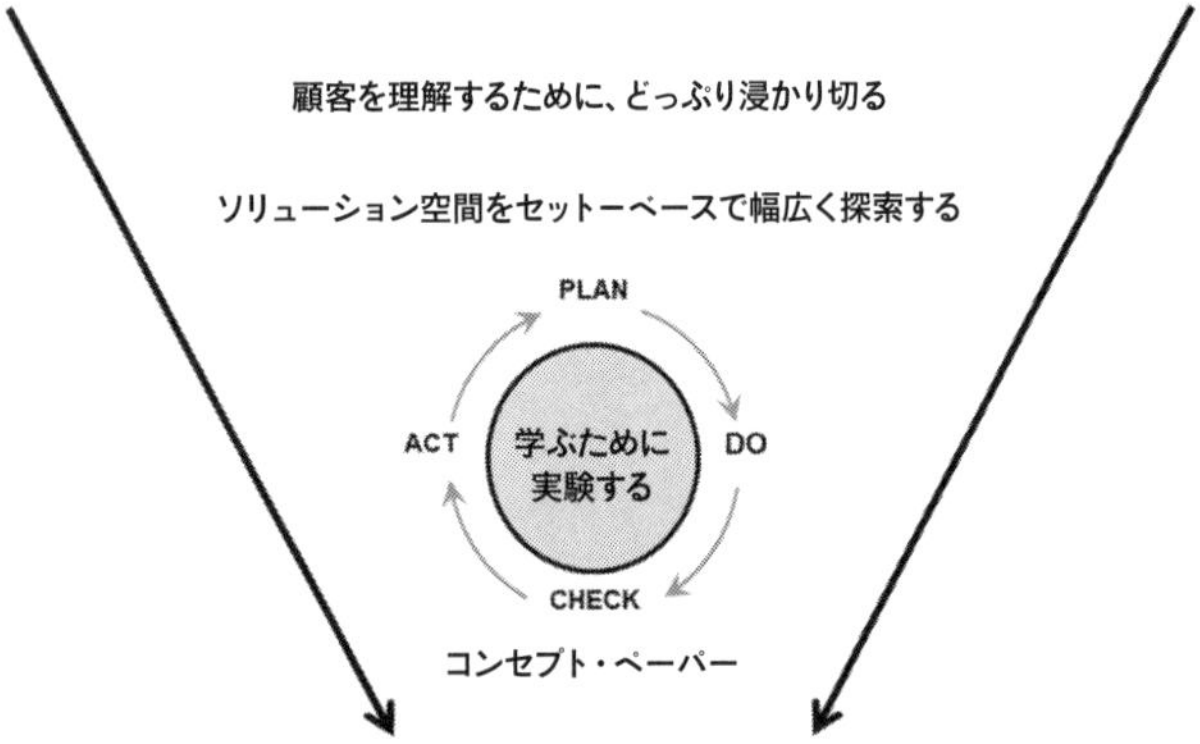

な利害関係者の整合をとり、彼らがビジョンにコミットできるように巻き込んでいく過程で行った大量の学習と内部議論の集大成であると同時に、この先、そのビジョンを具現化する方法を見つけ出していく開発のあらゆるワークの出発点としての役割を果たす。

この先の展開　次章で詳細設計、金型や加工設備、生産プロセス開発といった開発の実行段階を論じていく。このなかで、開発リードタイムを短縮し、開発を間違いなく確実に進めるための技法と具体例も紹介しよう。

Your Reflection

あなた自身の振り返り

ビジョンをつくる

本書に書かれたことをあなたが自社で実行するなら、あなたの新製品や新サービスの未来を100%確約できるなどと言うつもりはない。しかし実行すれば、おおよそ狙った状態になる確率が増大することは確実だ。製品を最初から正しく開発するためにわれわれが提示するビジョンとは次の通りだ。

- 開発プログラムは、1人のビジョナリー・リーダーに主導される。このビジョナリー・リーダーは、この開発プログラムのために魅力的な製品ビジョンをまとめ上げて関係者に売り込むだけの技術力、ビジネス・スキル、ソーシャル・スキルを持っている。

- 販売・マーケティング部門は、このビジョナリー・リーダーをサポートし、市場調査データを提供するだけでなく、彼が顧客とコンテクストを深く理解するためにゲンバを訪問できるよう取り計らう。
- 顧客とコンテクストを直接観察することは、何が顧客との感情的なつながりをつくるのかを肌で感じることにも通じる。
- 最も優秀な人が「ファジーなフロントエンド」(曖昧さを意図的に残したまま進行する最初の段階)で機能横断チームに参画し、あらかじめ期限を区切った検討期間のなかで設計ソリューション空間を幅広く探索する。
- プロジェクトチーム(あるいは大規模プロジェクトのサブチーム)は、スケッチ、モックアップ、狙いを絞り込んだ適切な忠実度のプロトタイプ、素早い実験を通して複数のソリューション候補を探索していく。
- 製造など開発の下流に位置する人々から、モックアップやプロトタイプを継続的に試用している顧客から、幅広く情報を集め、それが設計ソリューションの収束に活かされる。
- 上級リーダー(チーフエンジニア)がコンセプト・ペーパーを作成し、このペーパーを幅広くいろいろな人のところへ持ち回って説明し、フィードバックをもらいながらコンセンサスをつくっていく。

このビジョンはあなたの会社に必要と思われることと同じだろうか？　このビジョンを

あなたの現状

1 あなたの会社の製品は顧客の期待を満たしているか？　改善すべき主要課題や改善の機会はどこにあるか？

2 あなたの会社では開発早期のフロントエンドで顧客と製品使用環境とリスクを理解するためにどのように時間を使っているか？　どうしたらもっとうまくやれるようになるか？

3 あなたの会社では複数のソリューション候補を出して収束させていくのか、それとも1つのソリューションに決めた後でそれを何度も修正していくのか？

4 あなたの会社では開発プログラムの早い段階で知識ギャップを埋めるためにスケッチやモデル、プロトタイプなどをどう活用しているか？

5 あなたの会社はどうやって開発チームに製品のビジョンを伝え、チームメンバーの支持を得ているか？

6 いますぐ取り組む価値がある、大きな懸念のある分野はどこか？

行動する

大きな懸念のある分野を1つ選び、その改善にどうやって取り掛かるかについて、複数のアイデアを書き出しなさい。考えられる方向を下記に挙げる。

1 顧客及び製品が使用されるコンテクストを深く理解し、その理解をもってどんな製品が必要とされているかを決める。これを開発者自身に体験させるよう仕向ける。そうすれば、開発者はこの製品はどうあるべきかを直に感じ取り、真に腹落ちするまで理解する体験ができる。これは、マーケティングなどの他部門によってフィルターがかけられ、つくりあげられたものを見るのとはぜんぜん違うナマの体験だ。

2 実験や狙いを絞り込んだプロトタイプを通していかに学ぶか。つまり、実践を通して学び、直接体験することだ。

3 コンセプト・ペーパーに何を含めるべきか。

4 コンセプト・ペーパーに描かれたビジョンを実現するため、いかにして開発チームの方向を揃え、巻き込むか。

CHAPTER 2 素早く、間違いなく、よい新製品を届ける

Delivering with Speed and Precision

従来のプロジェクト管理は、何をいつまでにやるべきかを決めて詳細な計画を作り、その通りに進めようとする……これがうまくいくことはほとんどない。一方、リーンな企業はリズミカルに素早く回り続ける小さなサイクルがたくさん集まって相互に作用し合っていく一種の有機的ネットワークをつくろうとする。

――アレン・ウォード、デュワード・ソベック
『リーン製品・プロセス開発』（稲垣公夫訳、日刊工業新聞社）

実行における卓越性

ここまでに出された「宿題」をあなたがすでにきちんと済ませたとしよう。つまり、あなたは「自分がつくり出そうとしている製品やサービスの、他にはない固有の価値（提案価値）」をよく理解している。魅力的なビジョンをまとめ上げ、皆で共有した。チームはコンセプト・ペーパーを理解し、賛同している。誰もがリスクを理解しており、最初に取り組むべき知識ギャップもすでに特定した。

ここまで来れば、その素晴らしいアイデアを「世の中を変える製品」として実体化し、最高のタイミングで市場に出す段階に至ったということである。つまり、詳細設計、試験、金型製造・開発、生産立ち上げといった「実行」の段階にいよいよ入っていくのだ。

これまでやってきたのは、画期的なアイデアを「考え出す」ことだった。確かに大仕事ではあったが、その素晴らしい製品を「実体化して世に出す」ためには、さらに大きな仕事が待っている。あなたのアイデアがどんなに素晴らしくても、現実に製品を市場に出すところまで首尾よくやり遂げなければ、成功することはできない。

素早く間違いなくこれを実行できる企業は、とても強力な競争優位性を持つ。卓越した実行力とは、開発の仕事の細部に至るまで逐一目配りを怠らず、ムダを最小化し、１人ひとりが正確に、予定通りにワークをこなし、よい製品を狙い通りの時期に顧客に届ける能力である。

当然ながら、手直しを減らし、待ち時間を減らし、誤った情報伝達を減らせば、開発の効率を上げるのみならず、働く人を尊重する環境を築くことにつながるはずだ。そこで、ともすれば開発の効率化のみに目が向いてしまう。

しかし、もっと大きな視点に立って卓越した実行を真に追求するなら、仕事の流れの全体を見渡し、流れをもっとよくして、その流れを利益を出せる基盤としていく他ない。

速さは力だ。時間は万人に与えられた資源だが、最も限られた資源でもある。マネジメントのサイクルをもっと速く回し、もっとコンカレントに仕事を進め（縦割りの順次処理ではなく、多くの機能が早い段階から幅広に相互連携してものごとを進める）、透明性を高めていけば、あなたの製品の開発リードタイムはもっとずっと短くできるはずだ。競合企業より素早く製品を市場に出せるなら、一番手の有利な立場を享受できる。

だが、検討段階から実行段階への移行は、スイッチを入れるだけでできるものではない。うまく移行したいなら、「ボールを次へ渡すように」ではなく、「リレーのバトンタッチのように」進めなければならない。実行の段階に至っても、解明すべきこと、解決すべき問題はたくさんある。詳細設計と製造プロセス開発の大半はまだ残っている。

しかし、具体的な実行の段階は、それまでの検討の段階とは性質が大きく違う。目指すべき方向（真北）を誰もがはっきり理解しており、各自がなすべき仕事をいつまでにやらなければならないかも明らかになっているからだ。これがチームを土俵に上げて力を引き出す。

狙い通りのコストとクオリティをもって新製品をオンタイムで市場に出すのに役に立つ考え方・やり方・ツールはいくつもある。実行力を高めるのに効果があったと多くの企業で実証されてきたものだ。しかし、そういうツールも、チームとして準備ができているからこそ、上手に使えるのである。

大抵の企業の製品開発システムは旧来型だ。「組織は機械のようなものだ」という20世紀の考え方に全面的に依拠している。その程度たるや、悲しくなるほどだ。組織は機械だから、トップダウンで命令すれば思い通りに動くはずだ。人々を機能別専門分野というタコツボ型の箱に入れて管理しよう。技術解析の箱に適切なインプットを入れると、部品の設計図が出てくる。プロセス技術の箱に適切なインプットを入れると、製造指示書が出てくる。機能別の箱は、標準手順に従って粛々と結果を出していく。フェーズゲートに来たところでレビューすれば管理できる。これが開発の「ウォーターフォールモデル」だ（図2－1）。

現実はどうか。インプット情報が不十分で他の機能からの意見も入っていなかったせいで、正しくない問題に正しく答えた解析結果、製造できない設計図、互いに整合しない部品やサブシステムといった間違ったアウトプットをそれぞれの箱が続々と生み出してしまうということが起きている。

これが手直しと混乱を生み出し、特にプログラムが生産立ち上げに近づくにつれてますますひどくなり、後手に回って山積した問題を一気に解決するために、ついにはすべての

図 2-1 製品・プロセス開発のウォーターフォールモデル（出典：キャタピラー社 Bob Kucner）

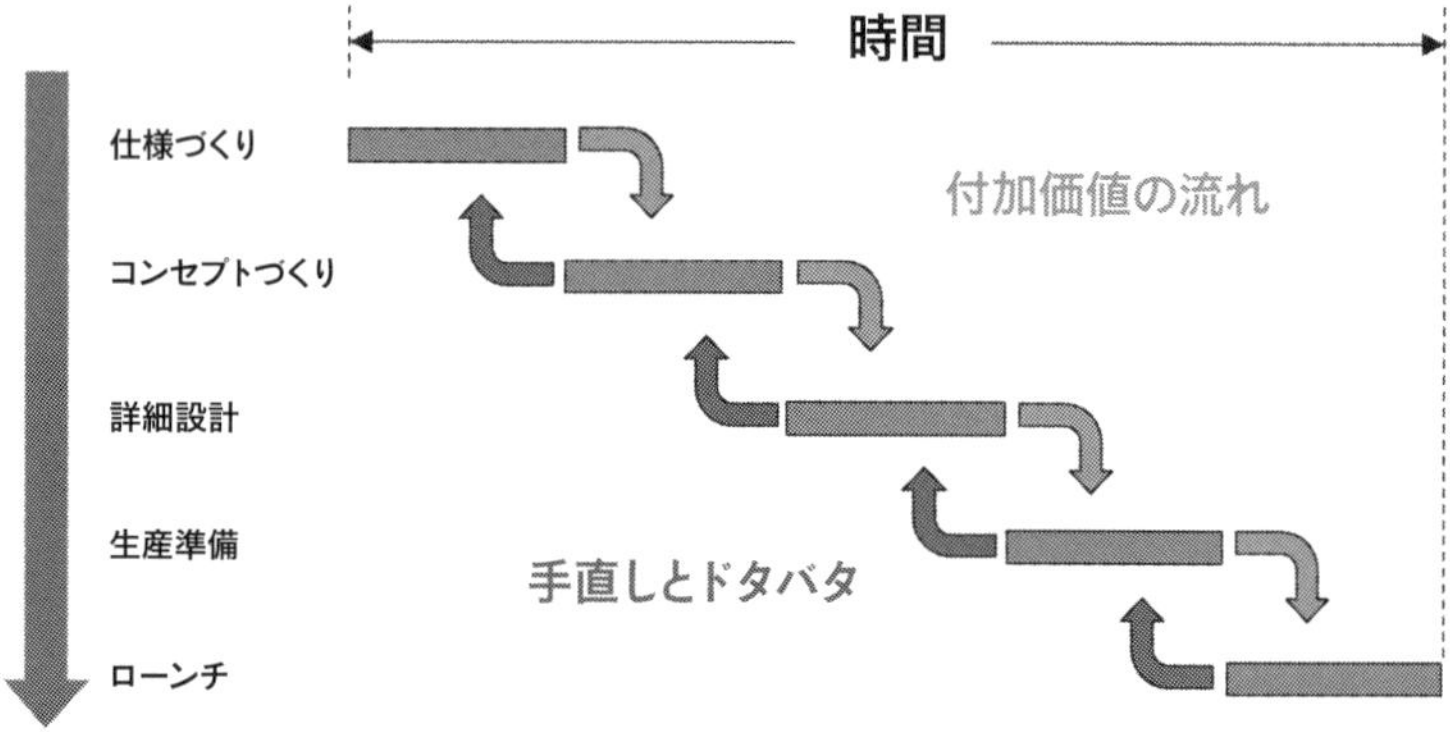

図 2-2 製品・プロセス開発のサイマル・エンジニアリング（出典：キャタピラー社 Bob Kucner）

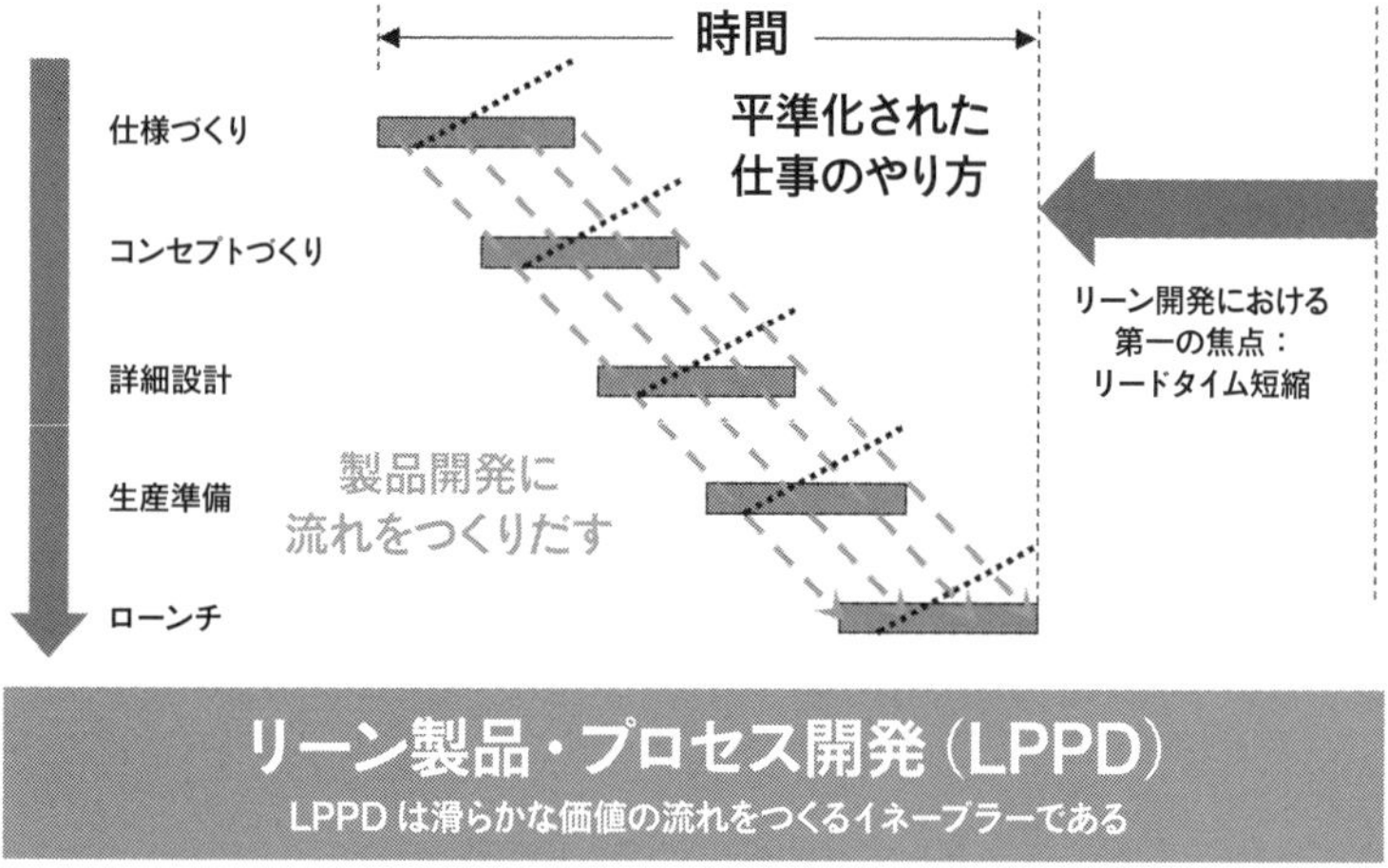

機能部門が強制的に動員される事態を招くことになるのだ。

望ましいプロセスは、必要な思考と活動が同時並行で滑らかに流れることだ（図２－２）。サイマル・エンジニアリング（同時並行開発）という考え方は昔からある。だが、サイマル・エンジニアリングを標準作業パターンとして確立し、卓越した開発の流れをつくるには、大変な努力が要る。

しかし、これに励めば、何かを決めて先へ進んでみたら、後になって問題が次々と浮上してきて、大慌てで手直しするといった、ゴー&ストップを繰り返すムラの多いやり方よりも、はるかに滑らかで平準化された仕事の流れを得られる。

ここで肝心なのは、人こそが優れた開発の核心ということだ。ここに疑問を差し挟む余地はない（本書の後段で再び議論しよう）。標準作業を決めてマイルストーンをはっきり定めたとしても、製品開発の中で働く人々をこうした「システム」で置き換えることは決してできない。

リーンな開発プロセスとは

しかし、リーンなプロセスという実証されたフレームワークと、弱すぎず強すぎない、ちょうどよい強さのしくみを人々に与えることによって、その人たちが成功する可能性を最大化することならできる。

製品開発におけるリーンなプロセスとは、トヨタ式生産システム（TPS）を開発部門に適用したものではない。製造現場でのTPSの威力を目の当たりにすれば、上流の開発にもそれをそのまま適用したいと考えるのも無理はない。製造であれほど役立った手法なのだから、開発でも活かせるはずと思い込む。

しかしこれは間違いだ。トヨタはそのように考えない。フォードもそうだし、われわれが指導してリーン製品開発をかなりうまく導入した企業も、そのようなやり方はしていない。この落とし穴に落ちてはならない。

まずはこの点をはっきりさせた上で、TPSの元になっている基本的な要素を見ていこう。これをわれわれは「リーンプロセス思考」と呼んでいるが、製品開発にも実に役に立つ。製造と全く違うのは、実際のツールや手法であって、根底にある考え方の多くは共通している。たとえば、機能別部門の間に流れをつくり、品質をつくり込む能力は、マイルストーンをうまく使うこと、設計を完了する前に関連する部品・サブシステム間で整合を図ることで大幅に高められる。

もう1つ例を挙げると、仕事の状態が正常か異常かを一目で分かるようにしておいて、異常があれば助けを求める信号を出してタイムリーに手を差し伸べられるようにすることだ。これは「オオオベヤ・マネジメント・システム」を使えば、かなりシンプルに実現できる。

われわれは、こうした活動を始める際に非常に役立つツールの1つがバリューストリーム・マップであることを発見した。モーガンはこのツールを製品開発という独特の環境にうまく適合させるべく変更し、『トヨタ製品開発システム』で紹介した。本書の第9章でもソーラー・タービンズ社での活用例を紹介する。

こうした活動への最もシンプルな接近方法は、大きな紙を壁に貼り出すことだ。その威力は絶大で、われわれも幾度となく経験してきた。まず、この紙の一番上、横方向に開発プログラムの開始から生産立ち上げまでの時期を月次単位で書き入れる。縦方向には、必要な機能の名前を順に並べて表の形をつくる。さらに、それぞれの機能に課されたタスクを付箋に書いて該当する時期の枠に貼っていくのだ。

続いて、付箋（タスク）どうしを矢印で結び、手戻りがあったらそのループも書き入れる。最初は、従来のやり方で直近に実施したプロジェクトの実績を描き出すことから始める。ボトルネックや手戻りループやその他諸々、まずい連携の兆候を見つけ出して書き出していくのだ。こうして現状の図が出来たら、次は未来の状態のマップづくりだ。今度は、LPPDの原則に沿って、情報や仕事がどう流れたらうれしいかという「ありたい姿」を描いていく。

こうしたワークそのものが、機能横断チームをまとめる上で、とてもよい活動になる。このチームは開発プロセスの変革に向けて大まかなプランを提示するだけではない。描いた絵を現実のものにしていくのも、このチームの責任である。このワークの眼目は、機能横断チームが自分たちの今の仕事のやり方と問題の真の姿をよく見て、タスクとタスクの間にある相互依存関係を理解し、一緒に対策を立てていく過程で、「一致団結するとはこういうことか！」と実感することにある。

ここで描いた「未来の状態のバリューストリーム・マップ」が「大まかな計画」になる。あなたがこれから製品開発の現実に遭遇するたびに、この「大まかな計画」は変わっていくだろう。

さらに、オオベヤ方式が日次あるいは週次のリズムをプロジェクト全体に与える。本章の後段で詳述するように、この「リズム」は、流れをつくり、品質をつくり込み、異常が発生したらすぐに気づいて直ちに手を打つために欠かせない。このための鍵となるしかけの1つが、マイルストーンの適切な設定と運用である。

マイルストーンをうまく使って、よい流れとよい学びを実現する

製品・プロセス開発の仕事は、無秩序で問題に満ちているように見えることがある。実際、設計が進むにつれて問題が浮上してくるのはよくあることで、こうなると必要な知識と現在持っている知識の差である「知識ギャップ」を見つけ次第、次々と埋めていくほかない。こういうことは確かに開発の1つの側面だ。つまり、製品開発には明らかに一定の

不確実性が不可避的に存在している。

しかし、これは「何であれ、それを成し遂げると固く決意した開発者たる者、闇の中をも手探りで進むべし」という意味ではない。ある柔軟な仕事の進め方の枠組みを開発チームに与えることで、彼らは必要以上の規則や管理業務に煩わされることなく、不確実性の中をも進めるようになる。容易なことではないが、不可能ではない。

フォードのグローバル製品開発システム（GPDS）の構築に際して、最重要かつ喫緊の課題だったのは、マイルストーンとその使い方を再定義することだった。われわれが指導してきた他のすべての企業においても同じだった。

ハーマンミラー社のリーン製品・プロセス開発への冒険の旅路

オフィス向け家具什器及び家庭用家具メーカーのハーマンミラー社（Herman Miller）は、極めて非凡な会社である。世界中の会社が同社のカルチャーをベンチマークしようと、ミシガン州ジーランド市を訪れる。

ハーマンミラー社は卓越したデザインとイノベーションで世界的に知られている。何十年にもわたって数々のデザイン賞を受賞し、美術館に展示されるほどの象徴的な製品をいくつも世に出すなど、驚嘆すべき実績を重ねてきた（＊1）。

一方、それほど知られていないのが、同社がリーン生産の卓越した実践企業であることだ。実際、同社の先生役を果たしたトヨタも、自動車産業以外では最も優秀な生徒であると認めていて、リーン生産で何が可能かを見せるために、他社の人々をハーマンミラー社に送り込んでくるほどだ。

ハーマンミラー社がリーン「生産」で長足の進歩を遂げ、同社の家具のデザインが芸術的に素晴らしいのは確かだが、その一方で、リーン製品・プロセス開発にはあまり時間をかけていなかった。事実、開発プロジェクトの70%が予定通りに完了していなかったのだ。最新の製品を顧客に披露する年次の「ネオコン」という大きな展示会が頼りで、これを逃すと売上低下につながるのが常という業界である。予定通りに新製品を出せないのは大きな問題だった。

開発プロジェクトの実績データを分析し、定型的な質問に沿って行う構造化インタビューを実施し、現状のマップを作ることを通して、同社のチームは「プロジェクト遅延の主な要因は、複数のプログラムの『実行のばらつき』にある」ことを特定した。

一方、大まかではあるが、同社には「製品開発プロセス」として定義されたものが既に存在し、しかもかなり定着していた。このシステムをいきなり全面的につくり直す手もあったが、その前に、チームはまず「部品開発計画」で実験してみることにした。

本章の後段でさらに詳しく説明するが、「部品開発計画」とは個々の部品やサブシステムの仕事を上位プログラムの主要なマイルストーンに同期させて進める上で、非常に効果的な手法である。

「部品開発計画」をやってみて、チームは「これはいけない！」と実感する。過去の実例を「部品開発計画」の考え方に沿って精査すると、機能部門間の要件理解や上位の開発システムとの連携において大きな齟齬がたくさんあることが分かったのだ。チームは、個別の部品計画作成に進む前に一歩引いて、上位レベルの機能間に存在する連携の問題を解決する必要があると思った。

つまりこのチームは「つながりのない」いまのプロセスを、機能部門を横断して「つながった」プロセスに変える必要があったのだ。個々の計画の作成に先んじて急ぐべきは、誰が誰に対して、いつ、何を提供すべきかという合意を形成することだった。

サプライチェーン、開発、製造、デザイン、マーケティングの各部門のリーダーが新たに「機能横断的なステアリング・チーム」として集まり、製品開発プロセスの再設計という大仕事に取り掛かる。

このリーダー・チームは、よりよい機能横断連携と製品開発プロセス全体の共通理解をつくり出すことに焦点を当てた。間もなく彼らはもっと効き目のある統合のしくみを構築することから始めるべきだと悟り、「統合のメカニズムとしてのマイルストーンがうまく機能するようにすること」を出発点に、全体の変革に乗り出していく。

マイルストーンの位置付けを「従来型の活動の単なるチェックポイント」から「リーンの原則に基づいた役立つマイルストーン」に変えるために彼らはまず、大きな図を作成した。これは、主要マイルストーンの下に機能ごとの枠（「スイム・レーン」と呼ばれる）を配したもので、スイム・レーンとサブシステムごとのマイルストーンを基準線として、イベントごとに、各機能のワークの目的は何か、どんな成果物を出さなければならないかを付箋に書いて貼っていく。

予想通りと言うべきか、どの機能の間でも、要求する側と要求される側の要件理解がかなり食い違っていた。まずは機能と機能の間のすべてで、それぞれのマイルストーンの目的と、マイルストーン・レビューで何を確認したいのかということについて、きっちりした合意を形成しなければならない。

マイルストーンを1つずつ取り上げて順次合意形成を図っていく。初めに当該マイルストーンの目的を明確に定め（目的記述文として書いて）、続いて当該マイルストーンにおける成果物と、その時点で期待されるクオリティはどういうものかという具体的な判断基準について、話し合いながら書き上げていく。こうして地道に1つひとつ、合意を形成していった。

機能横断リーダーシップ・チームは定期的にミーティングを開催したが、詳細な作業の過半は会議と会議の間に行う「宿題」として持ち帰る。これが活動全体にリズムをつくり出していった。

幹部が集まるステアリング・チームのミーティングは、大きな会議である。この会議の調整役を務めたのは、生産技術のバイスプレジデントのボー・シーバーだ。一方、それぞれの機能別チームの役割は、全体の目的にかなうようにチームの方向を揃えること、マイルストーン・レビューごとのインプットとアウトプットとクオリティ基準の合意形成の際に自分たちの立場と意見をはっきり述べることである。

こうした経験を経て、シーバーは次のように語る。

「ハーマンミラー社の製品開発は全社を挙げて取り組むべき仕事です。まさに『子供を育てるのは村の全員だ』という古くからある格言の通りです。マイルストーンの検討作業の焦点は、当初は開発のクオリティと予測可能性の向上にありました。

しかし、機能別グループをはじめとする様々なステークホルダーが一堂に会し、プロジェクト全体の狙いを達成するために求められるスケジュールはどういうものかをはっきりさせ、関連する諸機能の進行をそこに同期させていくにはどうしたらよいかを話し合う中で、洞察と共感を得ることができました。

これによって、それまで閉ざされていた壁に新たなドアが見つかり、開き始めたのです。開発から生産立ち上げに至る各段階で誰が何に責任を負っているのかが明確になったのはものすごく重要なことでした。

これで開発の安定性が大いに向上した（クオリティがよくなり、予測可能性が高まった）のは事実ですが、予想外の効果もありました。互いにプロフェッショナルとして認め合い、信頼が深まったこと、それぞれの機能のニーズをビジネス全体の文脈の中でより深く理解できるようになったことです」

シーバーのチームは、製品設計の成熟度（設計の進み具合）を反映した「生産準備基準」（M

RL、Manufacturing Readiness Levels）を作り、マイルストーンのQEC（品質判断基準、Quality of Event Criteria）に組み込んだ。これは、それぞれのマイルストーンにおいて製造と金型開発の「正常な成熟度」の標準モデルを与えるためである。

つまり、設計の進み具合に応じて生産準備（製造方法のデザイン、金型の設計・製造、手順書の作成、作業員の訓練等の多岐にわたる準備）は何をどこまで進めるべきか、ということをマイルストーンごとに標準モデルとして定め、マイルストーンに到達するたびに、標準モデルに照らして生産準備が遅れていないか、進みすぎていないかをチェックできるようにしたということだ。

その後もハーマンミラー社はリーン製品開発の様々な活動に取り組んでいったが、そうした活動の土台を築いたのは、マイルストーンを軸に各機能の仕事の進み具合を同期させていこうとする人々の熱心な取り組みであった。こうした努力こそ、プログラムの実行フェーズを劇的に改善するキー・ファクターだ。努力の甲斐あって、ハーマンミラー社では本書執筆時点で開発プログラム全体の90％が予定通りに進んでいる。

強制的官僚制の下にマイルストーンを使ったら

開発プロセスにおいてマイルストーンの実効性を高めることは重要だが、マイルストーンは誤解されがちな要素でもある。その効力は運用次第なのだ。硬直的な官僚主義に覆われた運用がよく見られる一方で、逆に自律の旗の下に無管理状態で放置されたチームに時折思いついたように助言をするのみというケースもある。ほとんどの企業の態度は、こうした両極端のいずれかだ。どちらの場合もマイルストーンの実効性は大きく損なわれる。

ポール・アドラーが「強制的官僚制」と呼ぶやり方では、マイルストーンはコントロールのためのしくみに組み込まれる（＊2）。管理者と開発担当者にとって、これは決められたチェックリストで製品開発プロセスを「監査」する「外から与えられたメカニズム」である。

われわれも見たことがあるが、多くの会社のマイルストーン・レビューでは、分厚いファイルに綴じられたレビュー基準を参照しながら、それに関連する課題と対策をきちんと議論するでもなく、赤、黄、緑と点数を付けて終わるのが常だ。このような「チェックリスト的メンタリティー」がよりよいパフォーマンスにつながることはめったにない。

一方、チームの自由に任せたボトムアップ的チームワークを重視する会社は、チーム（たとえば機能別チーム）とチームの間の連携がまずく、詰めが甘くて、しばしば納期遅れを起こす。こういう会社の人は自分の今の状態が正常か異常かを区別できないから、問題への対応が後手後手に回る。もっといけないのは、チームの枠を超えた学びがほとんどないことだ。

アドラーの素晴らしい気付きの1つは、彼がトヨタとGMの合弁会社NUMMIを研究していた時期に得たものだ。トヨタには計画や標準作業や手順書が山ほどあって、それがどこまでも続く。一見ガチガチの官僚主義なのではと思わせるほどだが、実はそれらはすべてチームメンバーが仕事をしやすくするために作られ、使われていたのだ。

標準というものは適切に設計し運用しさえすれば、上位の管理者に前向きな役割を与えながら、チームが連携して、共に学ぶのを大いに助ける。アドラーはそれを「自律を引き出す官僚制」（権限移譲の官僚制）と名付けた。

オーケストラに譬えるなら、マイルストーンは楽譜だ。うまい指揮者がタクトを振れば各パート（機能別グループ）の息が合って素晴らしい演奏（よい開発）になる。当然だが、そもそも楽譜が正しくなければ、よい演奏は実現されない。

われわれは読者の皆さんに素晴らしい演奏（素晴らしい開発）をしてもらいたいのだ。そこで、以下にマイルストーンの目的に関するわれわれの考えを述べ、実効性あるマイルストーンを作る方法をアドバイスし、マイルストーン・レビューのうまい進め方のコツを説明したい。

マイルストーンの目的

マイルストーンとは文字通り、開発の旅路の道標である。

●正常と異常を区別するための基準点　マイルストーンの目的は、チームが予定通り進んでいるか否か、道から逸れていないかをチームのメンバーに知らしめ、その先の最善の道を自分たちで決められるようにすることである。だからこそ、開発プロセスにおいて「正常」とはどういう状態なのかをまず定義する必要がある。

マイルストーンはゲートチェックのような「進むか、進まないか」を判断するためのものではなく、チームが道から逸れないよう、正しいアクションを自らとってうまく軌道修正しながら進んでいけるようにするためのものだ。この発想は豊田佐吉翁が発明した「経糸が切れたらピタリと止まる自動織機」や、コンベア式組立ラインの床にペンキで引かれた標準進捗の表示線（ピッチマーク）に似ている。

トヨタの組立ラインでは、コンベアに乗った車が50％のピッチマークの位置まで来たのに実際の作業は25％しか終わっていないという事態が発生したら、作業員は直ちにアンドンの紐（ひもスイッチ）を引っ張って助けを呼ぶ。チームリーダーは即座に駆け付けて問題を見分け、手を打つ。残り50％の時間のなかでその問題を解消できたらラインは止まらず、ラインの他の工程には影響が出ない（解消できなければラインは止まる）。

当然だが、メンバーが異常に気づいたときに上司に知らせる手段がなければ、こういうことは不可能だ。異常を知らせる何らかの手段があったとしても、上司が助けなければ何の意味もないどころか、却って害悪となる。だからこそ、オオベヤ・マネジメント・システムが重要なのである。オオベヤ・マネジメント・システムの目的は、問題を早め早めに発見してうまく解決していくことにある。言い換えるなら、プロジェクトとして道を逸れることなく予定通り進むようにしたいなら、マネジメントのサイクルタイムを短くすべしということだ。

●主要なインテグレーション・ポイント マイルストーンは、複数の機能別グループを跨いで仕事を同期させる上で重要な役割を果たす。ソフトウェアとハードウェア、設計と製造といった相異なる機能集団は互いに相手に依存し、影響を与え合う関係にある。マイルストーンは、こうした関係性のうち特に鍵となる主要な相互依存性を特定してよく理解し、双方ともが納得できる着地点を見出せるように設計されるべきだ。

こうした実効性の高いマイルストーンを設計するには、まず、機能別チームが自らの責任範囲でどんなタスクをどんな順序で行わねばならないかをきちんと理解する必要がある。ここへの深い理解あればこそ、機能を跨いでうまく仕事を同期させることが可能になるのだ。なぜなら、細かいところまで理解していく過程で自分たちの機能が何を必要とするか（外部に求める要件）が自ずと明らかになり、それが齟齬のない要件理解の共有につながっていくからだ。

こうした理解はまた、同時並行で進める仕事を最適化するのに必要な「不完全ながら『安定した』情報」を最大限うまく使うことも可能にする（同時並行で仕事を進めるのだから、相手方のワークがまだ完了していない段階で情報を得て動かなければならない。当方に必要な情報はまだすべて揃っておらず、不完全かもしれないが、その中にはすでに確定したと見てよい「安定した」情報もある。それぞれの機能部門の中のタスクと実行順序をよく分かっていれば、何が「安定した」情報かを判断することができるから、それをうまく使ってコンカレントに仕事を進めることができる）。

このようなコンカレントな仕事のやり方に習熟するほど、より速く開発を進められる。開発リードタイムを短縮する上では、個々のタスクの時間を短縮するよりも、実際にはこのような同期化のほうが、はるかに大きな効果がある。

●開発をうまく進めるためのしくみに欠かせない主要コンポーネント　一般に開発のシニア・リーダーは同時に複数の開発プログラムを持ち、うまく管理していく責任を担っている。彼らには、問題にすぐに気づいて迅速に動き、苦戦しているプロジェクトの困りごとに実効性ある対策を打ち出し、開発部門内の他の機能にこれが影響を与えるなら必要に応じて調整を行うといった能力が求められる。

適切に設計されたマイルストーンから適切なフィードバックを得て、これをプロジェクトごとの「健康状態を示す管理板」に分かりやすく表示すれば、開発全体をうまく進めていく上で強力なツールになる。

実効性あるマイルストーンを作る

われわれの経験によれば、マイルストーンの実効性は、それを使うあなた次第だ。人生で出会う様々なことと同じだ。真に役立つマイルストーンに共通する特徴として、われわれは以下のものを発見してきた。

- **真の目的**　「このマイルストーンは何のためにあるのか?」という自問から始めよ。あなたは明瞭で簡潔な製品志向の「マイルストーンの目的記述文」を書けるようになる必要がある。これが書けないなら、そのマイルストーンの必要性を疑うべきだ。これを考えるためのもう1つの方法は、「このマイルストーンで解決しようとする問題は何であるか?」と問うことである。

「マイルストーンの目的記述文」は、できる限りチーフエンジニアのコンセプト・ペーパーの具現化につながるように書かれるべきであり、プログラムのキックオフのときに提示して、皆で話し合えたらベストだ。併せて、機能を横断してマイルストーンの目的記述文の整合をとり、合意を得ることも欠かせない。

- **明確な「品質判断基準」(QwC、Quality of Event Criteria)**　マイルストーンを一種のイベントとして設定する企業が多い。そうする必要があってのことかもしれないが、大抵の場合、それだけでは不十分だ。ある1つの活動を完了したということが分かったとしても、開発プログラムの状態、言うなれば「健康状態」に関しては多くのことが分からないままだ。

たとえば、あなたが早期のプロトタイプ作成を完了したとしよう。しかし、設計・製造プロセスのレベルに相応しい材料や部品を使わずにそのプロトタイプが作られていたらどうだろう。その後の実験と学びが無意味になってしまう。つまり、あなたはこのプロトタイプによって、実際に必要な知識ギャップをまだ埋めていないし、開発リスクを必要な水準まで下げることもまだできていないのである。

それなのに、チームもその上司たちも、あらかじめ決められた活動をチームメンバーが終えたのだからこれでよろしい、うまくいっていると思い込んでしまう。それでは困るのだ。

マイルストーンごとにQECを設定することによって、チームは自分たちが開発の旅路のどこにいるのかについて、もっと現実的な理解を得られる。QECの評価に関してわれわれが考えておきたいのは、次の4点だ。

(1) QECとは想定できるあらゆる失敗モードの一覧表ではない。プロジェクトの成否の予測に役立つ少数の重要な指標に限定すべきだ。**(2)** 要件は1かゼロかの判定（二者択一判定）が可能か？ **(3)** 二者択一判定にできない場合は、定量的な許容限度を設定できるか？ **(4)** 二者択一も定量的許容限度設定もできない場合、基準を満たしたか否かを判断する人は誰なのか、明確になっているか？

●**スケーラビリティ（拡張性）**　開発プログラムは皆同じではない。開発の規模・複雑さ・リスクはプロジェクトごとに異なるはずだ。しかし、マイルストーンをうまく設計しておけば、そこに込めた基本的な意図とその有効性を犠牲にすることなく、個々の開発プログラムにぴったり合うように修正していくことができる。

マイルストーン・レビュー

マイルストーン・レビューでは、チームとしては経営幹部に「すべてが順調に進んでいる」と思わせたい。幹部は幹部で、本当の状態を探り出そうとしてわざと意地悪な質問を次々と繰り出す。だから往々にしてレビューが恐怖のイベントになってしまう。そういう会社はたくさんある。しかし、マイルストーン・レビューはもっとよいものになり得るし、ぜひともよくなるべきだ。

マイルストーン・レビューは数種類あるが、大半はチームの内部で行うものだ（この点に関しては本章のオオベヤ式の説明で詳しく述べる）。ここでは上級幹部や関係者といったチーム外部からの参加が必要な主要マイルストーン・レビューに限定して、最大限の効果を引き出すための原則を紹介しよう。

- **チームをサポートせよ**　上級幹部への報告は重要だが、マイルストーン・レビューの主な狙いは、必要に応じてチームに助けとガイダンスを与えることにある。
- **「赤」でも結構。しかし「赤」のままではいけない**　モーガンがフォードにいた頃によくやっていたのが「『緑』にするためのあなたの計画はどういうものですか？」と問うことだ。レビューから恐怖を取り除くのはよいとして、遂行責任まで失くしてはならない。チームは自ら約束したことをいずれ成し遂げなければならないのだから。

●それぞれのマイルストーン・レビューの参加者をはっきり決めておく　上級幹部、機能別部門の代表、特定の専門家といった人々の出席が求められるレビューもあるだろうが、それ以外のレビューにはこうした人たちの出席は必要ない。誰に出てもらうのか、マイルストーンの目的に照らして考えよ。

●マイルストーンは、道程の折々でチームの再結束を促し、整合と同期をさらに確かなものにする機会である　マイルストーンはチームのやる気をさらに高めるためのものだ。これを忘れると、意図せずとも、うっかり士気を下げてしまう。よくよく心していただきたい。困難な状況下のレビューでも、チームがめげずに、前進を続けようと立ち上がってレビューを終えられるようにしなければならないのだ。リーダーは、マイルストーンとは一種の「ターボチャージャー」なのだと心得てほしい。ミニカーの「加速ピット」をご存知だろうか。ミニカーが加速ピットに入り、はるかに大きなエネルギーをもらって飛び出してくるように、チームが一段と元気になってマイルストーン・レビューから出てくるようにするのがリーダーの務めだ。

●可能な限りレビューは「ゲンバ」で実施せよ　事実をありのままに見て正しく理解するためにも、チーム内のやる気を高めるためにも、実際に自分の目で見ることに勝る方法はない。これは、多くの企業が開発プログラムの進行に伴ってオオベヤを移動させる理由の1つでもある。プログラムが進むにつれて主要な活動の場所も変わっていくはずだ。常に渦中で「見る」

ことを可能にしたいなら、オオベヤもその場へと引っ越すのがベストだ。

先行指標

インテグレーション・ポイントとしても、大きな問題を発見し解決する場としても、マイルストーンが威力を発揮するのは確かだが、すべての問題の発見をマイルストーンまで待つ必要はない。問題をなるべく早く発見するために、もう1つ下の階層で先行指標を確立しよう。問題の兆候を示すうまい指標を見つけ出し、より短いサイクルでレビューしていくのだ。これが各チーム内で行う日々の「振り返りミーティング」の土台になる。

具体的な例で考えよう。「金型解除」（リリース）を1つのマイルストーンとする。金型開発を進めるためには、製品設計が一定の成熟度に達している必要がある。時間の経過とともに設計の成熟度は上がっていく。その成熟度がここで言う「先行指標」になる。金型の設計製造を担うのが金型メーカーなら、メーカー選定も先行指標になり得る（金型メーカーが決まらないと、予定通りに金型をリリースできる可能性は低くなる）。

製品開発の実際の仕事の中身をよく理解すればするほど、こうした早期先行指標を特定するのがうまくなり、潜在的な問題や異常を、より早く顕在化することができるようになる。そして、この仕事のかなりの部分を標準化する機会を見つけることにもつながる。

部品の種類ごとに標準的な開発計画モデルを定めておく「部品種類別開発計画」（ＣＤＰ）

計画は全体的な開発プログラムのレベルに留まるのではなく、サブシステムや場合によっては部品レベルに至るまで階層的に整合のとれた具体的な開発計画を立てる必要がある。複雑な製品なら何百にも及ぶ部品から成る複雑な多階層構造を持つ。部品はそれぞれ必要な期日に間に合うように同時並行で設計され、求められる機能を実現し、互いに整合していなければならない。

こうした部品を開発しているのは大抵、部品メーカーの社員だ。彼らが全体の中での当該部品の位置づけをよく理解していないと、ごく少数の重要部品の開発遅延のせいで開発プログラム全体の遅れを惹起する可能性がある。このために特に役立つツールが部品種類別開発計画（ＣＤＰ、Comodity Development Plan）だ。

ＣＤＰは個々の部品やサブシステムの標準的な開発計画であり、開発者はそれを特定の開発プログラムの状況に合わせて修正し、使っていく。ＣＤＰは部品の種類ごとに作成され、その部品群の設計を担当するグループが主管する。これはとりわけ、異なる製品に共通して使われる標準部品の開発に役立つ。

たとえば座席ベース部、バルブ、泥除けといった部品だ。まず一般的なテンプレートから出発し、その部品に固有の設計成熟度進捗状況、性能要件及び試験方法の要件、標準インターフェース、様々なインプット／アウトプットのタイミング等々の情報が加えられる。具体的な個々の要件も開発プログラムごとに異なるはずだ。開発者は標準的なこの計画をまずダウンロードして自分のプログラムに合うように修正を加え、承認を受けることになる。

CDPに対する進捗状況はそれぞれ部品の開発を担うグループが自ら更新していく。こうすれば個々の部品の開発を全体の開発とうまく連携させる上で非常に優れたツールになるだけでなく、標準作業の基盤や新規採用の開発者向け教材の基盤ともなり、ひいてはそれが継続的改善の土台となっていくはずだ。

儲かるバリューストリームを築く

売れる製品を開発することは、確かに大きな成果だ。しかし、もっとよいことがあったならどうだろう。もし、全く新しいバリューストリームを実現する考え方とフレームワークがあったら？　もし、その画期的なイノベーションが製品のみならず顧客に価値を届けるために必要なすべてのステップ、社会への大きなインパクトまでも含んでいたらどうだろう？　可能性の1つと考えるだけでもいい。

この発想こそがリーン製品・プロセス開発（LPPD）の土台を築く要素だ。LPPDを従来の製品開発の考え方と一線を画す存在にする核心でもある。ＬＰＰＤを通して「儲かるバリューストリームを築く」という考えは、われわれの友人である故アレン・ウォードの優れた洞察であった。

開発者は「製品は製品」と孤立して考えがちだが、そこから脱して、設計はもちろん、製造から保守の容易性、設置のしやすさ、その他にも価値創出に必要な活動のすべてにわたって考える開発者になろうではないか。

しかし、いったいどうしたら個人と組織が製品単体を超えて「儲かるバリューストリームの創造」という視点から物事を見られるようになるのか？　われわれはそのための２つの原則を推奨したい。第一に「部品設計を終える前に適合性・整合性を確保する」という原則。第二は「機能を横断して仕事を同期化すべく努めれば自ずとバリューストリーム思考に至り、リードタイム短縮という副次効果もある」という原則である。

設計終了前に適合性・整合性を確保（ＣｂＣ）

フォードのＧＰＤＳチームが確立した最も役立つ考え方の１つが、「設計終了前に適合性・整合性を確保する」（ＣｂＣ、Compatibility before Completion）というコンセプトだ。

フォードには、ある悪癖が染みついていた。新製品開発が始まるや否や全力疾走し、部品に至るまで最速で開発したと思い込んでいたところ、開発の後期になってから設計変更が頻発するのが常だったのだ。

ＣｂＣの原則は、開発初期の段階でもっと深い検討を強制的にやらせるための方策だったと言えるだろう。このおかげで、開発者は当該部品の設計を終える前にその設計がすべてのシステム及びバリューストリームの要件に適合していることを実証しなければならなくなった。このやり方は当初の目的を見事に達成しただけでなく、それを超えてはるかに大きな成果につながった。

「フィージビリティ・チェックポイント」は、設計の収束を加速させるとともに設計終了前の適合性確保も同時に推進すべく設定されるマイルストーンの一種である。こうしたチェックの大半は開発の初期段階で行われるものだが、検討段階と実行段階の両方で実施されることも珍しくない。このようなチェックポイントでは特に、「バリューストリームを儲かる流れにする」上で非常に重要な特性（たとえば、製造、クラフツマンシップ、品質、保守、設置、安全）を具現化するための「必須要件」あるいは「要適合要件」に関わる知識ギャップを、プロジェクトを進めつつ着々と埋めていくことに焦点を当てる。

フォードは必ず通らねばならない複数の「クリティカル適合性チェックポイント」を開発プロセス全体にわたって定めた。この一連のチェックには、それぞれ当該時点における設計成熟度に対応する「実証可能な要件」が含まれていた。もちろん、設計が終わっていないのだから後になって変わる可能性はある。未確定な情報の評価に時間を浪費しないよう努めるのは大切なことだ。

しかし、設計が終わるまで待つべしという意味でもない。設計が終わってから評価するのでは、設計の手直しを余儀なくされる。プロジェクトを進めつつ段々と、機能横断的にインプット／アウトプットを決めていくなら、開発の仕事に一連の「ジャストインタイム（JIT）デリバリー」をもたらすことができるはずだ。

製造要件、保守の容易性、設置のしやすさ、製品及び生産プロセスへの影響、品質、安全など、このしくみの恩恵を受ける各部門はそれぞれ、共通する一連の「段々と固まっていく確認要件」を定める。チームメンバーがバリューストリーム全体を考えるにつれ、部門を跨いだ協力が自ずと強く促される。これこそが顧客中心のパワフルなシステム思考なのである。

トヨタやフォードをはじめ多くの会社が「儲かるバリューストリームづくり」にこの考え方を活かしている。フォードの場合、このプロセスの中核をなすのが「デジタル事前組立」（DPA、Digital Pre-Assembly）だ。フォードもトヨタも、部品間の整合を高め、製品の品質と製造の効率を高めるためにバーチャル・リアリティ、シミュレーション、ラピッド・プロトタイピング、開発標準を利用している。

こうした活動は設計の非常に早い段階で製品の主要断面と部品の標準位置を確認するところから始まり、順次製品設計の成熟に応じて異なる視点でチェックを入れ、途中の段階でもその時点で最適なしかるべきチェックをたくさん行い、最終的には組立工程での部品の供給方法、作業者が取りやすい部品の置き方と順序に至るまで確認する。

以下に述べるフォードの材料利用率の話は、この考え方の実践の好例だ。車体製造に欠かせないプレス部品の加工では、鋼板の多くの部分がムダに捨てられていた。他社と同じくフォードも鋼材廃棄のムダをできるだけ少なくしようと、材料利用率に目標を設定している。一方、材料利用率の目標を達成する仕事の大半は、金型のトライ段階でプレス技術者が行っていたのである。

これは開発プロセス全体から見ればかなり後期だ。この段階まで来てしまえば車体部品の設計はもちろんのこと金型設計も終わっていて、改善の自由度は限定的だ。フィージビリティ・チェックポイントを通じて開発プロセスに材料利用率の確認を埋め込み、車体設計とプレス技術双方に材料利用率の目標達成への責任を持たせることで、フォードはプログラム平均の材料利用率を10％改善することができた。自動車メーカーの鋼板購入額を考えれば劇的なコストダウンである。開発初期段階にこのワークを埋め込まなければ、まず達成できなかっただろう。

今や、驚異的なバーチャル・リアリティ環境、とんでもなく強力なシミュレーター、ラピッド・プロトタイピングに大活躍してくれる3Dプリンターはじめ、数々のアディティブ・マニュファクチャリング技術（製造技術を一層高めてくれる付加的なテクノロジー）が手に入る。

しかし、こうした最先端ツールのどれをとっても、真に卓越した顧客エクスペリエンス創出に向けた組織を挙げての努力と、バリューストリームに沿ってコラボレーションを引き出す基盤的能力（人の力としくみの力）ほど重要ではない。バリューストリームの上流におけるこうしたコラボレーションは、製品や生産プロセスが出来上がった後で実施可能ないかなる改善策よりパワフルだ。

新製品を素早く市場に出すために機能を横断して仕事を同期させる

設計完了前の適合性確保は、もう1つの潜在的優位性をもたらす。スピードだ。開発の仕事を深く理解し、主要な機能横断インテグレーション・ポイントをうまく設定すれば、もっと同時並行性を高めて開発を進められる。即ち、新製品を実際に市場に出せる状態に仕上げる時間、つまり「開発リードタイム」を劇的に短縮できるということだ。コンカレント・エンジニアリングは新しい考え方ではないが、うまくできている会社は非常に少ない。

うまくいかないのは、コンカレントにしてみたものの、やり方がまずくて、依然として設計の手直しループが大量に残っているか、過去に試みて失敗した結果、非常に長く逐次的な開発プロセスに逆進化したかのいずれかである。しかしなお、同時並行開発はリードタイムを短縮する最も効果的な方法の1つだ。それなのに、なぜもっと多くの会社がこれを活用しないのか。原因の1つは、開発の仕事をよく理解していないことにある、とわれわれは考える。

あまりにもよくあることだが、新製品を早く市場に出したいと考え、よかれと思って何がしかの活動を始めたものの、実際にうまくやれるようにするためのしっかりした対策をとらないから、こうした改善への努力の一切が、開発で特に長い時間を要す「塊のような部分」を次々と取り上げてあれこれ言うだけの「思いつきの指示」に堕してしまう。

この手の「思いつきの指示」は往々にして全体への影響を考慮することなく、個々のタスクを急がせることばかりに集中する。結局のところ、これが開発の後期に至って噴出する大量の変更・手直し・遅延の原因となる。

コンカレント・エンジニアリングで卓越性を実現するには、「儲かるバリューストリームにしよう」という強い信念を持ち、それぞれの機能において仕事がどう進められるかを真に理解した上で、機能間の主な相互依存性を見つけ出して不完全な中でも「安定した」データを用いてどう仕事を進めるかということを学ぶことが出発点になる。

ここで鍵となるのがデータの「安定性」だ。不安定で変化しやすいデータを下流の機能が下手に使えば手直しの発生確率は劇的に高まる。あなたは不完全な中でも「安定している」データをうまく見つけて下流の機能の仕事のインプットとして最大限活用したいのだから、それぞれの機能の中で設計成熟度がどのように固まっていくのかを、まずはあなた自身がよく理解しなければならない。

フォードがこの理解を深めた方法の1つが、デザインスタジオと車体外装設計とプレス技術のような相互依存性がある部門間の「ギブ・アンド・ゲット会議」（情報を提供し、理解する会議）の開催だった。これらのミーティングはフォーラム形式で、概ね次のように進められた。

1 機能横断チームは、機能間のそれぞれで求められる要件及び時期について、まず、「現状では、なぜこうなっているのか？」を議論することから始めた。

2 チームは、このプロセスを通して、あるグループが求める要件及び時期と、その情報を出す側にいる上流の機能グループの内部での仕事のやり方との間に、いくつかの重大な食い違いを発見した。

3 チームは、開発プロセスのある部分がそもそも間違った前提に基づいて構築されていたことに気づいた。つまり、自分たちの開発プロセスには失敗があらかじめ組み込まれていたのだ。

4 チームは、それぞれのグループがどう仕事を進めているかを細かいところまで理解するよう努めた。

5 機能グループの間には相互依存性があり、徐々に設計が固まって成熟度が上がっていくという性質がある。チームはこういった性質に抗う代わりに、自らの開発の仕事のやり方を再構成することによって、これらの課題にダイレクトに取り組んだ。

機能を横断して開発の仕事を同期させることはコンカレント開発をうまく進める上での主要な土台であり、それがリードタイムを短縮しながら同時に素晴らしい製品を開発することにつながっていく。しかし、簡単にやれることではない。「儲かるバリューストリームをつくる」という強い信念と、かなり高度な組織的コラボレーション、そして技術的な能力が求められる。

われわれは、現状では比較的オーバーラップが少ないが並行して進めることが可能なタスクから始めて、あなた自身の理解を深め、能力を高めながら徐々に進めていくことを推奨する。一気に変えようと焦ってはならない。最も優れた組織は、オーバーラップを順次増やしていけば結果的に早く市場に出せるようになるということをよく理解しており、弛まず改善を積み重ねている。

プロセスを1カ所に集める——「オオベヤ・システム」

コミュニケーションがまずいと、製品開発で使う技術的ツールがすべてムダになる。これは機能を横断する仕事において一段と顕著だ。人は自ずと自分の専門分野の言葉で思考するからだ。優れたコミュニケーションのパラドックスの1つが「コミュニケーションは多ければ多いほどよいというものではない」というものである。

肝心なのは、話がかみ合った適時適切なコミュニケーションが高い透明性をもって行われることであり、これはしばしばコミュニケーションの量よりも重要だ。ここで大いに役立つのが「オオベヤ・システム」である。

オオベヤの始まり

内山田竹志は、１つの問題を抱えていた。彼はトヨタ史上最も革命的と言っても過言ではない製品のチーフエンジニアに任命されたばかりだった。後に「プリウス」と名付けられることになる車である。

「グローバル21」（G21）と名付けられたこのプログラムの最初の目標は、非常に短期間で、なんとトヨタの最良燃費小型車の１・５倍もの燃費向上を実現し、21世紀にふさわしい車を開発することだった。この仕事をさらに困難にしていたのは、内山田にはチーフエンジニアの経験がなかったことだ。彼は先端技術開発のリーダーとして活躍し、トヨタ史上最大規模となった研究開発部門の再編を率いたことでしかるべき職位に昇進し、周囲からの尊敬も集めていた。

しかし、最先端のハイブリッド車技術を商用化するための技術的な専門知識と経験はない。それどころか、トヨタ社内にそのような能力や経験がある人は１人もいなかった。彼はすぐに、このプログラムを成功させるためには前例がないほど高い水準のコラボレーションと透明性、意思決定のスピードが要求されることに気づく。彼は控え目に「チーフエンジニアはすべてを知っていると期待されるものですが、当時の私は何も知りませんでした」と語る。

それゆえと言うべきか、彼が最初にやった改革は、エンジン技術に関係のないことだった。分かっていないことがあまりに多すぎると感じた彼は、あらゆる重要な機能部門から知識が豊富な人を集め、1つの部屋で彼を囲んで仕事をしてもらうことにした。そうすることで彼は製品・プロセス開発に根源的イノベーションをもたらしたのである。これは後に「オオオベヤ・マネジメント・システム」として知られるようになった。

「オオベヤ」は日本語の「大部屋」に由来する。内山田は、その大きな部屋に上級リーダーのチームと一緒に集まった。メンバーそれぞれに専門知識を大いに発揮してもらい、内山田が高い質の決定を素早く行えるようにするためだ。彼はこのしくみのなかにあって、必要な技術分野の専門家とそれぞれ2~3日に一度は必ず直接話し、関連する情報はすべて壁に貼り出した。こうすれば、開発チームの誰もが常に最新の情報を見ることができる。

この後、プリウスは自動車業界に革命を起こし、燃費効率の要求水準を劇的に引き上げ、トヨタは競争相手に何年も先行することができた。そして、プリウスの成功に大きく貢献したと皆が認めたオオベヤ制度は、トヨタにおける「当たり前のやり方」になったのである。

われわれがこの話を最初に聞いたのは18年前、前著に書いた研究に励んでいた頃である。内山田から直接教えてもらった。当時、彼は開発技術者チームと共に、トヨタの開発部門全体でオオベヤを標準化し、教え、広める仕事をしていた。

トヨタは学び続ける組織だ。やり方を上から細かく指示するようなことはできるだけ避けて、改善を最大限に引き出すことに努める。これはオオベヤのような「プロセスの継続的改善」にも当てはまる。内山田は「細かくやり方を決めたオオベヤ」を広めるつもりはなかった。もちろん根底にはいくつかの原則があり、すでに全社に伝えていたが、内山田はチーフエンジニアがそれぞれに実験し、お互いから学ぶよう奨励した。

サイマル・エンジニアリング手法の一環として広く使われるようになった製品開発チームを一カ所に集める（コロケーション・チーム）という手法があるが、トヨタはこれを採用しなかった。技術者は従来通り車体設計などの機能別部門に所属している。特定のプロジェクトに従事することになっても、各技術者にとってチーフエンジニアは「もう1つのレポート先」（非公式な上司）のままである。

そもそも内山田にとって、オオベヤは上級リーダーシップ・チームと突っ込んだ議論をするためのものだった。内山田以外のチーフエンジニアもオオベヤを使っていたが、利用頻度はもっと低かった（大抵は週に1回）。

プログラムの開発チームを全員1カ所に集めて仕事をさせることはできないから、協力と情報共有を推進するために、より大きな括りで技術マネジャーを集め、会合するためにオオベヤを使っていたのである。その後、他のチーフエンジニアも以前に比べてはるかに大きな部屋を準備するようになり、そのオオベヤのしくみの中でより多くの技術者がフルタイムで働けるようになっていった。

われわれは、技術部門の部長の机までオオベヤへ移すよう頼み込んだチーフエンジニアを1人知っている。また別のチーフエンジニアは、われわれがそれまで見たこともないくらい高度なIT化を進めていた。このように各チーフエンジニアの指揮の下、それぞれに実験と学習が繰り広げられている。

オオベヤの原則

われわれは、AV家電、白物家電、自動車、重機、医療機器といった様々な産業の企業でオオベヤ・システムの構築を指導した経験がある。オオベヤについてまず理解すべきは、「オオベヤとは、壁に何かを貼り出すといった単純なものではなく、それをはるかに上回るものである」ということだ。これは、チームを中心に置いた1つのマネジメント・システムなのである。しかも非常にパワフルだ。このシステムが透明性・コミュニケーション・意思決定・遂行責任を高い水準に押し上げる。あなたの会社でオオベヤを導入する際に考慮すべき重要なポイントを以下に挙げる。

- **技術者は、必ずしも物理的に1カ所に集まっている必要はない**　チームの全員がいつも1カ所に集まって仕事をする（コロケーション）場合もあれば、オオベヤを会議室として使う場合もある。

これには、プログラムの定期ミーティングや、割り当てられたタスクを共同で行う小グループの打ち合わせでオオベヤに貼り出された情報を活用する場合も含まれる。

同じ場所に集まったチームの中には、普段は自分のオフィスで働いており、必要に応じて会議に出るときだけオオベヤに来る人もいる。部品メーカーの技術者などだ。チームが１カ所に集まっていてもいなくても、オオベヤが開発プログラムのコミュニケーションの中心軸となる。

●**効果的なコミュニケーションの鍵となるのは紙ベースの「目で見る管理」だ**　壁一面にプログラムに関する重要な情報が貼り出されるが、それは主としてチーフエンジニアのコンセプト・ペーパーから導かれ、チームの目指すべきビジョンを示し、このチームが何を会社と約束したのかをはっきり示すためのものだ。

設計のデータもトレードオフ曲線と共に掲示される。「設計のデータ」とは、ＣＡＤ図面の形で伝達される複数の設計案、各設計案の最新の試験結果及び評価の進捗状況、意思決定の基準に照らして現在の状態がどうなっているか、といった情報だ。

特性性能を実現しつつコスト目標を達成するための計画と最新の実績も共にグラフで表示される。さらに、このプログラムの全体が予定に対して遅れているのか進んでいるのか、部品メーカーの準備の進み具合も含めて、フレキシブルで対話的で使いやすい方法で視覚的に表示することも重要である。

われわれは、チームがかなり早い段階から試作品をオオベヤの中で展示しているのを見たことがある。こうしたプロトタイプは、最も強力なコミュニケーション手段の1つになる。

オオベヤを使っているチームはしばしば、壁の各部に貼られた製品の当該部分の責任者が代わる代わる説明しながら「壁に沿って一緒に歩く」のを習慣にしていると言う。これは立ったまま行うミーティングであり、定期的に行われるもっと正式な会議の合間にも、複数のサブチームがここにちょっと集まって短時間話し合う。このような紙によるコミュニケーションは、オンライン・コミュニケーションで補足されることもある。

場合によっては一部の参加者が電話をかけてきて、カメラを使って目で見ながら、バーチャルに会議に参加することもある。われわれが指導した会社のなかには、国が違う2カ所（例：中国と米国）に全く同じオオベヤを設置し、全く同じ情報を掲示している会社もあった。

- **標準が掲示され、その標準からの逸脱が明確に示されてこそ、具体的で適切な対策がとれる** オオベヤに貼り出す情報や絵や図は、チームが自らの手で最新の状態に更新していく。このプロセスそのものが、チームが期待されていること、目標とプログラム管理の標準について明確に考えるように仕向けるのだ。

本来なら、現在はどういう状態になっているべきか？　どうやったらこのギャップを埋められるか？　問題解決を何カ月も未解決のまま放置する代わりに、会議中もその直後も、ギャップを埋めるための多くの素早いPDCAサイクルが回り続ける。

- **会議はどんどん進み、活気にあふれて、プログラムに合わせて進化していく** 会議の開催周期はチームにより異なる。毎日会合するチームもあれば、週に1回のペースのチームもあるだろう。会議の周期を活動の量に応じて変えていくこともよくある。会議の内容もプログラムが進むにつれ変わっていくはずだ。重要なのは、どの会議も現状のニーズと密接に関係していること、優れて対話的で、テキパキと行われることだ。これは従来の意味で言う「進捗会議」ではない。

会議は、討議とコラボレーションを奨励して問題を早期に発見し、プログラムを予定通り進めるためのものであり、透明性とチームとしての「一致団結」の意識を高めるためのものでなければならない。

一方で、この会議は少人数の参加者が複雑な問題の議論に時間をかけ、その他の参加者が傍観者になるようなものであってはならない。キャタピラー社では、オオベヤで話し合うのは機能を横断する大きな問題に限定するという方針をとった。

それから出席者の1つか2つかの機能部門に当該の問題を割り当てて会議の外で解決させ、翌日のオオベヤ会議で結果を報告させるのだ。シリング・ロボティクス社では、開発担当バイスプレジデントのアンディ・ハウクが「コミュニケーション密度と効率」に関して、「以前は1時間半かけて進捗会議をやっていましたが、オオベヤを使うことで、たった30分で以前の会議よりも多くの仕事を片付けることができるようになりました」と力強く語る。つまり、会議とは、問題を顕在化すると同時にその解決に向かってチームの活力を引き出すものであるべきということだ。

●オオベヤの場所は、しばしばプログラムの進捗と共に移動する

部屋の位置は通常は設計のエ

リアで始まり、続いて試作部門へ、最後にはローンチのため工場へと移動する。ゲンバ近くにいることで、チームはいつでもすぐに現地現物で現況を見ることができるという恩恵を受ける。

われわれは、どんな場合でもこれが可能だとは思っていない。肝心なのは、集合場所兼プログラムのコントロールセンターとしていつも使える専用のスペースをチームに与えることだ。

●オオベヤは、マイルストーン・レビューやその他のレビューにおいて、プランニングと情報共有の中心的な場として機能する

われわれが指導してきた企業の多くは、何らかの構造化された開発プロセスを持ち、フェーズゲートを正式なレビュー・プロセスの一部として使っている。こうしたレビューは、オオベヤで下される短いサイクルの意思決定に比べると相対的に長いサイクルで行われる（数カ月に一度）。

われわれは、こうした進捗レビューのために長い時間をかけてパワーポイントの立派なプレゼンテーションを作るのを折々に見てきて、そんなことをするより、オオベヤをそのまま使ったほうが理に適っており、実効性も高いと考えるようになった。いまでは「プログラムの現況を表す情報は何もかもオオベヤの壁に貼り出されているのだから、マイルストーン・レビューはそこでやるべきだ」という言葉をよく聞く。かくしてレビューは、ムダだらけの単発行事から、学びとＰＤＣＡのプロセス全体の中で付加価値を生む過程の１つとなる。

研究のために幾度かトヨタを訪ねるうちに、われわれは、目配りの行き届いたＰＤＣＡを通してトヨタのオオベヤがどのように進化を続けているかを実見してきた。適時適切な設計の議論を可能にするため、部屋にはＣＡＤやシミュレーションの端末が設置されている。

しかし、オオベヤ・システムの核心が目で見るアクティブな管理であることに変わりはなく、そこには「素早く問題を発見し解決するため、コミュニケーションをよくして透明性を高め、機能横断的にもっとうまく統合していこう」という強い意図が込められている。透明性とコラボレーションは、アラン・ムラリーがフォードで発したメッセージの本質でもあった。彼がフォードで「秘密は管理できない」と説いたときのことだ（われわれはこれに「気づいていない問題は解決できない」と言い添えたい）。

ムラリーは全社員に対して事実に基づく正直なコミュニケーションを求め、社内の全域にわたって機能間の透明性とコラボレーションを高めてほしいと訴えた。開発グループがこれに応えて取った策の１つがオオベヤ・システムの導入だった。オオベヤはプログラムのパフォーマンスの管理だけでなく、機能横断チームを統合し、ＧＰＤＳを構築し、グローバルな開発機能を管理するためにも活用された。

シリング・ロボティクス社におけるオオベヤの活用

2017年6月、われわれはカルフォルニア州デイビス市を訪問してオオベヤの効果を再認識させられた。リーン・エンタープライズ・インスティテュート（LEI）のLPPDを学ぶパートナー企業の人々と一緒に同市を訪れたのだ。この研究グループはジム・モーガンが結成したもので、製品開発の能力を高めるとともに学びを他社と共有する意志を持つ、多様な産業の企業グループの集まりである（第9章で詳説する）。

このときのミーティングに参加した企業は、経験の多寡と実践中の個々の手法は様々だったものの、どの会社もオオベヤを実験しており、開発パフォーマンスが向上したと報告した。このうち数社は「今までで最高」の製品開発の成果を出し、その要因はオオベヤにあったと述べたのである。

報告に続く議論を通して、オオベヤのパワーを活かす方法は会社によって微妙に違うことが浮き出てきた一方、どの会社もオオベヤの真価は透明性と問題解決のスピードとチームの積極的な参画にあると見ていることが分かってきた。このとき紹介された事例の1つが、シリング・ロボティクス社の取り組みだった。

デビッド・ファーミッジは非常に経験豊かで、とても優秀なプロジェクト技術者だ。ロッキード社で人工衛星の開発に従事し、航空宇宙産業のなかで7年働いた後、ヒューレット・パッカード社とシリング・ロボティクス社でプロジェクトリーダーとして10年働いた経験を持つ。現在、彼はシリング・ロボティクス社の最も複雑で難しいROV（遠隔操作海底探索艇）の開発を率いている。

開発担当バイスプレジデントのアンディ・ハウクがファーミッジにジェミニ・プロジェクトのリーダーになってほしいと依頼したのは自然なことだった（同社の製品「ジェミニ」のユーザー・インターフェースについて第1章で紹介したのをご記憶と思う）。

ジェミニのビジョンは、最深3900メートルの海底にある作業場所まで潜航し、そのまま再浮上せずにツールを交換することが可能で、それゆえ様々な複雑な作業を連続して行える潜航艇というものだ。これだけでもROVとしては長足の進歩である。シリング社の顧客はその機能のおかげで経費を数百万ドル減らし、作業時間を何日間も短縮できる。しかも従来の製品に比べて一段と操作しやすくして、オペレーターの選択の柔軟性も大幅に高めようとしていた。

端的に言えば、ジェミニは、業界に大変革をもたらすとともに、同社がそれまでに開発してきた中で最も高度かつ複雑な製品になるということだ。

ファーミッジは、自身の豊富な経験をもってしても、いままで主導してきたうちで最も難しいプログラムになると分かっていた。それでもチャレンジが足りないと言わんばかりに、上司のハウクはこの開発を全く新しい手法で開発してもらいたいと言ったのだ。ファーミッジは、後にこう述べている。

「もちろん私は『はい、やります』と答えましたが、正直なところ、『大変なことになった。こんなに大きなプロジェクトを任されただけでなく、開発のやり方まで変えるなんて』と思いました。ただでさえ難しい仕事に、さらに大量のワークが積み上がった感じでした」

ファーミッジは当初、このやり方に懐疑的だったものの、それを学ぶことについては広い心で受け容れた。彼とハウクはオオベヤについて本で読み、ハーマンミラー社を訪問してプロジェクトチームがオオベヤ・システムを使って開発業務で大きな効果を出している様子を実見し、大いに触発されていた。

2人ともハーマンミラー社で見たものに強く心を動かされたが、この手法がジェミニのような高度かつ複雑なプロジェクトで本当に使えるのかという点で不安が拭えなかった。ファーミッジは、とりわけオオベヤの有効性に疑念を抱いていた。オオベヤが機能しなくなったときへの備えとして、オオベヤとは別の詳細なスケジュールを自分のパソコンのマイクロソフト・プロジェクトに入力していたほどだ。

シリング社には活力に満ちた「実験する文化」があり、社員は常に新しいことを試していた。しかし同時に彼らは特別に優秀で、自説を曲げない頑固者だ。最初のうちは、開発チームの一部から「これは進捗会議の形が変わっただけのもので、時間のムダだ。ここに出席している間にも『自分の本来の業務ができるのに』なぜこんなことをやらなければいけないのか」という不満の声が聞こえてきた。

「最初の数回のオオベヤ会議では、発言がほとんどありませんでした」とファーミッジは語る。

「40～50人もの人の前で話すことには躊躇いがあったでしょうし、皆がこのプロセスを理解しておらず、信じてもいなかったということが組み合わさってそうなったのでしょう。そこで私は少人数を連れてオオベヤの中を回り、目的を説明しました。『これはいままでの進捗会議とは違って、問題を発見し解決するための場であり、われわれの目標は、チームが一丸となって働き、この素晴らしい製品を開発し、その間ずっと互いを支え合うことにある』と彼らに強調したのです。

数週間のうちに、このシステムの凄いパワーと、それが今までにないほど高水準の透明性とコラボレーションをもたらしていることに皆が気づきました。物事が劇的に変化したのはそこからです。マイクロソフト・プロジェクトに秘密裏に入れてあったスケジュールを私が完全に捨て去ったのもそのときでした」

シリング社のオオベヤの一方の壁一面に、巨大なスケジュール表が貼り出された。一番上にプロジェクト全体の重大マイルストーンが見出しとして表示されている。マイルストーンの下には、マニピュレーター、つなぎケーブル管理、制御部といった各サブシステムに応じたプロジェクトチームと、ソフトウェア、安全といった機能別の「スイム・レーン」が並ぶ。スイム・レーンに沿って、マイルストーンのスケジュールを守るためにそれぞれがなすべきワークが付箋に書かれて貼ってある。

「初めは、ワークとスケジュールを細かく展開するのは先々8週間分としました。それ以降は上位の大まかな計画を見れば分かりますから」とファーミッジは語る。

「そして、プロジェクトが左から右へと進むに連れて、その先の詳細を追加していったのです。毎回の会議では、『次週に何が実現されているべきか』ということだけに議論の焦点を合わせました。この先何がどうなっていくかという話もしましたが、われわれは、『今週やるべきこと』に意識を集中させたかったのです」

会議の中では毎回、個々のタスクの責任者が自分のタスクの状況と、直面している課題、どこで助けてほしいかを報告していく。スケジュール表には「今日」を示す赤い線があって、日々右へ動いていく。この線の左側にあるタスクがすべて完了しているなら正常状態である。タスクが完了すると付箋に書かれたタスク名を緑色の線で消し込んでいくから、正常／異常が一目で分かる。

「グループ全員をスケジュール板の前に集めることで、特に、今までいつも問題を起こしていたハードウェアとソフトウェアの統合といった領域における食い違いと対立を顕在化することが簡単になりました」とファーミッジ。

「チームが遅れていても、われわれ上級幹部は決して批判や叱責はしません。ただ、どんな手助けが必要かと問うだけです。しかし、この会議では、チームの仲間からものすごく強いプレッシャーがかかります。誰もがチームの期待を裏切りたくないと思う。そういうわけで、2週連続で遅れる人はほとんどいませんでした」

このプロジェクトの会議は概ね週に1回のペースで開催されていたが、テスト段階に入ってワークのスピードが上がってくると、毎日開かれるようになった。チームも段々と慣れてきて、スケジュールの話を10分程度で終えると、残りの時間はオオベヤ内の「製品側」に場を移して議論が行われるようになった。

オオベヤの「製品側」の壁面には、このプロジェクトの様々なサブシステムに関するポスター（貼り物）が掲示されていた。これらのポスターには、設計に関する最新の情報と考察メモ、どんな意思決定が必要であるかといったことが書かれている。懸念事項が書かれた技術領域もある。開発が進むうちに、操作性と安全に関する情報がポスターに追加された。

このプロセスが成熟するにつれ、チームは自ら質問や提案や問題点を付箋に書いて当該領域のポスターに貼り付けるようになった。ポスターごとにオーナーが決められていて（通常はその領域の担当者。当該ポスターを書いたり更新したりする人）、オーナーはそれぞれ、仲間が貼った付箋のコメントに翌週までに回答しなければならない。「意思決定をムダなく適切に行うのに、これが実に役立ちました」とファーミッジは言う。

オオベヤの中では、問題がいつまでも放置されたままでいるなどということは許されない。チームメンバーは、困難に直面すると互いに助け合うようになった。「オオベヤ・プロセスのおかげで、私は本当に開発チームの一員であると実感できました」と話してくれたのは、シリング社の生産技術マネジャー、ハナ・ワルデンバーガーだ。

「われわれは、設計者、生産の関係者であると言うより、むしろ『1つの開発チーム』でした。われわれは問題と製品を皆で共有したのです」

バイスプレジデントのハウクは、時が経つに連れて、会議と会議の間にオオベヤにちょっと集まって問題を一緒に検討し、計画を議論する小グループが増えてきたことに気づいた。「それを見て、私もこの方法は本当に効果があると確信しました」とハウクは言う。

オオベヤに対して当初かなり懐疑的だったファーミッジもオオベヤの熱心な信奉者になった。ファーミッジは「私は、オオベヤ・マネジメント・システムは、たくさんの大問題や、問題につきもののゴタゴタをうまく避けることに大いに貢献したと思います」と言う。彼は、オオベヤが納期遵守という面でプログラムを成功に導いただけでなく、チームの結束を強めてプロジェクトリーダーとして自身が受けるストレスの多くを軽減してくれたと信じている。

「われわれの成功に最も貢献したのはオオベヤです。開発と生産を1つのチームにまとめるのにも、透明性と遂行責任を仕事の中に組み込むのにも、オオベヤは大きな力になりました。オオベヤは航空宇宙産業でもすごく役立つでしょう。われわれは、プロジェクトの最初のフェーズを予定より2週間早く、しかも未解決の問題がない状態で終えることができました。我が社では初のことです」

創業者のタイラー・シリングも、社員と同じように「オオベヤ・システムは素晴らしい」と感じている。同社は長年にわたって驚嘆すべき成長を続けてきたが、シリングはあるマイナス面に懸念を抱いていた。電子的なコミュニケーションがどんどん増えていたことだ。彼はこう説明する。

「近年はずっと、ある方角から安定して吹いてくる風に乗って、当社は一直線に進んできました。たった1メートルしか離れていない相手とさえ、あらゆるコミュニケーションをマイクロソフトのツールを通してやろうとするのです。

会社の中で最も貴重な人材がパワーポイントに没頭し、円の直径を変えたり文字のフォントを変えたりして時間をムダにしている。悪夢にうなされます。『なんたること！　もう我慢できない！』と思いました。

その頃ちょうど、あなたたちがオオベヤでやっていることを見たのです。紙のグラフに付箋。『本質に時間を使い、形式にはなるべく時間をかけない』という素晴らしい考え方を具現化していると感じました」

「私はオオベヤ会議に出席するのが大好きです。オオベヤでの会議は実にムダがなく、滑らかな『情報の流れ』そのものです（「滑らかで停滞のないバリューストリーム」のアナロジー）。週に1回、およそ50人が一堂に会して今何が起こっているかということに関してものすごく密度の濃い情報を受け取る。その場で決定が下され、チームは次の議題へ移っていく。オオベヤは、我が社にもかつてあった『うまい同期化と豊かなコミュニケーション』へ立ち返らせてくれました。

われわれはジェミニの開発を最近の他のプロジェクトに比べてはるかに予測可能性の高いやり方で進めています。シリングがまだ小さなベンチャー企業だった頃のことが思い起こされます」

タイラー・シリングは、さらにオオベヤ・マネジメント・システムのもう1つの利点を指摘する。

「いままでは、大きな開発プログラムの中の個々のサブプロジェクトの成功は、概ねリーダーの資質に依存していたように思われます。スーパースターのリーダーが率いるサブチームは成功するけれど、そうでないチームは設計の手直しが発生し、非常に大きな痛手になる。

我が社の仕事の能力、プロジェクトを遂行する能力は、社内の優秀なリーダーの数で決まっていたのです。仕事のやり方を変える必要がありました。プロジェクトを断ることまであったのですから。あれは痛かった」

「オオベヤのやり方は、われわれのリーダーシップの力を増幅してくれます」と彼は続ける。

「オオベヤは全員を一致団結させ、すべてのサブプロジェクトを同期化します。経験が浅いリーダーにしてみれば、毎週毎週、経験豊かなリーダーシップの行動の仕方のお手本を目の当たりにすることができるのですから、自分のチームを主導するのがずっと楽になります。チームの一員として彼らにも力を発揮してもらえるようになる。我が社の組織能力と個々の社員の能力が成長する様子をこの目で見られて、本当に胸が踊ります」

シリングはオオベヤの利用が全社に広がっていけば、人材育成の絶好の機会になると考えている。しかし目下のところ、彼はジェミニに意識を集中している。

「(オオベヤ・マネジメントに関する)一番大きな話は、過去30年間で初めて、このような大規模プログラムがすべての開発目標を達成し、しかも予算を下回ったことです」

オオベヤ・システムは、シリング社に元々あった企業カルチャーと相性がよかった。そのおかげでこのしくみを素早く導入することができたのだ。コラボレーション、創造性、透明性、そして素晴らしい製品を創ろうとする情熱といった、同社がこれまで大切にしてきた価値観をオオベヤのしくみが大いに発揚したのは明らかだ。

オオベヤは、こうした価値観を育み、発展させていくための刺激剤ともなる。われわれの友人でリーン・エンタプライズ・インスティテュート会長兼ＣＥＯジョン・シュックが言うように、「時に、行動の仕方を変える方法を考えるより、まず行動を変えることで考え方を変えるほうがうまくいくことがある」ということだ。シリング社にとって、オオベヤを見学したり、話を聞いたりするだけでは不十分だった。彼らはまず行動を変えて実際に経験し、経験を通して新しい思考方法に変わっていく必要があった。

ソーラー・タービンズ社、ワークフローの「目で見る管理」でリードタイムを短縮

キャタピラーの子会社でサンディエゴに本社を置くソーラー・タービンズ社（Solar Turbines）は、工業用ガスタービンとコンプレッサーの設計・製造から保守サービスまでを担い、製品ライフサイクル全体にわたるサポートを提供する会社である。同社の製品の主

な用途は、発電、石油・天然ガスの生産、天然ガスの輸送だ。

ソーラー・タービンズ社は『トヨタ製品開発システム』を読んだ後、ジェフ・ライカーとわれわれの仲間ジョン・ドロゴスと共にＬＰＰＤへの旅路に乗り出した。

同社のリーダーはまずバリューストリーム・マップを作成し、オオベヤ・マネジメント・システムを確立することから始めた。このワークを通して理解が深まるとともに高い透明性がもたらされ、製品品質の大幅な向上と開発リードタイム短縮につながった。同社がどのようにこの活動を始めたのかについては第9章で詳しく述べる。

しかし、バリューストリーム・マッピングとオオベヤ確立といった初期の活動がうまくいったおかげで、ハワード・キンケイドはＬＰＰＤを製品群の全域に拡大せよという指示を受けることになった。上司のガス・コンプレッサー部長が、今後を見据えて、開発のパイプラインを拡充する、つまり、キャパシティをもっと大きくする必要があると考えたからだ。

それまでのＬＰＰＤ活動は局所的な改善につながったものの、約束した納期を守れず苦闘している部門は依然として多かった。プロジェクトの目標は会社と顧客の将来のニーズに応えるために設定される。開発チームはその目標を達成しなければならない。このためには、ガス・コンプレッサー製品群の開発全体のパフォーマンスをさらに改善する必要がある。しかし、一体どこから始めればよいのだろう？

彼らは、今までやってきた活動に立脚して進め、開発業務の透明性をさらに高めることにした。開発業務の流れを阻害している原因を探っていくと、開発リソースが足りないとか、そもそもスケジュールが非現実的だといった見方があった。しかし、いきなり解決策に飛びつく代わりに、チームは、それぞれの機能グループが自分たちの仕事をもっともっと「見えるようにする」ことから始めるべきだと考えた。

機能グループの内部でやっていることのすべてを自分たちのホワイトボードに貼り付け、今やっている仕事は何か、着手待ちになっている仕事は何かということを、誰でも一目で分かるようにした。

すべてのボードは1カ所に集められ、各部門の各メンバーが今どの仕事をやっていて、どんな仕事が着手待ちになっているか、誰でも分かるようになった。すべての仕事を全員が見ることができるようになると、チームは仕事の流れの邪魔になっている問題を定量化し、優先順位を付けるようになり、問題に1つずつ着実に取り組めるようになった。

このような高い水準の透明性のおかげで、チームはガス・コンプレッサー開発のプロセス全体を、一歩後ろに下がって俯瞰することができた。すると、共通して出現する複数の問題が浮上してきた。

- 仕事の優先順位の付け方
- 仕事の範囲（スコープ）
- 開発システムの中に仕事を入れ過ぎ

仕事の優先順位の付け方

壁に貼られた仕事を眺めると、優先順位が設定されていても、全員がそれに従っていないことが明らかになった。問題は「なぜそうなのか？」ということだ。チームは、部門内の優先順位がしばしば様々な別のグループからの要求によって変化していることに気づく。

実際、ガス・コンプレッサー開発部門に届く要求は、15種類もの経路から入ることが分かった。担当者はこれらの要求にすべて応えようとするのが当然だと思い、いま取り組んでいるタスクやプロジェクトを一旦中断して別のものに取り組んでいた。

確かに優先順位を議論する会議はそれまでにも行われていたが、様々な異なる顧客から次々と要求される仕事の優先順位を一貫性をもってうまく決めていく方法がないのは明らかだった。

そこでチームは、入ってくる仕事の要求を受け取り、評価し、優先順位を付ける標準プロセスを設定した。顧客価値、安全、品質、財務パフォーマンスと予算の制約という標準的な判断基準が設定された。どんな要求が来ているか、どのように評価されているかというプロセスが全員に見えるように表示され、優先順位が分かるようになった。

最も重要なことは、経営幹部チームが製品ライン全体に関して優先順位付けの議論をし、意見を整合させるための一貫したしくみをこのプロセスが提供したことだ。このプロセスこそ、彼らの仕事の流れの管理システム（ワークフロー・マネジメント・システム）構築の始まりだった。

仕事の範囲（スコープ）　チームメンバーを悩ますもう1つの問題は、上流の顧客から届く仕事の要求そのものが明瞭性に欠けていることだった。要求が不明確で、当該タスクの完了を判断するための条件が完全に揃っていないか、仕事の範囲がプロジェクトの途中で変わるかのどちらか（もしくは両方）だ。

完了期限への圧力があまりに厳しいものだから、担当者は必要な情報が不足しているのに作業に着手してしまい、結局は途中で止まって、いままでやった仕事をやり直す羽目になることもしばしばだった。この「ストップ・アンド・ゴー」のムダは多くのメンバーにとって不満の素であったし、ソーラー社にとっては時間とお金のムダ遣いであった。

プロジェクトマネジャーと機能別部門マネジャーは協力して、様々な仕事に着手するために最低限必要な情報の標準を作成した。これによって、要求元とそれを実際に行うメンバーの間にあった曖昧さが取り除かれた。

仕事の要求は、標準に定めた情報がすべて揃うまで待ち行列中に留め置かれ、チームメンバーに渡してはならない。仕事の待ち行列はビジュアルに表示され、どれが着手可能状態（つまり標準で定めた情報が揃っている）で、どれがデータ入手待ち状態か一目で分かる。不完全な仕事の要求を担当者に渡さないというこのルールをきちんと守ったおかげで、部門間を跨ぐ仕事の手直しと要求の変更が劇的に減った。

開発システムの中に仕事を入れ過ぎ

ソーラー社のチームがワークフロー管理板を使い出して明らかになったもう1つの問題は、開発システムに入っている仕掛中の仕事がとても多いということだった。この一部は、仕事の優先順位や範囲がコロコロ変わり、そのために設計の手直しが生じていたことの当然の帰結だ。

しかしもう1つ、大きな原因があった。開発システムへの仕事の投入を管理するプロセスがないのだ。どの年度を見てもシステムに入ってくる仕事の数は、出てくる（完了した）仕事の数より多かった。仕事の要求が承認されるか予算が確保されるかがトリガーで、現在の負荷を考慮することはない。

ただちに部門へ降りてきて、担当者に割り当てられる。このやり方のせいで、ある部門が過負荷状態で全体のボトルネックになっているのに、他部門は仕事があまりないという状態になっていた。

チームが1歩下がって振り返りをしてみると、部門ごとの処理能力を定量化するプロセスがまったくないことが分かった。よくても過去の経験に基づく推測に過ぎない。そこで部門長たちは配下のチームと一緒に、部門全体及び担当者ごとに「最大仕掛り限度」（W－PCAP、Maximumn Work-In-Process Capacity）を設定することにした。各部門にこの標準が設定された後は、限度を超えて仕事を担当者に渡すことはできなくなり、仕掛り量が限度以下になるまで待たなければならなくなった。

開発リソースには限りがある

リソースの制約が多いと感じていたチームメンバーは多くいたが、どのリソースがどれくらい不足しているのかを正確に表すのは難しかった。しかし、チームが仕事の優先順位付け、仕事の範囲、仕掛り量といった問題に取り組むうちに、「リソース不足から生じるボトルネックとは実のところ何なのか?」ということが、ワークフロー板の上で顕在化してきた。

仕事を見えるようにすることで、開発者の人数の多寡よりも開発者1人ひとりの専門スキルの幅を広げる必要があることにチームは気づく。これによって仕事の種類の変化にうまく対応するとともに、特殊な専門スキルを持つ限られた人たちへの過大な負荷を減らせるようになった。

学びと継続的な改善を組み込む

ワークフロー管理システムで問題を発見し、解決するにつれ、チームは自分たちの仕事をより深く理解し、仕事の標準をよりよくしていけるようになった。何かを改善するたびに標準作業もその改善を反映して更新され、チームメンバーの間で共有された。こうした標準はメンバーの専門的スキルの成長を加速することにもつながった。

結果　目で見るワークフロー管理システムの導入によって、バリューストリーム全体で仕事が平準化され、一定のリズムで進むようになった。導入から1年後の実績は、以下の通りである。

- ワークフローの中断　60％減
- 仕事のバックログ　29％減
- システムが生み出したうまくいった設計の数　41％増
- 仕事の能力　リソース追加なしで　30％増
- 部門やプロジェクト間の整合性やコラボレーション　大幅に改善

結論　目で見るワークフロー管理プロセスをオオベヤ・マネジメント・システムに入れることで、ガス・コンプレッサー開発部門は開発パフォーマンスを大幅に改善できた。それはまた継続的改善のプロセスを組み込むことにも貢献し、変化し続けるビジネスと顧客のニーズに以前よりうまく対応していけるようになった。いまや、マネジャーと担当者は、自分たちには開発システムを改善し続けるための知識と当事者意識があり、ツールも備えていると感じている。

ソーラー社の事例で一番感心したのは、問題解決のアプローチだ。キンケイドと彼のチームがこの活動を始めたときには、ソーラー社としてワークフロー管理のソフトウェア・

ソリューションをいくつか試してみた経験が既にあった。チームはそうしたソリューションの1つを導入するだけで終わってもよかった。

しかし彼らはそうはせず、一歩下がって問題を探求し、流れを阻害する要因をシステマティックに見つけ出して、可能な複数の対策を試してみた。問題解決に「学習するアプローチ」を取り入れ、実験していった。この方法で彼らは自分たちの状況にピッタリの解決策を構築し、その結果、チームが何か凄いことを達成するために一体となって働くときに発揮される熱い心を感じることができたのである。

決まりきった定形作業を、付加価値を高める仕事にする

人々を惹きつけるビジョンが真のブレークスルーをもたらすイノベーションを生み出すに至るには、卓越した実行力を要する。イノベーションとは本質的に予想不可能なプロセスである。それを通して何を発見し何を学ぶか、われわれは事前にはっきり知ることはできない。構造化された開発プロセスが登場して開発のカオスに一定の秩序を取り戻し、開発パフォーマンスを大きく向上させた。

一方で、こうした構造化された開発プロセスも、進化するうちに、知らず知らず強圧的

な官僚制度に変貌してしまうこともあるから注意が要る。大勢いるスタッフ部門の人たちが全社的な開発プロセスを主管し、ゲートレビューの項目を追加し続ける。レビュー項目を詰め込んだ分厚いファイルが長大なパワーポイント・プレゼンテーションを生み、うんざりした参加者が何百もの項目を緑・黄・赤で評価するだけの無数の会議につながる。建設的で中身のある議論であるべきところが、進捗チェックのための退屈でつまらぬ習慣に置き換えられてしまうのだ。

だからといって、フェーズゲートを全否定するのではない。大切なものを無用なものと一緒にうっかり捨ててしまう過ちを避けるために、数種類のレビューを紹介したのだ。

こうしたレビューは製品開発プログラムに大きな価値としくみをもたらし得る。定期的なレビューに加え、その間にも継続的に話し合って問題を解決していける環境を築くことが大切なのだ。そのために、オオベヤの考え方を説明したのである。

シリング・ロボティクス社の創業者は、会社が成長し複雑化する過程で製品開発の活気と情熱が失われたことを嘆いており、大部屋システムがそれを取り戻してくれたことをとても喜んでいた。

最後に、実行の卓越性を実現したいのなら、1つの開発プロセスの中で、「しっかりした構造」と「創造性発揮のための柔軟性」の適切なバランスが欠かせない。このフレームワークのポイントは、開発チームが成功できるように助け続け、結果的に製品開発を成功させることだ。

監査部門が主導する「命令を発して実行をきっちりコントロールすればうまくいくはず」という考え方と行動の仕方では、決してうまくいかないと心してほしい。

この先の展開　本章は、新製品を開発するという、もとより無秩序な部分を含むプロセスにも、適切な水準の構造を入れ込むことで一定の秩序をもたらすことができるという面に焦点を当てた。強制的官僚主義をもって過度に構造化すると創造性を抑圧するが、構造化が少な過ぎればリードタイムが長くなり、手直しが増え、製品は目標を達成できない。われわれは適切なレベルの管理のしくみがイノベーションを助け、可能にすると提案してきた。

第3章でもこのテーマを引き続き議論していく。続けてわれわれは、設計する製品及びサービスに関する標準が創造性を抑制すると見る人たちと、それが創造性を可能にすると見る人たちの間の、昔からの論争に首を突っ込むつもりだ。次章では本章と同様に、それは標準及びその運用方法次第であると主張したい。

トヨタの開発した新しいグローバル車両プラットフォームを説明し、このプラットフォームによってトヨタの複数の設計チームがよりスタイリッシュなデザインと従来比ではるかに高い性能の両方を実現する上で、どのように創造性を発揮できたかという事例を紹介していく。

実際、われわれは設計における「標準」と「フレキシビリティ」は、製品開発の「陰陽」のようなもので（2つは相反するものでありながら、一方がなければ他方もありえないという思想）、互いを補完し合い、適度な緊張を作り出して開発チームをより優れた設計へと駆り立てると信じている。

Your Reflection

あなた自身の振り返り

ビジョンをつくる

本章の焦点は、製品やサービスの開発を速く間違いなく進めるプロセスの卓越性に関するものだ。ここに描かれたビジョンの重要な特徴は以下の通りである。

- 仕事が機能別専門家の間をスムーズに流れる。このためには彼らは仕事を最初から同期化し、相互依存関係を発見し、不完全ながらも安定しているデータを見つけて仕事を進められることを学んでいく
- 仕事が可視化され、正常か異常か一目で分かり、すぐに対策を打てるようになっている
- マイルストーン・レビューは、計画に対して進んでいるか遅れているかを評価し、仕事と仕事の間の相互依存関係をチェックし、ただちに適切な対策を取り、学ぶために行われる
- 危機的な状態に至る前に問題を検知できるように、先行指標を定めておく
- 「完了前の適合性確保」のために、フィージビリティ・チェックポイントを使う。
- オオベヤ・マネジメント・システムが、コミュニケーション、コラボレーションの集中プラ

ンニングの場を提供している。そこで機能横断チームが（少なくとも週に一度は）会い、機能横断的な問題が発生したら、すぐに見つけて対策を取れるようになっている

- 開発の仕事を参加者全員が深く理解している
- 開発プロセスそのものに対して、定期的な振り返りをして、学び、継続的に改善を重ねている

このビジョンはあなたの会社に必要と思われることと同じだろうか？　このビジョンをどう変えたらあなたの会社の状況にもっと合うようになるだろうか？

あなたの現状

あなたの会社の製品・プロセス開発の実行段階は、どれくらい優れているだろうか？

1 開発実行段階はあなたの会社にとって競争優位の源泉か？　答がイエスなら、どのようにイエスか。ノーならば、どのようにノーか。

2 あなたの現状のプロジェクト管理、ゲートレビュー、デザイン・レビューのしくみは開発チームが継続的改善を行い、スムーズでコンカレントな流れを作るのに役立っているか？

3 あなたが合意している自社のビジョンについて考察しなさい。そのビジョンの各項目に対して、現況を評価しなさい（1：弱い　2：まあまあ良い　3：非常に良い）

行動する

あなたの会社が弱いと思う領域を1つ選び、その改善にどうやって取り掛かるかについて、複数のアイデアを書き出しなさい。考えられる方向を下記に挙げる。

- 機能横断で、複数の階層にまたがるグループを編成し、あなたの会社の現状の開発プロセスやその能力を図にして、議論することで、それぞれのマイルストーンの目的、成果物、イベント品質の評価基準について明確な合意を形成する
- 開発チームのリーダーを集めて自分たちが今どのように働いているかを議論させ、オオオベヤ・マネジメント・システムや製品開発プロセス自体をどう変えたら製品開発がもっと効果的になるかを議論させる
- 開発プログラムのなかから1つを選び、オオオベヤ・マネジメント・システムを導入する計画を立てる

CHAPTER 3

固定と可変

リーン製品・プロセス開発の「陰と陽」

Fixed and Flexible:
The Yin and Yang of Lean Product Development

「陰と陽」は対極であるから、われわれは通常、上下や昼夜といった対立するものを概念として語るときにこの言葉を使う。しかし、陰と陽はそれぞれが独立して存在しているのではない。1つのものの2つの面とも言えるし、陰と陽が統合して全体を構成すると見ることもできる。

——**何静寒** 著『八卦拳の導引術：道教固有の流派——紫禁城に伝わる秘術』

あなたの会社の開発戦略にバランスを創出する

「人がイノベーションを起こす能力には無限の可能性がある」ということと、「優れた標準には大きなパワーがある」ということを対立する概念と見なして（そのような対立は本来不要なのだが、残念なことだ）、どちらか一方だけを支持する製品開発者があまりにも多い。

一方の陣営の「自由な精神の持ち主」は、リーンの標準が創造性を抑圧し、ひどく凡庸な製品の開発につながるのではないかと恐れている。もう一方に陣取る「テクノクラート」は抑制の効かない発想が暴走して予算超過や開発の混乱を惹起するという悪夢にうなされる。

このような二者択一的な考え方は、思考の範囲を自ら狭めてしまう。むしろ、この「対立」をイノベーションの源として受け容れるほうがはるかによい結果を生む。このジレンマを考える上で有益なのは、「AかBか」の二者択一の問題としてではなく、「AもBも」という両立の機会と見ることだ。対立と見る代わりに、製品開発の「陰と陽」、即ち「相反するが、互いに補完し合って全体を構成する2つの部分である」と見る。

もちろん、陰陽の図は、よく知られた中国の道教思想の一部である。一見すると反対方向に作用する対極的な2つの力に見えるが、本章の議論において、この図はリーン製品開発に作用する「固定への力」と「可変への力」のあいだのバランスを反映していると考えていただきたい（図3-1）。

この「固定と可変」という考え方は、10年以上前にフォードのチームがマツダの仲間と一緒に取り組んだ共同開発の仕事から出てきた。この共同開発を通して両社は大きな成果を得た。それぞれの分野で最も優れた部品を、車種を横断して共有するという「固定と可変の戦略」を作ることで、両社は「最高水準のクオリティ」と「部品生産のスケール・メリット」をうまく両立させたのである。

フォードとマツダは、設計標準と部品共通化のおかげで定型的な設計作業から部分的にせよ解放され、真にカスタマイズすべき難しい課題に集中できるようになった。われわれは、一見シンプルに見えるこの考え方が、あなたの製品開発の能力構築において深遠な意味を持つと信じる。

製品開発において「固定」要素は、しばしば「標準」を通じて表現される。標準とは、繰り返し発生する典型的な問題に対する、経験に基づく解決策である。通常、標準は、新たに設計しても新たな顧客価値を生み出さない場合に使われる。こうした標準は、

図3-1 固定と可変 — リーン製品開発の「陰陽」

あるプロジェクトから学んだことを別のプロジェクトに適用する強力なしかけである。時間の経過とともに経験と知識が蓄積され、標準が更新され、開発者は意思決定をより速く、高い品質でできるようになる。

これらの明確な判断基準が（つぶさに記録され、組織的に継承されていけば）、学びの力と新たな知識を応用していく能力を真の競争優位性の源泉にしてくれる。開発者は同じことを何回も学ぶ必要がなくなり、時間と資源を浪費せずに済む。加えて、プロジェクトの「固定」部分についてしっかり整合を取ることは、プログラムのリスク特性と投入すべきエネルギーを理解し管理する上で非常に重要であり、それによって製品チームが「可変」部分に集中できるよう誘導することが可能になる。

製品開発における「可変」要素とは、まさにイノベーションと創造性発揮によって顧客価値を高め、製品を差別化していく部分だ。これこそユニークな製品価値提案の中核であり、しばしば「なぜ」このプロジェクトをやるのかという理由そのものとなる。

多くの場合、われわれが「何を」しようとしているかという上位目的としてのビジョンは理解できても、それを「どのように」達成するかはまだ分かっていない。そのため、プロジェクトのこの段階でリスク特性を読み切ることはできないし、知識ギャップもかなり大きいと見なければならない。先々相応のイノベーションが求められるはずだ。

「可変」の中から「固定要素」を分離抽出するためには、まず、「この製品はいかにして新たな価値を顧客に届けるのか」ということを「顧客の心を惹きつける製品ビジョン」と併せて深く理解しておく必要がある。加えて、組織全体がこのビジョンを中核として方向を揃え、チームメンバー1人ひとりが製品の成功に自分がどう貢献するのかを理解していることも同じくらい重要だ。

チーフエンジニアのコンセプト・ペーパーと彼の一連の動きが、この「見極め図」を描く上で非常に大きな助けとなる。この「見極め図」とは、「顧客にとっての最大の関心事を実現するために、最も創造性を必要とする部分は何か?」という一種の共通見解を打ち出し、「可変」と思われていたものの中から「固定」と見做せる要素をできるだけ多く見つけ出すことだ。

固定と可変という陰陽は、あなたの標準化戦略が品質を保証し、ムダを排除し、顧客に最高の価値を届けるのに大いに役立つはずだ。固定要素を見極め、変動する部分にもっと多くの時間とエネルギーを振り向けるには、「設計標準」と「生産プロセス標準」という2つの大きな分類で考えるとよい。

設計標準

技術者は、すべてのプロジェクトを開かれた心をもって白紙状態から始めることができる。これは究極のオープン・イノベーションかもしれないが、時間とエネルギーの壮大なムダだ。そういうやり方をする代わりに、プラットフォーム、設計ルール、標準仕様、標準アーキテクチャといった形の「設計標準」をうまく使えば、固定と可変の陰陽が自ずと浮かび上がり、より速く、より効率的な開発をもたらすとともに、これによって技術者は付加価値を高めるイノベーションと創造性発揮にもっと多くの時間を使えるようになる。

プラットフォーム

製品プラットフォームとは、複数の製品に共通して適用できる、根源的で基礎的な技術及び部品の集合体である。プラグ・アンド・プレイのようなモジュラー化が思い浮かぶと想像するが、それにとどまるものではない。標準製品プラットフォームは、ある製品群のための設計標準とアーキテクチャを定めるものだ。しかし、自動車を筆頭に、プラットフォームを個々の製品に適用する際は、ある程度のカスタマイズ、つまり「チューニング」が必要な場合が多い。

自動車産業においては、メーカーによって定義は若干異なるものの、プラットフォームとは一般的に車の下半分の基底部分と捉えることができる。その上に新車それぞれの「トップハット」（車の上半分）を載せるのだ。トップハットこそ、顧客が見て触る部分、即ちボディ外装と内装である。

プラットフォームはトップハットに比べると見えにくいが、乗り心地、ハンドリング、回転半径、騒音、振動、重量、安全性、スタイリングといった重要特性に大きな影響を与える。製品全体とドライバー・エクスペリエンスの創出に必要不可欠な部分である。最も優れた自動車メーカーなら1種類のプラットフォームで多くのモデルを開発することができるだろう。実際、自動車メーカーは1つのプラットフォームから複数のモデルを数世代にわたって開発している。うまいプラットフォーム開発を志すなら、考慮すべき技術上のチャレンジが自ずといくつも浮かび上がる。

様々な製品構成とうまくインターフェースをとれるようにしておくとか、様々な製品性能要件に合わせてプラットフォームをチューニングできるような手段をあらかじめ組み込んでおくとか、使っている技術の進歩のスピードを予測して織り込むといった難しいことが求められるのだ。

大半のメーカーは、既存製品の更新と新製品開発の今後何年にもわたる開発計画を持っていて、これに従うことに慣れている。プラットフォームも同様に開発スケジュールを作っておく必要があり、通常は製品のライフサイクルの倍の周期で計画される。つまり、製品が4年ごとに開発されるなら、プラットフォームは8年に一度位の頻度で開発されるということだ。

プラットフォーム戦略をうまく計画し実行すれば、品質と性能を高めながら開発コストを低減し、開発リードタイムを短縮することができる。どの産業にも適用可能で実効性の高いプラットフォーム戦略などというものは出現しそうにないが、われわれは、大半の企業がプラットフォーム戦略の恩恵を受けることができるし、その効果はすぐには分からなくても、後々必ず表に出てくると考える。

２００７年にフォードは全モデルで27種類のプラットフォームを使っていた。これほど多数のプラットフォームがあれば、世界中で維持するだけでも膨大な開発リソースが必要だ。持ちこたえられるのかが危ぶまれるほどだった。あまりにも多かったから、フォードも重要基盤技術の更新に苦しみ、その結果がフォード車の競争力低下に現れていた。

競争力が落ちたと言われれば、個々の新車開発プログラムの渦中にいる技術者は車の魅力をどうにかして高めようと、致し方なくプラットフォームの技術を「微調整」する。このせいで共通性が下がり、問題を一層悪くするという悪循環に陥っていた。そこでフォードは、次のような「プラットフォームを集約した後、劇的に改善する」という大胆なシナリオを描いて活動に乗り出した。

1. フォードのプラットフォームの現状を評価し、競合メーカーのプラットフォームとの厳格な比較評価を行う
2. 継続するプラットフォームを決めて、開発部門全体の声を代表する責任者が入った複数の機能横断プラットフォーム・チームを編成し、それぞれに担当プラットフォーム開発の責任を担わせる
3. 各チームが、担当プラットフォームのあらゆる側面において「未来の」性能目標に向かって働くよう仕向ける

10年後（2017年）、フォードが持つグローバル・プラットフォームはわずか8種類に集約されていたのに、2007年当時の現行車よりも数多くのモデルを開発できるようになった(*1)この集約プロセスは2007年から2016年にかけて行われたが、大半の開発は2013年には終了していた。

プラットフォームの数を絞ったことよりも重要だったのは、この活動が新車開発のリードタイムを短縮しつつ新車開発のコストを下げたのに加えて、それまで発売後もずっと必要だった技術サポートまでも同時並行で減少させたことだ。貴重な開発リソースを後ろ向きの仕事から解放してより多くの新車開発に向かわせ、世界中で車の性能を向上させた。何億ドルもの節減効果が出た上に、フォード車の競争力は以前に比べて格段に向上した。

フォードはプラットフォームを再構築するという戦略に大きな投資をして十分なリターンを得たが、そもそもこのような状態に陥るべきではなかった。フォードはプラットフォーム戦略を更新し維持することの重要性を改めて学び直さなければならなかった。皮肉なことに、共通プラットフォームのパイオニアだったトヨタもまた、この教訓を学ぶことになった。その話は本章の後半で紹介しよう。

設計ルールと仕様の基準

われわれは『トヨタ製品開発システム』で設計ルールとチェックリストのことを詳しく紹介した（＊2）。トヨタでは、こうした設計ルールは元々紙と鉛筆でできたチェックリストに文字通り「組み込まれて」いた。チェックリストはノートに書かれて、それぞれの技術分野の最も上位の技術者が管理し、リストへのチェック項目の追加や削除に関しては彼が最終決定権を持っていた。

チェックリストは蓄積した学びの記録で、極秘の知的財産とみなされていた。技術者は製品の設計時にそれぞれの項目について標準に従っていることを逐一確認した上で、文字通りチェックマークを付ける。続いて上司が各項目をやはり逐一確認していく（後にトヨタのチェックリストは、電子的な技術データベースに移行した）。

トヨタの技術者は、チェックリストを設計上の制約とは思っていなかったし、自分たちの開発業務の中核とも思っていなかった。ある上級技術者はこう説明した。「チェックリストを使っても、優秀な技術者になれるわけではありません」。飛行機のパイロットの飛行前チェックリストを想像してみるとよい。チェックリストは安全の確保に不可欠だが、現実に飛行中のパイロットのスキルと経験をチェックリストで代替はできない。

実際、トヨタの技術者はチェックリストの標準に従わなくてもよいのだが、その場合は根拠をデータで示す必要があった。たとえば車体の表面曲率半径には許容範囲があり、それを超えるとプレス工程で鋼板にヒビが生じるといった場合だ。より大胆なデザインを実現するために許容範囲よりも小さな曲率半径が必要であるなら、技術者は設計が標準に反していても高品質で生産できることを証明しなければならない。標準に反することがイノベーションにつながり、それが新しい標準となることもしばしばあった。

フォードも開発業務の強固な土台となる設計標準を構築してきた。たとえば、上位システムの一部となるコンポーネントのレベルで個々の部品インターフェースの標準を定めるのは、設計ルール適用の初歩的な好例である。クラフツマンシップ、製造容易性、耐久性も設計ルールが大いに役立つ分野だ。

フォードは実証された標準を戦略的に適用することで、大半の部品の設計において最大限の創造性と柔軟性を発揮しつつ、同時に、限られた少数の部品の設計特性の部分に設計ルールをうまく適用することで、最も重要な「システムとしての性能特性の実現」を堅持することができた。フォードは次のようなやり方で設計ルールの実効性を高め、適用範囲を広げていった。

- 設計ルールを「一口サイズ」に小分けして整理した
- それを、ジャスト・イン・タイムで使えるようにした。つまり、設計プロセスで必要になったときに、必要なだけ、うまく使えるようにした
- それを、CAD設計ソフトに組み込んだ

標準アーキテクチャ

われわれはトヨタの標準アーキテクチャのことを20年前の研究で知った。トヨタは「モジュラー設計ではなく、標準アーキテクチャを開発している」と実に明快に述べている（＊3）。パソコン業界などで使われるプラグ・アンド・プレイ型モジュールのイメージを連想する人が多いと想像するが、トヨタの経営幹部は、自動車のような複雑な構造を持つ製品では、プラグ・アンド・プレイの適用範囲は限定されると感じている。「標準アーキテクチャ」という言葉は、業界によっていろいろな意味を持つだろう。

本書の議論でわれわれはこれを部品の機能の物理的な具現化という意味で用いる。即ち、部品や部品群の目的を達成するために必要な物理的寸法、パターン、形状といったものだ。あるいは、製品ないしサービスの基本構造や基本構成要素を意味する場合もある。

フォードの標準アーキテクチャ推進活動の一部をリードした、

図 3-2 医療のアナロジー —— 標準アーキテクチャ戦略

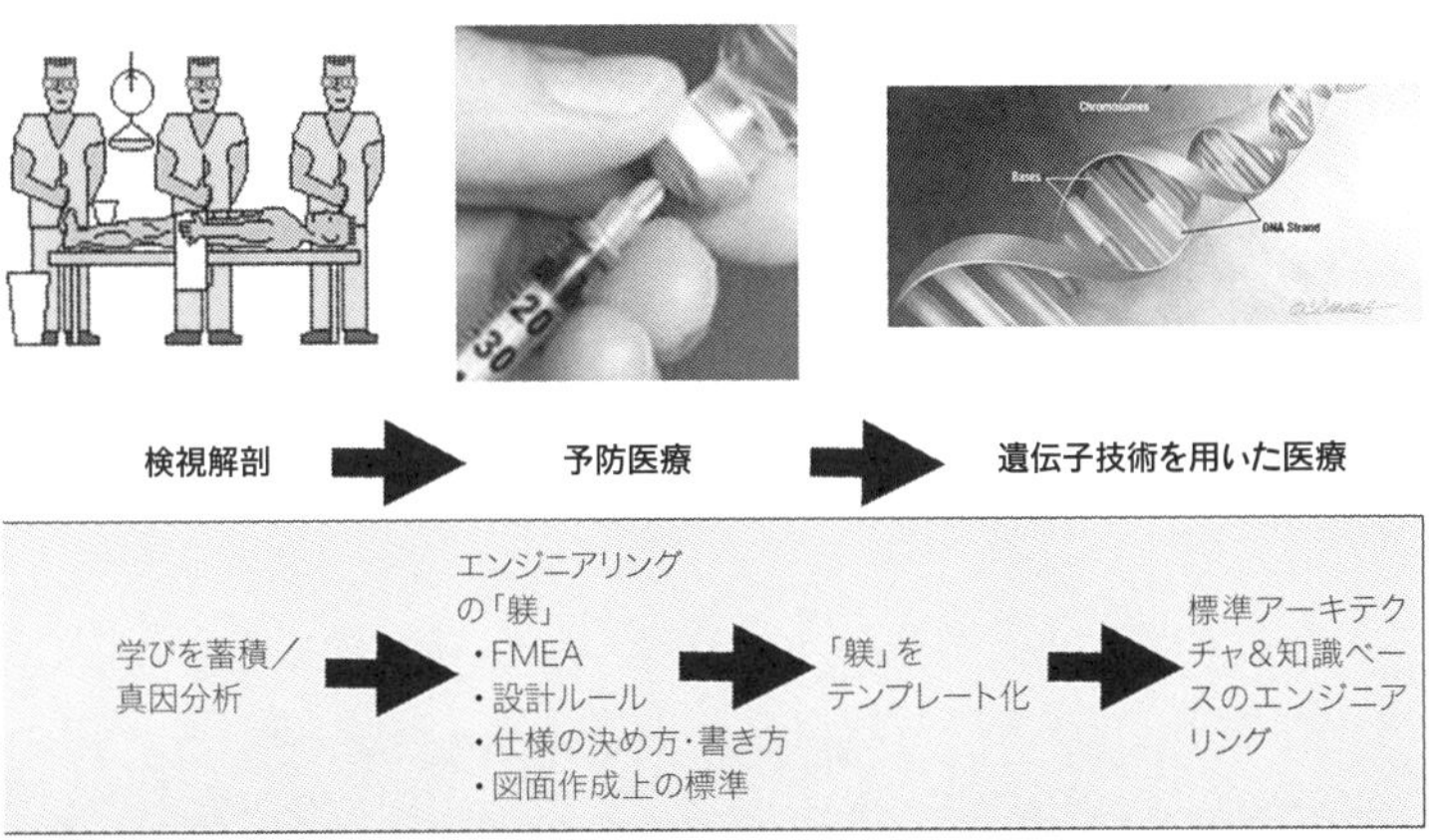

モーガン配下の技術マネジャーの1人、ランディ・フランクは、標準アーキテクチャの役割に関して、実にうまい表現で役に立つ喩え（アナロジー）を考えついた（図3-2）。

開発を通して学ぶべき教訓は、一番基礎的なレベルでは検視解剖のようなもので、未来の患者にとって役立つ貴重な学習の場だというのだ。残念ながら、解剖された患者本人がその学びから恩恵を受けることはない。次のレベルは、設計ルールや故障モード影響解析（FMEA）といった技法の適用である。これは予防注射や食事療法のような予防医療だ。

こうした予防手段は、実際にそれを実行すれば生命を救う可能性がある。標準アーキテクチャと知識ベースの開発は遺伝子レベルで機能し、解決策を設計のDNAに組み込む遺伝子療法だ。

標準アーキテクチャは非常に重要だが、正しく使わないと危険である。意図せぬ悪影響を避けるためには、適用する際の注意深さと思慮深さ、部品の機能に関する深い理解と明確に定義された固定・可変戦略が欠かせない。

フォードの車体プレス技術（B&SE）の標準アーキテクチャへの旅路は、車のボンネット部分のかなり直截なベンチマーク作業から始まった。分析の結果、トヨタのボンネット・アセンブリは製品間で非常に似通っているが、フォードのそれはすべて独特のデザインであることが判明する。

この分析は、モーガンがCEOのアラン・ムラリーと初めて話し合ったときも話題に上った。元ボーイングのチーフエンジニアだったムラリーは、それが何を意味するか、即座に理解した。図解は千の言葉に値する。これ以降、ムラリーは標準アーキテクチャの熱心な支持者になった。

ボンネット・アセンブリは、ボンネットの外板（車の外側に見える意匠部分）、ボンネット内部（ボンネット・アセンブリに強度と剛性を与える部分）、複数の補強部品及び機械部品で構成される。われわれがティアダウン分析を行うと、フォード社のボンネット内部はすべてのモデルがそれぞれ他のモデルとは違った設計であることが分かった。まるで各開発グループがボンネット設計を「白紙状態」から始めたかのようだ。このため、どのモデルのグループも毎回同じことを再学習する羽目に陥っていたのだ。

対照的に、トヨタのボンネット内部はどのモデルでも高度な一貫性と明瞭さを備えた1つの共通基本構造を持っており、個々のモデルに合わせてその基本構造を調整しているのだった。レクサスだろうが、トヨタブランドのモデルだろうが、アーキテクチャは同じだ。

この共通性のおかげで、トヨタは高品質で実績のある設計ソリューションを各車に適用しながら、同時に、どの車種でも開発工数を減らし、試験期間を短縮し、生産準備からの要求を減らすことができた。さらに驚くべきことに、この標準化は顧客に見えない部分だけに影響し、スタイリングには何1つ悪い影響を与えないのである。

B&SEチームメンバーはフォードの複数のプログラムについてさらに学びを深め、学びに応じて基本構造を変更していく。歩行者の安全確保や衝突強度の法的規制といった設計上の新たな課題に出会えば、それに応じてやはり基本構造を変えていく。それまでとは全く違うやり方だ。いまやすべてのフォードの新車開発が同じ土台に立脚して進められ、共通性の利点を堅持するために新車プログラムを横断して連携し、基本構造を進化させていった。

フォードのこの事例は、固定と可変の標準アーキテクチャを如実に描き出す。説明を続けよう。ボンネット内部は、顧客は気づかないけれど、重要な機能を果たしている。こうした部分は標準基本構造に基づいて設計され、個々のモデルの具体的な形状とサイズに合わせるために「だけ」変更される（「固定」の部分）。一方、ボンネット外板は車のスタイリングと魅力を決定づけるとりわけ重要な要素であるから、大方はデザイナーの創造的な方針に任される（「可変」の部分）。

スタイリングが至上価値である外装部品ですら、固定‐可変思考から免れることはできない。フェンダーは他の部品と並んで車のスタイリングを決める外装部品である。もちろん外から見える。安全性能が一番重要なのは当然だが、この手の部品で2番目に重視されるのはデザイン性で、他のどんなエンジニアリング上の課題よりも優先される。

しかし、フェンダーにも外からは見えない機能を果たしている部分がある。位置決めのための形状、取付面、補強板といった部分はいずれも、フェンダーを成形し、組み立てる上で不可欠であったり、衝突安全性能を達成する上で非常に重要な役割を果たしていたりする。こうした部分に標準アーキテクチャを適用すれば、大きな効果が得られるのだ。ここで鍵となるのは、意匠の自由度を最大化しつつ、同時に、意匠以外の側面で部品性能の実現に貢献しているこうした「特性」を見つけ出して、標準化することである。

このアプローチのもう1つの利点は、製品開発者が強力な設計ツールを利用できることだ。開発上の知識とパラメトリックな部品テンプレートを組み込んだ「スマートCAD」を使えば、技術者をうまく導いて、ムダを省いて彼らの時間を最大限有効に使わせると共に、設計の有効性を向上させることができる。

ただし、それがよくよく考えられた標準アーキテクチャ戦略に基づいていればの話だ。われわれの経験では、こうしたツールは素晴らしいが、その効果は背後にある戦略と開発思想次第だ。

標準アーキテクチャは広く適用でき、品質を上げ、コストを下げ、差別化が最大の恩恵をもたらす領域に資源を集中させるためのパワフルなやり方である。アーキテクチャを確立したいなら、あなたは多くのトレードオフを検討しなければならない。続いて、新アーキテクチャが製品の品質、重量、強度、製造容易性、開発費、設備投資、部品のコストといった様々な特性にどのような影響を与えるかをよく考える必要がある。

これをうまくやるには、まず、個々の部品ないしサブシステムについて1つひとつ、顧客が定める価値にそれがどのように貢献するかを理解することだ。これは、どの部分が固定でどの部分が可変なのかを見極めるのにとても役立つ。

製造プロセスの標準

製造プロセスの標準をうまく定めれば、開発と製造でコストを下げながら品質を上げ、開発の予測可能性を高めると共に、製造のフレキシビリティを向上させることができる（製造のフレキシビリティの一例として、1本の生産ラインで複数の製品を混流生産するなど）。ただし、このためには当該製品が顧客にどのように価値を届けるかということをよく理解し、その理解に基づいて固定部分と可変部分を見極めていかなければならない。

製造の能力には、高品質で効率的に生産できる能力と、魅力あるデザイン及びクラフツマンシップを顧客に確実に届ける能力という2つの側面がある。この両面で高い能力を構築するなら、並外れた競争優位性の源泉になり得る。固定と可変という考え方を製造プロセスの標準づくりにうまく適用し、能力構築に大いに役立ててもらいたい。

標準組立プロセス

正直に言おう。「組立プロセスにしっかりした標準を定めるべきだ。とても大切だ」などと言うことは、あまりにも当たり前過ぎると思って、あやうく本書から落とすところだった。

しかし、われわれは、様々な産業を指導するうちに、このことを十分に理解していない会社がかなり多いことに気づいた。製品を組み立てるのには「1つのベストな方法」(現在の標準作業)があって、それが設計と開発の仕事においてもある種の「導き」の役割を果たすという考え方は、多くの会社では未だに馴染みがないものだ。そういう訳で、本書で概説する価値があると考えるに至った。

標準組立プロセスは、製造品質向上、設備投資効率化、変動費節減、製造のフレキシビリティ増大など、多くの効果をもたらす。こうした恩恵を実際に享受するには、開発している間に組立に関する必要不可欠な要件を開発者に適切に伝え、守ってもらう必要がある。ここで標準組立プロセスを文書化したものをうまく使うと、効率的に進めることができる。これはしばしばプロセス表(BOP、Bill Of Process)と呼ばれ、次の3つの要素で構成される。

●**部品組立順序**　文字通り、部品を組み付けていく順序を示す(例：内側から外側に向かって、外側から内側に向かって、下から上に向かって等々)。組立順序の決定に際して考慮すべきことは数多くある。組付ける部分へ人の手や機械のアームをどのように入れるか、当該部分が見えるか見えないか、さらに人間工学と安全の問題はどうか、作業の再現性と効率(やりやすいか、難しいか)などをはじめ、様々なことを考慮に入れる必要がある。組立順序決定に際して考慮すべきこうした事柄は、開発プロセスのなかでよく理解され、組立の標準に適う設計に仕上がるまで、丁寧に追跡されるべきだ。

●**組立ラインの編成**　「組立ラインの編成」とは、メインラインで組むものを決め、メインライン直結のサブラインで組むサブアセンブリは何か、オフラインで組み立てて必要に応じて運ぶサブアセンブリは何かということを決めることだ。「組立ラインの編成」には、部品の流れを最もよくするには、ラインがどういう形になっているとよいかということも含まれる。

●部品の位置決めの方針　組み立てるとき、各部品を位置決めするのに一番よい方法を定めることである。これは、たとえば、ピンで位置決めするのなら最適なピン穴の場所を見つけ出すことであり、図面に寸法と公差を書き入れるときに位置決めの面を定めるか、そうでなければその他に位置決めの方法を定めなければならない、といったことを通してなされていく。寸法公差の影響は実に重大だが、本書のスコープをはるかに超えるため、ここでは割愛する。

組立順序とライン編成と位置決めの方針を大まかに標準化しておけば、同じ生産ラインのまま、大規模なライン改造をすることなく、必要最小限の変更を加えるだけでいろいろな製品をつくることが可能になる。これであなたは投資額をかなり抑えられるのみならず、製品需要の変化に素早く対応する能力を高めることもできる。実績のある「ベストな組立方法」は、製造と開発の両方のクオリティを向上させ、予測可能性を高めてくれる。

自動車産業では、固定（共通化されたBOPに記述される「部品位置決めの方針」や「基本的な組立順序」）と可変（ユニークな価値を実現するために、部品の設計の多くの部分に広く自由度を持たせる）を中心としてその周りに製造と開発をうまく整合させることで、（かなり努力し、大きな投資もしたが、それに見合うだけの）大きな配当を得てきた。

今や、最高水準の自動車メーカーでは同じ組立ラインで6種類以上の車種を組み立てている。非常に高い品質を堅持しながら依然超高効率、フレキシビリティも高い。これをうまく実現できたら、それぞれに個性に満ちたいくつもの車種を同じラインで次々とつくり、顧客の元へ届けることができるはずだ。「車名を変えただけ」の小手先の差別化などやめてしまうだろう。

プレス工程に合わせて、プロセス主導で設計する

プレス工程は、あなたが注目するにはあまりにも難しく専門的な分野だと感じるかもしれない（あなたがプレスに詳しいなら話は別だが）。しかしわれわれは、プロセス主導型製品設計（PDPD、Process-Driven Product Design）の「陰と陽」は、特定の技術分野や産業を超えて適用できると考える。

杉浦ヒロはトヨタで30年間プレス技術者として活躍し、そのキャリアをトヨタの米国の生産技術の責任者として終えた。杉浦（モーガンは敬意と親しみを込めてミスター・スギウラではなく「スギウラさん」と回顧する）は、トヨタを定年退職した後、フォードでフルタイムの顧問として働いた。モーガンが杉浦に出会ったのはその頃だ。

杉浦は豊富な知識と経験を備えていたが、残念なことに、彼のアドバイスがフォードに大きな影響を与えることはほとんどなかった。理由は、杉浦を顧問として招いたのは改革

が始まる前の経営陣で、杉浦の優れた力をどのように活かすのか、曖昧なまま来てもらっていたからだ。前経営陣は彼がトヨタ出身であることのみに価値を見出していたのである。プレス部隊はと言えば、日々の膨大な量の仕事に忙殺されている。杉浦のコンセプトが戦略的であっただけに、彼の話に付き合える時間はなかった。杉浦の深い知識をプレス部隊が活かせるようになったのは、2人のキーパーソンを日常業務から外し、杉浦と直接仕事ができるようにしたときからだ。

杉浦とその小さなチームが行った活動の1つがPDPDである。はじめに詳細なベンチマーキングを行い、その結果に基づいて、世界最高水準のプレスプロセスとはいかなるものかを研究していく。

プレスの金型は高価で、投入できる資金には限りがある。チームは、主要なプレス部品ごとに許容できる金型の数（及びプレスの回数）といった定量的な指標をもって「最高水準のプレスプロセス」を定義するに至った。しかし、業界最高水準の製造プロセスを実現するだけではまだ足りない。

同時に、プレス以外の面では製品設計に最大限の自由度を与えられるようにしなければならないのだ。PDPDチームは、この2つを両立させるために設計の過程で考慮すべき要件を定義し、部品設計を担うすべての部門と話し合った。

たとえば、PDPDチームは、フェンダーを4個の金型（成形、トリム、フランジ、仕上げ）でプレスするためのプロセスを大まかに定義し、これを実現するために重要な属性及び要件を設定した。フォードはそれまでフェンダーのプレスに最大7個の金型を必要としていた。対象はフェンダーだけではなく、フォードが内製する全プレス部品だ。これを考えれば、潜在的なコスト削減の可能性が巨額なのは明らかだ。

こうした議論の中では、ＰＤＰＤに対して懸念も示された。もっともな話だ。「これをやろうとすれば、スタイリングやクラフツマンシップといった部品の特長を犠牲にするしかないではないか。そんなことは許されない」。フォードは製品主導のＶ字回復戦略の中核にクラフツマンシップの高度化を掲げていたからだ。このチームは依然として「世界第一級のデザインと製造効率を同時に実現するなんて、本当に可能なのか？」と懐疑的ではあったが、「実験してみる」ことには合意した。

やがてこの取り組みから車体設計とプレス技術の技術者間に非常に高度なコラボレーションが生まれ、複数のチームが一体となって、優れたデザイン性と高効率の製造を両立させるべく共に励むようになった。

相反するものを両立させるのは一見不可能と思えるが、こうした困難なチャレンジが、もとより優秀な技術者チームから「ベスト」を引き出し、素晴らしいイノベーションと発明につながったのだ。その水準たるや、「陰と陽を両立させるべくベストを尽くせ」という強烈なプレッシャーがなければ、おそらく実現できなかったと思われるほどであった。

チームは2つの必達要件を両方共に実現し、フォードの製品に非常に大きな効果をもたらした。この活動はまた、「金型が多いほど、より良いプレス部品ができる」という長く信じられてきた神話もぶち壊した。それまでプレスの品質は使う金型の数に比例すると固く信じられていたのだ。

ところが実際にやってみると、プレスプロセスの中でワークを金型から金型へ移す距離と回数を減らせば、加工の精度が上がることが分かったのである。もちろん、正しいやり方できちんとやってこその話だが、全く信じられないことだった。

PDPDの要件は（以前に説明した）部品の「標準アーキテクチャ」に欠かせない要素となった。フォードのすべての内製部品の製品開発とプロセス開発の両方で新たな標準になったということだ。例外も認められるが（通常ならデザイン・レビューの議題になる）、めったにない。

複雑性を減らす

複雑性は、自動車、飛行機、医療機器、重機など、今日の高度な製品にとって必要悪であるように思われる。ほとんどの企業は、年々熾烈になる競争環境の中にあって、複雑性もそうした環境の1つの側面と認識しているだろう。「複雑性を取り除くことはできない。複雑性は顧客にとって『本質的で欠かせないもの』なのだから」というわけだ。

しかし、どこかに変曲点があるはずだ。複雑性が行き過ぎれば、顧客にとって付加価値を産まなくなり、貴重な開発資源を浪費する原因になってしまう。カスタマイゼーションをどんどん推し進めたら、果ては1人ひとりの顧客に向けていちいち違う製品を開発することになる。どこかに一線を引く必要がある。技術者にそれができるだろうか？

こうした疑問への意味ある答は産業によって異なるだろうが、われわれは多くの企業を訪問し、話を聞いてきて、ほとんどの企業、ほとんどの産業で、はるか昔にこの一線を超えたと結論づけた。

実際、複雑性をなくせない理由の1つは、それがあまりにも当たり前になってしまったからだ。複雑性低減に取り組むなら手強い相手と戦うことになる。産業によって課題が様々なのも明らかだ。あなたがこの問題について考える上でヒントになると思われるシンプルなケースをここで紹介しよう。

この旅路に乗り出す比較的簡単な道は、ファスナー（ネジなどの締結部品）から始めることだ。ファスナーは製品のなかでは一見些細な部分に見えるが、実は製品全体に影響を与える重大な機能を果たしているものが少なくない。製品ごとのコストで考えると少額だから、多くの企業はその重要性の全体像を過小評価し、ファスナーの改善など取るに足りないものだと見做してしまう。

しかし、設計者がそれぞれネット上のお気に入りのカタログを検索し、自分が直面している課題にピッタリのユニークなファスナーを見つけて採用するようなことを続けていたら、ユニークなファスナーの大氾濫となって、コスト・品質・製造工程に悪い影響を与えかねない。

ファスナーとその適用範囲に関して全社的な標準を作成すれば、意思決定を速め、コストを削減し、成功の確率を上げることにつながる。部品の材料の選択も同様に、部品ごとの最適材料を推奨する「第一候補のリスト」を作成すれば改善できる。もちろん、こうした標準に対して例外は許されるべきであるから、例外を採用するためのプロセスも定義しておくべきだ。われわれが見てきたところ、複雑性低減をこうした小さな改善から始めて活動を広げてきた会社は少なくない。

複雑性に対応するもう1つの方法が、ファスナーや材料だけでなく、実際の部品の再利用及び共通化（例：プロダクト・ラインを横断して同じ機能部品を使う）を推進することだ。製品プログラムを横断して効果的に知識を共有すれば、技術者は同じ部品を各自の設計の課題解決に使えるようになる。

無論、その前に製品性能と品質の観点からよく検討しなければならないのは言うまでもない。これを怠ると、あなたがどれだけ「コスト削減」に努めようと売上に悪い影響を与えるだけで、結局は高くつくことになる。

多様な製品オプションや多様なオプション構成を提供すれば、競争優位性の明らかな源泉となるだろうし、利益率向上につながるかもしれない。

しかし、これによって顧客価値がどれだけ上がるかというと、設計と製造の両方でその分だけ増えたコストと天秤にかけたら見合わないということもある。このことが特にマーケティングと開発部門の間で大きな論争になる場合もあるだろう。しかし、あなたが「データがあなたを解放してくれる」という態度で臨むなら、論争の必要はない。

まずはオプションの「採用率」の分析から始めよう。オプションの売上がそれを提供するコストを上回らなければ、それがあなたにとって最初の手がかりになる。もちろん、特定のオプションを提供するには他の理由もあるだろう。しかし顧客がそのオプションに対して自分の財布からお金を出すという形で「投票」していないなら、廃止すべき時期に来ているのかもしれない。

さらにあなたは、データを分析する間にも、顧客のところへ行って話を聞く必要がある。顧客から見て、選択肢が多いほうが常によいとは限らない、むしろその複雑さに当惑しているかもしれないのだ。顧客が「こういう判断はあらかじめメーカー側でやっておくべき。面倒な判断を客に押し付けているだけではないか」と感じている場合ならなおさらである。

１９８０年代、ホンダとトヨタは車体色を絞り込んだ標準オプションパッケージを割安価格で提供して売上を大いに伸ばした。これに対して米国の自動車メーカーは無限に近い多様な選択肢を提供していたが、かえって消費者を混乱させ、不満を抱かせる結果となった。

すべてを統合して活かす——トヨタの新グローバル・アーキテクチャ（TNGA）

われわれは「固定・可変思考」の最新事例の1つがトヨタ・ニュー・グローバル・アーキテクチャ（TNGA）だと考える。旧式化し競争力が年々低下していたプラットフォームと、膨大な数に急拡大した部品の種類という2つの大きな問題に対応するために、トヨタはプラットフォームを刷新し再び活性化しただけでなく、誠にトヨタらしい方法で自社の伝統に則り、自らの製品開発のやり方と製品の力によってパワフルな競争優位性を取り戻すチャンスとしてこの危機を活かした。

後のTNGAにつながる考え方の始まりは、2009年2月、豊田章男の社長就任が発表されてしばらく経った頃に遡る。トヨタは上級幹部を集めて「トヨタにとって全社を挙げて取り組むべき最も重要な挑戦は何かを見つける」ため、「明日のトヨタを考える会」(Committee to Regenerate Toyota）を立ち上げた（＊4）。

この委員会が最重要課題としたのが「トヨタはプラットフォームとパワートレインのすべてを抜本的に更新する必要がある」ということだった。本章の前半で説明したように、プラットフォームは車の性能の土台であり、自動車開発戦略の中核要素である。委員会の指摘は、豊田章男の「トヨタの将来への鍵は『もっといいクルマをつくる』に尽きる」という強い思いと完全に合致していた。それから、トヨタの「もっといいクルマをつくろうよ」(Ever better cars) という宣言の中核にプラットフォームの再活性化が位置付けられた。

２０１０年にはプラットフォーム戦略を再構築するための経験と影響力を持つ上級経営幹部からなる「BR VSP」(BR Vehicle Structure Planning) が編成された。トヨタのプラットフォームの問題は、２０００年から２０１０年までに同社の世界中の年間生産台数が５００万台から１０００万台に急成長したことから来ていた。

信じられないほどの急成長だが、その背後に技術・物流・組織・財務のあらゆる面で無数の挑戦があったことを思えば、「驚くべき成長率」という言葉すら控えめな表現に聞こえる。

世界中で国ごとに異なる仕様の乗用車やトラックを毎年１０００万台も生産するとはどういうことか、創業15年目を迎えたベンチャー企業のテスラ (Tesla) が２０１７年にたった3車種の車を10万台作るだけで悪戦苦闘しているのを見れば、その意味と規模感を理解していただけると思う。

その頃のトヨタは、非常に多方面にわたって対応すべき課題を数多く抱えており、技術部門のベテランリーダーには強烈なストレスがかかっていた。実際、トヨタの製品技術者は新車開発で忙殺されていたから、開発部門としてプラットフォーム更新に割ける資源はなかった。たとえば、２０００年以前ならトヨタは通常2モデルサイクルに1回、プラットフォームを開発できた。

急成長を続けたこの時期、カムリは4回ものフルモデルサイクルを経ながら、プラットフォームの大刷新はなされていない。こうした事態を受けて、カムリなど個別車種のチーフエンジニアが性能を改善するために、あるいは法規制に対応するために、余儀なくプラットフォームに変更を加えてきた。

しかしその結果は、顧客にとってもトヨタにとってもがっかりするものだった。プラットフォームの大きな変更がないことが原因で、個々の車は、業界で最も優れたメーカーに比べて、乗り心地、ハンドリング、スタイリングで特に遅れをとっていた。

事態をさらに悪化させたのは、こうしたチーフエンジニアの微調整によってトヨタ全体に大量の「サブ・プラットフォーム」が蔓延し、プラットフォームをうまく管理していくのが難しくなってしまったことだ。トヨタのサブ・プラットフォームの総数は100近くまで急膨張した。そのため、プラットフォーム専用部品の種類も1000以上まで膨らんでしまう。エンジン種類の増大も同様で、基本タイプは16種、派生タイプは800種にも及んだ。

個々の車種の開発プログラムの部品種類も急増し、開発コストは膨らむ一方であった。プラットフォーム専用部品の種類が72から1000へと急増したのは、主として国ごとに異なる派生車種に対応するためだ。

プラットフォームのコストの70％は部品メーカーから購入する部品が占める。部品メーカーの研究開発費も急増した。ある分析によれば、トヨタの部品メーカーの開発コストは、競合メーカー比で最大7倍近くに上っていたという。もっとまずかったのは、プラットフォームの制約のせいでトヨタ車のデザインがつまらなくなったと顧客が感じていたことだ。トヨタ史上で初めて、顧客魅力度の数字が低下していた。部品の共通化と少数の共通プラットフォームから多くの車種を設計する能力で長い間業界のトップ・リーダーだっただけに、この問題はトヨタの経営幹部にとって非常に悩ましいものだった。

一方、興味深いことに、その頃のトヨタの利益率は急上昇していた。2004年から2008年の間、同社は毎年史上最高の営業利益を叩き出した。しかし、さらに分析すると、利益率向上の大半は為替が円安に振れたことが主要因と分かる。為替レートによる利益がなければ、この期間の利益は横ばいだった。

トヨタはこの問題を、プラットフォームを根本的につくり直し、プラットフォームとアーキテクチャの戦略全体についての考え方を一新して、プラットフォームとそれを元に開発される車の関係までも根底から変えるチャンスとして活かそうと考えた。つまりトヨタはこの危機を潜在的な競争優位の源泉に変える意気込みで挑んだということだ。

もっと素敵なスタイリングを可能にし、性能を劇的に改良し、開発を簡素化してコストを下げるといった「アンド」（すべてを同時に成り立たせる）の解決策を練り上げていく過程で、トヨタもまた「固定と可変」に立ち返って考えることになった。

われわれは、個々の車を評価し、サブシステムを検討し、トヨタの関係者と何日か話すうちに、トヨタの人たち自身、TNGAとは何かをうまく説明するのに苦労していることに気づいた。「群盲、象を撫でる」という古い寓話のようなもので、話す側も受け取る側も、人によって視点によって、TNGAの定義が違ったものに聞こえてしまう(図3-3)。

だから、プラットフォーム数の絞り込みと再活性化、部品共有/共通化戦略、パワートレイン種類の削減と最適化、新しい開発思想といったTNGA戦略の主要要素を先に説明したほうが読者にとっておそらく有益だろう。

プラットフォーム再活性化

トヨタの技術者はこれを、トヨタと競合メーカーの車をプラットフォーム種類ごとにティアダウンし、厳密に評価することから始めた。システム、サブシステム、個別部品に至るまで綿密にくまなく調べて、性能を実現する上でそれらが設計にどのように影響しているかを深く理解するよう努めた。

彼らは、こうしたベンチマーキングに基づいて、今後5年から10年のあいだに車の性能とサブシステムの性能の業界最高水準がどれくらいになるかを予測し、野心的な性能目標を

図 3-3 TNGA とは一体何か? — それはあなたの見方次第だ

設定した。また、プラットフォームをより「チューニングしやすく」して、プラットフォームの性能特性から個々の車種ができるだけ多様な性能特性を引き出せるようにする方法を考え出した。

彼らはTNGAプラットフォーム再設計戦略に関して、「もっといいクルマ」と「賢いクルマづくり」という、2本柱を打ち出した（訳注：日本国内では「もっといいクルマづくりと開発効率化」という、トヨタらしい実直な表現が使われている）。TNGAの推進部署で室長を務める朝倉和彦は「われわれにとって2つの柱の関係は、『賢いクルマづくり』でコストを減らし、その分だけ、『もっといいクルマ』をつくってお客様に届けることに再投資するというサイクルです」と説明した。

ある技術者が以前に開発したコンポーネントがいまでは標準となり、共有されているとしたら、「その技術者には、それまでの仕事から外れてもらって、個々の製品の、お客様にとってのクオリティをもっと高める仕事に就いてもらうことができるということです」と朝倉は言う。

もっといいクルマ（魅力ある製品）　プラットフォーム刷新計画の中核は重心を下げることと、車のスタンスを広げることだった。これで安定性を上げ、車の横揺れ（ロール）を低減することによって乗り心地とハンドリングを改善するとともに、より先進的でワクワクするスタイリングが可能になる。

たとえば、ボンネットが低くなると、より魅力的なデザインの可能性が開ける。トヨタはまた、車種固有のニーズに合わせてもっと容易にチューニングできるプラットフォームを設計したいと考えた。こうなると、単なる次世代プラットフォーム開発を超える大仕事になるのは明らかだった。

つまり、車を1つのシステムとして考え直すのだ。すべての部品はつながっているから、このプラットフォームの大刷新は、ドライバーにとっての感触もエクスペリエンスも一新することにつながった。

「もっといい顧客エクスペリエンス」をつくることが最重要事項だったから、すべてのプラットフォーム開発は、ドライビング・ポジション（ドライバーの座り方と姿勢）をあらゆる側面から徹底的に見直すことから始まった。ドライバーのヒップポイントからシートへの収まり具合、ハンドルの位置に至るまで、何もかもである。

こうしてトヨタの「調整の黄金比」は、コーナリング中もドライバーの体をしっかりとシートに収め、視線が自然に道路を向いて、長距離運転が楽になる1つのドライビング・ポジションを創り出した。

TNGAのもう1つの目標は、ボンネットを下げることだった。ドライバーの視界を広げて、スタイリングの目標達成にも貢献できる。ボンネット自体はプラットフォームの一部ではないが、ボンネットを低くするためにはプラットフォームを大幅に変えなければならない。トヨタの開発部門には懐疑的な技術者も多く、ボンネットを現行車より100ミりも低くすることが可能だとは信じていなかった。

TNGAの開発者はこれがデザインのために不可欠なことだと確信していたので、関係部門に自分たちの考え方を理解してほしいと訴えた。彼らは言葉と絵だけでは自分たちの言いたいことが伝わらないと考えて、実車のプロトタイプを作った。絵が千の言葉に値するなら、実車プロトタイプは百万の言葉に値する。彼らは求めていたボンネットを手に入れた。

これを実際の車の開発に適用するのは口でいうほど易しいことではない。エンジンルームが小さくなるのだ。内部に収める何百もの部品の設計を変えて、総合的に調整する必要がある。多くが部品メーカーの製品だから、部品メーカーに非常に深くコミットしてもらわないと実現できない。このような広範にわたる懸命な努力の結果、車の重心が低くなって運転性能が大幅に向上しただけでなく、デザインの自由度も広がった。

TNGAの開発者はものすごく高いハードルを自らに課した。彼らはそれでもなお、トヨタ車の大変身を実現することができたのである。この結果、運転性能が劇的に向上し、スタイリング改良の可能性も一段と広がった。

賢いクルマづくり（開発効率化）

これこそ「固定可変」の本質であり、鍵は「何を『固定』とするか」をうまく定義することだ。「賢いクルマづくり」がめざすのは、新車にとってベストな土台を提供するとともに、チーフエンジニアが「この新車ならでは」のユニークな側面を最適な組合せとしてまとめ上げていくのに集中できるようにすることだ。

トヨタはTNGAを通して標準化に関するブレークスルーをいくつも達成し、従来比で約20％少ない開発リソースと開発期間で顧客に「もっといいクルマ」を届ける開発プロセスを構築した。

部品の共用／共通化戦略

われわれは「107種類の部品ですか？」と聞いた。

「はい、107です」とTNGAの部品共通化を主導した室長の小野雅重が答える。小野はこの数字にかなりこだわりがあるらしい。

われわれは興味を引かれて「なぜ107個なのですか？」と質問した。彼はこれが「チーフエンジニアが他の部品をチューニング（可変）」する余地を残しながら、「製品性能を実現する適切な土台として標準化できる（固定）」プラットフォーム専用部品の種類の数なのだと言う。

たくさんつくれば安くなるという考えから部品の共通化の主眼をコスト削減に置き、プロダクト・ラインにまたがる類似部品を探そうとするメーカーもあるなか、トヨタは別の道を行く。まず製品の性能の視点から出発し、システムレベルの性能（車としての性能）を実現するために必要なアーキテクチャの要件からダイレクトに標準部品の設計を導き出したのだ。

トヨタの技術者は、自動車業界では珍しいもう1つの方策も取った。従来のプラットフォーム開発は、内製するサブシステムと部品に第一の焦点を合わせていた。しかし、実際にはプラットフォーム部品の70％は社外の部品メーカーから調達している。これが非常に厳しい制約条件となっていた。

この活動のインパクトを最大化したければ、社外から調達する部品も含めるほかない。そこで彼らは、部品メーカーと緊密に協力して重要部品の最適化と標準化を追求し、最終的にこの１０７種類に到達した。部品メーカーとの間に数十年来の緊密な関係があったからこそ、全社目標の達成に必要な高度な設計が可能になったと言えるだろう。

標準プラットフォーム戦略は部品メーカーの部品を標準化することでもあったから、部品メーカーの利益にもなった。たとえば、ドライバーの着座位置のデザインに際して、トヨタは「理想的なヒップポイント」を定義してこれを標準にした。これによって、たとえばドライバーの膝への衝撃を守るためのニー・エアバッグの設計はそれまで50種類あったが、10種類以下まで劇的に減らすことができたのである。

部品メーカーの開発者と協力するとき、トヨタの技術者は「行って見る」(現地現物)の精神を実践する。自らゲンバへ行き、部品メーカーの開発者と一緒に、その部品の製造や組立を高い品質を保ちながらやりやすくするには、設計をどのように変えればよいかを検討していった。

たとえばあるときのこと、技術者が東海理化の音羽工場で、あるプロセスを研究することになった。以前のプロセスは、作業者4人、10・6メートルの組立ラインで、サイクルタイムは1・7分であった。トヨタの技術者の支援を受けて、作業者1人、組立ライン長2・7メートルまで減らし、それでいながらサイクルタイムは1・7分のままだったという。

新しい部品のプロセスに両社が合意すると、品質を維持するためトヨタの品質技術者が定期的に監査に訪れる。彼らはそれをさらなる改善の機会として活かしていく。最終的には107種類の部品すべてに対して、それぞれの「部品シナリオ」が作られた。

このシナリオは、「部品の性能」と「デザイン効率」と「製造容易性」を共に最大化することを可能にするにはどういう部品でなければならないかという「特性」を定めたもので、「詳細な製造プロセス」と「必達の設計特性」が書かれている。この種の部品の設計を変更したいと開発者が感じたときには、彼らは月に一度開催される「部品シナリオ会議」でその主張を申し立てなければならない。

パワートレインの絞り込みと最適化

「パワートレイン」とは動力を生み出し、車輪に伝えるのに必要なすべての技術である。トヨタは、パワートレインに関してもプラットフォームと同じような状況にあった。トヨタがビジネスを展開している世界中の様々な地域でそれぞれ異なる法規制に対応するために、あるいは担当車種の性能向上のために、チーフエンジニアは余儀なくパワートレインの設計をいじってきた。これが相俟って８００種類ものエンジン構成が使われていたのである。

トヨタは、性能向上と、共通して搭載できるパワートレインの範囲を広げることによるコスト削減の両方をめざして、パワートレイン戦略を根本的に考え直すことにした。パワートレインの開発者は、各プラットフォームがサポートする個々の車種がパワートレインに対して求める要件をよく検討して、できるだけ多くの車種に搭載できるようにエンジンを設計していく。どのエンジンの設計も、いままでにないような高いレベルの性能・効率・搭載可能性を実現しなくてはならない。

実に困難な大仕事を引き受けることになったわけだが、これが難しいのは昔も今も変わらない。集約したエンジンの新ラインアップへの移行計画は、製品サイクル計画に基づいている。待ったなしである。

本書執筆時点で計画されているエンジンの種類は明らかではないが、この戦略は大幅な改善につながると思われる。たとえばトランスミッションの種類は半減すると推測される。過去のエンジン設計ではエグゾーストパイプの位置がバラバラだったが、新しく設計されるエンジンではその位置と結合方法が標準化されるはずだ。オイルや冷却水の経路に関しても同様となるだろう。

新設計はすでにオルタネーターのマウント形状とピッチの共通化を完了しているから、これによってトヨタは車種専用オルタネーターを14種類から6種類まで減らすことができる。

新しい開発思想

TNGAは単に製品プラットフォームを再構築しただけのものではない。それを超えるものだ。部品共通化だけの活動でも、単純なパワートレインの刷新でもない。それらすべてを包含しながら、さらに超えていく。複雑に絡み合う問題に対する真に「リーンな」対応と言ってもよいだろう。即ち、問題を顕在化させ、深く理解し、適切な資源を割り当て、こうした問題解決を自身のパフォーマンスを新たな水準に引き上げる機会に転化させることだ。

あまりにも急速にビジネスの規模を拡げたせいで、プラットフォーム開発に十分なリソースを割くことができなくなり、最も優秀な競合メーカーに遅れをとったことは、トヨタの責任だ。しかし同社は、長期的視点と顧客第一主義によって体勢を立て直した。

加えてTNGAはトヨタの開発に活気を取り戻させることにもなった。複数のチーフエンジニアと配下のチームが、新車開発をゼロから始めて、車のあらゆる部分を革新するという、いままでやったことがないことをやれたのである。トヨタのエンジニアはいまや、自らをワクワクさせるプラットフォームを元にして新車を開発できるようになった。胸躍る素敵なスタイリング、素晴らしい乗り心地、格段に優れた燃費効率をその新車で実現していく。

しかし、「標準プラットフォーム」は、新車開発チームのこうした仕事を置き換えるものではない。TNGAグループは標準と制約条件を提供したが、そのプラットフォームを元に開発する個々の車種にはそれぞれ独自の満たすべき性能要件とスタイリング要件がある。どの車種でも、最初の1台を開発するときは、TNGA以前と同じくらい開発工数がかかった。

しかし、新プラットフォームを使う後続車の開発チームは、ゼロから設計する必要はなかった。このため開発期間はかなり短かったが、それでも自ら誇れる車を開発しているのだという強い高揚感が感じられた。トヨタが掲げる「もっといいクルマをつくろうよ」という言葉は、次の車を必ずや「もっといいクルマにしてみせる！」というエンジニアの情熱を掻き立てる。

TNGAチームは興味深い設計コンセプトを数多く作り上げたが、実践したのは開発チームだ。彼らはプラットフォームの制約条件のなかで働きながら、クラス最高のワクワクする車を開発しなければならない。これが設計の考え方を「顧客第一」に立ち返らせ、固定と可変という思想を1つ上のレベルに押し上げることになった。

われわれが話した中で、標準プラットフォームと共通部品が自由度の制約になっていると感じているチーフエンジニアは皆無だった。実際、彼らはワクワクするスタイリングと優れたドライバー・エクスペリエンスの実現に集中できるという、新たに得た自由に目を輝かせ、話してくれた。

われわれが日本でインタビューした時点では、プリウス、カムリ、C－HRがTNGAの恩恵を受けていた。われわれはプリウスとカムリの旧型と新型に試乗する機会を得て、その乗り心地とハンドリングの劇的な違いを体感することができた。TNGAで改善された車は売上増につながるか？

新型カムリが2017年夏に発売されると、同年11月の販売台数は、前年同月比で24％増えた。12月には35％増だった。この販売台数増は乗用車全体の売れ行きが落ち始めた2018年まで続いた。

トヨタは、また別の面で効果があることも知った。新車開発コストは20％削減される予定で、1台当たりの固定費も下がる見込みである。技術者の開発工数の低減のおかげで、トヨタは、そのモデルならではの部分に、より多くの新設計アイテムを組み込めるようになるだろう。トヨタはその分を1台当たりのマージン（利益）を増やすのに回すこともできるが、トヨタの1台当たり利益は既にして業界トップである。

緊張を抱いて進め

固定と可変は相反する力のように思えるが、それぞれのパワーを解き放つ方法を理解すれば、あなたの会社の製品開発能力と製品の競争力を劇的に上げることができる。陰と陽のように、意見が対立しているかに見える「パワー」は、実は相互補完的であり、バランスさせることも可能だ。組織としてこの「緊張」を内包しながらうまく進めることができたら、明らかな競争優位性が手に入るのである。

本章でわれわれは、固定─可変の開発戦略をどういうところで活かすべきかということを、複数の事例を用いて説明してきた。製品自体を超えて、幅広く適用することができるかもしれない。

たとえば、製品保守戦略のどの部分を共通プラットフォームの固定部分にし、どこを可変部分にするのか。こうしたアイデアを、あなたにとって実際に役立つものにする真の秘訣は、「どのような価値が、どのように開発チームから顧客まで流れていくべきか？」を理解することだ。

無知は高くつくし、ムダを大量に生む。深い知識が鍵だ。創造的緊張は開発に内包されるべき必須要素の1つである。対立や葛藤は、あなたがその活かし方を知っているなら、絶好のチャンスとなり得る。

この先の展開　ここまで、標準プロセス、設計標準、コンピュータ・ツールが製品開発の能力を高める強力な手段であることを示してきた。しかし、優れた製品を開発する真の鍵は、優れた人材である。製品開発上の大きな課題に直面すると、すぐにプロセスを変えたり、すぐにやり方を変えたりする会社が多いが（たぶん、急ぎ過ぎだ）、才能に溢れ、ベクトルが揃ったチームを長期的視点に立ってじっくり育成するためなら細かいワークも厭わずやろうという固い意志を持っているのは、最も優れた企業だけだ。

次章でわれわれは、最も優れた企業が、製品とプロセス開発の能力に卓越性を組み込むために、企業全体としてどのように取り組み、人々のやる気を引き出しているのかを説明していく。

Your Reflection

あなた自身の振り返り

ビジョンをつくる

本章は、製品やサービスの諸側面を標準化して1つの標準的なフレームワークを構築し、そのフレームワークをカスタマイズして将来の顧客のニーズと期待に合わせていくなかで、いかにしてそこに適切なバランスを見出すかということに焦点を当てた。この固定と可変のビジョンの主な特徴は次の通りである。

- 「『固定』の標準化か、それとも白紙から設計する『可変』か」といった二者択一の発想ではなく、顧客価値を最大化するために「陰と陽」を調和させる適切なバランスを見つける
- 標準は、知識を蓄積し再利用していく上で実に効果的な方法であり、強力な競争優位性の源泉になるはずだ
- 製品とサービスを深く研究して、顧客に価値を提供するために、そして個々の製品を顧客がどう使うのかという特定のコンテクストに応じて1つひとつの製品を差別化するために、重要な「特性」を見出していく。顧客が直接見ることのない部分や、顧客のエクスペリエンスに直接的な影響を与えない「一般的・共通的な特性」が標準化の候補になる
- 標準化は製品だけでなく、開発プロセスにも効果があり、開発リードタイムを短縮し、製造や調達コストを低減し、製品品質を向上させる
- 部品メーカーから上流・下流の機能グループに至るまで、組織を挙げて標準化に関する決定に深く関与している
- 設計上の標準コンポーネント群を、新製品を開発する土台となる1つのシステム、即ち「プラットフォーム」として考える。プラットフォームは、プラグ・イン的な「固定」のモジュールでなくても構わない。もっと広義に、要件定義の標準化、設計ルール、標準アーキテク

チャ、製造・組立プロセスの標準、標準部品群といったものもプラットフォームと見ることができる

この固定と可変のモデルは、あなたの会社の製品やサービスにどう適用できるだろうか？　このビジョンをどう変えたらあなたの会社の状況にもっと合うようになるだろうか？

あなたの現状

あなたの会社の開発プロセスの陰と陽を把握するための最初のステップとして、以下の自問をしてほしい。

1 あなたの製品やサービスがどのようにして顧客に価値を届けているかを理解しているか？　あなたは、その自らの理解を、当該製品を構成する様々な部品や、当該サービスの様々な要素の「性能特性」に翻訳できるか？（部品や細かい要素に至るまで「特性」を見出し、定義することが可能か？）

2 あなたは、過去の知識を足場として使って社員にムダなく働いてもらい、製品やサービスを通して顧客に届ける価値を最大化しているだろうか？　過去の製品やサービスで学んだ教訓を活かせず、同じことを繰り返し試しているようなことはないか？

3 あなたは、標準部品、プラットフォーム、標準アーキテクチャ、製造プロセスの標準をどのように活かしているか？

4 設計の自由度を奪うほど硬直的な標準化を強いたり、逆に、コスト増を招きかねない自由度を設計に許したりしていないか？　あなたの会社の傾向を評価しなさい。

5 設計標準やプロセス開発の際に、あなたはどの程度全社を巻き込んでいるか？

行動する

固定と可変の考え方を行動に移すため、まずは素早く、ざっくりとした調査をしなさい。本章で学んだことに基づき、固定と可変が適用できそうな領域を探しなさい。

- 標準アーキテクチャ
- 標準プラットフォーム
- 標準部品
- 設計ルール
- 標準製造プロセス、製品・サービスを顧客の手元まで届けるしくみ（販売、設置工事、物流、保守など）の標準化

CHAPTER 4 高い成果を生み出すチームとチームメンバーを育てる

Building High-Performance Teams and Team Members

オオカミの群れの強さはオオカミの強さで決まり、オオカミの強さは群れの強さで決まる。

――ラドヤード・キプリング

製品開発の卓越性を築いていくのは人である

あなたの会社の製品・プロセス開発のしくみに力を与える創造性・エネルギー・駆動力の源泉は、あなたの会社で働く人々である。卓越性を獲得するには、なによりチームが重要だ。どんな新技術よりも、どんなに素晴らしい製品アイデアよりも、チームが大切なのだ。

コンピュータ・サイエンスの専門家でピクサーとウォルト・ディズニー・アニメーション・スタジオ社長のエド・キャットムルは、

「素晴らしいアイデアを凡庸なチームに与えたら、それを台無しにするだろう。しかし、凡庸なアイデアを素晴らしいチームに与えたら、モノにするだろう」

と言った(＊1)。まさにその通りだ。

製品・プロセス開発における「素晴らしいチームの条件」は何だろうか。有能な人材を擁し、有能な人の割合を常に増やすことは重要だ。しかし、有能な人たちを集めるだけでは全く不十分なのだ。「最も優れた頭脳」を集めて自由にやらせるのは結構だが、「最も優秀なスポーツ選手」を集めたスポーツチームでも、各人のエゴが勝って、競技の相手より仲間内の競争に明け暮れるようなことになりかねない。それに、本章で説明する通り、突出したIQよりもはるかに重要な特性がある。

われわれは、「ベストなチーム」とは、キプリングの言うオオカミの群れのように、個人の能力がチームを強くし、チームが個人の力を高めて、それまでより一段と高いレベルのパフォーマンスを個人とチームの両方から引き出していける集団であると考える。オオカミの群れにおける「双方向の責任」こそが鍵だ。

それはつまり、1つの組織として責任を持って個人とチームの両方の能力を構築していくことだ。組織は個人を育成し、個人の能力を最大限に引き出して貢献してもらわなければならない。

同時に、集団の成員たるもの、1人ひとりがそれぞれ集団の成功に貢献しなければならないし、自分以外のメンバーの成功にも貢献しなければならない。さもなければ、集団の成員としての自身の立場を失いかねない。リーダーは慎重に人を選び、育て、その人が最も貢献できる分野と方法を見極めねばならない。場合によっては、チーム全体のためにチームからある人を外すことまでやる必要がある。

有能な人を採用し、育成し、活躍させ、長く働いてもらうためには、もの凄い努力が必要なのだ。大抵の企業は「人材こそがわれわれの最大の資産です」というようなありきたりのステートメントは出しても、そういう地道な努力はやらない。最新の3Dプリンター技術やクラウドを使ったコラボレーション・ツールの導入には非常に熱心なのに、組織的な能力構築を人事部門に丸投げしていたりする。

もっといけないのは運任せにして何もしないことだが、そういう会社すら実在する。さらによくないことに、最近のベンチャー起業ブームや加速するM&Aがこの問題を増幅しているように思われる。企業は以前にも増して人に長期的投資をする意識が薄れている。これはまずい傾向だ。

人材こそが真にリーンな企業の中核なのである。そういう会社で働いていれば、それを肌で感じることができる。見学しただけでも感じられる。米国で「リーン」が始まってから30年以上になるが、今なおあらゆる産業の人々がリーンに惹きつけられているのは、リーン・コミュニティ（実践を通してリーンを学ぼうとする人々のコミュニティ）が人間中心の性質を持っているからだ。

実際にわれわれ自身、ずっとリーン・コミュニティに惹きつけられてきた。その最大の理由はリーン・コミュニティの「人を尊重する姿勢」にある。四半世紀以上前にわれわれがリーンへの旅路に乗り出したばかりの頃、リーンの先輩から人に関する2つの言葉を聞いて、深く共感した。

最初の言葉は、当時ミシガン州アナーバー市のトヨタ・テクニカル・センターのジェネラル・マネジャーだったジョン・シュックの「リーンは人に対して中立ではない。人がリーンの中心であり、リーンの存在理由でもある」というものだ。後にモーガンは、アラン・ムラリーが「人間第一」のリーダーシップ・スタイルをフォードに持ち込んできたとき、身をもってそれを体験することになった。

2度目の深い共感は、トヨタ・テクニカル・センターの社長であったマイク・正木（正木邦彦）が「われわれは人と製品を同時に開発します」と言ったときだ。正木の言葉の意味は「トヨタでは、人の育成は人事部に任せる課外活動ではない」ということだ（トヨタでは研修受講と部下の育成はまったくの別物と広く認識されている）。会議室で学ぶことでもない。ゲンバで、車を開発する日々の仕事のなかで、卓越した人材を育てていくのである。

見方を変えれば、優れた人材に育て上げるなかで優れた車を開発するということだ。製品開発の機会を人材開発の機会としても活かしたいなら、経験の深い先輩や上司がコーチ役となり、技術者1人ひとりに挑戦を与え、日々の仕事のなかで日常的に指導していく必要がある。

トヨタでは、全リーダーが行うすべての仕事の中心に常に人の育成がある。日々の仕事のやり方そのものなのだ。われわれは長年の研究を通して、トヨタのリーダーが自分の部下を日々指導して業界最高水準のエンジニアに育て上げ、人の育成を継続的な競争優位性に転化させていく様子をずっと見てきた。

近年は組織文化に関する議論が高まっている。残念なことに、こうした議論のほとんどは単なる言葉と願望に過ぎない。パフォーマンスの高い製品開発のカルチャーを築くためには、採用し、育成し、挑戦させ、能力を最大限に活かして活躍してもらうといった「人のシステムの開発」という大仕事に真剣に取り組まなければならないのだが、残念なことに、その兆しはほとんど見られない。

適材を採用する

誰を採用するかというあなたの決定の1つひとつが、あなたの会社のカルチャーに逐一影響を与えていく。経歴と職歴は最初のふるい分けには確かに役立つ。しかし、採用する人と会社双方の将来の成功のためには、もっとずっと重要な特性がある。その第一は適合性だ。適合性とは、勤労倫理、価値観、将来への見通しや期待であり、人の気質である。企業文化に唯一のベストはなく、個人の性格にも唯一のベストはない。

成功につなげられる企業文化と人の性格はいずれも幅広く、様々な可能性がある。その中には、われわれの友人リッチ・シェリダンが職場における「喜び」（ジョイ）と呼ぶものも含まれる（＊2）。組織のカルチャーと個人の性格の両方を力強いものにしていくには、適合性が不可欠なのだ。

もちろん、これは口で言うほど簡単ではない。企業が試験の成績や大学の学位、紙に書かれた職歴を頼りにするのは、定量化できて比較が容易だからだ。しかし、われわれの経験では、無敵のチームを創るのに簡単なことなどほとんど何もないし、簡単であってもいけない。

われわれは測定可能な評価基準の完全廃止を主張はしないが、採用の意思決定に際してはもっと大事な基準があると言いたい。強靭なカルチャーを持つ製品開発型の組織は、採用の意思決定にしっかり時間をかけている。

●トヨタ　トヨタには様々なリーダーがいて、採用においてもそれぞれ好みの見極め方を持っている。あるリーダーの試金石の質問は「どんな車でも持てるとしたら、どんな車が欲しいですか？　それはなぜですか？」であるし、また別のリーダーの質問は「あなたが夜遅く働いていて、清掃員の仕事がまだ終わっていないことに気づいたとします。あなたはそこを掃除しますか？」というものだ。

無論、最高の質問をしても十分とは言えない。突き詰めれば、その技術者が働いている様子を実際に観察しなければ、本人の能力を見極めることはできないのだ。トヨタ・テクニカル・センター（ミシガン州）は、地元の大学の協力を得て行う産学協同教育制度がうまい方法の1つであることを発見した。彼らはこのプログラムの参加者1人ひとりにかなりの時間とエネルギーを注ぐ。

学生は数年間断続的にこの開発センターでメンターの指導を受けながら働く。修了を迎えるときには、どの学生にフルタイムの仕事を提示すべきか、トヨタには既にはっきり分かっている。一般論として、トヨタは管理職などの上級職を外部から採用せず、内部で育てた人を昇格させて充当してきた。

●アップル　ハイテク産業を象徴するこの会社は人材を社内で育成するが、上級幹部のポストに社外の人を持って来ることもある。その際、同社は適合性の良い人を選ぶことにもの凄い執念を燃やす。

例として紹介するが、アップルはモーガンを開発部長として採用する可能性を探ったことがある。数カ月にわたってモーガンは10人以上の人と面接した。そこにはチーフ・デザイン・オフィサーのジョニー・アイブや、バイスプレジデントや、その他にも開発部門のリーダーが含まれていた。

アップルがモーガンに仕事をオファーしたのは3回訪問した後だ。面接時の質問は非常に技術的なものから、個人的なものまで幅広く、「あなたなら、こういう状況をどう扱うか？」といった質問もあった。適合というからには両方向であるから、率直な議論を通じて双方が互いに適合性が良いかどうかを見極めていったのだ。

モーガンは個人的な事情からアップルからの仕事のオファーを断ったが、かなりの魅力を感じたことも確かだ。

●メンロ・イノベーションズ　技術でイノベーションを起こしていくのが信条の企業は、採用時の適合性を殊のほか重視する。同社CEOのシェリダンはこう語る。

「会社と合うかどうかを見極めるのに履歴書はほとんど役に立たないから、あまり読みません。それと、普通の面接では大抵、双方ともウソをつこうとします」

メンロは採用候補者が人としてどうか、チームワークを重視し、他の社員たちとペアを組んで働く（これはメンロでは必須条件）というメンロの文化にその人がどのくらい合うかを見極められるよう、かなり工夫した採用方法を採っている。

まず、人の採用のために同社は「エクストリーム・インタビュー・イベント」を年に3回ほど開催する。このイベントでは、50人の採用候補者がペアを組んで、メンロの社員1人がそのペアを観察する。ペアは紙を使った仕事を渡される。この演習の主眼は技術的なスキルではなく、候補者がどのくらいうまく協力して働けるかということである。候補者は事前に「ペアの相手を支配しようとしてはいけません。逆に、競争相手でもある相手を、できるだけ良く見せなさい」と指示される。

イベントが終わるとメンロの社員が集まって、見たことを話し合う。候補者1人ひとりについて順次話し合っていくが、このとき「その人とペアを組みたいかどうか？」を必ず聞く。この段階でおよそ60％が振るい落とされる。選ばれた候補者が2次インタビューに招かれ、各自がお金をもらって終日、メンロの社員とペアを組んで実際の顧客向けの開発業務を行う。

その日の最後に、ペアを組んだ社員たちがメンロの現場のマネジャーと候補者について話し合う。候補者の約50％がここを通過し、その後3週間、給料をもらって働く契約を与えられる。3週間の終わりに、残った候補者の約50％がメンロの社員になる。

適切な人材を雇うことは人への投資の第一歩に過ぎない。採用した人を開発の仕事に就かせ、その人の仕事をサポートし、導いていくのは、チームを作り上げるための基本中の基本である。その際、リーダーが「この仕事（人を育てること）は自分の主要な責務である」と信じていることが肝要だ。われわれは、ＯＪＴとオフ・ザ・ジョブの訓練の比率は８対２位が適切ではないかと思っているが、これは場合によって異なるだろう。特別な黄金比があるわけではない。

チームメンバーを最高に優秀な人材に育て上げたいなら、暗黙知のスキルを体得させることが不可欠だが、これには伝統的な「師弟関係」のモデル以上に優れた方法はほとんどない。

ゲンバにおける「アクション・ラーニング」（実践を通して身につける）、即ち、現実の問題を解決し、経験豊かな先輩と共に仕事をして、正式な教育は当人に必要なピッタリのタイミングで必要なだけ少しずつ受けるようにする、という方法は、実績のある力強い人材育成のやり方だ。何十年もかけて最も優秀な工芸家や技術者がやってきた、昔ながらの方法である。

残念なことに、こうした育成のやり方は、多くの企業で時代遅れと思われ、廃れてしまったようだ。われわれが訪問した会社でもしばしば見てきた。しかし、こういう会社はそのせいで確実に損をしているのである。日本の伝統的なやり方を維持しているトヨタでは、こうしたことはない。

トヨタの人材開発

トヨタ自動車における人の育成の歴史は、自動織機発明の時代にまで遡る。豊田佐吉は大工の息子として育ち、父から教わった木工技術を活かして木製半自動式織機を発明した。これが生涯にわたって自らの手で発明を成し遂げていくという佐吉翁のスタイルの始まりで、ひいては世界初と言える自動織機を発明することにつながった。

佐吉は後にトヨタ自動車工業を創業する息子の喜一郎にそれを伝えた。喜一郎は、自らの手で発明を成し遂げる情熱と、他者から学び、他者に教えることへの高い見識を父から学んだ。喜一郎は「1日に少なくとも3回は手を洗わない技術者は、技術者の名に値しない」と語っている。

ある日、工場の現場を歩くうち、喜一郎は、故障した研磨機の前で修理方法が分からないため途方に暮れている作業員を見かけた。その男の顔をみるや、彼はただちに腕まくりして、オイルパンの中に手を突っ込む。素手でどんどんスラッジを掬い出し、「自分の手を汚さず、どうやって仕事をするんだ」と言った(*3)。

社長自ら手を汚す覚悟があることを示し、金属の切り粉を分析すれば、故障の原因を見つけるヒントが得られるかもしれないと教えるためだったという。このような師弟関係を通した人の育成は、昔からずっとトヨタで続けられてきたことだから、改めて「活動」として取り入れる必要はなかった。しかし具体的なやり方は、時代と共に変化している。

自動化された環境で、TPSの基礎を学ぶ

まずはトヨタの中でも最も伝統的なトレーニングを取り上げよう。製造現場で社員に改善を考えさせ、実践させるものだ。本書の読者の中には、TPS（トヨタ式生産システム）を人手の組立工程に適用するものと思っている人もいるだろう。このトレーニングでは、作業者の現在の作業のなかからムダを取り除き、タクトに合わせてバランスをとり、そうして改善した作業を標準にしていく。

しかし、自動化された設備が多くつながった長いラインで、作業者は視界の外にいて見えないような現場で、何をどうするというのか？　そんな難しそうな環境にもかかわらず、河合満はチームメンバーの育成方法を考え出した。河合が憂慮していたのは、トヨタで機械加工や鍛造工程が自動化された後の時代に採用された社員が、作業員と工作機械を隔てる安全カバーの内側で何が起きているのかを理解できなくなっていることだった。

河合はトヨタの中でも特別な人で、生産現場の技能員からトヨタの副社長にまで昇格した唯一の社員である。彼は、1960年代初期に大野耐一の教えを受けるという実に得難いチャンスを与えられた。彼は恩師の教えを自分のものとして吸収し、それを活かして驚くべき業績を上げてきた。自身の会社人生のあいだ、ずっとだ。われわれはこの数年、彼

が過去に働いた工場を訪ね、彼の作り上げたものに驚き、彼が自分の考え方を説明するのを聞いて学んできた。

　河合は50年ものあいだ、エンジン用の切削部品や鍛造部品を作っているトヨタの「本社工場」で働き、この間、毎月2％ずつ生産性を上げるという非常に実効性の高いチャレンジを自らに課し、実現してきた。彼の改善の基準は毎月ゼロにリセットされる。ある月に4％の改善を達成しても、翌月はゼロに戻ってまた2％改善しなければならない。河合がこれを始めた頃、加工工程のほとんどは手動式だったが、50年を経て工場はほぼ完全に自動化されていた。

　TPSは、人の作業のなかにムダを発見し、排除せよと教える。河合には、対象が人でも機械でも原則は同じだった。「モノは流れながら、売れる速さで、形を変えていきます。それ以外はすべてムダなのです」と河合は説明する。

「技能員は、機械と材料と自らの五感を使って、よいモノを、決められた原価を守って作る方法を身に付けます。運搬はモノの形を変えませんから、できるだけ運搬回数を減らして距離も短くする。動作のムダや運搬のムダといった原理原則は自動機でも同じです。『にんべんのついた自働化』にしていかなければなりません」

　このためには、設備の中に入り込み、内部の機構の動きをよく研究して、設備自体に手を加えていく必要がある。

　河合はこの達人となったが、そこに問題があった。いずれ彼は職場からいなくなる。しかし、若手の技術員や管理者は、河合のような手動式の機械を相手に工夫を重ねた経験はなかった。「ボタンを押せば完了品が出てくる」という感覚が広がっていることを彼は深く憂慮していた。技術員はもちろん、管理者も生産チームの技能員も、設備の中にもっと入り込んで、自動化工程の中でもムダを発見してほしい。

これを目的として、河合は、若手社員は技術員も含めて全員が次の4つのスキルを身に付ける必要があると考えた。

- 生産を「見えるように」する
- 工程そのものをよく研究して、形式知にする
- 得られた知識を標準化する
- 改善を通して、インテリジェントな自動化（にんべんのついた自働化）の実機をつくる

大野耐一の教えの通り、この4つのスキルはゲンバでしか習得できない。技術員も加工を自分の手で実際にやってみて、これを通して学ばなければならないと河合は考える。

続いて彼は、技術員と管理者に実践を通してTPSの基本を学ばせ、さらに自分たちで改善を重ねていく経験をさせるために、手作業の組立ラインを作った。トヨタには実践的なトレーニングのために開発された教材がすでに豊富にあったが、河合はレゴのシミュレーションのようなものでは満足しない。本物の生産ラインが欲しかったのだ。

ちょうどその頃、トヨタがブラジルで何十年も変速機を作ってきた工場を閉鎖するという決定をして、河合は「これはチャンスだ」と考えた。そのブラジルの工場には、手作業の組立ラインがまだ残っていたのだ。トヨタは1950年代後半からブラジル進出を始めたが、1970年代初頭になると、社内でブラジル工場の多品種少量生産の採算性を疑問視する声が上がるようになっていた。

当時、専務だった大野耐一はブラジルで多品種少量生産をやっても利益は出せるはずだと言い、自らブラジル工場へ赴いて人々にTPSを教えた。ブラジル工場は利益を出せるようになり、変速機を何十年間も作ってきた。しかし年月を経て、あまりにも旧式になってしまって、生産継続はもう無理だと判断された。

河合は、この変速機ラインをそのまままるごと梱包して、自分の統括下にある日本の工場へ送らせた。彼が考えていたのは、手作業の組立工程なら、大量生産型の自動化ラインでは採算がとれない、多品種少量の車種の部品を効率的に生産できるということだ。技術員、管理者、技能員が集められ、「この組立ラインで、手作業で、多品種少量の機種を、電気を使わずに安く作れ」と指示された。河合はこれを「TPS基礎学習ライン」と呼ぶ。

ここで学ぶ人々は難しい改善の課題を与えられ、この手作業組立ラインで学んでから、鍛造や機械加工の自動化工程の改善に進んでいく。こうしてしばらくすると、もとより効率的だったあの変速機組立ラインの床面積が半減し、需要が低いときはたった1人でも生産できるし、需要が多いときでも以前より少ない人数で作れるようになった。

ＴＰＳはラインに厳しい改善目標を課す。シンプルにせよ。電気を使わずメカだけでつくれ。カネをかけるな、「からくり」でやれ。こうした制約条件のおかげで、様々なイノベーションが生まれた。

たとえば、あるときの課題は、多くの種類の変速機用部品の中から正しいものを正しく選び、手で取り出すことだった。今の技術なら、この手のことは光センサーとバーコードとコンピュータを使って電子的に実現できる。次に取り出すべき部品の箱のランプが点灯し、作業員が間違った部品を取ると光センサーが感知してサイレンが鳴り、警告灯が点滅するというやり方だ。しかし、これをコンピュータもエレクトロニクスも使わずに実現せよというのである。どうしたらよいのか。

生徒たちは2つの機能を同時に果たす巧妙な機構を考案した。この機構は「かんばん」として少量ずつ部品を補充できるようにするとともに、ポカヨケとしても機能する。生徒たちはこれを「キーかんばん」と呼

図 4-1「キーかんばん」を差し込むと、正しい箱の蓋だけが開く、手動式のしかけ

んだ。組立ラインには必要な部品がそれぞれごく少数の決められた量だけ置かれている。補充すべき数まで部品が使われたら、長方形のキーかんばん（部品種類ごとに固有）が部品を保管する場所（部品ストア）に戻ってくる。

キーかんばんには、部品の種類を示す色別コードがついており、部品の所番地（ロケーション）を示す情報も物理的な切り欠きとして入っている（キーかんばんの形状がロケーション番号を示すIDとして機能する）。各部品の箱の上にはプラスチックの透明な蓋がついていて、その部品の絵と部品番号が表示されている。作業者がキーかんばんをスロットに差し込むと、これに該当する1つの箱の蓋だけが開く（図4-1）。

自動化された工程の改善のやり方を学ばせるため、河合はまず、作業員（管理者と技術員を含む生徒たち）に、1人1台ずつ設備を割り当て、「マイマシン」と呼ばせた。彼らに課されたのは、「マイマシン」の内部でワークが運ばれ、位置決めされ、加工されて完了するまでの間に起こるすべてのことを、秒単位で克明に、手描きで図解することだ。

管理者と技術員は、実際に現場で自動機を動かす技能員から「メンターとして自分たちを指導してくれる人」と思われているのだから、自動機について技能員から難しい質問をされても即座にきちんと答えられるだけの見識がなければ務まらない。短い間に学びは急速に進み、学びにつれて品質も大幅に上がった。不良率は激減し、しばらく経つとほぼゼロになった。

トヨタではベテラン技能員が自ら改善に取り組み、知識を伝承している

豊田章男から副社長に任命されると、河合の役割はトヨタの全世界の社員の育成へと拡大した。彼は「学習する生産ライン」という原点に立ち返り、その考えが世界中のトヨタの工場で取り入れられ、実践されていく。

日本のエンジン組立工場では、この河合の考えが「第二のスキル開発ライン」の創設につながり、もう1つの新たなモデルとなった。今回の課題は社員の高齢化という年齢構成の変化である。

日本では何十年も出生率が低下傾向にあり、移民も少ないことから、労働人口の高齢化が急激に進んでいる。この結果、労働力不足に陥り、悪化する一方だ。

河合は高齢になった技能員で人手不足のギャップを埋めるという考えを持っていた。彼らは製造とTPSに関して豊富な経験と知識を持っているが、きつい労働を一日中やるのは難しいという人が少なくない。河合はこの状況を変え、ベテラン技能員の経験と創意工夫をもっと活かしてほしいと考えた。彼が指揮して設置させた「スーパースキルライン」の役割は次の4つだ。

- 人の手でものをつくるという原点に立ち返り、そこから究極の自動化をめざす

●優れた技能を持つベテラン技能員のエリート集団をつくり、進化させる
●このラインを社員全体へのスキル伝承のために使う
●定年退職後再雇用される高齢の人にとっても働きやすいラインをつくり上げる

「スーパースキルライン」で働く社員は、定年退職後に再雇用された人、定年を間近に控えた人たちだ。彼らは技術員と一緒になって、レクサスＬＣのエンジンを人の手で組み立てるラインを構築した。レクサスＬＣに実際に使われるエンジンのほとんどは大きな自動化ラインで組み立てており、スーパースキルラインではそのごく一部を手で組み立てるだけだ。主な目的はスーパースキルの育成である。このラインでは、最終検査を含め、すべての工程を人の手で行う。

人手以外のものといえば、異常を検知するセンサーとアンドンのランプがあるくらいだ。組立の作業を補助する高価な治具もない。手作業用の工具と道具だけだ。通常はコンピュータ化されているエンジンの性能・騒音・漏れを検査する最終検査工程ですら、このラインではすべてを人が行う。ここでの挑戦は、単にエンジンを組み立てることではない。完璧なエンジンを組み立て、検査できるスーパー技能員を育成することなのだ。

なぜ敢えて人の手で作業させるのか。河合はこう説明した。

「最終検査で欠陥が見つかったとします。つまり、どこかに悪いところがある。自分の手でエンジンを分解し、原因を見つけ出し、部品に問題があれば交換します。それができな

ければ、スーパースキルを持つ社員とは言えない。スーパースキル社員は、何でも知っていなければならないのです」

河合の目標は、技能員のスキルを「目をつぶっていてもエンジンを自分たちだけで組み立てられる」ようにすることだ。同時に、河合は彼らが自ら研究し、分析し、工程を改善していくスキルも育てたいと考えている。

スーパースキルラインは複雑で巧妙な「からくり」が好きな人が大喜びしそうなラインだ。重力を利用したシューターから部品が自動的に入ってきて、終われば出ていく。そのシューターも重力をうまく使って昇降するようになっていて、部品がローラーの上を滑らかに動いていく。ボルトもやはり重力を利用して、うまい具合にボルト穴にぽとりと落ちてくる。もし1本でもボルトが正確に穴に収まっていなければ、赤いランプが点灯するポカヨケ付きだ。

続いてボルトを締めるため作業員が手を伸ばしてレバーを引くと、ボルトを規定トルクまで締める工具が降りてくる。電気の使用を最小限に抑えながら、作業員に求められる動作を極小化しているのだ。レクサスのエンジンは重い部品を使っており、組立も難しい。それなのに、ベテラン技能員たちは高度な工夫を数多く重ねて、この難しいエンジンをうまく組み立てている。

一方、完成したエンジンをスーパースキルラインからどうやって運び出すのかも課題だった。電気式搬送システムを使うのが順当だが、彼らはその代りに機械式の搬出方法を発明した。エンジンは車輪付きの台車に乗せられている。作業員が足でレバーを踏むと、台車はバネの力で3メートルあまり自走する。台車が動くと自動的にバネを巻き戻し、次のサイクルに必要な動力を再びバネに貯める。

このようなスーパースキルラインで使われる機構は「からくり」と呼ばれて、トヨタの全工場に広がっている。そのルーツは電気のない時代に生まれた「からくり人形」にある。たとえば、カナダのRAV4の工場でも、電気を使わず部品を搬送するためにこうした簡便な装置をそれぞれの用途に合わせて作っている。

このRAV4の工場では、ある工程から次の工程へ、通路を跨いで大きな部品を渡す必要があった。しかし、通路を走行する部品運搬車の邪魔になってはいけない。解決策として考え出されたのが、小型モーターで部品コンテナを持ち上げ、メカと重力だけを使ってそのコンテナを通路の向かい側まで自重で移動させ、次工程へ降ろすという「からくり」だった。

トヨタは世界中の工場に「からくり道場」を設けていて、そこには標準的な「からくり」の構成要素が置かれている（滑車、カム、ギア、リンクと、それらの使い方の現物展示）。こうした基本的な機構を組み合わせて、様々な部品やワークの搬送条件に合わせてスケッチを描いて加工し、うまく設置すれば、目的にぴったり適って、よりムダの少ない、いろいろな搬送方法が可能になる。

モーターや電気にかかるカネを節約するだけではない。作業員の創造性を引き出す愉快なやり方である。実際、作業員たちは自分で作った「からくり」がうまく動くのを見て、大きな喜びを感じている。

河合のスーパースキルラインは五感のすべてを使ってエンジンをうまく組み立て、同時に改善のスキルと意識を継続的に育む手段となった。一度に2、3人の作業員が3カ月間、現在の職務から離れてエンジン組立チームの一員になる。彼らは一見不可能に思える改善目標（品質をよくして、作業を楽にし、同時に生産性を上げるといった高い目標）を与えられる。来る日も来る日もラインを研究し、仮説を立て、検証し、経験豊かな指導者から指導を受け続ける。実験が失敗することもあるが、「よく頑張った。そこから学べたではないか」と褒められる。

成功を体験し、最終的には目標を達成する。3カ月後、彼らは別人になったかのような成長を遂げ、一段とレベルアップしたスキルを元の職場に持ち帰る。

スーパースキルラインの目的は自動化に取って代わることではない。逆に、よりよい自動化を実現するためにある。滑らかな仕事の流れを作るモデルラインの役割を果たし、そのこと自体がよりよい自動化に向けての情報を提供する。

第1章のプロトタイプに関する議論を思い出してほしい。プロトタイプの目的はアイデアを素早く試すことだ。まずは最もシンプルなプロトタイプをつくって検証し、そこから本格的な生産のプロトタイプを作っていく。

出来合いの自動化ラインは高価で柔軟性に欠ける。スーパースキルラインはそういうものを買わずに、自分たちのアイデアを素早く試すための手段なのだ。人の手でつくるラインで試せば、どんな自動化がどのプロセスで現実に役に立つかがよく分り、こうした検証を通して、人と調和して働ける自動化ラインが可能になる。人の手でつくるラインから得たアイデアは、工場のあちこちにある高速自動化ラインにも活かされている。

トヨタの技術者は、生涯を通してずっと育成され続ける

ここまで、トヨタの工場が人の育成にもの凄いエネルギーを注いでいることを説明してきたが、トヨタがすべての技術者の育成に注ぎ込んでいるエネルギーもまた驚嘆すべきものだ。トヨタにとって、テクニカル・プロジェクト・マネジャーは技術者ではない。技術者とは、モノを設計する人だ。技術者とは、工学と、自ら手を汚して得た本物の経験に基づいて、何か新しいものを創造する人なのだ。

製品開発の技術者を育成する方法には、1つの非常に明確なパターンがあり、この育成は、本人のキャリア全体を通じて行われる（トヨタの圏内にいる限り、生涯ずっと続く）。このほとんどは日々の現場で、師弟のような関係のなかで行われていくが、座学もある。

トヨタはトップレベルの大学を高成績で卒業した新卒者でも、技術者として働く準備が完全にできているとは考えない。新規採用者は注意深く選ばれるが、それでもなお、真の技術者に磨き上げるための原石に過ぎないとみなされる。

トヨタの技術者の育成カリキュラムは長い歳月をかけて進化してきた。その概要は、本章の補足説明「トヨタの技術者の育成カリキュラム」の中の育成スケジュールの部分に要約されている。

トヨタ社内では、育成カリキュラムもA3用紙4枚に書かれた大きな表にまとめられる。以下に挙げるカリキュラムは完全なものではないが、トヨタの技術者に求められる様々な種類の知識の例を示すものだ（＊5）。

われわれは、技術者に求められるものを、「基礎スキル」「中核的職務に固有の知識」「補助的業務の知識」「方針と意思決定」「蓄積したノウハウ」という5つのカテゴリーに分類した。トヨタ社内ではこのような用語を使わないが、トヨタが使っているカテゴリーの意味を反映した表現である。

たとえば、われわれが言う「中核的職務に固有の知識」は、トヨタの表の中の「機能別専門知識」に対応している。技術者は機能別専門分野（例：車体外装、車体内装、シャーシー、エンジン、材料、制御技術、電気回路設計等）を担当する開発部門に配属され、それぞれの分野ごとに詳細な技術の教育が行われる。われわれが「補助的業務の知識」と呼ぶスキルは、トヨタの表の中の「ビジネス手法」と「知的財産」の項目に相当する。

column

トヨタの技術者育成カリキュラム

1年目　会社に関する一般的な知識と、開発部門の主要顧客を尊重することを学ぶ

日本のトヨタでは、毎年何百人もの一流大学の卒業生が「新人技術者」として同じ日に採用され、大きな講堂に集まる（入社式）。この時点で技術者は特定の部門には配属されておらず、どの専門分野で働くかも決まっていない。

1年目の一般教育のなかには、3〜4カ月間、製造現場で行う現場実習がある。新人の製造チームメンバーとして車を組み立てるのだ。技術者は現場の人々から仕事を教えてもらう。実習部門はその後の専門分野と関連しているとは限らない。目的は、トヨタ式生産システムの概略を理解することと、今後技術者が設計することになる製品を実際に組み立てることを通して開発部門にとっての主要顧客である現場の人たちへの敬意の念を育くむことにある。現場実習を経験すると、製造・組立容易性設計に対する技術者の意識は大きく変わる。

技術者はまた、販売部門でも数カ月間実習する。ディーラーで車を売るのだ。この間、日本では個別訪問も経験することになる。日本の自動車ディーラーは顧客の

詳しい情報を蓄積したデータベースを持っており、たとえば、顧客の子女が運転免許を取れる年齢になったらセールスマンに訪問させるのが一般的だ。新人技術者はこうした販売実習を通して、顧客が車に何を求めているかを実地に学び、車を売ることの難しさを知って営業とディーラーへの敬意を育む。

「トヨタの技術者」の最も基本的なスキルの1つが、コンピュータを使わずに手描きでスケッチする能力だ。スケッチ能力は生まれつきの才能に左右されるところがあるから、採用試験でも「何かをスケッチする」ことを求められる。

トヨタ社内では、手で描くと、コンピュータを使うよりも体と心のあいだに強いつながりができると考えられており、「手描きでスケッチできない技術者は車を開発できない」と言われてきた。今日でも「手描きのスケッチができない技術者はCADを使っても『いい図面』を描けない」と信じられている。

ミシガン州アナーバー市にあるトヨタ・テクニカル・センターでは週に1回、ベテラン技術者が指導する30分のスケッチ・クラスが開催される。生徒は何かをスケッチする課題を与えられ、教師がスケッチを批評し、点数をつける。生徒は、スケッチのスキルがある水準以上になるまで、毎週このクラスに通わなければならない。日本では、1年目以降も幾何学的スケッチを主眼とした上級クラスが開催される。

エド・マンティーは、トヨタ・テクニカル・センターの開発担当バイスプレジデントだった頃の話をしてくれた。「若手技術者のCAD画面を肩越しに覗いていて、その設計が成り立たないことがすぐ分かることがあります。そこで私は『これをスケッチしましたか？　他の部品との関係を手描きで検討しましたか？』と聞きます。大抵の答は私が思った通り、『しませんでした』です」

1年目に学ぶ「補助的業務の知識」には、プランニングの基本とレポート作成もある。彼らはここでA3レポートの書き方に初めて触れる（第6章で詳しく述べる）。トヨタの技術者は、プロトタイプ作成の進め方、人事、データ・セキュリティ、知的財産の基本的な規定も理解していなければならない。

新人技術者はこのあと、自身の全キャリアを通じてずっと、重要な知識を蓄積し続けていくのだが、それを1年目から学び始めるということだ。1年目の最も深い学びは工場やディーラーでの現場実習を通して得るものだろう。

トヨタに20年勤めた技術者に聞けば、鮮明に記憶している工場現場での体験や車を売る際の苦労などを生き生きと語ってくれる。こうした体験や、それに続く設計ルームでの体験を通して、技術者は社内の他の部門で様々な仕事を行っている人々を尊重することを自ずと身につけていく。

2年目から10年目　真の技術者になれるよう、育てていく

前述の通り、トヨタは大学を卒業したての社員を1人前の技術者としては見ていない。日本の一流大学が最も優秀な高校の卒業生を選抜していることも、工学部に

進んだ学生が元々幅広い素養（「読み書きそろばん」を始めとする基礎的な教養）を持ち、その上で工学の基礎（熱力学、構造力学等）とコンピュータ技術の教育を受けていることも、トヨタは承知の上だ。

こうしたスキルがトヨタ社内での学びのプロセスを加速することは間違いないだろうが、入社したばかりの時点では、彼らはまだ技術者になる方法を知らないし、「トヨタの技術者」になる方法はなおのこと知らない。

「トヨタの技術者」として育っていく過程で、彼らは手描きでよいスケッチを描く一方、コンピュータ操作も自分ですることを常に求められる。CAD操作はトヨタの技術者の基本スキルである。トヨタは、技術者が技術プロジェクトを主導するだけで、実際の作図はCADオペレーター任せにするような分業方式が有効とは考えていない（ただし、テクニシャンとして働くCADのスペシャリストも、もちろんいる）。日本のトヨタの場合、2年目は作図グループで働きながら、CADのスペシャリストからCADを学ぶことになる。

技術者は2年目に技術部門に配属される。彼らがCAD操作を学ぶ作図グループもその専門分野の中の組織だ。並行して彼らは、その分野のなかで「新人プロジェクト」を与えられる。これは、ものすごく厳しいメンターの指導を受けながら、本物の、困難な技術的課題に取り組むものだ。多くの社員にとって、何かを実際に開発する最初の経験である。新人プロジェクトも一生忘れられない思い出の1つになる。

2年目以降、若手の技術者は自分の専門分野に専念して働く。先輩技術者がチームリーダーを務めるワークチーム（4～6人の技術者からなる）の一員となるのだ。ワークチームは技術者が所属する仕事上のグループの1つに過ぎない。その他に、機能横断モジュール開発チームといったものもある。スタイリングや様々な他の開発機能グループのスペシャリスト、製造の人などと一緒に、部門を横断して同時並行開発を行うのだ。

しかし、所属する専門分野のチーム自体は機能別グループに属している。各チームリーダーの責務は若手技術者を指導して、当該専門分野の「トヨタの技術者」としてきちんと育て上げることだ。トヨタでは、先生として部下を育てていくことは上司の重要な仕事の一部として広く認識されており、チームリーダーの人事考課では、その生徒（チームメンバー）の活躍ぶりも考慮される。

技術者は、頻繁に開催される勉強会にもよく参加する。いろいろな勉強会がたくさんあって、上級技術者が教え、専門分野内の技術的トピックを教えるのだ（例：射出成形、ポリマー特性等々）。こうした勉強会の一方で、新しい知識の多くをチームリーダーの指導の下にOJTで学んでいく。

トヨタは、社員が「1人前の技術者」になるには2回の新車開発サイクルを経験することが必要だと考えている。マンティーはこう説明する。

「世界のどの拠点で働いていても、2回の開発プログラムを経験するには4〜5年かかります。技術者が部品をうまく設計するには、部品メーカーと話し合い、スタイリングの人と話し合い、購買とやり取りするなど、幅広いことができなければなりません」

マンティーはボディ開発を統括しており、この分野だけでも技術者が受講すべき教育コースが約60あるという。これらの教育コースは、すべてトヨタの社員が講師を務める。

10年目以降　シニア・スペシャリストとして進むか、ジェネラリストとして管理者になる道を歩むか

10年目以降、技術者は自身の専門分野で深い技術的知識を蓄積することを求められるとともに、それまでの専門に関連する第二の専門分野を持てと言われる。技術者は自分の知識とスキルの研鑽に励み、真の専門家にならなければならない。真の専門家になる鍵の1つが他人に教えることだ。

つまり、チームリーダーになって、次の世代の技術者を育てるやり方を学ぶことである。専門技術者のなかには、特許を取得し、トヨタの子会社か、独立会社としてスピンオフする人もいる。このとき、トヨタから出資してもらう場合もある。

経験豊かな技術者は自分が進む道を2つのキャリアパスから選べる。1つはその

まま「技術専門職の道」を行くことだ。「上級技術者」となって管理業務からある程度解放され、技術を極め、他者に教えるスキルもどんどん上達していく。一方、「管理職の道」を選び、副部長となり、部長に昇進する人もいる。管理職として進む人は、部長や経営幹部が教えるシニア向けのクラスで学んでいく。これを見ても、経験豊かなメンターが道案内する中をオン・ザ・ジョブで学んでいくことをトヨタが非常に重視していることが分かる。

トヨタでは、管理者の最も重要な仕事は部下を指導して育てることだ。マンティーは「管理者の最大の成功は、自分が指導した部下が成功することだ」と頭に叩き込まれたという。そこで彼は、部下の部長全員に、日常のメンタリングに加えて、教室でも若手の技術者に積極的に教えなさいと指示した。

トヨタはこうしたキャリアパスを上下反転したT字で表現することがある。木が枝を広げる前に強い幹を作るという喩えを使うこともある。上下逆さまのT字の底の線は、技術者が最初の2年間に受ける初期教育の幅が木の根のように広いことを示している。縦に伸びる棒は特定の技術分野の深さであり、幹に相当する。この縦棒の幹は皆さんの想像よりも、実はかなり狭い範囲で伸びていく。

たとえば、若手の技術者がボディ開発部門に配属され、最初のプロジェクトで部品メーカーの部品と一体化した形状のフロントバンパーを設計したとしよう。よくあることだが、この技術者は別の分野に枝葉を広げる前に、もう1回、別の新車開発プロジェクトで同じ仕事をする。冗長と思われるかもしれないが、若手の技術者はこれを通して、バンパー設計の細かいこと以外にも、非常に多くのことを学ぶ。

　彼らは、開発プロセス全体がどういうものであるかを再び体験しながら、製造や部品メーカーなど他の部門の人たちと、どうしたらもっと協力してうまく働けるかを学んでいくのである。技術者に同じ部品を2度設計させることで、開発プロセス全体をよりよく学べるということだ。

人を育てるデザイン・レビュー

トヨタをはじめとする「人を中心に据える会社」は、毎日の仕事のなかで社員を育てる機会を常に追い求める。第6章で詳しく説明するデザイン・レビューは、技術的な能力を育てるまたとない機会だ。モーガンとフォードの経営幹部は同社の人材開発戦略の中心にデザイン・レビューを置いた。デザイン・レビューは特に難しい問題を解決することに焦点を合わせる。

　ハイ－パフォーマンス組織に不可欠な「共に働く」ための行動の仕方を教え、やれるように導くため自ら手本を示す絶好のチャンスだ。当該の問題について、そしてこれから遭遇するはずの課題について、部下のエンジニアがどう考えているのかを知るよい機会でもある。このためには、レビューのなかで、よく考えられたよい質問をするのが最善の方法である。「正解」を教えるのは、たぶん最悪のやり方だ。

デザイン・レビューへの期待値を上げると、実に興味深い副次効果がある。誰かが鋭い指摘をすれば、それを聞く人々は「自分もよい指摘をしなければならない」と考えるようになり、これが強いプレッシャーになるのだ。特に、幹部によく効く。幹部たるもの、常に部下のチームの一歩先を行く人であるべしというわけだ。これが期待値を上げ、改善を続け、組織文化によい影響を与える好循環につながっていく。

関係者のあいだの競争を煽るというよりむしろ、開発プロセスのチェーン全体のなかで自分が「弱い鎖」にならないよう（自部門が遅れをとって他部門に迷惑をかけることがないよう）、しかるべく責務を果たし、勢いを維持するように努めるということだ。きちんと準備した上で会議に出席し、他の人々と協力し、細かいことまで気を配るのは、優れたリーダーに欠かせない行動様式である。デザイン・レビューは、そのお手本を自ら示す絶好の機会だ。

人材育成を支えるフレームワークを作る

人の育成は仕事のなかでやるのがベストだ。これを支えるフレームワークがあれば、非常に役立つ。世界中に多数の拠点を持つ大きなグローバル組織で人を育成しようとするなら、なおのこと役立つ。グローバルであれドメスティックであれ、拠点の事情はそれぞれ違う。共通のフレームワークがあれば、各拠点の技術能力の現状を、期待される状態と比較しながら理解する助けとなり、方向を揃えるしくみとして力になってくれる。

自社の製品にとって重要な、電気・機械・生産技術などの技術分野のそれぞれに対して、技術成熟度のフレームワークを開発してきた企業がいくつかある。われわれはそうした会社を訪ね、話を聞いてきた。各専門分野のスペシャリストが人事部門と協力して、スキル習得パスを開発する。技術者は、自分の仕事を通して各レベルの技術スキルを習得したことを実証しながら、このパスを進んでいく。

パスに準拠した能力評定は、技術者の昇格と給与につながっている。このスキル習得パスは、比較的狭い分野から始まって、段々と複数の将来の潜在的専門分野へ広がるようにつくられている。

このプロセスを導くために、技術者1人ひとりの技術力の育成に責任を持つ「メンター」（通常は技術者の上司）が正式に割り当てられる。全社で、メンターである技術系管理者が部下の技術者1人ひとりと技術力育成上の希望を話し合って要約をつくり、個人ごとの技術育成計画を作成する。

目標に対する進歩状況は毎年2〜3回レビューされる。このレビューに基づいて、個々の技術者が目標へ向かってさらに確実に進めるよう、もっと難しい職務を割り当てたり、狙いを絞り込んだ教育を行ったりする。

こうしたフレームワークを成功させるには、会社の幹部が人材育成を優先すべき重要事項と考え、しかるべく行動することが欠かせない。さもなければ、このプロセスは、記入すべき書類がもう1つ増えただけで終わってしまう。幹部は様々なことに直面しているから、このために時間を取るのは難しいものだが、部下を指導し、よく面倒をみて、絶えずフィードバックを与えていけば、長い間に大きな違いをもたらす。

対話を欠かさず、仕事ぶりについてフィードバックする　「正式な」パフォーマンス評価のフィードバックを年に何度か本人に与えることは必要かもしれない。大企業なら特にそうだろう。しかし、大抵は想定内のありきたりな対話で済ませているように思われる。管理者が部下の育成に本腰を入れて取り組んでいれば、日常的にフィードバックを与え、双方向の対話が活きたものになるはずだ。上下双方が自分たちのパフォーマンスに責任を負っていることを常に意識するのが実効性の高い組織の姿だ。

パフォーマンス評価を話し合うときは、次のことを考慮すべきである。

- **率直に語り合いなさい**　互いに嘘を言い合ったところで、何も達成されない。相手のよいところと、改善してほしいところの両方について、正直に評価を伝えることこそが、相手を尊重することなのだ。
- **一方的に話すのではなく、双方向の「対話」にしなさい**　質問しなさい。そして、相手の答に心から耳を傾けなさい。部下は、あなたが自ら育てなければならないのだ。これは、あなたの育成のプロセスに部下を参加させるということだ。

- **中身のある話をしなさい**　よい議論をするために、具体例を挙げなさい。相手に「推測」させてはならない（以心伝心で伝わるはずと思い込んではならない）。そして、相手と合意した上で育成プランを策定しなさい。プランには、さらなる前進を促すためのフォローアップの予定を必ず含めなさい。
- **建設的であれ**　あなたは、対話を終えるときに、部下が自分自身と所属部門に対してポジティブな気持ちになって終えられるようにしなければならない。これを怠れば、絶好の機会を失うことになる。ムラリーは建設的議論の達人だった。
- **継続的に対話していくよう、自ら励みなさい**　相手の行動を責める前に、信頼関係構築における自分の側の責任を果たしなさい。

社員は1人ひとり違うし、それぞれがそれぞれのやり方で貢献するのだ。誰もが必ずや貢献を果たせるようでなければならない（見捨てられ、放置されたままの人がいるようではいけない）。このことを忘れないでほしい。部下と力を合わせ、1人ひとりが成長していけるベストな道筋を追求するのはリーダーの責務だ。

われわれが今まで見てきた最も破壊的なやり方は、同じような給与水準の社員のあいだに強制的に順番を付けることだ。これをやると、製品開発組織から取り除くべきネガティブで非協力的な態度をかえって助長し、業績の悪い管理者に言い訳の理由を与えることになる（「部下が二軍選手ばかりの私に、何ができるというのだ」などと言い出す）。

こうした不要な「ラベル貼り」がポジティブで協力的な態度を生み出すことはほとんどない。個々の社員の貢献を認めるなら、報酬額や昇格、その他の評価で差を付ければよいのであって、チームの中で負の競争を積極的に煽ったところで、よいことは何もない。

1人ひとりが、それぞれの専門能力を「極める」

1人ひとりが専門能力を極めるのは、双方向の責任だ。会社には社員に学びと成長の機会を与える義務があり、個々の社員は自身の職務上の成長に対して個人として責任を負う。技術者は各自が自分の「基準」を常に高め続けるべきだし、周りの皆も同じく励んでいると心得るべきだ。

学びへの情熱が当人になければ、会社が本人を育てることは事実上不可能である。専門能力を極めようとすることは、あなたの会社のすべての社員にとって最も基本的な価値であるべきだ。それは、採用時の選択から始まる。

われわれは、自分の仕事で卓越したいという本能的な欲求は、ほとんどの人にあると信じている。「極め」の精神だ。これは普遍的なものであり、このスピリットが仕事に誇りとやりがいをもたらし、人を自分の仕事に強く結びつける。達人手術医の正確な手の動きであれ、熟練機械工の細部まで見逃さない集中力であれ、ブラジリアン柔術黒帯のマルセロ・ガルシアの正確無比な動作であれ、そのパフォーマンスを目の当たりにすると、人は驚きに目を丸くする。だからこそ、「極める」ことが人に格別な喜びをもたらすのだ。

それは、ものすごく困難で、個人としても重要と信じている何ごとかを達成したことでしか得られない喜びである。道のりはかなり険しいが、その道を選ぶ人に、いつまでも消えることのない影響を与える。

しかし、ここで1つ警告したい。「トップへの近道」や「短期間に得られる称賛」「うまく行かなければ方向を変えよう」といったことばかりが流行るこの時代にあって、「極め」への旅は並大抵でない努力と忍耐を要する。手っ取り早く進みたいと思う人のなかには、やがて道を外れていく者もいるだろう。

しかし、リーン・シンカーたるもの、創造性と完全性の追求こそ己の本質と心得なければならない。「極め」の精神は永続的な価値を創造するための最重要キー・コンポーネントであり、「極め」の追求が仕事と当人の性質を変えていく。

プロフェッショナルを育てる教育とは

われわれは、企業の「人材育成」の問題は入社するはるか以前から始まっていると考えている。基礎教育に由来することもしばしばある。

アラン・ウェバーはファストカンパニー誌の記事で、スタンフォード・ビジネススクールのジェフェリー・フェファー教授が提起した「心臓外科医がビジネススクールの学生と同じように教育されたとして、その外科医に手術をしてもらいたいか？」という鋭い質問を伝えている。

目の前の外科医は、心臓手術に関して議論し、心臓手術のビデオを見て、有名な心臓外科医の体験談を聞いて医学部時代を過ごした。あなたはこうして手術台の上に寝ているけれど、その外科医の最初の患者だったらどうするか。あなたはその外科医が自分の手術をすることを許すだろうか(*6)。

しかしこれは、ビジネススクールに限った問題ではない。ミシガン州フリント市のケタリング大学のロバート・マクマハン学長はこう言う。「音楽家育成に巷の技術者育成と同じ方法をとるとしたら、楽器を触らせる前に、12年間音楽理論を教えることになる」(そんなことをしても技術者は育たない)。実世界での応用に重点を置き、技術のインターンシップを必修とするこうした教育が、ケタリング大学を含めたごく少数の工学系大学を、他の「象牙の塔指向」の大学とは違ったものにしているのだ(訳注:ケタリング大学は、GMの調査部門のトップだったチャールズ・ケタリングが一九一九年に設立した私立大学)。

同校の学生は1学期のあいだ、スポンサー企業でのインターンシップに行き、教室で学んだことを実践する。次の学期が来ると学生は大学にフルタイムの学生として戻り、知識の習得を続ける(*7)。

旧来の壁を破り、リアル・ワールドの環境下で知識を活かせと強調するもう1つの学校がMITである。MITの「Dラボ」では、学生がチームを組み、工業製品の恩恵を十分に受けていない発展途上国の市場に向けた本物の製品を開発している。DラボのDは「ディスカバリー(発見)、デザイン、ディセミネーション(拡散)を通じたデベロップメント(「製品の開発」と低開発国の人々の暮らしをよくする「開発」の両義)」の頭文字であり、この4つのDは学生がいかにして自らの目的を追求し実現していくかを示す道標ともなっている。

きれいな飲料水の確保であれ、タンザニアのコーヒー農園の重労働の軽減であれ、ハイチの農業廃棄物から豆炭を作ることであれ、Dラボの学生は現実の問題を解決する製品を創造するのだ。場合によっては、新しい事業を興すこともある。顧客とコンテクストを理解し、モノをつくり、段々とその規模を拡大していくという開発プロセスの全体を「通しで」実際に体験する。そこから得られる真のスキルと深い知識は、学生にとって測り知れない価値がある。

それに、わずかであっても世界を実際に良くする助けになる。複数の優れたメーカーがケタリングやMITのような大学と協力し、長期的パートナーシップを構築している。彼らの目的は、大学時代という早い段階からエンジニアや技術的プロフェッショナルの育成に影響を与えることだ。

こうした企業は、学生が確実に実践的な経験を積んでいけるよう支援する。学生にとって実体験が非常に重要と考えているからだ。われわれは、もっと多くの大学と企業がこれを人材育成戦略に取り入れたなら、エンジニアが企業に入社するとき、その企業の組織能力構築に貢献する心構えや行動様式がこれまでよりもずっと「できている」状態で入っていけると確信する。

しかし、非常に優れた教育プログラムを経て来たエンジニアを擁したとしてもなお、企業は人の育成に焦点を当て続けなければならない。最優秀の卒業生でも、教え方に熟達したメンター・エンジニアの指導の下、実際のプロジェクトを通して育成されてようやく真のエンジニアになれるのだ。これまで何度も強調してきたが、トヨタは、学歴と成績で証明済みの当人の能力と自社のカルチャーとの「相性」に細心の注意を払って採用した上でなお、新人を「これから磨いていくべき素晴らしい原石」とみなす。

社員を1つのチームとして団結させる

1987年に洲崎清は、リーンの世界で「赤本」として知られる『JIT（ジャスト・イン・タイム）革命の衝撃――世界の経営システムを変えるトヨタ生産方式』（ダイヤモンド社）という本を書いた（英語版の *The New Manufacturing Challenge* の表紙が赤いことから、日本以外の国では「赤本」と呼ばれる）（＊8）。この本は素敵なイラストが数多く入っていて、当時「最新の科学」とされた「顧客志向で高いパフォーマンスをあげる組織的なしくみ」の本質を描いていた。

読者の皆さんもどこかで、ボートを漕いでいる人たちの絵を見たことがあると思う。全体最適とチームワークの大切さを教える絵だ。われわれは洲崎の本でこれを初めて見た（訳注：洲崎の絵はトヨタの教えに由来するが、1987年の米国では図解入りの「トヨタ本」がまだほとんど登場していなかったという事情による）。

この有名なボートの絵に先立って、洲崎は別のボートの絵を載せており、サメに囲まれたボートから水をかき出している人たちのマンガに「われわれは皆同じボートに乗っている」というセリフが付いている。彼が言いたかったのは、組織として成功したければ「運命を共にする」感覚が欠かせないということだ。

リーダーの重要な責任として、目標を共有しているという感覚を醸成し、組織を挙げてその目標の追求に取り組めるようにする必要がある。個人の才能と能力は1人ひとり違うが、誰もがそれぞれのやり方で貢献できるし、またそうであるべきだ。しかしこれは、組織として大きな目標に向かって一致団結していればこそできることである。

前にも紹介したように、ムラリーがフォードに来たときに見たのは、分裂し、ばらばらで、内部抗争に明け暮れる組織の姿だった。亀裂は全社に広がっており、外圧がその亀裂を一層深め、押し広げていた。フォードは、非常に才能豊かで懸命に働く社員に恵まれていたものの、彼らの力を結集して前進するためには、統一的なビジョンと実現の道筋を早急に示す必要があった。

社長就任から間もない2006年10月13日、ムラリーは全社員に電子メールを送る。こんなふうに書かれていた。

フォードの社員がもとより才能に恵まれた人たちであることは、誰でもすぐに分かります。フォードが過去100年にわたって創り出してきた価値を社員の皆さんが誇りに思うのは当然であり、至極まっとうなことです。そして、いまも社内のそこかしこにこんなにも多くの優れた領域があると知るのは、大きな励ましです。

しかし、局所的な成功だけでよしとすることはできません。現在のこのような厳しい環境にあっては、まったく不十分なのです。われわれは、会社の全域にわたって成功する必要がある。そして、そこへ到達するには、全員の合意と理解を得た「計画」を持っていなければならない。つまり、われわれは、全社を挙げて「1つの計画」に取り組むということです。競合各社のなかには自らの組織を「分割して統治」しようとする会社もありますが、私は、フォードが我が身を引き裂くようなことは決してやるまいと固く決意しています。

続けてムラリーは、地域別と機能別の上級幹部の全員が参加する週次のビジネス・プラン・レビュー会議について具体的に説いた。彼は、幹部全員が力を合わせて同じデータに基づいて「1つの」プランをつくり、全社に展開すると述べ、電子メールのメッセージを次の言葉で締めくくった。

私は、フォードの社員がこの数年、非常に厳しい状況にあったことを知っています。……しかし、私自身の経験から、言えることがあります。ずるずると落ちていくときは気持ちがひどく萎えますが、復活の過程は実に心躍るものです。そのワクワク感たるや、落ちていくときに比べたら無限と言えるほどです。復活の過程で、この偉大な会社を再び前進させることに皆さん1人ひとりが貢献できていると実感してもらえたら、これほど素晴らしいことはありません。

復活のストーリーは、誰もが大好きです。共に働き、史上最高のストーリーを描き出そうではありませんか。

皆さん、ありがとう。

ムラリーはこれ以降、「ワン・フォード」のビジョンを掲げ、実際に「共に働いて」、人々の優れた潜在能力を最大限に引き出していったのだが、人々の胸を打つこのメールがその道程の始まりだった。ムラリーの「ワン・フォード」のビジョンは、次の通り、とてもシンプルだ。もちろん、実現は容易ではなかった。

- **ワン・チーム**　社員が1つのグローバル企業として「共に働き」、顧客、社員、ディーラー、部品メーカー、投資家、地域社会に喜びをもって迎えられ、自動車業界をリードする存在になれるよう励む
- **ワン・プラン**　現下の需要の水準でも利益を出せる体質にするために、大胆なリストラクチ

ャリングを断行する。顧客が欲しいと思い、価値があると認める新製品の開発を加速する。このプランのために資金を調達し、バランスシートを改善する。そして、ワン・チームとして共に働き、本物の成果につなげよう。

・ワン・ゴール 胸を躍らせるフォード、競争力のあるフォードとなって、関係者のすべてが恩恵を得られる成長を達成しよう。

ムラリーは、全社にわたって、考えられるあらゆる場所や場面で、自らのメッセージを訴え続けた。ムラリーは、モーガンと一緒に衝突安全実験施設へ行き、新車のクラフツマンシップ評価会に参加し、ディアボーンの工具・金型の現場を視察し、モーガン主催の「グローバル開発全体会議」のほとんどに自ら出席した。

彼はこうした会議の冒頭にモーガンと共に舞台に上がるとまず、「車体・プレス技術は、われわれの知っている世界の中心です。ここに参加できて実にうれしい」というふうに、招かれたことへの謝意を述べる。それから会議に参集しているチームに向かって、フォードのワン・プランに対する進捗状況を報告し、当該会議に参加しているチームがそのワン・プランの実現に向けて行っている具体的な個々の活動に対して感謝を伝える。

続いて約1時間、世界中の社員から出される質問に答えていく。彼のメッセージはいつも同じで、フォードは「われわれの会社」で、これは「われわれのプラン」なのだ、一緒に実行しようというものだった。そして、「つまるところ……」とウィンクしながら「富の源泉は技術者ですからね」と言うのである。

技術者の反応は凄かった。なにしろ、それまでフォードのCEOを直接見たことなどなかったのだから。直接会議に出席する人々に加え、ビデオ経由で何千人もの社員が参加していたが、参加者の多くがムラリーと彼が提唱する「ワン・プラン」に、個人として心のつながりを感じることができた。

ムラリーはまた、自身が主催するグローバルな対話集会以外にも、部品メーカーやディーラーの視察、メディア・イベントなどへ積極的に出て行った。彼のメッセージは社外でも社内と同じだ。記者会見で「フォードは他社との経営統合を考えているか」と聞かれて彼は、「その通り、われわれはフォードと経営統合します」と答えた。言いたいことが実によく伝わる言葉だ。

車体・プレス技術の幹部を筆頭にフォードの幹部は皆、ムラリーからヒントを得て、自分の配下の多様性に満ちたチームを「ワン・フォードのワン・プラン」の実現に向けたそれぞれの役割に集中させることによって団結を深めていく。こうなれば、社員は、顧客が心から価値を認める素晴らしい製品を創り出すことに意識を合わせて「ワン・グローバル・チーム」として共に働ける。

ムラリーの言葉をあれこれと解釈して要らぬ心配をする必要はもうない。彼らは年次の戦略A3プロセス（方針展開）を活かし、会社の戦略を実現していくための個々の具体的な下位プランをつくり、実行していく。

こうした方針展開が技術者の参画意識を年々高めていった。多くの企業と同様に、フォードも毎年、社員エンゲージメント調査を実施していた。社員が自社についてどう考えており、どこに改善の余地があるかを会社に伝えるしくみの1つだ。車体・プレス技術の幹部チームは、この情報と、隔週開催の「階層を飛ばした会議」、半年に1回のグローバル対話集会といった機会を通して改善のための具体的な対策を取り上げ、それを「年次A3戦略（方針展開）」と部門パフォーマンス目標に織り込み、活動に取り組んでいった。

人にチャレンジを与える

2009年に豊田章男がトヨタの社長に就任するやいなや、彼のスケジュールはたちまち一杯になった。トヨタ史上最大のリコールと企業イメージの危機への対応は待ったなしだ。就任2年目には日本史上最大級の東日本大震災が発災し、そのために極端な部品不足に直面する。3年目も決して楽ではなかった。トヨタ車と部品の一大生産拠点であるタイが、史上最悪の洪水に呑み込まれたのである。しかし、この時期の豊田章男の後世に残る最大の業績はおそらく、「もっといいクルマづくり」（Let's make ever-better cars）という、自らの組織への大きな挑戦だったと言える。

第3章で紹介したように、世界連結で売上を倍増させるという急成長のなかで時代遅れになってしまったプラットフォームを刷新すべくトヨタが打ち出したのが、ＴＮＧＡ（トヨタ・ニュー・グローバル・アーキテクチャ）であった。トヨタはフォードのように倒産寸前の危機に瀕していたわけではないが、それでもなお、再構築のプロジェクトが必要だったのだ。

トヨタ車と製造プロセスの両方に活力を取り戻させたのは、豊田章男が発した「もっといいクルマをつくろうよ」という鬨の声と、「胸がワクワクするクルマで、ファン・トゥー・ドライブをお客様に届けたい」という彼自身の情熱だった。

このようなグローバルなチャレンジは、それぞれの部門のローカルなチャレンジに翻訳されてはじめてうまく動けるようになる。先に説明した通り、ＴＮＧＡチームの挑戦は、ドライビングとハンドリングの魅力において５年から10年分のアドバンテージを提供できる優れたプラットフォームを構築し、その土台をもって個々の「もっといいクルマ」を開発していけるようにすることだ。

一方、生産技術に対しては、「シンプル・スリム・フレキシブル」というトヨタの生産技術の伝統とも言える原点に立ち返り、生産技術を大革新せよという挑戦が与えられた。こうした上位のチャレンジは、専門分野別に組織の階層を降りながら、より具体的なチャレンジに展開されていく必要がある。

たとえば、ＴＮＧＡの挑戦の１つは、重心を低くして世界最高のドライビング感を実現することであったが、それが様々な機能別グループにとっての具体的なチャレンジに展開され、トヨタ社内と部品メーカーにおける何百もの部品の設計見直しにつながったのである。

「あなたは、自分が測定するものを手に入れる」（"You get what you measure"）、という有名な言葉があるが、「あなたは、自分がチャレンジを与えるものを手に入れる」と言い換えるといいだろう。チームが育ち、会社が組織的なサポートを与え続け、大きなチャレンジが個々のチームの仕事のレベルまで意味ある形でうまく展開されてはじめて、チームはそのチャレンジを受けて立つことができる。

あなたのチームを組織化する

どのような問題であれ、何がしかの問題があって、それを直したいなら組織変更が一番だと考える企業が多過ぎるように思われる。あらゆる「組織の病」に効く万能薬とでも思っているのか、組織変更中毒にかかっているかのような会社もある。そういう会社は、社員を見ればすぐ分かる。うまくいったとしても、新しい組織へ移行するまでの間には、かなりのエネルギーを使い、混乱を生み出し、本来なすべきことへの集中を削いでしまうものだ。さらに、こうした移行には想像以上に時間がかかる。

そうは言っても、実際に、部門とチームの組織のあり方が諸問題のおおもとという場合もあるだろう。組織構造は、チームのパフォーマンスに大きな影響を与える。長期的に見ればなおのこと、その影響は甚大だ。顧客にとっての価値を創り出せるように組織をつくることが非常に重要なのは言うまでもないが、プロジェクトを跨いで学び合い、継続的に改善を積み重ねられるように組織の構えとしくみを整えることも欠かせない。

トヨタ・ストラクチャー

トヨタの組織構造は、幹部階層を主軸として変わってきた。開発部門の組織構造も、顧客セグメントのニーズの変化に柔軟に対応するために幾度かの変更を経て今に至っている。しかし、組織の形は変わっても、根底にある基本構造は驚くほど変わっていない。トヨタはマトリクス型組織を基本とし、様々なバリエーションを採ってきただけだ。開発技術者の観点から見ると、彼らのほとんどはマトリクスのなかの「機能別部門の側に」所属している。

個々のエンジニアは、技術的な専門分野の階層のなかに組み込まれており、その頂点にスーパーエンジニアがいて機能別集団を率いる。たとえば、ボディ技術の部長は、職歴を通じて多くの優れた先輩からボディ技術を学んできて、そのポストに就く。

マトリクスのもう一方の軸には、チーフエンジニア（第５章で詳しく紹介する）が主導する新車開発プログラムがある。トヨタでは、チーフエンジニアの役割をグローバルに見直すこともある。たとえば、カムリで上位グローバル・チーフエンジニアが世界各地のカムリのチーフエンジニアを支援するように変えるといった再編だ。しかし、チーフエンジニアの役割そのものは、1950年代にこのやり方が誕生して以来、変わっていない。

われわれはインタビューを通じて、トヨタがいわゆる「社内カンパニー制度」によって意思決定のスピードを上げ、顧客理解を深めようとしていることを知った。このような「会社の中の会社」は、特定の製品と活動を中心に組織化され、既存のマトリクス構造の整合性とバランスを維持しつつ、より個別化した顧客指向と素早い動きを実現しようとするものだ。

フォードの組織構造の変遷

フォードは長年にわたり、製品開発において様々な組織構造を試してきた。フォードは有能かつ有力な機能別組織で知られており、社員はそうしたチームの一員であることを誇りに思っていた。各機能別部門が自らの専門分野でそれぞれに頑張ってエクセレンスを追求し、それはそれで結構うまくいっていたのである。

しかし、それが常によりよい車づくりにつながっていたとは言い難い。しばしば部門間に固い壁を作り出し、その結果、開発部門には「ゼロサム」意識がはびこっていた。

フォードは、こうした機能別組織の弊を廃し、もっと製品主導で動けるようにしたいと考えて、組織を製品別のクラスターに再編した。トラック、小型車、SUVといった車種を中心に組織化し、それぞれが独立して自己完結する事業ユニット群に組み変えたのである。自然な帰結と言うべきか、これによって生じた問題は、プログラムを横断して学ぶ能力が弱くなり、専門分野の能力を最大限に引き出せなくなったことだ。

この構造はまた非常に高コストで、あらゆる種類の標準化を困難にしてしまった。それに、複数のクラスターの車を組み立てなければならない工場にしてみれば、投入される車にそもそも大きなばらつきがあるのだから、打つ手にも限りがある。端的に言って、製品主導にしてみたら別の形の「部門の壁」ができて、やはりフォードの前進を阻むことになったのである。

そこでフォードは、マトリクス型組織に戻ることにした。これで水平のバリューストリームのバランスを取りながら、高度な専門技術をもって個々の車を開発し、学習し、継続的に改善する機会を最大化することができた。加えて、開発の人々はマトリクスを通して組織全体の製品の成功に集中できるようになった。今や、機能別組織は機能別の卓越性ではなく、よい製品への貢献で評価される。

つまり、優れた車をつくり上げる上でいかに貢献したかによって機能別の能力が評価されるようになったのだ。次のステップは、この効果をさらに増すために、開発機能をグローバル展開することだ。フォードを団結させたのは、よりよい製品を創り出すことへの執拗なまでの熱意であり、それはリーダーシップから始まった。

製品創造は全社活動だ

リーン製品・プロセス開発は、開発と設計の活動に留まらない。しかし、設計部門が全社に「押し付ける」活動になってしまったら、絶対にうまくいかない。成功するには、製品・プロセス開発に全社を「巻き込む」ことだ。したがって、あなたが自社の製品開発チームをハイ・パフォーマンスな組織にしたいなら、製造及びサプライチェーン全体から有能な人材を選び、開発チームにしっかりと貢献し、結果に責任を持つメンバーとしてチームに迎え入れる必要がある。結果的に貢献してくれてよかったということではなく、最初から意思を持って選び、巻き込むのである。

製品開発における製造ノウハウ

製品開発における解析及び可視化にコンピュータ技術が大いに役立つのと同じように、「開発者がモノのつくり方を知っている」ことは非常に重要である。モノをうまくつくる知識と能力は、製品・プロセス開発における大きな競争優位性につながる。競争相手にはやれない方法であなたが製造できるなら、競争環境を一変させることができる。アイデアを生み出し、イノベーションを成し遂げることと、生産プロセスと設備治工具をうまくつくることのあいだには大きなギャップがあることを見過ごしてはならない。

われわれはずいぶん長いことそれを見てきた。製造のノウハウと製造における創造性を優れた製品の開発に活かすことに、企業は十分な注意を向けてこなかった。もう1回繰り返すが、モノをうまくつくる方法を知り、その知識を開発の流れの中に組み込むことは、非常に大きな競争優位性になるのである。製品開発における製造ノウハウの重要性を示す事例を以下に示そう

アップルは製造の限界に挑戦する

アップルが生産のほとんどをフォックスコン（Foxconn、鴻《ホン》海《ハイ》）のような受託製造メーカーにアウトソースしていることもあって、読者はアップルを製造に力を入れている企業と見ていないかもしれない。しかし同社の製品を注意深く観察すれば、物理的な「アップル製品のエクセレンス」に驚嘆し、「アップルはどうやってこれをつくっているのだろう？」と問わずにはいられないはずだ。

アップルの素晴らしいデザインや世界最高水準のクラフツマンシップ、そして同社の高業績までもが、ものづくりを深く理解し、進化させる能力に依存している。このため同社の経営幹部はものづくりに深い関心を寄せる。アップルのデザイン部門のリーダーで、人々の尊敬を集めているジョニー（ジョナサン）・アイブは常に製造における可能性の限界に挑戦し、その限界線を前進させており、アイブの部下のデザイナーはアップル社内外のものづくりに関する第一人者たちと直接一緒に働いて自分たちの能力を高めている。

２０１７年5月に同社ＣＥＯティム・クックが先端生産技術への10億ドルの資金提供を

打ち出し、うち2億ドルをコーニング社の「研究開発、生産設備投資、最先端のガラス生産技術開発の支援」に提供すると発表し、同社の先端生産技術へのコミットメントを改めて知らしめることになった(*9)。この資金提供は、アップルが自社の競争優位性を維持するために製造がいかに重要かを理解している証である。

フォードは、バリューストリーム全体にわたる協力関係構築に力を注ぐ

ピックアップトラックF－150へのアルミ製車体採用は、フォード史上最大の賭けだった。Fシリーズはそれまでの37年間、ピックアップトラックのベストセラーだった。しかも、どのメーカーもオール・アルミ製の車体を量産したことはなかった。しかし、開発チームはフォードの優位性を維持する唯一の方法は、イノベーションによって可能性の限界を広げることだとよく理解していた。

その1つが、車体の超軽量化で燃費と走行パフォーマンスを一段とよくすることだった。チームはまた、成功するにはプロジェクトの最初から製品開発者と材料技術者と製造技術者が緊密に一体化して取り組む必要があることを知っていた。この学びのプロセスは長期にわたるだけでなく、設計、材料、塗装、成形、接合、マテハン・物流といったバリューストリーム全体にわたる大規模なイノベーションを求めるものであった。チームは多くのチャレンジに直面した。そのほとんどは企業秘密に属するが、紹介することができるものを以下に挙げる。

●成形性　ピックアップトラックの車体には、複雑な成形が欠かせない。一方、アルミ材料には、そもそも複雑な成形が難しいという特性がある。フォードのチームは、このチャレンジに対して3つの方向から攻めた。

1 フォードの製品技術者、材料技術者、製造技術者は、材料メーカーと直接協力して、車の性能要件と重要部品の成形性の要件の両方を共に満たす材料を調べて指定したり、あるいは新たに開発したりした

2 特に難しい成形条件に対応するために、製品技術者が製造技術者と協力して部品の設計を変更した

3 製造技術者は金型と製造プロセスを変更し、重要部品に対しては、従来に比べてかなり長い時間を使って実験と金型の調整を行った。彼らは開発プログラムの早い段階でリスクの高い部品を見極め、コスト及びスケジュールの計画のなかに実験の期間を長めに織り込んだ。

●コスト　アルミは一般的に鋼板より高価だが、そのコストをそのまま顧客に転嫁すると全体として訴求力を弱め、売上トップの座も揺らぎかねない。製品と材料と製造の技術者は、力を合わせて部品1つひとつについて材料使用効率を最大化するよう努めた。大型部品のプレ

ス加工では、ブランク材料（部品の出発点になる板）の最大30％が取り除かれ、スクラップシュートから端材として落ちてくる。
チームは、設計とプロセスとブランクの形状を変更し、また、大型部品のスクラップ材から可能な限り小さな部品をプレスで取り出せるようにして、材料歩留まりを大幅に高めた。
さらにフォードは材料メーカーと共同で、限界まで効率化した材料リサイクリング・バリューストリームを構築した。

こうしてできたピックアップトラックは前モデルに比べて31キロ超の軽量化を実現し、「その牽引・積載能力の高さ、最高レベルの低燃費、優れたハイテク機能と6人がゆったり座れる広さ」が称賛された(*10)。このモデルは米国道路安全保険協会から五つ星の安全性評価を得て「最も安全な車」に選ばれ(*11)、モータートレンド誌の「トラック・オブ・ジ・イヤー」に選ばれ(*12)、さらにコンシューマー・レポート誌で「最良のフルサイズ・ピックアップトラック」と「最も環境に優しいトラック」に選ばれた(*13)。

この画期的な製品は全社を巻き込んだ製品開発なくしては不可能だった。そこには開発の当初から始まった製造と材料に関するもの凄いイノベーションも含まれている。こうしてFシリーズは「販売台数トップのトラック」の地位を41年間連続で達成したみならず、同年の北米ベストセラーカーの栄誉まで獲得した。

ディアボーン加工設備・金型工場

これまでに説明したように物理的な製品を創り上げるためには、生産技術と治工具・金型・加工設備の製造が不可欠である。それなのに、われわれが出会う企業の多くは、「金型リリース」を、開発から製造へと図面を「壁の上を越えて投げ入れて、後は最善を祈るのみ」という具合の「受け渡しのタイミング」としてしか捉えていない。

こうした企業は、それが自らの競争優位性の真の源泉となることに気づいていないのだ。これはフォードでも似たようなもので、製品開発の変革を始めた当初は悩ましい問題の1つであった。

テリー・ヘニングがディアボーンにあるフォードの加工設備・金型工場（DT&D、Dearborn Tool and Die）の工場長になったとき、1つ明確だったのは、そこが競争力のない工場だということだった。一方、それほど明確ではなかったのは、金型と加工設備の工場として何が世界最高レベルなのかということだった。新車開発において、高品質な治工具・金型・加工設備を作る能力は非常に重要である。したがって、DT&Dの現状は自動車メーカーにとって大問題なのである。ヘニングはそれをよく分かっていた。ヘンリー・フォードもそうだった。

かつては美しかった3万8000平方メートルのこの工場は、創業者ヘンリー・フォードの指揮で建設されたもので、アルバート・カーンが世界最先端のテクノロジーを備えた治工具工場になるよう設計した工場だった。しかし、長年ずっと軽視され、過去の栄光に安住したまま過ごしてきた結果、動きの鈍い、高コスト体質の工場となり、社内の技術者が最も使いたがらない治工具金型工場と言われるくらいまで力を失っていた。プレス部門で長いあいだ管理者として働いてきたヘニングは、これを変えようと固く決意する。彼は同部門の管理者ジョン・デイビスと組んで、先へ進む道を2人で描いた。

DT&Dが現在どこに立っているかを正しく知るために、ヘニングと車体・プレス技術のアジア太平洋地区の金型担当管理者ジェシー・ジョウ、プレス部門主任エリック・フレビックと購買部門の仲間が一緒に世界中を回り、金型の製造能力を調査することにした。彼らは米国、ドイツ、日本、韓国、台湾、中国、タイの金型工場を次々と訪ねた。彼らはまた、ディアボーンでの実際の金型開発を、そのプロセスを最もよく知る現場チームの協力を得て深く調べた。

こうした調査に基づいて、プレス技術・金型製造のチームは、金型の設計と製造の各段階で同社が直面している他社とのパフォーマンスのギャップを「ギャップ図」にまとめた。1つひとつのギャップに対して、チームはA3プロセスを使って対策を立てていく。技術上のギャップもあったし、プロセス自体のギャップもあったが、開発とDT&Dのあいだの整合・統合の欠落に起因する問題も少なからずあった。

悪い評判のせいでDT&Dはフォードの車体チームからすっかり孤立し、開発プロセスにうまく組み込まれていなかった。この結果、コミュニケーションがますます悪くなり、互いのプロセスも知らないし、双方でどんな問題が起きているかも理解されていないという実に困った状態にあったのだ。

ＤＴ＆Ｄでは「立ったままのミーティング」が毎週開催され、デイビス配下のプレス技術者がヘニング配下の金型製造の人々と一緒になって、金型と、その金型でプレスした部品とを、１つずつつぶさに評価していった。彼らは現場で一緒に働き、進み具合を確かめ、さらに前進するための計画への合意を形成しつつ、歩み続ける。このプロセスにおいてヘニングの強力かつ意外な相方となったのが、車体プレスチームの統合責任者ジョー・サムットだった。

彼は、ボディ設計者として、後には設計チームのリーダーとして、長く働いてきた人で、現在の彼のチームは車体プレスの機能を最初から最後まで一貫して担い、新車開発プログラムに貢献するのが役割だ。当初サムットはやや抵抗気味だったが、組織をうまく統合していくことの重要性にすぐに気づき、技術者を巻き込み、プログラムのチーフエンジニアと直接やりとりする上で決定的な役割を担うようになった。さらに、チームワークを育み、組織の両サイドでそれぞれが結果責任を負うという行動の仕方を維持するのに大いに力を発揮した。

サムットとヘニングが身をもって示したリーダーシップこそまさに鍵であり、車体プレス技術部門の諸活動をうまく統合し、かつてないほどの素晴らしい結果をフォードの新車開発プログラムチームにもたらした。

金型・治工具・加工設備づくりの調整とコミュニケーションのやり方をもっとよくする

ため、ヘニングはDT&Dに大勢いるツール・デザイナーと生産技術者を1カ所に集めた。こうなれば、何かが起きてもより素早く対応できるし、金型・治工具をつくる人が直面している問題を現地現物で直接学ぶことができる。プロセス技術者とツール製造の人々は改善活動にも一緒に取り組み、こうした動きはDT&Dと技術者の両方へ波及していった。

モーガンはDT&Dで毎週行われる「立ったままのミーティング」の折々に参加するのに加え、四半期ごとのもっと「オフィシャルな」レビューのためにもDT&Dを訪れた。ヘニングと彼のチームが計画に対する進捗をレビューするのを見るにつけ、モーガンは訪れるたびに毎回、彼らのパフォーマンス・活気・やる気が上向いていくのを実感できた。

当初、こうした活動に懐疑的だったUAW（全米自動車労組）の指導者も後にはこの活動の真のパートナーとなって、訪問に参加するようになった。そうこうするうち、モーガンのスケジュールの中でこうした訪問がハイライトになっていく。

この旅路を始めてから約1年半経った頃、モーガンは1人の友人をあるレビューに連れてきた。ムラリーが工場に入ってくるや、社員の興奮は極限に達する。CEOは現場の人と握手したり、ハグしたり、質問したり、社員の達成したことに感謝したりしながら、工場の現場を歩き回った。チームの全員が信じ難いほど素晴らしい自らの実績を誇らしげに次々とCEOに説明していく。もうこれで、彼らを阻むものは何もなかった。

この結果は実に素晴らしかった。2004年から2010年までにDT&Dはリードタイムを半減し、GPDS（フォード・グローバル製品開発システム）の要件を完全に満たしたばかりか、労務費と間接費も半減し、治工具と金型と最初のプレス品の品質を約80％改善した。フォードの製品・プロセス開発能力構築へのDT&Dの活動の貢献は実に大きかった。

しかしそれでもなお、多くの金型と治工具は社外のメーカーでつくられていたから、この改善の結果を社外生産の金型や治工具にも広めていく必要は依然としてあった。

DT&Dがこのプロセスをマスターした後、ヘニングと彼の配下のチームは、これを社外の協力メーカーとも包み隠さず共有していく。一度に1社だけの場合もあったが、開発部門、DT&D、購買部門、サプライヤー品質部門、そして多数のサプライヤーが参加する、より大規模で組織化されたイベントも開催され、その場でこのやり方とサプライヤーへの期待事項の両方が伝達された。

最初のイベントでは、サプライヤー品質部長が「まず、ディアボーン・金型治工具チームを祝福したい。正直に言って、数年前ならこんなことは不可能だと思ったでしょう」という言葉で挨拶のスピーチを始めた。

ヘニングと彼のチームは、DT&Dへのベンチマーク来訪を今に至るも受け入れ続けている。うわさが広がると、サプライヤーのみならず他の自動車メーカーや他の業界の企業がDT&Dの世界水準のプロセスと技術を見学し、そこから学ぼうと押しかけるようになった。しかし、残念ながら、多くの参加者がこの変革の背後にある本当の秘密が「人」にあることを、しばしば見過ごしてしまう。

トヨタにおけるサイマルテニアス・エンジニアリング

トヨタは何十年にもわたって製造の卓越した能力を競争優位性の源泉として活かしてきた。いずれの産業においてもトヨタ式生産システムの威力を知らない製造のリーダーを探すのは難しい。しかし、それに比べるとあまり知られていないのが「トヨタの製造における卓越性は、生産技術を通して開発プロセスのもっと上流から始まっている」ということだ。

日本の元町工場にあるトヨタの生産技術センターは、製造技術と手法に無数のイノベーションを生み出してきたおおもとであり、そのイノベーションが世界の自動車産業を大きく変えてきた。

業界で最もフレキシブルな組立ラインをはじめ、最も短い塗装ライン、成形と塗装のあいだの仕掛りがほぼゼロの一個流しのバンパー生産など、いちいち挙げれば切りがないが、いずれにせよ、この生産技術チームの努力と専門知識が生産のパフォーマンスにおけるトヨタのぶっち切りの独走を可能にしてきたのである。

しかし、生産技術グループは同時に「もっといいクルマをつくろうよ」というトヨタのビジョンの実現に向けても重要な役割を果たしている。トヨタの本質とは、モノづくりと「同時に」、もっとよいソリューションを見つけ出そうとすることである。つまり、素晴らしいモノをつくりながら「同時に」、既にリーンな生産をさらにリーンにしようとする、あるいは、素晴らしいモノをつくりながら「同時に」環境に対してもっと責任を果たそうと努めているということだ。

アメリカンフットボールの名クォーターバックがパスを投げたのに、受け手がボールを落としてしまうというのはままあることだ。いかに優秀な製品開発技術者といえども、生産側の技術員がボールを落としてしまえば、よい製品を顧客に届けることはできない。

われわれはサイマルテニアス・エンジニアリングについて40年以上も語り続けてきた。それでも依然として理解されていないと感じるのが、サイマルテニアス・エンジニアリングが製品技術者と生産技術者という2つの集団に依存していることだ。

生産技術はかくも重要な中核的仕事であるのに、残念ながらあまりにも多くの企業が生産技術をアウトソースし、製品とプロセスのあいだに大きなギャップを生み出している。

生産におけるイノベーションと並外れた生産能力を梃子に開発力を高め、開発と生産が相互に能力を高め合っていくことは、製品の卓越性への鍵である。どのような組織ならそれをできるだろうか。われわれは、次の2つの事例がこれに関する洞察を与えると考える。

●乗り心地とハンドリングの改善

トヨタはTNGA（トヨタ・ニュー・グローバル・アーキテクチャ）によって、乗り心地とハンドリングを劇的に改善した。ボディ剛性を高めると乗り心地とハンドリングがよくなる。そこでトヨタはボディ剛性を車種に応じて30％から60％強化するという目標を設定した。この目標を達成する1つの方法は、ボディのスポット溶接個所を増やすことだ。

しかし、これをやるなら、「サイクルタイムを長くする」か「溶接機を追加して設備投資を増やす」かのいずれか、あるいは両方ともが、必要になる可能性がある。こうした葛藤は多くの企業で部門間バトルを引き起こし、製品と生産性のいずれか、あるいは両方ともが妥協を迫られ、結果として顧客に届けるべき価値が大きく損なわれてしまうのが常である。

トヨタの製品開発の技術者と生産技術のエンジニアは「共に」働いて、製品の形状を改良するとともに、新たなテクノロジーである「レーザー・スクリュー・ウェルディング（LSW）」を開発した。

LSWは、従来のスポット溶接機に比べてサイクルタイムを半減し、装置設置面積も半分以下にしながらも、求められるボディ剛性を実現できる。設備台数とフロアスペースを倍増させる必要はない。実にトヨタならではの「三方よし（形状、生産性、設備台数）」と言えるが、3つの側面のいずれかが少しでも損なわれるなら、トヨタでは認められなかっただろう。

LSWはまた、従来のスポット溶接よりもはるかにフレキシブルであるという付加的優位性も持つ。様々な新製品や新素材にも利用できるのだ。これは、新車ローンチまでにかかる時間とコストを減らす上で主要な部分を占める削減に大いに貢献してきた。

●軽量化　トヨタにとって、「もっといいクルマをつくる」上でのもう1つの優先事項は、燃費改善のため車重を軽くすることであった。その1つの方法は、より強度が高く、より薄く、より軽い材料を使ったいくつもの部品を新規に開発し、重い部品で構成されたサブアセンブリを置き換えることだ。

しかしこうした材料の多くは、成形に先立って高温加熱する必要がある。従来のやり方を採るなら、ブランク（材料の板）を大ロットで加熱する巨大な専用ガス炉が要る。加えて、高温酸化層を除去する工程も必要だ。トヨタ以外の会社なら「これは仕方がない」と許容するかもしれないが、大きなロットでつくるのも、工程を増やすのも、トヨタ式生産システムではそもそも論外である。

ここでもトヨタの製品技術とプロセス技術のエンジニアが協力して特別なブランクを誂え、一種のジュール加熱プロセスを開発した。これはブランクを1枚ずつ、5秒から10秒で加熱（通電加熱）するもので、酸化層除去などの工程を追加する必要もない。

製品を改良するために増えたコストを消費者に転嫁しようとする会社がある一方で、トヨタに埋め込まれているLPPDシステムは、より軽く、より安全な車をつくるだけでなく、それまでの設計で実現できていたコストよりも「低い」コストで市場に出すことまでも可能にしている。

製品開発における生産ノウハウの進化

トヨタにおいても、LPPDを実践しているトヨタ以外の企業においても、生産と開発が統合的にうまく協力し合っているが、その水準たるや、他の会社では全く見られない高さである。実際、自分たちの環境でそれをやったらどうなるかを描き出そうとして、かなり苦労している会社もある。

しかし、鍵をつかまえてそのレベルの統合に向かって進む道筋はある。ちょっと話がうま過ぎるのではと感じるかもしれないが、製品・プロセス開発における生産の役割は、以下の4つの成熟段階を経て進化していくものだと考えてほしい。

第1段階——生き残りで精一杯　この段階では、製造部門は「サバイバル・モード」にある。なにしろ、新製品とは開発部門から否応なく押し付けられるものという感じだから、その環境下でなんとか生き残れるよう努めるほかない。この段階の症状は、実際に改善するより先に不満が口をついて出ることだ。手直し、勇ましい行動、生産しながらの設計変更が続いて、ついには癇癪玉が破裂するといった事態が頻発する。

新製品ローンチの問題は、起こるか起こらないかではなく、「いつ起こるか」である。製品開発の技術者は「手遅れ」になるまで積極的に関わろうとしないから、いつまで経っても「ローンチ・モード」から抜け出せない。それが他の製品開発とローンチの開始を遅らせ、延いては製品開発のデス・スパイラル（死に至る悪循環）に至る。テスラにおけるイーロン・マスクの「生産地獄」(production hell) はこの典型と言えよう。こうしたフラストレーションや「もっと良いやり方があるはずだ」という思いが生産を第2段階へと駆り立てる。

第2段階――製造性評価　製造部門の管理者は状況を改善したいと思っているが、方法がわからない。彼らは製品設計に影響を与えようと、生産部門の人々を上流に連れて行くものの、生産技術者は開発者に影響を与えるような枠組みを持っていない。

こうした「生産フィジビリティ評価」は、物理的な製品のカタチがはっきりしてくるのにつれて変化していくから、開発の後期に至って大量の設計変更と手直しが発生し、これが双方にとっての不満の種になる。

実際に創造される価値以上の働きが必要になるが、それでもとにかく良い方向に向かって歩み出したことにはなる。さらに、この活動によって経営幹部が問題の存在を認識しやすくなるだろう。この結果、しばしば会社を挙げて「製造容易性設計」に取り組むべしという方針が打ち出されることになる（第３段階へ）。

第3段階――製造容易性設計　製造部門はようやく製品開発において発言権を得て、会社は製造容易性設計標準（ＤＦＭ、Design For Manufacturability Standard）、プロセス故障モード影響解析（Ｐ‐ＦＭＥＡ、Process Failure Mode and Effects Analysis）などのツールや、多数の評価指標、スコアカード（複数の評価指標を記載した表）を使い始める。会社は「先進的製造チーム」を編成し、場合によっては彼らを開発者と同じ部屋で働かせる。

これで事態はかなり改善されるかもしれないが、その際の焦点は依然として、製造部門が現在の自分たちの能力ではつくるのが難しい製品の属性を製造可能性の観点から拒否することにある。

時として技術者は、DFMが手段でなく、最終的な目的であるかのように振る舞う。こうして、会社としてはローンチまでの生産上の問題を減らせたものの、サブシステム間の協力・統合の課題は依然として残っており、これが会社の成長に不可欠な画期的な製品の開発を阻害する要因となる。一方、企業が製品開発におけるサプライヤーの役割をこれまで軽視してきたことから、開発とローンチにおける別種の問題が浮上してくる。

しかし、そこで、せっかく浮上してきたその問題に「製品開発プロセスの一部」という間違ったラベルを付けてしまう（不可避的に生じる問題なのだから、いまやれることをやるしかないと認識し、問題の真因除去を諦めてしまう）。この段階で改善を止めてしまう会社もある。粘り強く努力を重ねてサプライヤーとのあいだに真のパートナーシップを築き、儲かるバリューストリームを実現できるのはごく少数の会社だけだ（第4段階へ）。

第4段階——設計・製造コラボレーション

この段階では、製造と製品開発のあいだに真のパートナーシップが築かれ、よい製品と卓越したバリューストリームを「両方とも」実現するという整合のとれた目標が両者の間で共有される。製造部門は、製造の能力を高めていくためのしっかりしたしくみを確立しており、さらにそれが製品開発システムに完全に統合され、プロセス開発と製品開発の原動力となる。

これによって、非常に大切な「インフラストラクチャー」が築かれていく。一種の共通言語が生まれる。１つのプロセスが生まれると言ってもよい。このインフラがあるから、必要なときに必要なインプットを必要な分だけ得られるようになるのであり、適切なスキルセットを持つことも、役割と責任分担を明確にすることも、強力なツールをうまく活かすこともできるようになるのだ。さらにこのインフラは、よりよいコラボレーションを追求する原動力ともなる。

それでもなお、ストレスと葛藤は存在する。しかし今やそれは、自社の組織能力の限界を打ち破ろうとするプロフェッショナル同士だからこそ生じる創造的葛藤である。この創造的葛藤の解消に真剣に取り組み、成功したなら、優れた革新的製品のみならず、長期的に競争優位性に貢献する製造プロセスと能力をも獲得することができる。

サプライヤーも重要なパートナーとなって、継続的改善の土台たる製品とプロセスの知識を獲得していく。互いに協力し合い、組織を挙げて一致団結して取り組むことに立脚するしくみがあれば、顧客から見た価値を最大化し、パワフルな競争優位性を創出し、本物のリーン・エンタープライズへの土台を築くことができる。

拡張企業――製品開発へのサプライヤーの参画

製品開発におけるサプライヤーの役割については、多くの本が書かれてきた。われわれの前著もその1つである。こうした多くの議論を突き詰めて言うなら、要するに「まずい設計をサプライヤーのせいにしても、顧客は許してくれない」ということだ。あなたの製品のすべての部分があなたの会社の責任であり、品質・外観・機能に関してあらゆる部分が同じ基準を満たしていなければならない。

そのため、サプライヤーが開発プロセスに組み込まれている必要があるのだ。しかし、そうは言っても、すべての購入部品が同じというわけではない。一部のサプライヤーはどこでも手に入るコモディティ部品を提供しているのだから、そうした会社との付き合いは品質・コスト・納期に関して公平性としかるべき注意義務を守れば十分だ。

ところが、コモディティ以外のサプライヤーは、あなたの会社の製品の価値提案に不可欠な部品やサブシステムを提供しているのだから、彼らとのあいだには、より緊密で深い関係を築いていく必要がある。

こうしたサプライヤーはあなたの製品の「パートナー」なのであり、それに相応しい接し方をしなければならない。サプライヤーの1社1社があなたの開発チームの中核メンバー、いわば戦いの「同志」なのだ。他のチームメンバー（あなたの会社の社員）と同じように、双方向でパフォーマンスを高め合えるようにすべきであり、社員と同じように尊重し合う関係を築いていかなければならない。あなたの成功とサプライヤーの成功は密接不可分なのだ。

フォードは昔からサプライヤーとの関係に苦しんできた。サプライヤーにとって取引先自動車メーカーとして最も好ましい相手と最も嫌な相手はどこかという調査では常にランキングの下位集団にいて、２００７年にはとうとう最下位まで落ちてしまった。当然と言うべきか、フォードのサプライヤーもまた、「最悪の取引相手」になっていた。品質問題、納期遅れ、予想外のコストアップなどが日常茶飯事だったのである。

フォードの経営幹部チームのメンバーが問題を詳細に分析していくうちに、サプライヤーとの関係を改善するには、まずフォードが自ら始めなければならないことが明白になった。サプライヤーとのあいだによい協力関係をつくりたいなら、あらかじめ内部で十分に整合をとっておかなければならないのに、フォードの組織にはこれがごっそり欠落していた。サプライヤーに混乱を生じさせたり、各部門が互いに矛盾する指示を出したりするせいで関係が一層悪くなっている。まずはこの事態をなんとかしなければならない。

開発と購買の幹部チームのメンバーが、それぞれ１人ずつ「対応ペア」を組んで対策を取ることにした。「対応ペア」とは、サブシステムごとに、それを統括する開発部門と購買部門の幹部を１人ずつ割り当てて組ませるという意味だ。

たとえば、モーガンが統括する車体部門では、グローバルな車体構造開発の責任者は、グローバルの鋼板・アルミ材料・プレス部品調達の責任者とペアを組む。グローバルのランプ開発の責任者は、照明部品購買の責任者とペアを組む。

モーガン自身は、世界中の車体外装部品及び材料の購買責任者であるスーザン・デサンドレとペアを組むことになった。デサンドレと彼女のチームは商取引の知見とサプライヤー企業及びその能力に関する深い知識をもたらし、彼らの能力のおかげで、サブシステムとサプライヤー企業の組み合わせのそれぞれについて、短期と長期の戦略を共同で立案することができるようになった。

リーマン・ショックに端を発する大不況の渦中にあっては、特に短期戦略が重要だった。多くのサプライヤーの事業継続が危ぶまれていたのだ。サプライヤーの潜在的な経営危機の芽を摘み取るためにも、モーガンとデサンドレの両方のグループが緊密に連携して迅速に動く必要があった。こうした短期戦略のワークには、新車開発プログラムのコスト目標を達成し、サプライヤーのパフォーマンスを管理し、それぞれのペアが担当するサブシステムの年間コスト削減目標を達成していくといった、通常の業務も含まれていた。

対応ペアのしくみを通じてペアを組んだパートナーたちは、過去にはやれなかったやり方をして、整合が取れた共通言語で話し、商取引上のソリューションと技術的なソリューションの両方をうまく活かすことができた。短期戦略のためのこうした共同ワークのほとんどは、モーガンとデサンドレが共同議長を務める週次の対応ペア・ミーティングで管理されていた。

これに加えて、２人は定期的に会って1対1で話し合ったり、折々に部下たちが行う個々のサプライヤーと該当サブシステムの対応ペアのミーティングに参加して話し合ったりもした。週次の対応ペア・ミーティングには全対応ペアチームが参加し、ときにはサプライヤーの代表も参加する。これは透明性を高め、直接の対話をさらに有意義なものにするためであった。

長期戦略も対応ペアチームが策定した。サブシステムに求められる技術上の要件と商取引上の要件の両方に基づいて立案していく。これらの戦略は5年間の部材別事業計画にしっかりと組み込まれた。この中期的な計画は、燃費改善のための軽量化、照明能力の改善といった製品の性能特性の重要な変化を見越して、そこから個々のサブシステムに求められる要件を導き出し、技術の側面及び商取引の側面、さらにはロジスティクスも含めた様々な側面から、その要件を世界中でいかにして実現していくかという中長期の戦略を描き出すものだった。

こうしてまとめ上げられた計画は、購買チームと開発部門にとってはもちろん、サプライヤーにとっても自分たちのプランニングと整合を進めるツールとなり、やがてそれぞれの組織の開発のしくみの一部となっていった。長期戦略は、サブシステム間の整合を図るため、対応ペアのリーダーシップの階層を通して承認され、継続的に更新されていった。また、対応ペアは、毎年必ず数社のサプライヤーをチームとして訪問するように努めた。

こうした2日間の訪問（1日目は技術課題、2日目はビジネス上の課題といった日程）は、サプライヤーとのあいだにより強固な関係を築き、直面する課題に対応する上でも、コミュニケーションをよくする上でも、未来に向けて新しい技術や計画を共有する上でも、非常に優れた方法だった。

例を挙げると、サプライヤーとの関係改善から得られた恩恵の1つが、フュージョンのBピラー（前後のドアの間にあるセンターピラー）の開発だ。ピラーはボディ性能・車格・安全性にとって非常に重要であり、通常なら高強度鋼材を何度かプレス成形した後、溶接を経て完成に至る。フォードはあるサプライヤーからハイドロフォーミング技術（高圧液体を成形に使う技術）の進歩について学んだ。

これを使えば、加工精度をはるかに高めると同時に最先端の高強度鋼板を加工できるかもしれない。フォードの製品技術者とプロセス技術者はこのサプライヤーと直接一緒に働いて実用化を進めながら、それを活かすべく製品と組立プロセスを変更した。この結果、以前のものに比べて、はるかに軽く、部品点数も少なく、コストも安いサブアセンブリが実現したのである。

こうして改善してきたサプライヤーとの関係を再び悪化させてはならない。フォードのチームは、自社でやりたくないこと、できないことをサプライヤーに強要しないよう、特に意を用いた。

その一例がディアボーン加工設備・治工具・金型工場（DT&D）のケースだ。フォード自身がまず金型製造のコストを下げ、リードタイムを短縮し、品質を向上させてから、サプライヤーに同じような努力を求めたのである。フォードは自社の改善の過程と手法を、惜しむことなくサプライヤーに開示した。

こうした考え方の適用例をもう1つ挙げるなら、フォードのアルミニウムの設計と成形の専門知識が好適だろう。フォードは、この能力の育成のために社内で何年もの時間をかけてから、サプライヤーにも同じスキルを身につけるよう求めた。

このようにサプライヤーとより緊密かつ協調的に励んだ結果、フォードは年次サプライヤー調査で高評価を獲得した（2010年にフォードは米国の自動車メーカーとしてはトップにランクされた）のみならず、個々のサプライヤーの業績も一段とよくなり、技術チームと購買チームの間にかつてないくらい強固な連携をつくりだすことにもなった。

この活動に参加した人たちは誰もが「このようなハイ－パフォーマンス・チームの一員になれて、ものすごくやりがいがある」と実感した。ここで、その1人であるモーガンの感想をお読みいただこう。

COLUMN

ハイ-パフォーマンス・チームの一員であること

ジム・モーガン

定年退職でフォードを離れてから、著述や他社へのコーチングという、概ね1人で働く世界に入って今日まで、一番寂しく思うのは、自分自身がハイ-パフォーマンス・チームの一員にとして働き、暮らすことはもうないということだ。人生ではよくあることだが、人は何かを失った後になって、その真価を理解できるようになる。

チームの一員であったという経験は私に多大な影響を与えたが、それを言葉で言い表すのは難しい。また当然ながら、時の経過とともに私の記憶は実際よりもよい方向に脚色されて、バラ色になっているかもしれない。だから、ここでの私の熱意は、多少割り引いて理解していただければと思う。

私は様々なチームの一員として働いてきたが、それぞれに想い出深い。どのチームも直面していたチャレンジは全く違っていたものの、同じ特性を共有していた。フォード内外の多くの人と話して、彼らもまた同じような特性を持ったチームのなかで、私とよく似た経験をしてきたことが分かった。

チャレンジに正面から取り組む

私自身や私が話した人たちの経験は、いつも困難なチャレンジから始まり、それがまずチームの一部を団結させ、残りのメンバーを巻き込んでいく。この活動に参加したがらない人もいたが、大抵はそれぞれのやり方で自らチームから離れていった。チャレンジは、「団結しなければこれを達成できない」という共通認識を湧き上がらせる。チャレンジが一種のプレッシャーを生み、このプレッシャーが困難で重要な目標をなんとしても達成したいという緊迫感を人々に共有させる。

会社のリーダーがチャレンジをどのように表現するかも鍵となる。ムラリーは、われわれの置かれた状況をオブラートに包んで表現するようなことは決してなかったが、成功できないとも言わず、こう言った。

「反対側の出口から出るときは、本当に気持ちがいいよ！」

チャレンジは、会社を救うとか、大規模な成長を実現するといった大きな話でなくても構わない。これまで業界の常識だった仕事のやり方を、リーンを活かして変えるというのも1つのチャレンジだし、競争環境を一変させるような製品を創り出すのもチャレンジだ。

より大きな文脈（コンテクスト）を描き出す

大抵の人は、何か特別なもの、世の中にとって意味のあるものの一部になりたいと思うものだ。多くの場合、人々は組織の中の限られた範囲しか見えないから、日常業務の中では全体像が見えていない。

リーダーは、大きな絵を描き、この偉大なものは1人ひとりの貢献があって初めて創り上げられること、それぞれの貢献がそれぞれに重要であることを人々に示す責任がある。3人の石工の異なる視点という有名な昔話をご存知かもしれない。

1人目の石工はこう言う。

「俺はこの暑い日差しの中で一日中、重くて汚い石を相手に働かなければならない。手にはタコができて、背中も痛いのに、誰も俺のことなんか気にしない」

2人目の石工はこう言う。

「物事は完璧ではないが、私はこんな状態でも石を切る仕事をできる限りうまくやることに意識を集中しています。私は工具を研ぎ、自分の腕を磨き、最善の方法で石を切ろうとしているんです」

3人目の石工は上を見ながらこう言った。

「私は大聖堂を建てています」

1人ひとりが責任を果たそうとする意識をチーム内に醸成する　リーダーの役割は初期段階でよい文脈（コンテクスト）をつくる上で重要だが、時の経過につれてチームメンバーの「気持ち」の焦点は微妙に変化していく。リーダーシップは依然重要だが、メンバーにとってはお互いの期待を裏切らないことの方がはるかに重要になり、そのため自分の責任を果たそうと懸命に努力するようになる。

仲間のチームメンバーをがっかりさせたくないからだ。このサイクルが好循環となって、チーム全体のパフォーマンスの期待値を上げ続け、しばしば1人のリーダーが牽引して達成できると思われる期待値をはるかに上回る水準にまで達する。

信頼　チームの仲間として1人ひとりがよりしっかりと責任を果たすようになり、もっと高いレベルで貢献すべく努めるうちに、プロ同士の相互尊重が信頼へと進化していく。メンバーはそれぞれの仕事ぶりを通して互いの信頼を勝ち取っていく。仕事ぶりをいちいちチェックする必要があるなんて、思いもよらない。仲間を信頼しているのだ。彼らは共に学び、躊躇いも恐れもなく自分が知っているものを共有していく。この信頼というものは、脆くもあるが、信頼が続く限り、競争上の確実なアドバンテージであり続ける。

可能性の限界を広げ続ける　チームメンバーが互いを信頼しながらずっと働いていくと、興味深いことが起こる。自信が深まっていくのだ（傲慢になるという意味ではない。ただし、放置するとその方向に向かう場合もある）。チームの能力がいままで考えられていたよりはるかに高いという、思慮に富んだ共通理解が生まれる。するとチームはさらに伸びようとして、自身にチャレンジを課し、チームの皆と共に達成できたことに誇りを持ち、高揚感が高まって、絆をさらに強めていく。

リーダーの役割は、これがチームの自信過剰につながらないように、一段と高い目標を示し続けることだ。ただし、チームの自信を破壊する元凶になってはいけない。細心の注意を要する。チームを深く知り、理解していることが欠かせない。

ユーモア　この特性は奇妙に感じられるかもしれない。私自身、ユーモアが成功の必須条件であるという確信はない。しかし、私が所属してきたどのチームでも、また、メンバーから話を聞いた他の優れたチームのいずれでも、「仲間内だけで通じるユーモア」があり、長時間勤務や、次々と直面せざるを得ない幾多の困難を乗り越えるのにそうしたユーモアが役立っていた。

自分たちの現下の状態を笑う自虐的なジョークも結構あった。あれは一種の安全弁になっていたのだと思う。ときには、ジョークを飛ばすうちに、本来自分たちに求められているはずの「ものの見方」に、はたと気づくこともあった。しかし、何より重要だったのは、こうしたジョークの共有がチームへの帰属を意味していたことだ。

絆

チームメンバーはお互いのことを心から気遣っている。正直に言って、これが共に逆境に立ち向かった結果なのか、あるいは、逆境を克服できた原因なのか、私には判らない。多分両方なのだろう。いずれにせよ、チームメンバーはそれぞれ人として互いを気遣っていて、固い絆があるのは間違いない。

その絆はずっと続く。私はこのことを、本書の執筆のために旧知の人々から話を聞いて改めて思った。彼らと話すのは数年ぶりだったのに、まるで昨日話したばかりのような気がする。本章冒頭に挙げたキプリングの言葉が示唆する、オオカミの群れの絆そのものだと思った。

この話をここで紹介するのは……

ここに紹介した私の経験は、我ながら主観的なものと認めざるを得ない。それでもライカーと私がこの経験を読者と敢えて共有しようと決めたのは、「ハイ－パフォーマンス・チームを築く上で、なぜ懸命に努力することがものすごく大切なのか？」ということを伝えたかったからだ。

共に励めばパフォーマンスが良くなるということだけのことではない。個人としても得難い体験になる。これほど素晴らしいものの一部になるのだ。否はないだろう。この素晴らしさを仲間と共有したくないと思う人もいないはずだ。

ハイ－パフォーマンス・チームをつくりたいという意志がまずあり、その能力まで最初から持っていたら理想的だが（普通、能力は後から育ってくる）、こうした意志と能力こそ、有能な人材を惹き付け、長く一緒に働いてもらうための強力なツールなのである。会社が提示する給料、福利厚生、個人的な成長の機会といった諸条件が他社に見劣りするようではよろしくないが、条件がほぼ同じなら、人はハイ－パフォーマンス・チームの一員になりたがるものだ。

この先の展開　最先端のテクノロジーは魅力的で、しばしばあなたの改善への取り組みの力になってくれる。しかし、何にも増してあなたの製品・プロセス開発の成否を決めるのは、あなたの開発チームとその動きだ。そのなかでチームメンバーが力を合わせてどれだけうまく働けるかにかかっている。

開発チームには新たなバリューストリームを創り出すために必要な人をすべて含めるべきであり、あらゆる階層のリーダーは配下のメンバー1人ひとりの能力を継続的に育成していくことを自らの重要な責務と心得えておかなければならない。

次章では、ハイ-パフォーマンスな製品開発部門におけるリーダーシップのあり方とリーダーの責務について議論する。

Your Reflection

あなた自身の振り返り

ビジョンをつくる

本章では高い成果を生み出すチームとチームメンバーを育てることの重要性を述べた。これは本書の中核部分だ。本章で説明したハイ－パフォーマンス・チームの育成とサポートのビジョンには次の事項が含まれる。

- 組織と個人の間の相互のコミットメント。組織は、成員の1人ひとりが貢献できるようサポートし、個々の貢献を認め、それぞれの貢献にふさわしく報いなければならない。個々のメンバーは、組織のため、顧客のために、できる限りよい仕事をするよう励まなければならない。
- ハイ－パフォーマンスを志向するデリバレイト・カルチャー（ものごとをよく考え、周到に準備する文化）を持ち、そのカルチャーがいかなるものであるかということが明確に定義されており、皆がよく理解している。このカルチャーは、あらゆる階層のリーダーが常に身をもって示すことによって、継続的に強化されていく。
- 社員は、技術的な資格だけでなく、自社がかくありたいと願っている組織カルチャーとの相性もよく考慮した上で採用される。
- 人を育てるプロセスは、社員が入社した時点から当人のキャリアを通してずっと続く。この育成は、専門分野のトレーニングと、仕事の現場でコーチの指導を受けながら日々実地に学んでいくこととを適切な割合で組み合わせたものだ。

●できるだけ短いサイクルで仕事ぶりがよいか悪いかを当人にフィードバックする。フィードバックの際は、当人がどうしたらもっとうまくやれるか、建設的なガイダンスを与えるよう意を尽くす。

●個々の成員をうまく巻き込んで「ハイ－パフォーマンス・チーム」になれるように導くスキルを持ったリーダーが複数存在している。

●社員が常にチャレンジを与えられ、毎回、次はもっと顧客を満足させてみせる、ワクワクさせてみせるという姿勢でビッグ・チャンスに挑めるような環境がある。

●人々とチームを支えていくサポーティブな組織構造を持っている。この組織構造を通して、機能別の深い専門能力の構築と、機能横断的に顧客に焦点を当てることとのあいだに、絶妙なバランスを保っている。

●製品を製造したり、製品やサービスを顧客に届けたりする下流の部門が、製品開発の初期段階から開発プロセスの一部として非常に深く関わっている。

●社内の主な機能と社外の重要部品サプライヤーのすべてが1つのチームにしっかりと組み込まれ、1つの企業であるかのように総力を挙げて目標に向かって動いている。

●ここに示したハイ－パフォーマンス・チームと優れたチームメンバーを育てるモデルは、あなたの会社の製品やサービスの開発の実情にどれくらい合致しているだろうか？　このビジョンをどう変えたらあなたの会社の状況にもっと合うようになるだろうか？

あなたの現状

あなたの会社は才能ある社員を育成し、ハイ－フォーマンス・チームを構築するのがどれくらいうまいだろうか？

1 あなたの会社では、ハイ－パフォーマンス・チームの構築と、メンバー1人ひとりの組織的なスキル（組織の中で自分の力を発揮したり、組織をうまく動かしていったりといったソーシャル・スキル）及びテクニカル・スキルの開発に、どれくらいの時間と労力をかけているか？　チームとメンバーの育成は、社内のリーダーシップの各階層において、どのくらいの優先度をもって実践されているか？

2 あなたの製品・プロセス開発の仕事は真に全社を巻き込んだ活動か？「拡張企業」の全体にわたってもっと効果的に、しっかり取り組ませるにはどうしたらよいか？

3 あなた自身はチームの一員であることを個人的にどう感じているか？　改善の余地はあるか？　それに対してあなたは何ができるか？

行動する

1 製品開発のバリューストリームの全域から代表者を集めて、権限移譲された機能横断チームを編成せよ。

2
チームとして人とチームの育成の現状を反省せよ。もっとよい将来の状態とはどのようなものか？　その将来の状態においては、何がどのように機能することによって現状と違ったようにするのか？

3
ここで書いたワークを基にして実際の行動を取り、しかる後、何がうまくいって、何がうまくいかなかったかを振り返り、組織としてうまく動いていくための課題、即ち「組織的なギャップ」と、ハイ－パフォーマンス・チームとして前進していくための課題の両方を書き出せ。

CHAPTER 5 開発を主導する

Leading Development

悪いチームなどない。
あるのは
悪いリーダーだけだ。

――米海軍特殊部隊将校ジョコ・ウィリンクとリーフ・バビン
（イラク戦争のラマディの戦いで戦った）タスクフォース・ブルーザー

製品開発においてリーダーシップが大切なのはなぜか？

偉大なリーダーシップは、成功するチームに欠かせない要素である。人が人生のなかで遭遇するあらゆる場面において、そう言える。ハイ－パフォーマンス・チーム（第４章）は、自然発生するものではない。意図を込めて編成され、優れたリーダーがじっくり育てて初めてハイ－パフォーマンス・チームになれる。製品・プロセス開発であればこそ、このことが非常に重要なのだ。

なぜなら、製品開発においては毎日のように問題が起こるのが現実であり、リーダーは限られた時間のなかで数々の重大な決断を迫られる。そうやって、世の中にまだ存在しないものを創り出すのである。チームを前進させるためには、非常に広範なバックグラウンドを持つ優秀な人々の努力をうまく結集させなければならない。

真のリーダーなら、ＬＰＰＤのすべてのピースを集めて全体の総和よりも大きな何かを創り出すことができる。本書で紹介する原則や仕事のやり方はどれも、リーダーがそれをうまく活かし、聡明で士気が高く、よく訓練された人々が実際に優れた働きをしてくれてこそ命を吹き込まれるのであって、そうなるまでは単なるおしゃべりか素敵な夢物語に過ぎない。

本章に見る通り、リーダーはあらゆる組織階層において不可欠な存在だ。開発なら開発のリーダーとして、その職責に応じた様々な役割を求められる。しかし、どのリーダーにも共通の責務がある。非常に高い能力を持った人々を組織の全域から集め、その人たちの力を結集して、顧客が素晴らしいと感じてくれる新しい価値を創出し、すべてのステークホルダーにとってより良い未来を創り出すことだ。LPPDの原則とコンセプトをよくかみ砕いて実際の行動に移していく主体は、並外れて優れたリーダーシップなのである。

読者にアドバイスする本を書くだけでも気が引ける。ましてや他の人々をリードする方法を教えるなど、実におこがましい。だが、われわれの意図はそこにはない。むしろ、われわれが過去にめぐり合った素晴らしいリーダーに共通するはっきりした特徴を解き明かし、そうした「素晴らしいリーダー」は育成できるし、育成されるべきだと主張するのがわれわれの目標だ。

読者の皆さんと同じように、われわれは凡庸なリーダーに遭遇したことがある一方で、偉大なリーダーと共に素晴らしい経験をしたこともある。ダメなリーダーと優れたリーダーの違いは、フォードの回復劇の中にも見られた。経営危機の元凶となった前経営陣のあり方を、それに続いたアラン・ムラリーCEOと彼に率いられたチームと比べれば、その差は歴然としている。偉大なリーダーは普通の人々をハイ－パフォーマンス・チームに仕立てるが、ダメなリーダーは素晴らしい才能を潰してしまう。

偉大なリーダーシップは謙虚さから始まる

リーダーシップの能力は学ぶことができる。いや、訂正しよう。リーダーシップの能力は学ばれる「べき」ものだ。生まれながらに優れたリーダーシップの能力を備えている幸運な人もいるにはいる。

しかし、普通の人にとっては、メンターに注意深く見守られながら実際にリーダーとしてチームを率いてチャレンジすること——何か新しいことをやってみて、失敗し、フィードバックを受け、反省し、調整し、再びやってみる——を通して学ぶのが一番だ。これに優る方法はない。そこには明らかに「リーダーシップのPDCAサイクル」がある。

モーガンはフォードに入社する前、10年以上もリーダーシップの職位にあった。そうした経験があってもなお、彼がこれまでに得た最も貴重な学びは、波乱に満ちたフォードの復活劇の中からであった。モーガンは、実に幸運なことに複数の素晴らしいメンターを持つことができた。彼のメンターは「言行一致」の人であり、適時適切に真に役立つことを直接フィードバックしてくれた。

数々のモーガンの貴重な学びは、ある日の午後、社内便で受け取った1枚の短い手書きのメモから始まった。ムラリーは、フォード史上で類を見ないほど困難に満ち、社運のかかったこの時期にCEO兼社長に就任すると決めてボーイング社を退社したばかりだった。「一度、2人で会おう」というムラリーの飾り気のないこのメモが、それから7年にわたる2人の関係の始まりだった。

この間、モーガンはムラリーから多くのことを学んだ。部下にコンテクストを語り、全体像と個々の位置付けを話して自分たちの仕事の意義を理解してもらうことがどれほど大切か、常に「よりよいプラン」を追求し、そのプランに沿って皆が仕事をしていくことがどれくらい重要か、1つのチームとして真に力を合わせて仕事に励めばどんな素晴らしいことが起こるかといったことだ。

しかし、モーガンにとっては、ムラリーがいかにして自らのリーダーシップの責務を日々絶え間なく果たしているかを目の当たりにすることは、どんな学びにも増して貴重だった。ムラリーは心の底から謙虚で、他者に対して常に深い尊重と敬愛の念を持っていた。ムラリーが常に考えていたのは自分のことではなく、フォードのことだ。これはずっと変わらなかった。フォードの経営危機が最悪だった頃から、後に業績がどんどん改善してムラリーがロックスター並みの人気CEOになっても、変わることはなかった。

ムラリーの「人間第一」のアプローチがあったから、自ら社員との強い絆をつくることができたのであり、フォードを率いてビジネス史上最も劇的な復活劇を成し遂げることができたのだ。

ムラリーの下で働くようになってしばらく経った頃、ふとした拍子にモーガンは「このアプローチは以前に見たことがある」と感じた。ずっと昔、柔道を習い始めたときのことを思い出したのだ。

モーガンが通い始めた「東西ブラジリアン柔術センター」（ＢＪＪ）は、入り口のドアを開くと、稽古部屋の上の方に「あなたのエゴはドアの外に置いてから入ってください」という言葉が自然と目に入るように貼り出されていた。ムラリーがそうであるように、ＢＪで一番強い柔術家は、しばしば最も謙虚な人たちであった、とモーガンは改めて思った。ＢＪ『ファイターズ・ハート――世界の格闘技を旅した男』という洞察に富んだ本がある。世界で最も優れた武闘家たちをインタビューして回った著者のサム・シェリダンも同じことに気づいたようだ。シェリダンは、様々な人とのインタビューで何度も繰り返し「謙虚さは偉大な武術家の最も大切な特性である」という言葉を聞いたという（＊１）。これは、個々の事情は違っても、柔術を習う者は謙虚であれ、というＢＪＪのあり方に通じるものだ。どのようなスキルであれ、学ぶべき基本動作があって、それが基盤をつくっていく。

しかし、多くの武術がジムで練習し模擬試合を通して体得していくのと違って、ＢＪＪは真剣勝負の取っ組み合い、ぶつかり稽古を旨とする。曖昧さはなく、言い訳も効かない世界だ――「あなたはタップした（降参の合図）。それを認めなさい」。これが幻想を打ち砕き、自然に自省を迫る。自省は改善するために欠かせない。だが、武術家が自身のエゴを脇へ置こうとする最大の理由は、エゴが自身の進歩を妨げるからに他ならない。

彼らは誰よりも懸命に努力し、常に自分の試合での弱点を追求し、自身の限界を越えようとする。大きなエゴがあると、「自分の限界に挑戦して、新しいことを試みる。心を開いて、成長する」といったことを恐れるようになる。エゴは本人を現状に安住させ、太らせ、リスクをとらなくさせる。そこから先へ進めなくなるのだ。

しかし、謙虚さと弱さを混同する間違いを決して犯してはならない。最強の武術家はその物静かな外観とは裏腹に、内部には闘志と意識の集中を潜めている。彼らは、絶対に必要なことなら、それがなんであれ必ずやるという強靭さを持っている。

同じように、アラン・ムラリーの優しい笑顔や「あなたに尽くすことができて光栄だ」という態度に接すると、彼をよく知らない人なら、彼の内に秘めたストイックな固い決意や働くことに対する信じ難いほどの高い倫理観、そしてレーザー光のように狙いを定めてものごとを動かしていく力を見過ごしてしまうのも無理はない。

しかし、このようなムラリーの特性こそ、彼をして米国のビジネス史上で最も成功したリーダーの1人にしたものだ。

何年にもわたる経験を通じてわれわれは、BJJのように、リーダーシップは学ぶことができるし、継続的にその能力を高めていくこともできると知った。しかし、難しい暗黙知的なスキルのほとんどがそうであるのと同じで、リーダーシップは実践を通してのみ学び得るのであり、その能力を継続的に高めていくのも経験を重ねてこそなし得るものだ。そこで旅路を案内してくれる非常に優れたメンターを持てたら、あなたの努力はずいぶんと助けられるはずだ。

優れたメンターとは、過去に実際に自らリーダーシップを発揮してものごとを成功に導いた経験を持つ先輩諸氏のことである。

リーダーシップとは何か

われわれは、偉大なリーダーシップの新たなモデルを確立しようとしたのではない。世の中には既に多くのモデルが存在する。以下に示した特性こそリーダーシップの原則の「決定版」だと言いたいのでもない。むしろもっと単純に、とてもうまく人々をリードし、成功してきた人たちと実際に一緒に仕事をして、彼らの話を聞く中で気づいたことをまとめたものだ。

われわれの経験では、こうしたリーダーシップの特性は、何であれ困難なことに挑んでいるチーム、場合によっては今までに誰もやったことがないようなことを成し遂げようとしているチームをリードして、成功した人たちに共通している。

大事なのはチームだ

1983年にミシガン大学のアメリカンフットボールチームの伝説的なコーチ、ボー・シェンベックラーは、自身のチーム（ミシガン・ウルバリーンズ）に対し、心に強く訴えかけるスピーチのなかで次のように言った。

「チームより重要な個人はいないし、チームより重要なコーチもいない。チームだ、チームだ、チームだ！」

開発の仕事のほとんどはフットボール競技場から遠く離れた場所で行われると思うが、開発者にとってもフットボールチームに対するのと同じくらい、心に響くべき重要なメッセージだ。

リーダーシップの本質は、あなたのチームの能力を構築しつつ、同時に高いパフォーマンスを達成することだ。何よりもチームが先に来る。それを忘れ、チームメンバーやチームのリーダーが自分自身をチームより上に置いてしまうと、もの凄くまずいことになる。

製品・プロセス開発においては、多様な経歴と多様なスキルを持った人を共通の目標の達成――しかも、いつもながら非常に難しいチャレンジ――に向かって1つのチームとして団結させなければならない。チームの1人ひとりがどのように貢献すれば何が可能になるかという人心を惹きつける全員参加のビジョンを作り、メンバーがドアの外に各自のエゴを置いてから入るようなチームを育てていくのがリーダーの役割だ。

方向が揃って焦点がきっちり合った「1つのチーム」をつくる

たとえば「ワン〇〇〇〇」といった具合に、自社の名前に「1つの」という言葉を付け加えて、会社全体を通じて何かを統一し、全員がその見方――「1つの中核的価値観」「1つの共有した信念」「1つの共通の方向」といったもの――を共有してほしいと考える企業は多い。しかし、実際にそれを達成できる企業はほとんどないと思われる。

トヨタは創立以来ずっと、全社にわたってほぼ共通した文化を維持してきたという点で稀な企業と言えるだろう。この企業文化は2001年に至って「トヨタウェイ」として明文化されたが、そのルーツは100年前、トヨタが繊維産業の「豊田」であった時代まで遡ることができる。

トヨタウェイの二本柱は「人間尊重」と「継続的改善」であり、それが会社の「方針」から展開された年度目標と部門ごとの事業計画にしっかりと結びついていることが期待される。人・顧客・チームメンバー（社員）・地域社会の尊重は、リーン・リーダーシップの中核だ。人の尊重はハイ－パフォーマンスを維持できるチームを作るのに欠かせない。われわれは、本書のための調査を通して、大いに成功したリーダーがこの考え方を本当に実践していることを知った。

トヨタがこうした企業文化を維持できているのは、トップが首尾一貫したリーダーシップを発揮してきたからだ。トヨタのトップの過半は創業家・豊田の人である。このように恵まれた環境にある会社は少ない。他の会社のリーダーは、バラバラになった組織をつなぎ合わせ、なんとかして統一した方向性を打ち出さなければならないのだ。われわれの経験では、これを一番うまくやれた1人がムラリーだ。

フォードのCEOに就任し製品主導の劇的復活を指揮する以前にも、ムラリーは多くの実績を上げている。極めて困難な状況下で、多様かつ非常に能力の高い製品開発チームを主導して成功させたのだ。

彼は、ボーイング757と767の飛行管理システムの開発を率い、777の開発全体では世界中で何千人ものメンバーをリードした。その後ボーイングの民間航空機部門のCEOを務め、さらには、ボーイングが買収したマクダネル・ダグラスとロックウェルの防衛・宇宙・情報部門を統合して世界最大の航空宇宙会社を作り上げた。

本書のためのわれわれとのインタビューのなかで彼は、自分のキャリアを通じてずっと『共に働く』という同じ原則、同じ仕事のやり方で、やってきました」と語った。ボーイングでもフォードでも、昔からこうした「チーム中心の仕事のやり方」は弱かった。あるいは、欠落していたと言ってもよいだろう。

ムラリーは両社にチームワークを蘇らせ、「顧客・社員・サプライヤー・投資家・組合・地域社会といったすべてのステークホルダーのために、ワクワクする、活力に満ちた、利益を出し、成長し続ける会社を実現する」という目標達成に向かって励んだ。関係者すべてが恩恵を得られるような成長あればこそ、利益が出るのだ。

持続可能なやり方で利益を出しながら成長していく唯一の方法とは、顧客が欲しがり、価値を認める製品やサービスを開発することに意識を集中したチームとして働くことに他ならない。

ムラリーにとって、実効性あるリーダーシップとは、人を第一に置き、1人ひとりの才能が開花し、1つの方向に統一されたチームとして働ける環境を作ることだ。こうした価値観はわれわれとのインタビューでもはっきりと伝わってきた。彼の考え方を伝える最善の方法は、彼の言葉をそのまま借りて紹介することだとわれわれは確信している。

人が第一（ピープル・ファースト）。これは、「あなたを人として敬愛している」という心を映す合言葉です。敬愛し、敬愛されること、それが人生の目的です。これは誰にでも当てはまるものでしょう。私は常に人を尊重してきました。私は人々が自らの仕事に意味を見出すのを手伝いたかったのです。今までそうであったように、これからも人々の話に深く耳を傾けたい。

その仕事ぶりに感謝したい。人々の仕事をよく理解し、認めてあげたい。共に働きたい。あなたが今見ているもの、つまり私ですが、こうして顔を合わせて話していること自体、「共に働く」の原則と実践そのものなのです。これは共に働くプロセスであると同時に、リーダーに求められる振る舞いでもあるのです。

私はあなたを敬愛している。私は本当に人が好きです。私の育ってきた道程を振り返れば、それほど豊かではなかったけれど、家族の中の愛の絆は非常に強かったと思います。

母は毎日のように私に「自らの人生の目的を忘れてはいけません。それは他の人を愛して、愛されることです。この順番が大切。自分が愛すればこそ相手から愛されるのです。それから、生きるということは、他の人に奉仕することです。偉大な人物と言われることも大事かもしれないけれど、それよりも、他の人に親切にすることの方がはるかに大事です」と言っていました。

これが私の価値観の土台になりました。こう言う人もいます。

「そうだとすると、アラン、あなたが言う『共に働くという原則』と『共に働くマネジメント・システム』とは、結局のところ、マネジメントのやり方の中から恐怖と脅しを取り除くということですか？」

私はそれに対して必ず「その通りです」と答えます。そして、なぜそう考えるかについて話し合います。競争が非常に厳しい世の中ですから、どの会社も優秀な人を採用したいでしょう。

しかし、そうであれば、皆それぞれに「同じくらい優秀な人」を採用することになる。結局、どこで違いが出るかと言えば、高い能力があって、やる気に満ちている人たちが共に働いて、ワクワクする、強靭な体質の、維持可能な成長する組織を目指せるか否かにかかっている。それは営利組織でも非営利組織でも同じです。

リーダーは、優秀でやる気のある社員が自分たちの力を結集し、共に働くことができる安全で働きやすい環境を築かなければなりません。そうして、世界で一番の製品やサービスを創り出し、年々生産性を高めていくのがリーダーの責務です。このためには、社員と心を通わせ、社員の心を掴まなければなりません。

「この会社に勤めていることに満足していない社員が半数以上」という社員満足度調査の結果を見るのは珍しくありません。これは、過半数の社員が毎日「大聖堂を建てる」ためでなく、給料のためだけに出社しているということを意味します。私はそういうデータを見るたびに、改めて確信を深めます。

世界中で、できるだけ多くの人に対して、できるだけ素晴らしいことをやろう（できるだけ多くの他の人に奉仕しよう）と努めれば、必ずや競争優位性につながる。それを、「共に働く」原則と実践に立脚してやっていきたい。そうあるべきだと改めて思うのです

われわれは、この「共に働く」という原則と実践が長きにわたって実際に役立ってきたことを知っています。実に長い間、ずっとです。人々が自ら能力を結集して重要なことを成し遂げるために、これが本当に力になってくれました。このやり方で仕事をやっていくことを自身の責務と心得る素晴らしい人々を擁し、共に働く機会を得ることは、私にとってたいへん光栄なことだと改めて感じるのです。

人は暗闇にあれば光を求めて動こうとします――暗闇とはグレンデルの母と

沼地のようなものです。沼地とはグレンデル一族の邪悪さの象徴でしょう（＊2）。人は、いったん明るいところに出たら、そこが暗闇に比べていかに暖かいか、人々が共に働くのにどれほど適した場所であるかをすぐに理解します。そして、暗闇には決して戻りたくないと思うものです。

人を第一に、全員に参加してもらう。魅力あるビジョンを打ち出し、総合的な戦略を立てる。そして、プランを粘り強く実行していく。そこには明確なパフォーマンス目標があり、皆が拠って立つことのできる「ワン・プラン」がある。こうした全体と、1つひとつのことがらを、両方とも大切にしていきたいと思っています。

われわれは、これと驚くほど似た言葉を聞いたことがある。大成功中のシリング・ロボティクス社の創業者でCEOを務めるタイラー・シリングと話していたときのことだ。シリング・ロボティクス社は事業が大成功しているだけでなく、働く場所として見ても実に素晴らしい。

われわれが話した社員の全員がそう明言したし、様々なテーマで社員たちとやり取りするなかでもそれを感じ取った。シリングは、リーダーシップと社員に関する自身の考えを次のように語った。

当社は、私が1985年に創立して、1992年に多国籍企業のGECアルストムに売却したのですが、その11年後に再び会社を取り戻して、もう一度自分たちで経営してみようということになったのです。しかし、当時はマネジメント層をOJTで育成していくだけの余裕はないし、そういう手間を省きたいと思っていましたから、できるだけ成熟度の高い人、企業規模が大きくなっていく過程を経験したことのある人を採用しようと考えました。そして、実際に優秀な人材を採用できたと思っていたのです。

興味深いことに、こうした優秀な人材は貴重な経験をたくさん会社に持ち込んでくれましたが、同時に、社員を容赦なく扱うという、私としては入れて欲しくないものまで持って来たのです。

実際、私は採用において大きな間違いを犯していました。ある人の履歴書を見て、当該職位にわれわれが求めている要件と比べて経験はパーフェクト、職歴も完全に一致していると思い込んでしまったのです。それが、私が言うところの「ソフトスキル（対人能力）に対する盲点」を生み出しました。やがてその人たちが会社に入ってくると、リーダーとして期待される姿に照らせば有害でしかありませんでした。

もう1つ、リーダーが何としても目的地に到達したいと執念を燃やすのはよいとして、そこには微妙な面があることを付け加えたい。成功をめざしながらも、丁度よい適切なバランスを追求していかなければならないのです。どんな対価を払ってでも成功せよということではありません。

そのために人材が潰されてしまうような場合は特にそうです。そんなやり方をしていたら、永続きしません。部下に対して、人として敬意をもってきちんと相対することなく、ひどい扱いをするというのは、おそらくリーダーができる最悪のことです。なぜなら、仮にあなたが部下のうちの1人に対して酷い態度で接したら、その瞬間、組織全体があなたの人格の見当がついたと感じるからです。目標地点に到達できたとしても、その過程で人材が潰されてしまうなら、私に言わせれば、成功ではありません。

実は、この領域での秘訣を私は知っています。私の「やるべきことリスト」には、この方法の特許出願が入っています。これに拠るなら、他の人たちがあなたをどう思うかということに関して、どんな状況でもうまくやっていけます。それはこんなことです。他の誰かに「この人（あなた）は自分のことを思ってくれている」と感じさせるものは何だろうか？　分かりますよね。あなたが実際に心からその人を思いやり、面倒をみることに尽きる。

他の人々がどう思うかに関心を持つなら、どんな場合でもこれがうまく機能します。アインシュタインは、大学の用務員に学長と同じように接したいと言ったそうです。私は、「あなたを尊重している」ということを当人に伝える最も良い方法は、自分の時間を惜しみなく与えることだと思っています。誰かが「シリングさん、お時間ありますか？」と言ってきたら、これから外科手術を受ける直前でもない限り、答は「ありますよ」でなければなりません。

当事者として過程と結果の両方に責任を持つ

リーダーシップに関するモーガンお気に入りの本は、元米海軍特殊部隊SEALSの将校ジョコ・ウィリンクとリーフ・バビンの『エクストリーム・オーナーシップ』だ（＊3）。想像できる最も困難な環境下から得られたリーダーシップの教訓であるからというだけでなく、「リーダーたるもの、失敗に至ればすべての責を負うべし」という、そもそものリーダーシップの本質を改めて深く考えさせてくれるからだ。

この気づきは、あなたのやる気を高めることはあっても、落胆させることはないはずだ。ものごとの成否は、あなたのリーダーシップにかかっている。しかも、結果を出すために必要な能力は、完全にあなたの指揮下にあるのだ。

何か問題が起きたとしても、それはあなたの上司の責ではなく、会社の責でもない。ましてや、自分のところに押し付けられた「二軍選手」の部下がいたとしても、その責とするようなことは、決してあってはならない。

『エクストリーム・オーナーシップ』には素晴らしい物語がいくつも出てくるが、その中でも際立つのは、SEALSの初級士官に対して行われている海中破壊及特殊部隊基礎訓練の話だ。これはおそらく世界で最も厳しい軍事訓練と思われる。SEALSは優秀な兵士を選抜して編成されるエリート集団である。その指揮官を目指す者への訓練であるだけに、格段に厳しい。

ウィリンクとババビンによれば、初級士官はボート・クルー7人の指揮官を務め、大型ゴムボートを太平洋まで漕ぎ出してコロナド沿岸で競争する(カルフォルニア州サンディエゴ市近傍)。この「地獄の1週間」のあいだ、各チームはSEALSの教官に怒鳴られながら、休憩も睡眠もほとんど取らずにずっとボートを漕ぎ続ける。大きくて操縦が難しい彼らのボートは荒波を受けて度々転覆する。そのたびに全員が海に投げ出されるが、それでも急いでボートに戻り、なんとか這い上がって再びレースを続けなければならない。

訓練が進み、あるステージに至ったとき、ボートIIがほとんどすべてのレースで優勝した。ボートIIのチームは懸命に漕ぎ、一体となって動き、まさに「1つのチームとして」任務を遂行したのだ。このとき、目立つチームがもう1つあったが、目立った理由はボートIIとはまるで違う。このボートIVは、常に最下位だったのである。ボートIVのクルーは協力して共に働く代わりにケンカをしては互いに相手を責め、どんどん順位を下げていく。

出来のよくないボートIVの初級士官は、SEALS教官から「ありがたくない注目」を大いに集めてしまった。「それでも彼に変化の兆しはなかった。まるで、運悪くダメな部下を割り当てられたから、自分がどんなに努力しようと結果を出せないと考えているみたいだった」という。

そこで、教官はボートIIとIVのリーダーを入れ替えることにした。翌日、新たなリーダーを迎えたボートIVは、ボートIIを僅差で抑えて優勝する。さらにボートIVは、その訓練段階のレースのほとんどで1位を勝ち取った。リーダーの交代によってボートIVのすべてが変わった。相手を責めることも、言い争いも、レースに負けることもなくなったのである。ウィリンクとバビンはこの奇跡的な逆転劇を通して何を伝えたかったのか？

「これぞまさに『悪いチームなどない、あるのは悪いリーダーだけだ』というエクストリーム・オーナーシップの最も根源的かつ重要な1つの真実を示す、否定できない実例である」

決断せよ――道を探せ

映画「マスター・アンド・コマンダー」に、緊張が極限まで高まるシーンがある。時は1805年、イギリス軍艦のクルーは不満で爆発寸前だ。若い海軍士官が決断を迷っている。クルーは命令が下るのを今か今かと待ちながら士官を見つめる。不満が渦巻き、時がじりじりと過ぎていく。ついに若い士官の同僚が言い放った。「いいかげんにしろ。頼むから、決断しろ」。

この映画の優柔不断な士官の結末は望ましくないものだった（＊4）。この例はやや極端だが、次の2つの点が非常に重要であることを、くっきりと描き出している。

- リーダーであることは、簡単ではない
- リーダーは、時として厳しい決断を迫られる

あなたは完璧である必要はないし、すべての答を持っていなくてもよい。時には間違うこともある。人は誰もが、いつかは必ず間違うものだ。しかしだからと言って、あなたはチームが前進するためのよい道を探す責任から逃れることはできない。それはリーダーがなすべきことであるからだ。

もちろん、チームのメンバーには一丸となって全面的・積極的に関与してもらわねばならない。組織内外からの意見を自ら進んで求めるべきだ。さらに、自身の責務を十分に果たした上で、できるだけコンセンサス形成に努める必要がある。

しかし、決断は自ら下さねばならない。あなたが決断しなければ部下たちは焦れ、どこか別のところにリーダーシップを求めるようになる。ここで、自分で熟慮した末に得た確信を勇気ある行動で示し、開発プログラムのための正しい決断を成した1人のチーフエンジニアの物語を紹介しよう。

747の開発を主導して

ジョー・サターはボーイング747（ジャンボジェット）の開発を任

され、後に民間航空機産業の世界を変えてしまった凄い人物だが、ずいぶん控えめに「私が、たまたま、その時、その場所にいたからです」と説明する(＊5)。多くの人が不可能と思い込んでいた製品の開発である。解決すべき無数の問題と信じがたいほど難しい決断がサターを待ち受けていた。

サターが初期段階で直面した問題の1つが、この巨大航空機の躯体アーキテクチャだ。当初はナローボディの2階建てという構想で進んでいた。しかし、数百億円規模の成否がかかった大きな決断である。何百人もの開発者が早く設計を始めたいと待ち構えているなか、サターは問題の検討を続けた。問題を分析すればするほど、ワイドボディにする方が理にかなうと思えてくる。

サターがこのアイデアをボーイングの経営幹部に提案すると、その当時まで他を圧倒する最大顧客であったパンナム航空のワンマン社長ジュアン・トリップがナローボディの2階建て機体にこだわっており、それ以外の案を彼が受け容れることはないと言われた。ボーイングはそれまでにトリップと交わしたやりとりから、トリップを怒らせると、凄くまずいことになると知っていた。

しかしサターは自説を曲げず、トリップとパンナムの技術陣に会って話すために、パンナム本社に出かける。非常に厳しい会議の末、サターはワイドボディ設計案の模型を作る許可だけは貰うことができた。そして、出来上がった模型を見るや、パンナム技術陣とトリップは「これが正しい道だ」と認め、実際にそう明言した。

この瞬間から、747の開発プログラムは真にサターのものになった。彼が現状をよく検討し、決断し、前進するための正しい道を見出したからこそ、このとき、プログラムの真のリーダーとして認められたのである。

しかし、サターがリーダーとして認められたからといって、この先、747の開発プログラムで彼に反対する者が出て来ないという意味ではなかった。新たな大問題が社内から立ち現れた。

その頃、ボーイングは財務上の問題で苦しんでいたのである。サターは上司から技術者1000人の減員を求められた。「減員すれば開発は遅れます。遅らせることが可能だとしたら、それは何週間ですか?」とサターが聞くと、上司の答は「ゼロ」。その時点で彼の開発プログラムでは4500人が働いており、うち2700人が技術者だった。

彼はチームのもとへ行き、それぞれの担当分野のリーダーに、何人減らせるか検討してほしいと指示する。予想通り、全員が「ゼロ人」という同じ答を返してきた。

サターは上司と何度かミーティングを持ち、人員を削減すれば当初の計画の時期までにプログラムを完了させることはできないと説明したが、上司はまるで聞く耳を持たない。そうこうするうちサターは同社の会長との会議に「招待された」が、「まあ、どうせクビになるなら、それが今日でも悪くないな」と思った。

ボーイングの会長が早足で会議室に入ってくる。急がないとフライトに間に合わないとでも言いたげな様子だ。サターはプレゼンテーションを始めたが、それは技術者1000

人の削減策ではなく、追加で800人の技術者が必要であることを示していた。

サターの上司が「君には1人たりとも追加の技術者をやらないぞ！」と叫ぶ。サターはこう応じた。

「分かっています。でも、私のチームがなぜこんなに残業しているのか、その理由を分かっていただきたかったのです」

会議室がシーンと静まりかえった。すると突然、会長が立ち上がって部屋から出て行った。それから1人ずつ、他の役員も次々と出て行った。サターは「これで自分のキャリアは終わった」と思った。

しかし、2週間経っても何の知らせもない。サターは「便りのないのは、よい便り」と思うことにして、その後も開発プログラムを巧みに主導していった。サターは、クビになることなく、職務を全うした。

心のレジリエンス

「ものごとがまずい方向に向かっている」という速報が入る。あなたは失敗しかけている。チームも一蓮托生である。上層部の危うい決定を含め、よくないことが自分の管轄外で起きつつある。こういうことは、確実に起こるものだ。したがって、ここで唯一問うべきは、あなたがそれにどう対応するかだ。

プレッシャーがかかる中、何か大きなことを達成しようとしているリーダーが困難な状況に直面するのは、歴史を振り返っても珍しくない。2000年前のギリシャのストア派哲学者エピクテトスは、「あなたに何が起こるかではなく、それにどう対応するかが問題なのだ」と語った。

われわれは、人のそういう性質を表現するのに「根性」(grit)という言葉を使うのが大好きだ。根性とは、ものすごく困難な障害(内的、外的)に出逢ってもめげることなく前を向き、自分の目標を達成するために頑張り続ける能力のことだ。それは目標達成に向けての言い訳を許さないアプローチであり、もしかしたら、成功のためには才能より大切かもしれない。

しばしばこれは、状況をどう構造化し把握するかというフレーミングの問題だ。あなたが現下の困難な状況をどう見るかということは、あなたがそれにどう対応するかを大きく左右する。これを学びと成長の機会と見るか、それともこの世の終わりと見るか。どちらの視点を取るかはあなた次第だ。

しかし、あなたがリーダーの立場にいるなら、あなたがこの状況にどう対応し、どのような決断をするかがチーム全体に影響を与える。人はリーダーの真似をするものだ。自信とレジリエンス(回復力)は伝染するが、その欠落もまた伝染する。

米国自動車産業の最も困難な時期の1つと言ってよい中にあってなお、ムラリーは常に冷静さを失わず、業界で最もワクワクする自動車を届けるというプランにフォードを集中させ続けた。個々の車の開発は彼の直接の指揮下にはなかったが、彼がコミットしたものだ。ムラリーは後退することなく、組織縮小もせず、全部門に一律のコスト削減を強いることもなかった。

マスコミがフォードの「死亡記事」の最後の磨き上げに勤しむ間も、ムラリーは冷静沈着で自信に満ちた姿勢を崩さず、求められればいつでもマスコミと話した。彼は同社の悪い状況をオブラートに包むようなことはしなかったが、過剰反応もしなかった。彼は自分のビジョンを信じており、それが周囲に伝染していった。

２００９年1月も終わろうとする頃、よく知られている通り、ムラリーは政府による救済を断り、その直後にフォードは１４８億ドルの損失を計上する。もっと悪いことに、リーマン・ブラザーズ破綻によりフォードの流動資産のうち9億ドルが消失し、他にも同社にとって欠かせない複数の銀行の経営が破綻寸前だった。このため、フォードが事業を継続していくには、リボルビング式の貸出枠が残っているうちにそれを使わざるを得ないところまで追い込まれていた。これは財務上残された最後の手段である。誰もがそれを分かっていた。

ムラリーと経営陣は一同揃って深呼吸してからデータを精査した。フォードは市場シェアを伸ばしている。それは同社の製品主導戦略の正しさを示すものだ。製品開発の綿密な改善活動のおかげで、手持ち現金の減少率も徐々に減り始めている。そうして出した結論は、計画通りに進めること。いやそれどころか、実際にはさらに加速させることになったのだ。

このおかげで、2008年の驚くべき同社の損失を発表するアナリスト・記者との電話会議で、ムラリーはこのように言うことができた。

「フォードは充分な流動性を確保しており、政府からのつなぎ融資なしに現在の世界経済不況の中を生き抜いていくとともに、目下進めている製品開発計画をしっかりと継続していく所存です。」（*6）

フォードでのモーガンの全員ミーティングの中で、ムラリーが当時の緊迫した時期の出来事を取り上げて披露したことがある。ある日、スタッフの1人が朝一番にムラリーの部屋に入ると、ムラリーが小さなスポンジ製ボールをぎゅっぎゅっと握っていた。

「まあ、大変だわ。社長がナーバスになっているということは、大変な事態になったのですね！」と彼女は驚きの声をあげる。ムラリーは笑ってこう言った。「いや、そうじゃないんだ。昨晩テニスをしていて、手首をひねったんだよ」

社外の人も社内の人も、リーダーの様子から状況を推し量ろうとするものだ。リーダーのレジリエンス（回復する力）はチームに安定を保つ力をもたらし、人々はそれを頼りにする。難しい状況下にあるなら特にそうだ。

正直さ

人は成長し、進化し、改善できるし、そうすべきだ。しかし自分でないものになろうとすることは、本人からあまりにも多くのエネルギーを奪ってしまう。そうした努力は長く続けられるものではないし、他の人々は遅かれ早かれ、そういうものを見抜く。こうなると、人間関係において大切な相互信頼がその分弱くなってしまう。

われわれは、リーダーは、チームとのあいだに、正直で真っ直ぐな関係を維持すべきだと考える。口に出したことは必ず実行し、自分の過ちを認め、常にベストな方法を追求してそれをもってリードするよう努めるべきだ。これには、ムラリーのフォードでのもう1つの教訓が参考になるかもしれない。

上級幹部の多くが特別仕立の高価なスーツを着ていることを誇り、高級腕時計や財布を見せびらかすような業界の中で、ムラリーが濃紺のブレザーとグレーのズボンを履いて登場したときの周囲の反応を想像していただきたい。彼が「cool」とか「neat」（かっこよい）といった若者言葉を使ったのも、これから同僚となる幹部集団の受けはよくなかった（*7）。

それに、ムラリーはしばしば人々とハグしたり、笑い顔の飛行機のマンガを描いたり、相手の名前をハートマークの中に描いたりするが、彼のそういう癖が相手をちょっとまごつかせたのも事実だ。彼が本気でやっているのか、見極めるのは難しかった。

しかし、時を経て明らかになっていったのは、ムラリーのこのようなリーダーシップへのアプローチは彼の心から湧き出た自然なやり方であるだけでなく、たちまち皆に伝染してしまうということだった。

ムラリーは就任するや幹部チームに透明性と人の尊重を求めたが、ムラリーの行動は、彼が幹部に求めた水準に優るとも劣らぬ豊かさで、透明性と人への愛情を示していた（幹部が思わず真似てしまうのも無理はない）。同社の幹部の多くがこのような経験を重ねて育っていった。

しかし、ムラリーのすべてが笑顔のジャンボジジェットの絵だったのか？ もちろんそんなことはない。ムラリーは同時並行で様々なことを達成するだけの驚くべき意志の強さとやる気を持ち合わせており、それが様々な形をとって表出した。彼はいつもリーダーに「もっとましな計画」はないかと言う一方で、「あの人はどこか別のところで働いたほうが活躍できるのではないか」と示唆することもあった。

これは彼の「厳しい愛情」なのだが、実際の物言いの強烈さに比べると「厳しい愛情」は控えめな表現にすら思える。しかし、彼のアプローチは、彼の活力、熱意、重要事項への誠実で正直な気持ちの現れだとわれわれは考える。これこそ彼本来の姿であり、彼にとっては長年にわたりうまくいってきた方法なのだ。自動車メーカーの役員のために今更変えるつもりはなかった。それに、ムラリーの配下のチームは、彼がそういう人だからこそ彼を愛したのだ。

タイラー・シリングも新しいリーダーを雇うときには同じような見方をする。「その人は、自分本来の姿のまま、正直に私に向き合おうとしているか。これは非常に大切な特性です。技術的なことは教えられますが、子供のうちに人として学んでおくべきことが少なからずありますが……大人になってから教えられるのは、その中のほんの一部ですから」

個人の健康管理

個人としての健康管理は、リーダーシップに関して過小評価されがちな側面と思われる。難しい変革を経験したことがない人にとっては、思ってもみなかったことかもしれない。しかし、チームを率いて困難なプログラムや組織変革をやり遂げるには、当該のリーダー個人に膨大なエネルギーが求められる。

リーダーたるあなたは活力を維持する必要があり、そこにはあなた自身の健康を管理することが当然含まれている。時差の有無によらず常に十分な睡眠をとること、適切な食事を摂ること、運動する時間をとることは、リーダーとしてあなたがベストな成果を出すための根本的な条件である。

個人としての価値観を、仕事を通じて表現できるのは、公私が統合された素晴らしい人生を送れるということだ。個人としての生活においてバランスをとることは、あなたにとっても、あなたの周囲の人々にとっても健全だ。自分自身が時間とエネルギーをどう使っているのかを立ち止まって確認してみることは、自分が何者であるか、自分はどこへ行きたいのかを教えてくれる。

結局のところ、あなたが情熱を持って取り組める仕事、やりがいのある仕事に励めば、あなたのエネルギーは削がれるどころか、逆に増えていく。個人と会社との相性が重要なのはそのためだ。

製品開発におけるリーダーシップの役割

あらゆる階層のリーダーには似たところがあるが、各自がいかに貢献できるかは社内における職責次第だ。ここでは、会社の経営幹部が自社のチームの成功の確率を高める環境を築くためにできること、即ち、機能別組織で高い能力を築くことが競争優位性の獲得にどう効いてくるのかということ、そしてその一方で、チーフエンジニアがユニークな役割を果たすということを論じたい。

経営幹部

経営幹部は幅広い責任を担う人々であり、CEOは特にそうだ。その役割の詳説は本書の範囲を超える。ここでは、新製品開発において経営幹部が果たすべき役割に絞り込んで議論する。とはいえ、われわれは、あらゆるCEOにとって新製品開発が最優先事項であるべきと考えている。アラン・ムラリーはこう言った。

「ＣＥＯの役割は、自分自身と自分のチームをしっかりつかまえて、利益を出せる組織として成長させていくためのプランをぶれることなく実行させ、当事者が結果に対して自ら責任を担うようにもっていくこと、ずっとそれに励んでいくことです。

この過程では常に、顧客が欲しいと思い、その価値を認めて、実際にお金を払ってくれる製品やサービスに立脚して考え、行動しなければなりません。そして、組織としてのクオリティと生産性を、年々高めていくのもＣＥＯの役割であり、これに終わりはありません」

成功への道筋をつくる

中規模以上の組織では、経営幹部が直接的に製品開発で付加価値を付けることはない。経営幹部は設計をしているわけではない。しかし、経営幹部は組織構造については大きな影響力を持つ。われわれは、経営幹部が次の３つの基盤構築を通して優れた製品の創造に大いに貢献することを提案したい。

- 成功に導く文化を創る
- 組織戦略を立て、展開していく
- 組織を目標に向かって駆り立てる、一種の「オペレーティング・システム」を確立する経営幹部は組織文化に劇的な影響を与える。経営幹部は、自身がどのような行動の仕方をするか、他の人たちのどういう行動を許容するか（あるいは許さないか）ということを通して組織文化に直接影響を与えるのはもちろん、彼らが選んで経営幹部チームに迎え入れたのがどういう人たちであるかによっても、組織文化に直接的な影響を与える。組織の成員すべての目が経営幹部に注がれる。当人たちがそれに気づいていようがいまいが、経営幹部は組織の今後のあり方の基調を決め、行方を左右する。

豊田章男がオールトヨタとして「もっといいクルマをつくろうよ」と呼びかけたことで、製品開発がトヨタの第一優先事項であると定まった。これは、トヨタが創る製品を通して顧客に「もっとよい価値」を届けるために全社の力を結集させ、会社としてこれから何を重視していくかという指針をはっきりと打ち出すものだ。

豊田章男は言行一致で模範を示し、会社を率いている。彼はレーシング・カーを駆ってレースに出ることもあれば、しばしばディーラーに現れ、車の整備を手伝う。そうして会社の弱点を見つけると、ダイレクトにリーダーシップを発揮する。

たとえば、新しいレクサスの事業ユニットを主導したり、電気自動車部門を主導したりといったことだ。電気自動車市場が予想以上に伸びていることにちょっと遅れて気づいたというべきか、豊田章男が望ましい企業文化の模範を自ら示したことで、トヨタの広範囲に広がった組織を強力な形で団結させることになった。

本書のための調査でわれわれは様々な国や地域を訪れたが、世界中どこへ行っても、またどの部門と話しても、われわれはトヨタの社員が「もっといいクルマ」の開発に貢献すべく励んでいる姿を見た。その後、われわれは、ＴＮＧＡプラットフォームをベースとした新車が発売され、成果が現れるのを非常に劇的な形で目撃したのである。

戦略的な方向性を与える

経営幹部は組織の戦略と主要目標をつくり、それを伝える。トヨタの方針管理とムラリーのビジネスプラン・レビュー・プロセスはどちらも会社の戦略を展開し実行するのに大いに役立つと実証されてきた手法である。

製品こそがその戦略の主要構成要素であるべきだ。これは、会社の製品ポートフォリオ、製品サイクル計画、製品実行戦略の指針を示すという形でもよいし、あるいはそれらのプランそのものを描いてもよい。経営幹部は停滞に対する防衛の最前線だ。組織全体を前へ前へと進めさせるのは経営幹部の責務である。

このためには、経営幹部は個々の要素を統合し、組織内の全員が全体像を見られるようにして、各自がそこにどう貢献できるかを自ら理解できるように努める必要がある。

タイラー・シリングは、シリング・ロボティクス社の内外の環境に常に目配りして、自身が気づいたことの長期的な意味に思いを巡らせ、それが製品に関する意思決定にどう影響していくかを考えているという。彼の言葉を紹介しよう。

私は必死になって点をつないで、「これが起こるとどうなるか、そのうち、この1つ、あるいはこの2つが結果として生じる可能性が高い。そうすると、これが起きて、続いてあれが起こるかもしれない」といった具合に考えています。

物事の影響や因果関係を、できるだけ深く考えるということです。私は自分のキャリアの中で、何でもないことが3カ月前に起こったと思ったら、それが今では致命的な事態に発展したということを経験しています。「成功とは、どれだけ先まで手を読むかということだ」と言う人もいますね。

セット－ベース設計のやり方で、私が気に入ったのはそこです。私は過去に、開発の初期段階で、ある1つのコンセプトに惚れ込んでしまって、後にそれがよくないアイデアだったと分かってもなお、それを捨てずに生かそうとして、開発の残りの期間をそのコンセプトの救命活動に費やす姿を、あまりにも多く見てきました。

シリングはまた、今日のような、瞬時にコミュニケーションをとることが可能で、いくらでも情報が手に入るという状況が、極度にノイズの多い環境を創り出していると見ている。今は遠くにあるけれど、いずれ致命傷になるかもしれない問題が猛スピードで近づいているのに、ノイズが耳を塞ぐほど煩くて、経営幹部が気づくのを妨げていると言うのだ。

ノイズを超えてその問題が聞こえるようになったときはもう手遅れだ。過密スケジュールで日程が空いていないCEOは悪い知らせの報告を受けられないから、気づかぬままにノイズの増幅にさらに貢献してしまう。「それを考えると、私はゾッとする」とシリングは言う。

真に役立つ「オペレーティング・システム」を確立する

経営幹部が部下の目標基準をどんどん上げ続けるだけではダメなのだ。経営幹部は、並行して、組織としての成功を可能にする「オペレーティング・システム」を確立し、常に改善し続けなければならない。オペレーティング・システムとは、組織としてなすべき仕事をしかるべく行わせるためのフレームワークだ（オペレーティング・システムの役割については、本章後半でさらに具体的に言及する）。

これは、マネジメントと仕事のやり方のパターンを集めて統合したものであり、組織が自らのミッションを達成するために1つの目標に向かって進む上での指針となるものだ。戦略を具現化する実行システムとして機能する必要がある。

オペレーティング・システムは、一定の周期で定期的に行うマネジメントの活動を生み出す。マネジメントが行き当たりばったりで好きなときに好きなだけ介入してくるような従来のやり方とはまったく違う。

よいオペレーティング・システムは、リーダーがいかに関与し理解し実行すべきかというフレームワークとルーティンを提供することによって、リーダーを大いに助ける。これについてシリングはこう述べている。

「会社が方向性を見つけるのを助けるのは重要なことです。しかし、おそらくそれよりも重要なのは、実際に目的地に到達するための意志を持続させることです。私の考えでは、気力と情熱をまさしく集中させるべき対象は、目的地にたどりつくことなのです……実際、そこへの到達が勝敗を分ける。魔法か何かで『正しい目的地』を選んだら成功できるというものではないのです」

会社が目的地にたどりつき、最大限に成功することに貢献できるような「オペレーティング・システム」を確立することは経営幹部の責務だ。

機能別組織で卓越した能力の構築を追求する

われわれの友人で、フォードのリンカーンの製品開発のディレクターであるスコット・トービンはこう言った。「機能別の開発部長は甲板の下の機関室で汗水たらして働いています」。彼らはCEOやチーフエンジニアのように広く知られることはないけれど、開発のなかで核心的な付加価値を付ける仕事を実際にやらせているのは、彼ら機能別の開発部門長である。

ソフトウェア開発部門、電気開発部門、生産技術部門、その他の専門分野別の部門と分野は様々だが、こうした部門のリーダーはいずれも、会社がよい製品を開発する上で競争優位性の源泉となる「センター・オブ・エクセレンス」(CoE、Center of Excllence)を築く責任を負っている。

チーフエンジニアに製品が「何」（ホワット）になるべきかを決める責任があるとしたら、機能別リーダーは自分の専門分野のなかでそれを「どのように」（ハウ）実現するかを決める責任がある。彼らは自分の専門分野の範囲でチーフエンジニアに対してクリティカルな（製品の成否を決める大事な）ガイダンスを与えるのである。製品がよりよくなるようにと深く考えてのことであるならば、機能別リーダーはチーフエンジニアに対してノーと言える権限を持つべきだ。

LPPDに関する書籍のほとんどはチーフエンジニアの重要性に焦点を当てているが、あなたの会社の製品の成功のためには、CoEリーダー1人ひとりにクリティカルな（製品の成否を決める大事な）役割を果たしてもらわなければならない。うまくいっている製品マトリクス型組織において、機能別CoEリーダーは次の3つのことについて責任を負っている。

- **それぞれの機能で卓越性を実現する**　CoEのリーダーは、それぞれの専門分野において最も優れたチームを育て上げることを通して全体に貢献する。このためには、CoEリーダー自身が「究極の学習する組織」でなければならない。つまり、すべての開発プログラムを跨いで知識を集め、創造し、応用していくということだ。

CoEリーダーは、社内の製品プログラムを通して学び、外部の様々な環境からも学んで、学んだものを現実の能力に変換し、製品として具現化されるところまでもっていかなければならない。

同時に、それぞれの専門分野において先端技術を追求し、競争相手の能力を徹底的に分析・理解して、自分たちが貢献する製品を通して顧客により大きな価値を届けるべく、「可能性の限界」にチャレンジし続けなければならない。

この責任は、バリューストリーム全体にわたる。したがって、当該専門分野のサプライヤーとうまく協力することも含まれる。CoEリーダーは、自分の領域における標準をつくり上げ、適用し、改善し続ける責任も担う。

自分の専門分野の長期的な戦略を立案し、その分野において会社の競争力を維持できるようにする責任もある。フォードの役員がオール・アルミのFシリーズトラックの開発を決めたとき、それを可能にしたのは、数十年にわたって機能別部門のなかで行われてきたアルミボディの設計・プレス加工・組立の学びであった。

●卓越した技術者の育成　CoEリーダーは自分の専門分野のエンジニアとスペシャリストを採用し、育成していくことに責任を持つ。部下の能力こそ持続可能な競争優位性を生み出す鍵だ。それがここから始まる。新製品開発の実務のほとんどをやるのは部下の技術者だ。CoEリーダーは、その育成及びキャリアパスに責任を持つ。われわれはすでに人材開発の重要性に触れ、その手法についてもいくつか説明してきた。才能ある人材を採用するだけで済むものではない。

会社と相性の良い優秀な人を選んで採用し、そこから彼らの能力を育てていくのだ。機能別部門の各階層で才能ある部下がしかるべく力を発揮できるよう努めることは、CoEリーダーシップ・チームの重大かつ根源的責務である。第4章で見たように、トヨタの上級幹部は若手技術者のために自身の専門分野の教育を自ら行っている。

●製品開発プログラムを成功させる　上記の2つの責任は、よりよい製品に結実し、製品開発プログラムが成功してこそ意味を持つ。顧客は、あなたの会社が特定の専門分野でどれほど優れているかとか、あなたの技術者がどれくらい優秀であるかということには関心がない。もちろん、それが顧客自身の問題をもっとうまく解決してくれるなら話は別だが。

CoEリーダーは「コンセプト・ペーパー」の「ハウ」の部分をチーフエンジニアと一緒に書き、適切なリソースを割り当てて開発プログラムを支え、品質・性能特性・コスト・開発日程遵守という結果を届ける。

すべては開発プログラムを成功させるためだ。CoEとチーフエンジニアのあいだには、ほとんど常にクリエイティブな緊張（テンション）があるが、人と人の対立ではなく、意見の対立である。両者のあいだにある緊張は、製品をよりよくすることにきっちり焦点を合わせたものだ。

チーフエンジニア——顧客のために新たな価値創造をリードする

われわれの前著（*8）を含め、チーフエンジニアはLPPD関連書籍や文献の中で圧倒的に大きな関心を集めているが、それは無理からぬことと思われる。チーフエンジニアとは、製品のあらゆる側面と、その製品の市場での成功の最終的な責任を負う人だ。

しかも、チーフエンジニア直属の部下はほんのわずかしかいないのだから、チーフエンジニアを務めるのはリーダーシップ能力の究極のテストと言ってもよい。モーガンのフォード時代の同僚で、本書執筆時点の同社開発・購買統括専務のハウ・タイ・タンは、チーフエンジニアの職位を「究極の自分で最終結果を出す仕事」と呼んだ。

プログラムの規模にもよるが、チーフエンジニアが直接リードするのは通常は小さな集団であり、経理・マーケティング・主要CoEとのやり取りをリードする人と、開発プログラムを管理していくプログラム・マネジャーが1人含まれる。

また、チーフエンジニアの下に、グローバル製品の地域別機種開発を主導するチーフエンジニア補佐を置いたり、新技術など開発プログラムに不可欠な製品属性を担当するチーフエンジニア補佐を置いたりする場合もある。開発プログラムを前進させるのはチーフエンジニアのビジョンと情熱と活力だ。

チーフエンジニアは、自分たちだけでは解決できない問題を必要に応じて上層部に上げることもできるが、われわれが話したフォードやトヨタの人々は皆、「問題を上層部へ上げる必要が出てきたら、それは当人の個人的な失敗であるとみなします」と語った。彼らは、やろうと思えばできるけれど、それをやってしまったら自分たちのリーダーシップを自ら弱めることになると考えているのだ。

彼らにとって、問題を上層部に上げざるを得ないということは、おそらくおおもとのアイデアがよくなかったか、説得のやり方がまずかったという意味だ。とにかく、責任はチーフエンジニアにある。言い訳は効かない。

われわれをはじめ少なからぬ人々がチーフエンジニアの役割に関心を寄せてきたにもかかわらず、多くの企業が実際にやってみるのを躊躇っている。チーフエンジニアとしてうまく仕事ができるような人はまだ育っていないという現実的な理由で諦める企業もある。コストとスケジュールの管理に特化したプログラム・マネジャーに依存するしくみを持つ企業は、チーフエンジニアが過剰な機能を考え出し、開発の遅れと予算超過でコストの抑えが効かなくなるのではないかと恐れる。

また、チーフエンジニアという名称そのものに異議を唱える会社もある。こういう会社は「エンジニア」と呼ばれる職位の人が開発プログラムのあらゆる側面を主導していくなどということは、絶対あり得ないと考え、ビジネスセンスのあるプログラム・マネジャーの下に技術チーフを置く方法を採る。

こういった懸念はすべて、深い顧客理解、システム設計能力、ビジネスセンスをちょうどよい配合で合わせ持つユニークなリーダーをまだ育てていない企業にとっては、もっともなものだ。トヨタは自動車事業をチーフエンジニアの役割から始めたと言っても過言ではない。同社は航空産業から大いに技術者を採用した（第二次世界大戦後、日本は航空機の開発を事実上禁じられていたという歴史的経緯が背後にある）。

当時の航空機業界では、チーフエンジニア制度のような開発の進め方が標準的だった。トヨタは今もチーフエンジニアの役割を果たせる人を数十年かけて育てているが、そうではない企業にとって、チーフエンジニア制度の導入が難しいのは明らかだ。

しかしわれわれは、こうした特別なリーダーがいない状態から出発した企業が粘り強く努力し、チーフエンジニアにふさわしい能力を持った人材を育て、同時並行でチーフエンジニアがしかるべく働いて成功できる環境をも実現した例を見てきた。

そういう会社は例外なく短期間にものすごくよくなった。従前の委員会タイプの開発のアプローチに比べると劇的な変化である。従来型の進め方では、レビューが延々と続き、いちいち細かく監視され、下される決定は妥協の産物だ。大きな間違いは起きないかもしれないが、真に卓越した製品を生み出すこともおそらくない。

チーフエンジニアの育成は困難に満ちているけれど、努力する価値はある。では、このような職位の人が今のところ存在していない会社で、どうやってこの重要な職責にふさわしい人を選び、育てるのだろうか？

チーフエンジニアの候補者を選ぶ

われわれはチーフエンジニアを新たな職位としてつくることに大いに投資してきた複数の会社を訪ね、うまくいったチーフエンジニアと経営幹部と共に議論を重ねてきた。そして、彼らとの議論に基づいてこの職位の候補者を選ぶ際の基準を幅広にまとめあげた。以下に紹介しよう。

●**情熱**　彼らには卓越した製品の開発を主導したいという、燃えるような思いがある。情熱は、われわれが話したほとんどの人が指摘した普遍的な属性だ。実際、複数のチーフエンジニアが「情熱こそが成功するチーフエンジニアの最も重要な特性であり、情熱がなければそれだけで自動的に候補から除外するに足る要素だ」と言った。

フォードのペリカクは、誰と会っても数分以内にその人がこの重要な特性を持っているか否かを判別できると語った。トヨタの元開発担当専務取締役（後に副社長）の和田明広はもっと凄い。「その人がチーフエンジニアになる準備ができているかどうかは、顔をひと目見れば分かります。」と語っている（＊9）。情熱は、チーフエンジニアが多数の困難を乗り越える上で、大いに力になる。

●**学習能力**　彼らは速く、効果的に学習する。彼らがプロジェクトに入る時点ですべてのことを知っているなどということは、ほとんどあり得ない。だからこそ、プロジェクトを主導するなかで学ぶ能力が非常に重要なのだ。

- **大局的見地から考える**　彼らは個々のピースをうまく組み上げる能力を持っている。優秀なチーフエンジニアは「点を結んで全体を見る」ことができる。彼らは、個々のピースがどう組み合わさって価値を創り出すか分かっているのだ。これが優れたトレードオフ決定を可能にする。
- **コミュニケーション能力**　彼らはあらゆる人に対して優れたコミュニケーション能力を発揮する。自分のビジョンを多様な専門家集団にうまく伝える能力は、チーフエンジニアの成功に不可欠だ。
- **技術的理解**　彼らは強い技術的洞察力を身につけている。天才的技術者やスーパーエンジニアである必要はないが、開発している製品とプロセスを十分にマスターしている必要はある。
- **実行力がある**　彼らは企業のインフォーマルシステムを知っており、どうすればものごとを成し遂げられるかを知っている。
- **毅然とした強い意志**　彼らは特別に強い意志を持っており、自身の任務を果たす途上で障害に出逢おうと、簡単に諦めることはない。目的達成のために手段を選ばないとは言わないが、チーフエンジニアとは厳しい職務であり、意志の弱い者はこの職位に応募するに及ばない。

チーフエンジニアとして育てていく

チーフエンジニアの育成は簡単なことではない。われわれは、チーフエンジニアの候補者を育てるには、段階的に難しくなっていくステージに立たせ、部門横断的なリーダーの役割を次々と経験させていくと非常にうまくいくことを発見してきた。

たとえばフォードでは、チーフエンジニアの候補者は専門能力を身につけるため機能別部門で十分な経験を積んだ上で、ある開発プログラムにおいて、その機能部門の一本化された窓口になるという方法がとられている。この職位（フォードでは「インテグレーション・マネジャー」と呼ばれる）に就いた候補者は、自身が属する機能部門内の様々なサブシステムを統合し、開発プログラム全体を統括するチームに提示しなければならない。

フォードの車体・プレス開発部門のインテグレーション・マネジャーは、車体構造・機構・室内装飾・照明・ガラス・プレス部品といったサブシステムすべての責任を担っていた。さらに次のステージへ進むチーフエンジニア候補者は、チーフエンジニア直属のプログラム・マネジャーとして機能別グループが行うすべての仕事の調整を担い、場合によってはプロジェクトの納期に責任を持つ。プログラム・マネジャーはチーフエンジニアチームのキーメンバーだ。この役職で経験を積むことによって、開発プログラムがどう管理されるのかについて、さらに深い理解を得ることができる。

チーフエンジニア育成の最終ステージに至ると、候補者はチーフエンジニア補佐として当該製品の特定の亜種に特化した（たとえば特定の国や地域向けの製品のカスタマイズを主導する）経験を積むことがある。これは、トヨタにおいては典型的なチーフエンジニアへのキャリアパスである。

われわれは必ずうまくいくチーフエンジニアの育成方法は知らないし、こうしたキャリアパスを進むうちに自らの意思でこのコースを離れていく人も多い。長い時を経て実際にチーフエンジニアになれる人はごく限られているのだから、一見、「なんと冗長性の高いやり方か」と思うかもしれない。しかし、製品・プロセス開発においてチーフエンジニアはおそらく最も重要なリーダーなのである。

われわれはこの長い道程をそのために必須の投資と考える。トヨタには、生産プロセスを開発し、新車の生産を立ち上げるチーフ・プロダクション・エンジニアという職位がある。チーフエンジニアと同じくこの人の職責も非常に難しく、誰でもなれるものではない。

しかし、われわれが勧めるこのような方法は、あなたの成功の確率を高めると信じるものの、この職位の成功は個人とその育成だけにかかっているのではない。しばしば見過ごされているのが、成功できるような適切な環境上のコンテクストを創出することの重要性だ。

チーフエンジニアが成功できるように構えをつくる

ベストなチーフエンジニアがいたとしても、

ダメなオペレーティング・システムと機能不全に陥っている組織文化によって台無しにしてしまうことがある。チーフエンジニアは顧客を代表する存在であり、チーフエンジニアの成功は組織全体の目標であるべきだ。このことを注意深く考えていただきたいのだ。

だがこれは、あらゆる事柄においてチーフエンジニアの言う通りにすべきだということではないし、すべての意思決定を常にチーフエンジニアに委ねるということでもない。むしろ、チーフエンジニアと彼が率いる開発プログラムが成功するように、すべての人がベストを尽くし、共同で全体の責任を担うということだ。

組織が意識を集中させるべきは、水平方向のバリューストリームである――つまり、製品プログラムとチーフエンジニアが成功できるように組織全体が力を合わせて取り組みなさいということだ。この優先順位が組織のオペレーティング・システム（経営のしくみ）と経営幹部の行動に反映され、組織の隅々まで貫徹されていなければならない。

フォードの変革では、これが当初から一貫して非常に明確に打ち出されていた。チーフエンジニアの仕事ぶりがよくなかったから製品が失敗したという言い訳は決して許されなかった。チーフエンジニアがすべてスーパースターだったのでもない。最初の頃は特にそうだ。

チーフエンジニアの職責に苦闘する者もいた。苦しんだあげく重要な決断ができなかったり、仕様の優先度をクルクル変えたりして機能別部門が結果を出すのが危ぶまれる事態につながったこともある。

しかしそれでも全員がその手の問題はやがてしかるべく対策がとられて解消に向かうはずだと見ていた。何と言っても、そういう問題があるからといって機能別部門が開発プロジェクトとの約束を守れない言い訳にはできないのだ。全員の意識が顧客と顧客に卓越した製品やサービスを届けることに集中していた。

ここで、チーフエンジニアをサポートする環境を築くのに役立つ5つの提案を挙げる。

- チーフエンジニアが製品に集中できるよう、人材育成の大きな負荷をチーフエンジニアにかけないようにせよ。人の育成は機能別リーダーの役割である。しかし、経営幹部であるあなたは、人材に関する彼ら（チーフエンジニアと機能別リーダー）の意見を常に自ら進んで傾聴するよう努めなければならない。こうしたインプットは開発プログラムをよくしていくのに大いに役立つ。
- 最重要指標は、製品の成功を指向するものにせよ。
- 開発プロセスの中にチーフエンジニア中心のツールと手法を組み込め。コンセプト・ペーパー、キックオフ・ミーティング、チーフエンジニア・レビューなどである。
- オペレーティング・システム（経営のしくみ）の中にチーフエンジニア中心の経営幹部とのフォーラム（オープンな意見交換の場）を組み込み、組織における「製品第一」という意識の高揚に努めよ。
- チーフエンジニア候補者として最も優秀な人が能力を伸ばしていけるステージをしかるべく

準備せよ。

このリーダーシップ・モデルを、視野を広げて考察する

われわれはトヨタで「チーフエンジニアが自分の製品を成功させることで得られる報奨は、次もまたチーフエンジニアとして働けることだ」という言葉を何度も聞いたが、実にもっともなことだ。

製品開発を何度もリードすれば、顧客が誰であるか、その顧客が望むものにぴったりくる価値を自分の製品を通していかにして提供するのかといったことに関する本質的で深い理解に至る。この理解がパワフルな洞察をチーフエンジニアに与え、クラス最高の製品に結実する。トヨタは長年ずっとこの戦略でやってきて、大きな成果を出している。

しかし、別の視点からも考えたい。チーフエンジニアというものは、将来の経営幹部育成のための非常に優れた職位にもなり得る。チーフエンジニアは製品のあらゆる側面（デザイン、設計、製造、財務、マーケティング等々）に責任を持つ。このようなユニークな「パースペクティブ」（現状を見る確かな目と先見性）を他の職位で得るのは非常に難しい。

チーフエンジニアはまた、個々の専門分野について自分よりも深い知識を有する専門家をリードしていかなければならない。このことが、周囲の人々の力を呼び込める協力的な姿勢で仕事に臨み、チームとしての目的達成に集中するよう、自ずとチーフエンジニアを仕向けていく。まさにリーダーシップの究極のテストと言えよう。

大成功した2015年マスタングの開発を主導したペリカクはその後、フォードのスペ

シャルティ・プロダクト（GT40、マスタング、シェルビー・コブラ、フォーカスST、ラプター、フォードレーシングチーム、アフターマーケット製品と衣服）を扱う「フォード・パフォーマンス事業」の統括責任者になった。

要するに、ものすごく大きなグローバル・ビジネスを現実に経営する人になったということだ。ペリカクはチーフエンジニアとして学んだスキルの100％がこの新しい職位にそのまま使えると主張している。「ここにいる人の中で自分が一番頭の良い人間だと考えない限り、すべてはうまくいきます」と彼はアドバイスする。

「皆が求めているのは、ビジョンと集中力と粘り強さがあって、ものごとを決めてくれる人です。チームの人々は様々な経験と能力を持っているのですから、そういうチームからベストを引き出す方法を知っているリーダーを欲しがっているのです」

ムラリーは航空宇宙技術者として出発して、ボーイング757と767のコックピットと飛行管理システムの開発を主導し、最終的には777のチーフエンジニアになった。こうした経験が、9・11テロ事件の後、ボーイングの民間航空機部門を窮地から救ったときも、フォードの歴史的V字回復の間も、大いに彼の力になった。

ムラリーはリーダーとして挑んだどの仕事でも、「能力があり、士気が高いチームと働くのだという基本的な考え方に基づいて、『共に働く』という原則と仕事の進め方を活かしてきました」と語っている。

「デザインとは、人々の人生を豊かにする価値ある何ものかを無から創り出すことです。

何百もの目的のあいだでバランスを取りながらスケジュール通りに実行すること。約束したものを実現すること。何十万人もの人に働いてもらうこと。それを『共に働く』ことによって成し遂げる。これこそが本質です。小さなプログラムやプロジェクトでも、民間航空機会社のCEOでも、フォードのCEOでも、私の心の中ではそれがプログラム・プロダクト・マネジメントなのです」

チーフエンジニアの職位が、キャリアパス上の「もっと高い職位」へのワン・ステップとなるべきだと言うつもりはない。実際、優れたチーフエンジニアはその職位に最も適しているからそこにいるのであり、ずっとチーフエンジニアのままでいたいと思っている人も多い。ロッキード社の航空宇宙システムの有名な設計者であるケリー・ジョンソンは、自身が情熱を注ぎ込んでいる現場から離れることを望まず、チーフエンジニアから副社長への昇進を何度も断り、最終的にようやくのことで昇進を受け入れたという（＊10）。

われわれはまた、チーフエンジニアをあまりに早く昇格させることにも警鐘を鳴らしたい。要するに、チーフエンジニアの責任を果たして人々を成功に導けるだけの人柄及び識見と、そのなかで獲得してきたチーフエンジニアとしてのスキルは、さらに上位のリーダーシップの職位においても成功要因になり得るということだ（あまりに早く昇格させてしまうと、肝心の「チーフエンジニアとして働くことで身につくスキル」を獲得できない）。

マネジメント・システムを創る
（LB×OS＝MS）

34カ国、1万2000社の経営のやり方と業績を調査した研究がある。この研究によって、マネジメントと業務遂行における卓越性が競争優位性の源泉であることが明らかになった。

「データを見れば、はっきり分かります。『経営のやり方の根幹はどの会社でも同じようなもの』という考えは、もはや捨てるべきでしょう。……強靭な経営プロセスを持つ企業は、生産性・収益性・成長・永続性といった大枠の指標で顕著な成果を出しています。加えて、こうしたプロセスのクオリティの差と業績の差は、長期間持続します。これは、競争に勝てる、優れた経営のやり方が簡単にマネできないことを示唆しています」

この研究者たちは、さらにこう主張している。

「経営の能力を高めるには、努力が必要です。これは、状況の良いときも、悪いときも継続的に、人とプロセスにかなりの投資を求めるものです。このような投資こそ、他社が真似ようとしてもなかなかできない要因になっているとわれわれは考えます」（＊11）

誠にその通りである。われわれは、真に有効な経営システムを構築しようと頑張っている企業が業績でその代償を払う姿を幾度となく目撃してきた（人とプロセスに投資した分だけ、当期利益に計上できる金額は小さくなる。よい経営のしくみを築くためにこれを必須の投資と考える会社の業績をそうでない会社と短期的に比較すれば、悪い数字ということになる）。

「マネジメント・システム」という言葉は様々な意味で使われているが、われわれは、これは「リーダーの行動の仕方」（ビヘイビア）と「オペレーティング・システム」という2つの要素の結果であると考える。つまり、

LB（リーダーの行動の仕方）×OS（オペレーティング・システム）＝MS（マネジメント・システム）

ということだ。掛け算だから、2つの要素のうち1つが弱ければ、結果も弱くなる。無能なリーダーの弱点を補完するオペレーティング・システムはどうしたってつくれないし、当然ながら、エドワーズ・デミングが行った通り「ダメな（オペレーティング）システムは有能な人を常に叩きのめしてしまう」。強いマネジメント・システムを築くためには、この2つの要素を両方とも強くしなければならない。

われわれは本書でこれまでリーダーの行動のあり方について度々議論してきた。リーダーの行動の仕方は成功に不可欠な要素だが、すべてではない。リーダーは、マネジメント・システムに活力と生命を吹き込む。よいオペレーティング・システムは、リーダーシップの実効性に焦点を当ててその力を増幅させるが、ダメなシステムはリーダーシップを弱めてしまう。それでは、「オペレーティング・システム」とは何だろうか？

オペレーティング・システムとその特性

オペレーティング・システムとは、仕事をしかるべく為すためのツール、プロセス、標準作業、定期的な活動及びその他のメカニズムである。リーダーが職人なら、オペレーティング・システムとはその人の道具箱と言えるだろう。しかし、よいオペレーティング・システムとは、そうした要素を単に集めただけのものではなく、要素の総和をはるかに超えるものだ。

よいオペレーティング・システムは、組織が自らのミッションを達成できるように、目標に向かって組織を前進させる。これが、従来型の「マネジメントによるアドホックな介入」(思いついたときに口を出してくるような介入の仕方)の代わりに、一定の周期を持つマネジメントの活動を生み出す。つまり、1つに統合されたシステムであって、整合の取れていない、部門別のバラバラなプランの集りではないということだ。

この単一の「システム」は透明性が高く、複数の階層を持ち、階層別に展開されて組織全体に行き渡る。目標を設定し、資源を割り当て、計画を実現するための明確で整合が取れた役割や責任を定義する。社員が仕事をうまくやれる環境を築く(逆に言えば、仕事をうまく「やれない」環境を築いてしまうこともあるのだから、要注意ということだ)。

さらにこれは、戦略の展開、継続的改善、新製品開発、人材育成、人が活躍できる環境づくり、製造・サプライチェーンといった主要な価値創造活動を統合し、推進する。最終的に、オペレーティング・システムは、それ自身がどれくらいうまく運用されているかという自らのパフォーマンスの振り返りまでも提供する。

効果的なオペレーティング・システムは戦略に命を吹き込む。クリティカルな諸活動を同期させ、組織が環境変化に迅速に対応することを可能にし、プランとチームが一緒に動けるようにする。よいオペレーティング・システムが、うまいリーダーの行動の仕方と組み合わさって、きちんと実行されていけば、どんな企業にも非常に大きな競争優位性をもたらすはずだ。

オペレーティング・システムは、次の6つの基本的なことがらを、うまくやり遂げなければならない。

- 成功を確実にするために、会社の組織戦略を展開し、組織を整合させ、リソースを割り当てる
- あなたの顧客が真に価値を認めてくれる新たな価値創造を推進する
- 組織の基本的な業務にサポートを与えることで、日常業務を支える
- 人材を育成し、働きやすい優れた環境を築く。環境をうまくデザインして、永続的な競争優位性をもたらすようにしなければならない
- 今のやり方がうまくいっているか、継続的なパフォーマンス・フィードバックを与え、継続

的改善を可能にするよう、システムそのものに改善と軌道修正の能力が組み込まれていなければならない。

- 管理者の標準作業のフレームワークを創出する。このフレームワークは、日次・週次・月次・四半期といった定期的なマネジメントの活動を創り出すべきであり、この定期的なマネジメントの活動を通してリーダーの仕事を体系化・組織化し、彼らがもっとよい仕事をして確実に成果を出せるようにしていくべきなのである

重要なことに集中させるシステム

会社はしばしば「今やっている取り組みがこれまでにない大きな『組織的シナジー』をもたらすでしょう」と語るが、その結果はむしろ「組織的敵対」に近く、全体としての成果は成員個々の潜在能力の総和よりもはるかに小さいということがよくある。

組織の中で十分に力を発揮できていない社員がいると、リーダーは、よかれと思って、そういう人々の潜在的な能力を引き出すために新たな取り組みを追加するものだが、やがて「エントロピーの増大」に直面している自分たちに気づくことになる。そもそも、それまでの取り組み自体がシステムにカオスを創り出していたのであり、新たな活動を追加したところで、混乱に拍車をかけるだけだからだ(*12)。

2006年にムラリーがフォードのトップに就任したときも、まさにそんな状態だった。

本書の冒頭の「フォードのＶ字回復」で説明したように、同社には業績を上向かせるための改善プロジェクトがすでにいくつもあった。製造容易性設計のプログラム、顧客の声を取り込むプログラム、サプライヤーを統合するプログラムなどだ。プログラムがどんどん追加された結果、限りある時間とリソースの奪い合いになった。

残念ながら、これらの混沌としたプログラムは結果的に組織の動きを悪くし、資源を浪費し、改善プログラムに対する社員の疑念を高めただけだった。では、何が問題だったのだろうか？

フォードは本当に重要なことに組織を挙げて集中しなければならなかったし、共通のオペレーティング・システムをもって会社の方向を揃えなければならなかったのだ。しかし、主たる問題はその両方ともが欠落していたことだ。

われわれは、重要なことへの組織的な集中の欠落を稀な問題とは思わない。スタンフォード大学のジェフ・フェファー教授はこう説明する。

「『あなたは測定したものを手に入れる』というわけだから、企業はたくさんの事柄を測定すればするほど、より多くのことが達成されると自らに思い込ませようとするものです」

さらにフェファー教授は、測定されている１０５個の指標に責任を持つ大手石油メーカーの女性と交わした対話を披露した。実際に目配りしていたのはそのうちいくつだったか。彼女の答はゼロだった。指標のあまりの多さに圧倒されて、現実には何もできない。

従来型のこうしたやり方は、「オーティス・レディングの測定の法則」と教授が呼ぶものに行き着いていたと言えるだろう。これはフェファー教授の命名で、ミュージシャンのオーティス・レディングの「ドック・オブ・ベイ」という歌から取ったものだ。レディングはこう歌う。「僕は10人の人から言われたことをできないから、多分ずっとこのままでいるだろう」(*13)

あまりにも多くのなすべきことに直面したとき、人が実際にやれるのはほんのわずかなことだけだ。悪くすれば何もできない。これは誰にとっても避け難い。

われわれは、重要なことへの集中がフォードの回復劇の最も重要な要素の1つだったと考える。これを創り出したのが、ムラリーの「共に働くマネジメント・システム」だ。

ムラリーのマネジメント・システムは規律あるリズムをもって動き、優先順位を明確にしてそれまでの取り組みに集中をもたらし、機能別部門のあいだと人々のあいだにある相互依存性を梃子に共通の目標へと向かわせた。そして、おそらく最も重要だったのは、彼のマネジメント・システムが全員を巻き込んだことだ。

異常があれば一目でわかり、すぐに手を打てるシステム

オペレーティング・システムは、製品ポートフォリオ・プラン、優先順位付け、リソースの割り当てといったハイレベルな(即ち経営幹部の意思決定に寄与する)機能を提供する一方で、

チームメンバーのレベルで日々の実務の中で正常か異常かを即座に判別し、異常をうまく伝え、一貫性をもって効果的な手を打てるだけの能力を各人に備えさせるメカニズムと運用のあり方も創出しなければならない。

異常を正常から区別する

開発の仕事において、問題を解決し、リスクを小さくし、知識ギャップを埋めていくことは基本中の基本である。それゆえにと言うべきか、これまでの常として、開発者は正常な状態と異常な状態を判別できなくなることがしばしばあった。だから、開発チームとして、パフォーマンスの基準に対して自分たちが現在、どれくらいの水準にあるのかを知る術を持っている必要があるのだ。開発チームのメンバーは、プロジェクトの進行上のどの時点にいたとしても常に、成功する確率を高める正しい位置に自分たちがいるか否かを知っていなければならない。

エンジニアは開発の「早期」に問題を浮かび上がらせることをしないとしばしば思われているようだが、実はこれは、「早期」とはいつなのかをエンジニアが明確に分かっていないからだ。判別したくてもリファレンス・モデルがない。

われわれは、プロジェクト管理の標準に何百もの要件を入れるようなことは求めない。実際、要件が多すぎると（仮に開発者がすべてを読んだとすると）、そのなかから真にクリティカルな基準要件を見つけて取り出す能力を弱めてしまうのが常だ。むしろわれわれは応用範囲の広い複数のガイドラインをお勧めする。

許容されるリスクを時系列で示すリスク・プロファイル（例：各マイルストーンで許容される未解決問題の数と、その未解決問題の数に応じて深刻さのレベルがどうなっていくかを示す）や、定期的に行われる知識ギャップを埋める活動（例：各ゲートで許容される設計完了率）、さらには、機能間で設計ソリューションの収束状態を同期化させること（例：機能間のインプットとアウトプットの要件の完成期限を守らせる）といったガイドラインを開発者に与えるのである。

マイルストーンのクオリティ要件として、特性（コスト、クオリティ、性能）、性能推移傾向グラフ（時間の経過とともに設計中の製品の性能がどう変化していくかを示すグラフ。目標達成パス）、問題／知識ギャップの解決図などを定めれば、いずれも大いに役に立つ。

異常をうまく伝える

こうしてクリティカル・クライテリア（プロジェクト全体に影響を与える重大な判断基準）をつくることができたら、次は異常の可視化である。あなたは、開発システムの中のクリティカルな成員なら、誰もが異常があればすぐに気づくようにしておく手段を持たなければならない。「リーン生産」ではこれに「アンドン」を使う。アンドンとは何か異常があったときにランプが点滅したり、音が鳴ったりして警報を発し、発生した問題にチームの注意を集めるしかけだ。

こういうやり方で開発のためのアンドン・システムを作るとしたらどうなるだろう。これを実現するうまいやり方は、多くはないけれど、いくつかある。オオベヤにおける「目で見る管理」と少数に絞り込んだ重要指標を掲示する「ダッシュボード戦略」は最も有効な方法の1つだ。こうした重要指標を、日次・週次でレビューしていけば、チームメンバーに「アンドン・コード（ひもスイッチ）を引っ張って助けを求める」チャンスを与えることができる。

マイルストーンごとに定めるクオリティ要件は重要だが、優れたオオベヤ・マネジメント・システムならば、主要マイルストーン指標よりもむしろ「先行指標」に焦点を当てる。マイルストーンまで待っていたら、悪い影響がどんどん広がってしまう。

マイルストーンは、キー・インテグレーション・ポイント（複数のサブシステム間の意思決定を整合させ、設計を統合するポイント）としての役割も果たすからだ。基本的な考え方は未然防止である。つまり、潜在的な問題をできるだけ早期に発見すれば、その問題が浮上してプログラム全体に影響を与える前に解消できるということだ。

当然だが、異常を可視化するだけでは十分ではない。運よく地雷を発見できても、信管を外すか、うまく避けるかしなければならないのと同じだ。ほとんどの技術者は問題を顕在化しようとしないが、その理由は、彼らは、問題を提起したところで、その問題に対応できるような十分なサポートはどうせ受けられないと諦めているからである。

生産現場でアンドン・コード（ひもスイッチ）を引いても、サポートがまるでなかったらどうなるか、想像していただきたい。作業員がアンドン・コードを引かなくなるまで、そう長くはかからないだろう。

一貫性のある、実効性の高い対応を必ずとる　このマネジメント・システムの最も重要な部分は、異常が起きてアンドンが点灯したときに、本当に助けられているとチームが実感できるようなしっかりした対応ができるかということだ。これは経営層へのレポートの数を増やすことではない。異常への対応の仕方は、チームを育て、チームを成功させることに焦点を合わせたものであるべきだ。

チームに助けが必要なのはどんなときだろう。助けが必要だと自ら認めて言って来ることもあれば、助けが要ると誰の目にも明らかな場合もある。1つの対応の仕方は、異常への気づきをオペレーティング・システムの定期的なイベントに結びつけることだ。定期的なイベントはこうした異常に対応し、素早いサポートを提供できるように最初からつくられている必要がある。

たとえば、コスト・クオリティ・技術案件の機能横断的な定期的リーダー・レビューは、チームが自分たちだけでは解決できない問題を上位チームに提起する機会を与える。しっかり同期がとれたオペレーティング・システムなら、開発チームに成功へのベスト・チャンスをもたらすことができるはずだ。問題が浮上したときは特にそうだ。

オオオベヤ・マネジメント・システム　われわれは、本書の全体を通して、プログラム管理の実効性を高める「オオオベヤ・マネジメント・システム」に関して多くのことを語ってきた。もともとオオベヤは製品・プロセス開発プログラムのために工夫されてきたものだが、これ以外にも様々な用途で幅広く活用されているのをわれわれは目の当たりにしてきた。

オオベヤ・ミーティングは、そこに参加する人々の方向を揃え、チームの勢いと自信を強め、プログラムを絶えず前へ向かって進ませるために、エンジン出力を高めるスーパーチャージャーのような役割を果たす。イベントとイベントのあいだにも、オオベヤは中心的なハブとして機能する。サブグループがオオベヤに集まって情報を共有し、他の領域の進捗を確かめるのだ。

オオベヤはリーダーシップの実効性を高めるとともに、より広範に人々を巻き込み、活躍してもらうのにも大いに力になるが、それだけではない。最善のリーダーシップの振舞いを示すフォーラム（生きたお手本を見ることのできる場所。対話のなかで上司が正しい行動をとるのを部下が目の当たりにする）の役割も果たす。

オオオベヤ・マネジメント・システムがチーム全体に対して規律あるリズムと高い透明性を生み出し、このことが、「従来よりもはるかに広範な関係者を巻き込んだコラボレーションの実現」「問題解決能力の一層の向上」「より速く・よりよい意思決定」につながっていく。

このような訳で（リーダーシップを正しく発揮して成功することは、どの分野・どの組織でも非常に大切であるから）、製品・プロセス開発だけでなく、経営幹部と機能別部門長がそれぞれの職責を果たす上でも、継続的改善のセンターとしても、個別のタスクフォース的な活動でも、オオベヤ・マネジメント・システムが大いに役立つことが実証されてきた。

われわれは、この強力なシステムを自らつくり、活用し、さらにこれをうまく活かしたいと願う複数の企業を支援してきた。適用分野も、医療から自動車、家電、重機、ロボティクス、サービス、航空宇宙に至るまで非常に幅広い。だから、あなたの会社でも考慮する価値がきっとあると信じている。

相性の問題

以下のことは繰り返しになるが、何度でも言いたい。実効性の高いマネジメント・システムを築いてそこから恩恵を受けたいと考えるなら、「オペレーティング・システム」と「リーダーの振る舞い」の両者の方向がきちんと揃い、一貫性を保っていることが欠かせない。たとえば、オペレーティング・システムの要素である「オオベヤ」と「A3」は、透明性・問題解決・コラボレーションを推進する上で非常に役立つ。

しかし、リーダーが「問題については聞きたくない」という心得違いをしていると、問題を浮かび上がらせた人たちを攻撃したり虐めたりする(本来ならその人たちに「問題を教えてくれて、ありがとう」と言わなければならない場面だ)。そうでなくても、適切なツールがあるのに実際に活用しなかったり、仲間と協力しなかったりすれば、どんなツールも無意味になってしまう。

あなたの会社が「重要なことへの組織的集中」を進めるために、「年次の方針展開」と

「一定の周期で繰り返すレビュー・プロセス」を含むオペレーティング・システムをインストールしたとしても、肝心のリーダーがいつも次から次へと「キラキラするもの」を追いかけるばかりだったら、やはり意味を失ってしまう。皆さんには既にお分かりだろう。「オペレーティング・システム」と「リーダーシップの能力」は、明確な意図を持って継続的に育まれ、両者が互いに強化し合い、よりよくなるように進化していくべきものなのだ。

この先の展開　偉大なリーダーシップは重要だが、偶然生じるものではない。7人乗りボートのクルーであれ、社員数十万人を擁す大企業であれ、有能なリーダーが率いるチームがよい働きをする。優れたリーダーになることは容易ではない。優れたリーダーになれるよう意図を込めて育み、ふさわしいスキルを高めていくには、組織と個人が労力とリソースをかなり投資しなければならない。

リーダーシップの振る舞いは、実効性の高いオペレーティング・システムとうまく組み合わさってこそ、組織をその目標に向かって進め続ける強力なマネジメント・システムとなる。製品開発組織の目標は、突き詰めれば、素晴らしい製品である。

リーダーは単独で仕事をするのではない。リーダーに目覚ましい働きをしてもらうためのもう1つの方法は、彼らが自らの役割を果たせる状況とはいかなるものかをよく考えることだ。リーダーは会社の戦略的な方向と整合のとれたビジョンを売り込む。リーダーのビジョンがどれほど素晴らしかろうが、もっと上の階層にいる経営幹部たちが決めた戦略を超えて優れたものになることはできないと心得るべきだ。

よく訓練され、顧客を第一に考える技術者を提供してくれるのは機能別部門なのであり、この面で開発プロジェクトのリーダーは機能別部門に全面的に依存している。本章で説明したように、開発者たちは「役割と責任が明確に定められたシステム」と「オペレーティング・システム」の中にあって力を発揮する。彼らは学びのカルチャーに貢献することができるが、そのカルチャーは、個々の開発プログラムのコンテクストとして確立されていくべきだ。

次章でわれわれは、いかにして学びのカルチャーを築くかに焦点を当てる。学びのカルチャーとはどういうことか、どうやって学びをサポートする環境をつくるのか、継続して学び続けるスキルと意識を持っている人々を、どのように育成するのかを議論していく。

Your Refletion

あなた自身の振り返り

ビジョンをつくる

われわれは経験に基づいて、次のような実効性の高いリーダーの重要特性を抽出した。

- 謙虚である
- 言行が一致している（言ったことはやる）
- 気取らない口調で、建設的なフィードバックをする
- 他者及びチームを自分より優先させる
- 整合が取れた「１つのチーム」をつくる
- 誰に対しても尊敬の念を持って接する
- 粘り強く、固い決意ですべての目標の達成に向けて努力する

- 心のレジリエンス（回復する力）を持っている
- 自身を偽らず、ありのままの自分を出せる
- 肉体的にも精神的にも健康である
- 成功できるだけの環境と状況をつくり出す
- 経営のオペレーティング・システムをつくり、維持していく

われわれはさらに10個以上の特性を挙げることもできるが、読者の皆さんも思いつくはずだ。ここに示した「実効性の高いリーダーの特性のリスト」をどう変えたら、あなたの会社の状況にもっと合うようになるだろうか？

あなたの現状

1 新製品の成功に対して誰が最終的な責任を負っているか？　あなたの組織がものすごく成功する製品を生み出すために、その責任者の下に人々の力を結集すべく、あなたはどんな策をとっているか？

2 新たな製品・サービスの開発におけるリーダーの役割と責任を、どうしたら明確にできるか？

3 リーダーを探し、育てるために、あなたはどれだけの時間と労力を使っているか？　それは十分か？

4 あなたの会社のリーダーは、「実効性の高いリーダー」の望ましい特性を、どれくらい持ち

合わせているか？（それぞれの項目に対して強さの程度を記入せよ）

5 あなたの会社の現在のオペレーティング・システムはどのくらい有効か？　どうしたらそれを改善できるか？　ギャップはどこにあるか？　そのオペレーティング・システムは、リーダーシップの振る舞いと組み合わさって切れ目なくうまく機能し、パワフルなマネジメント・システムを形成しているか？

行動する

1 あなたの会社の製品開発において最も重要なリーダーの一群を選びなさい。選んだリーダーを1人ずつ、先にあなたがつくった「実効性の高いリーダーのビジョン」と照らし合わせてギャップを見つけ出しなさい。

2 そのギャップを埋めるために、どんな行動がとれるだろうか？　たとえば、あなたのオペレーティング・システムには、リーダーが常に問題を把握できるようにするためのレビューや定期的なイベントが欠けているのではないか？　あなたは、意図的・継続的にリーダーの能力を育むために、十分なメンタリング及びその他の訓練を行っているか？　なかには、向いていないのに、そのポストに就いている人もいるのではないか？

CHAPTER 6 学習する組織として知識を創造し、活かしていく

Creating and Applying Knowledge as a Learning Organization

学習は強制されることではない。
生存もそうだ。

――ウィリアム・エドワーズ・デミング

人の学びを阻むもの

学習する組織に関しては、今日に至るまでずいぶん長い間議論されてきたと思う。1980年代中頃、W・エドワーズ・デミング博士は、当時それぞれの産業で優位に立ち始めていたトヨタやその他の日本企業に米国企業が追いつくためには、学びの能力を高めねばならないと訴えた。

1990年にピーター・センゲが『最強組織の法則』（*The Fifth Discipline*、守部信之訳、徳間書店）という画期的な本を著し、真の「学習する組織」となることには非常に大きな潜在効果があるとわれわれに教えた（＊1）。

ハーバード大学のクリス・アージリスは、『組織的学習について』（*On Organizational Learning*、未邦訳）という好著でさらに詳しく説明し、設定された方向からの逸脱を修正するだけの「一重ループの学習」と、方向性そのものを常に問い続ける「二重ループの学習」の違いを説いた（＊2）。

1995年には野中郁次郎が「競争優位性の永続する源泉は知識である」と主張している（＊3）。藤本隆宏は「トヨタの製品開発システムとトヨタ式生産システムの主要駆動源は素早い学習サイクルによる情報の創造及び伝達である」と主張した（＊4）。

われわれも前著で、トヨタはその学習ネットワークを梃子にして新製品のクオリティを改善し続けていると説明した。他にも数え切れぬほど多くの書籍と学術論文があり、知識を創造し応用していく能力こそ組織が成功するための中核であると指摘している。

しかし、総論レベルで「学習する組織」が広く知られるようになって既に久しく、環境も激変し、新たな情報がもの凄い勢いで生成されている今日にあってなお、われわれが出会う企業の大半は、書籍やデータベースやウィキペディアのような「知識の容れ物」を作る状態からほとんど先に進んでいない。開発プログラムの終結時に振り返りのイベントを始めた企業はあるかもしれない。

しかしそれでも、企業は相変わらず困ったままだ。何度も挑み、努力したにもかかわらず、当初思い描いていたような効果に遠く及ばぬ状態でしかない。

1999年にロバート・コールは「1980年代の日本企業の優位性は、主としてその組織的学習能力にあった。一方、西洋社会のわれわれは個人の学習が得意だった」と指摘した(*5)。コールは、組織的学習とは個人の学んだことを組織的ルーティン、即ち、個々の社員よりも上位にある標準に転換することだと主張し、次のように書いた。

「組織的ルーティンを広め、進化させるプロセスが組織的学習である。当然ながら、人は良いことも悪いことも学べる。しかし、われわれは組織的学習を、最もよい仕事のやり方を見極めてルーティンとして定め、その最善のやり方を標準となし、組織全体に広め、そうして出来上がったプロセスをさらにずっと改訂し続けることだと定義したい」

新しい知識を創造し応用することは、製品・プロセス開発の卓越性の核心である。要するに、ハイ-パフォーマンスな製品開発組織になるということは、学びが上手な組織になるということだ。これを認識している企業は多い。われわれも、「この領域でもっと能力を高めるためのツールや新技術はないか」としばしば質問を受ける。確かに、A3プロセス等々、役立つツールはあるにはある。

しかし、われわれの経験では、多くの企業が出会う障害物や困難は、ツールと技術がないためではなく、もっと基本的な組織の問題が原因というケースがほとんどだ。われわれは、これまでに様々な企業に共通して見られる「よい学びを妨げる4つの障害」を見てきた。

● 情報をオープンに共有することへの恐怖心

学習する組織になる上でこれが一番大きな障害だ。恐怖の影響は多方面にわたり、様々な形をとって学習をぶち壊す。

第一に、自尊心の強すぎるリーダーにありがちなのが、事実をありのままに見て探求しようとするカルチャーを嫌い、推進したがらないことだ。こういう人は、自分が間違っていることを指摘されたら自尊心が傷つき、自分の権威が弱まるのではないかと恐れている。

第二は、個々の社員が知識を自分の中に貯め込んでしまうことだ。これは、自分が職を失うのではないかと恐れてのことだ。知識は権力となり、自分の職位や職そのものを守るための手段となる。

第三に、恐怖が支配する組織では、社員はほとんどの時間を自己保身モードで働いて過ごすことになるから、自分の犯したミスを表に出すことがほとんどない。これこそ学びのおおもとであるのに、その肝心なことが怖くてできないのである。恐怖はストレスと不安を生み、学習を阻害することはよく知られている。

加えて、そんな状況下に長期間いたら、諦めと無力感が習慣になってしまう。実際、そんな嫌な環境で誰が働きたいと思うだろう？　ブラックどころではない、地獄の職場だ。こうなると、最も賢く最も優秀な人から辞めていく可能性が高い。それがさらに組織の学習能力を低下させる。

●学びの価値が心底からは認められていない　組織のリーダーは「学習は大事だ」と口では言うのに、彼らの実際の行動がいつも示しているのは「すぐに結果を出せ」である。大抵、皆がそれを知っている。こうなると、学習のために時間を割くなどということは後回しにされてしまう。こういう会社には多くの兆候がある。

振り返りイベントが開催されていても不規則で参加者も少ない。知識データベースや技術標準が使われることは稀で、リーダーがその話をすることもほとんどない。学習と実験のための時間が割り当てられることもない。知識を確かなものにするためのチェックリストやA3といったツールも、単なる「やったことを確認するだけの演習」になってしまう。新しいアイデアを試してみることはめったになく、真の実験はまず行われない。

こうした状況の原因は、いくつも考えられる。ひょっとしたら、企業が儲かっていて、今のやり方でのろのろと進んでいても十分だと思っているのか。あるいは、リーダーが、いま目に見える成果を出す活動に比べて、曖昧で不確実な活動である「学習する時間」をとることの重要性を真に理解していない可能性もある。

あるいはまた、短期間に結果を出せというプレッシャーがかかる中、学習に投資することを恐れているのか。理由が何であれ、こういう会社は、往々にして差し迫った脅威にすら学習し反応することができないくらいまで行き詰まってしまう。

●口で語ることと実行することを混同してしまう企業の体質

ジェフェリー・フェファーとロバート・サットンという2人のスタンフォード大学教授の素晴らしい本が「知ることと実行することのギャップ」についてうまく説明してくれる（＊6）。

このギャップは、プレゼンテーションしたり、議論したり、決断したりしただけで、実際に何かを実行するのと同等であると思い込むことから生まれるという。そこでは対話が行動の代わりになり、進む方向を選ぶことが実際に進めることの代わりになり、パワーポイントのプレゼンテーションが真の変革の代わりになる。

もっと悪いことに、フェファーがファストカンパニー誌の記事で指摘したように、口で語ることが実際に実行することよりも高く評価されることさえあるのだ。「批判的であることが知性の証拠であると思われる。そういう空間で、この人は頭が良いと思わせる一番手っ取り早い方法は、相手をやり込めることだ。

ここであなたがアイデアを出したら、私はそのアイデアが上手くいかない千個の理由を挙げる。そうすると皆があなたはバカで、私の頭がいいと思う。こうして、誰も新しいアイデアを提案しない環境ができあがる」(*7)。

●組織のなかで学びが「本物の仕事」に切れ目なく滑らかに統合されていない この原因は、学びを重視していないからという場合もあるが、学びの方法を知らないということもある。組織は学習を積極的に行い、学習する方法を探索し、これらを日々の実際の仕事の中に組み込む必要がある。学びとは一種のスキルであり、他のスキルと同じように、実践すればするほどうまくなる。

学びと改善を推し進めたいなら、組織として意を用い、日々の仕事を学びと改善に活かしていく方法を学ばなければならない。開発の仕事においては、プロジェクト、デザイン・レビュー、試験等々、無数の問題が立ち現れる。これこそ学習の絶好の機会であるのに、多くの企業はこうした活動のポテンシャルをうまく引き出せていない。

われわれは、学習する組織は表6－1に示すような「重要な特性」を持つと確信している。ここに示した特性は、クリティカルな情報を学習し、保存し、共有していくための中核である。

当初われわれはこれを概念的な数式として考え始めた。数学的な意味はないかもしれないが、数式で表すとすれば、足し算よりも掛け算だと思う。つまり、これらの要素のうちどれか1つでもゼロなら、その会社はうまく学習できる組織ではないという

表6-1 学習する組織 ＝ カルチャー × 学びの機会 × 科学的思考 × ゲートキーパー × コミュニケーション

カルチャー	学びをサポートするカルチャー
学びの機会	学びのための機会（例：デザイン・レビュー，振り返りイベント，オオベヤ）
科学的思考	社員たちは習慣的に科学的思考能力を高め続けている
ゲートキーパー	技術的ゲートキーパーが複数存在しており、知識を蓄積し、守っている
コミュニケーション	協力して働き、知識をうまく伝えるために、メリハリの効いた明解なコミュニケーションが実現されている

ことだ。

学習をサポートするカルチャー

「学びのカルチャー」とは何か？　言葉で表現するのは少々難しい。ピーター・センゲは「学習する組織とは、学習と能力が拡大し、成果を出し続けている組織だ」と定義した。われわれは、学びのカルチャーは芸術のようなところがあると思っている。芸術は、見ればば分かるし、体験すればなおよく分かる。あなたがトヨタに行けば、学びのカルチャーの存在を感じることができる。

シリング・ロボティクス社の社員と話せば、それに気づく。ムラリー時代のフォードでも、そうしたカルチャーの存在を感じ取れたはずだ。こうしたカルチャーは、放っておくと壊れてしまう脆さがある。それに、偶然できあがるものではない。絶え間ない努力が要るだけでなく、再びデミング博士の言葉を借りるなら「首尾一貫した目的意識」が求められる。

われわれがこれまで「学びのカルチャー」を実際に見て肌で感じることができた組織はいくつもあり、そこには共通する重要な特性があると考えるようになった。以下に紹介しよう。

学び手としてのリーダー

学びのカルチャーは、組織の中から恐怖を追放しようと固く決意して自ら積極的に取り組むリーダーから始まる。先に述べたように、ムラリーはフォードの経営幹部に「あなたがたのマネジメントの道具箱から『恐怖による支配』を捨て去りなさい」とムラリー流のやり方で強く迫った。

だが、それは出発点に過ぎない。学びのカルチャーを創出するためには、リーダーが自ら率先して積極的な知的好奇心を示し、1人の人として仕事を通して学び、成長しようとするお手本になることによって人々を導いていく必要がある。そうして初めて部下に対して同じように行動してもらいたいと求めることができるのだ。

ロッキードの有名なスカンク・ワークスを率いた伝説的人物であるケリー・ジョンソンは、自ら学ぶ偉大なリーダーであった。ジョンソンの下で筆頭技術マネジャーを務め、後にジョンソンの後任となったベン・リッチは、レオ・ヤノスと共著で『ステルス戦闘機――スカンク・ワークスの秘密』（増田興司訳、講談社）（＊8）という素晴らしい本を書き、そのダイナミックかつ厳しいカルチャーを描き出している。彼らは科学的にも製品の性能という意味でも前例のない水準のブレークスルーをいくつも生み出した。

スカンク・ワークスのカルチャーが優れた成果につながったのだ。ジョンソンは、工場の現場のすぐ近くで技術者が働ける実践的な環境を強く求めた。すぐ近くにいれば、アイデアを試すためすぐに実験できる。日常的な仕事として実験を通して技術的な可能性の限界を絶えず広げていけると考えていたからだ。

関係者の誰もが言う通り、ジョンソンは技術者に対して高い期待を持ち、「自分の知るべきこと、なすべきこと」を分っていない技術者には容赦しなかった。しかし彼は自らに対してさらに高い基準を設定しており、画期的な製品開発の鍵は学習することにあると知っていた。

ジョンソンの学びへの情熱はミシガン大学の工学部の学生だった時代にすでに始まっていたと思われる。休暇中に自分の技術の能力を維持するために「航空機プロペラ設計」（＊９）と「微積分学」（＊10）という本の演習問題をすべて解いたという逸話が残っている。彼の情熱は航空宇宙技術者として働き始めても変わらなかった。後に、実験機を自ら操縦し飛行するに至る。自分が設計した飛行機の性能に関して、テストパイロットが経験している問題をもっとよく理解するためであった。

また、カルフォルニア工科大学（カルテック）の夜間の講義に出席し、その後、カルテックを通じて個人として動いて、部下の技術者と管理者のためのセミナーを自社で開催するよう取り図った。

問題また問題、さらに問題

現実世界の多くの実践家にとって、「問題があることの喜び」を実感することは容易ではない。それどころか、問題が見つかればまず喜びとは真逆の反応が生じるのが常だ。他に特段の理由がなくても、問題は常に最悪のタイミングで起こるように感じられるから、嫌がられるのも無理はない。

たとえば、モーガンは製品開発プログラムで経験してきた数々の問題が自分の寿命を何年も縮めたに違いないと言う。そうは言っても、問題というものは、その大小によらず、製品開発とは切っても切れない関係にある。問題を無視したり、さらによくないことに問題を顕在化した人を批判したりしていたら、ただでさえ悪い状況をもっとずっと悪くしてしまうし、長いあいだに組織のカルチャーをじわじわと蝕み、弱体化させることになる。

そうこうするうち、沈黙と皮肉が支配する「カルト集団」ができあがってしまう。開発のリーダーたるもの、問題に出会ったらむしろ「よかった」「うれしい」と感じるようでなければならない。そして、出会った問題を、学びと改善のための「挑戦に満ちた素晴らしい機会」と捉えなければならない。

アラン・ムラリーは問題をしばしば「宝石」と呼び、フォードのリーダーに、問題をブレークスルーのチャンスと考え、積極的に掘り起こせと強く求めた。それに、問題が製品開発にとって（さらにはビジネス全体にとって）不可分で根源的な部分である以上、理にかなっているとは言えるのは、あなたが問題から学ぶのがうまくなればなるほど、開発もうまくなるということだけだ。だからあなたは、問題を無視したり隠したりする代わりに、問題をがっちり掴み、その問題を退治していかなければならないのである。

まずは環境づくりである。問題を見つけて指摘しても大丈夫な環境、悪い知らせを持ってきた当人のキャリアに悪い影響を与えない環境を築かなければならない。ムラリーなら、部下が問題を上げてくれれば「あなたが問題を抱えているからといって、あなたが問題なわけではない」と言う。

そして、問題を抱えている部下に対してその解決のために現実的で真に役立つ手助けをすべく自然に体が動いて反応するのが真のリーダーの役割であって、そういう行動ができているならリーダーとして認めるが、単に「報告の頻度を上げよ」とか「たくさん報告せよ」などと部下に迫るだけならリーダーではないと言うだろう。

真の学習する組織は、不可避的に次々と浮上してくる問題をうまく解決し、そこから学ぶことを可能にするパワフルな問題解決のやり方を自ら考え出して活用していく。

われわれは本章の後半で企業が自分たちの問題解決能力を継続的に高めていくために、A3レポートやデザイン・レビューをはじめとする様々なメカニズムをどのように使っているかをさらに説明するつもりだ。しかし、すべては「実験するカルチャー」を創出することから始まる。

実験するカルチャー

「『知っている』と『実際にやる』のあいだのギャップ」を克服する最善の策は、実験を糧として成長していけるカルチャーを築くこと、つまり、現場で実践を通して積極的に学ぶ気風を持った組織をつくることだ。

会議室で延々と続くプレゼンテーションや無意味な議論の代わりに、「どうしたらこの問題をもっとよく理解できるか？　自分たちが考えている仮説を検証する（証明あるいは反証する）ために、どのようなシンプルな実験が可能か？」と問うのである。失敗が許容されるだけでなく、失敗は組織として前進していくのに欠かせない基盤の一つだと考えるカルチャーを想像していただきたい。

よく知られているように、ニュージャージー州にあったトーマス・エジソンのメンロパークの実験室は、まさにそんな場所だった。そこでは絶えずアイデアが検証され、技術の限界が拡張され続けた。そこは、モノが爆発し（比喩的にも実際にも）、失敗することが通常業務の一部であるような場所だった。そして、驚くべき数の技術的ブレークスルーが生まれた場所でもあった。

メンロ・イノベーションズも、まさしくそのような会社である。同社の名前「メンロ」は、エジソンの「メンロパーク」に由来する。エジソンの実験室と同じように、実験することはメンロ・イノベーションズのDNAに組み込まれている。同社の共同創立者の1人で現在はCEOを務め、『ジョイ・インク――役職も部署もない全員主役のマネジメント』（原田騎郎他訳、翔泳社）を著わしたリッチ・シェリダンは、われわれにこう語った。

「われわれが何か新しいことをやろうとしていないなら、それは何も学んでいないということです。学んでいなければわれわれは立ち遅れてしまいます」

シェリダンは、社員に新しいことにチャレンジさせたいなら「部屋の中から恐怖を吸い取って、ミスしても、その結果失敗したとしても、大丈夫、OKという部屋にしなければなりません」と言う。これは、メンロの社員がいつもやっていることだ。「もちろんプロフェッショナルとしてミスはしないに越したことはありません。でも、人間である以上、ミスはやってしまうものなのです」。

本当に実験を通して自分の能力を伸ばそうとしているときなら、特にそうだ。「メンロでは、われわれはまず『自分はいずれ必ずミスをしてしまう』という考えを受け容れます。そして、素早く何度もミスを犯して学び、この道程のどの地点においても、そこに至るまでに学んだものに基づいてダイナミックに方向を修正しながら前進していくのです」。

仕事の中に学びをうまく組み込む

学習が上手なカルチャーであればあるほど、学習そのものは当然視され、目立たなくなる。通常の業務とは別に設定された大掛かりな「イベント的な学習」ではなく、むしろ、日々の仕事のやり方の中に学習が組み込まれており、人々は毎日学んでいくということだ。

学習とは「われわれが当たり前にやること」であって、「やらなければならない何か別のこと」ではない。社員はオープンに情報を共有し、透明性は当然の前提であり、学習は最初から仕事の中に組み込まれている。

学習は、トヨタが行うほぼすべてのことにおいて中心にある。毎日の仕事をきちんとやり遂げるのにも、合弁会社NUMMIでGMと協業していたあいだも、燃料電池技術の深い理解を得るためにMIRAIを開発製造している今日も、どんな場面を取り上げても、トヨタは学習が常に仕事の中に切れ目なく滑らかに自然に組み込まれている会社の典型である。

われわれは前著で、トヨタの驚嘆すべき学習ネットワークと、それが同社の製品開発能力にどのように影響してきたかを説明した。開発初期のケントウ（検討）段階でも、構造化された問題解決でも、サプライヤーの技術の展示会でも、チェックリストやノウハウデータベースでも、ハンセイ（振り返り）イベントでも、プログラム・マネジャーの会議でも、どんな仕事であっても、学習はトヨタの開発の中心にある。

われわれの最近の研究によれば、この学習ネットワークは以前にも増してパワフルになっている。本書のここまでの部分でも、トヨタが社員1人ひとりの日々の仕事のやり方の中にどのように育成を組み込んでいるか、いくつも例を挙げて説明してきた。トヨタは、ありとあらゆる機会を捉えて学習を仕事の中に組み込もうとする会社なのだ。

学びの機会

クリエイティブな問題解決とイノベーションは、製品開発の能力を高める上でものすごく重要である。そうした目標を達成すべく努めるのはよいとして、実状とかけ離れた特別な戦略を採用し、立派なオフサイト・イベントを開催するだけで済ませている企業も少なくない。

われわれはその手のイベントに必ずしも反対ではないが、組織の中に創造性とコラボレーションを育みたいなら、もっとずっとよいやり方がある。はるかに有機的で、より滑らかに実務と統合された方法だ。それに、おそらくこれはあなたが既にやっていることであり、現在進行中の開発に一定のリズムを創り出し、カルチャー変革の強力な牽引役として機能するのに役立つものでもある。即ち、デザイン・レビューだ。

デザイン・レビュー

デザイン・レビューは、リアルタイムの学びとイノベーションの機会であるにもかかわらず、見過ごされがちで、時に悪口を言われることさえある。われわれは、「よくあるデザイン・レビュー」の話をしたいのではない。

しかし、大抵の会社では、デザイン・レビューと言えば「状況レビュー」の劣化版である。問題を見つけた人を責め立てたり、設計リリースと金型着手時期に関して技術者を厳しく問い詰めたり、マイルストーンに先立って犬とポニーの見世物、つまり中身のないプレゼンテーションをして、主として経営幹部に対して彼らが強く求める安心感を与えようとするものの、それは偽物の安心感であったことがやがて明らかになる……といった具合だ。

この手のデザイン・レビューに出席している間ずっと、大抵の技術者の主な目的は、自分の担当部分に関する悪い話ができるだけ表に出ないようにしたまま「舞台から退場」することと、「あなたが私のプロジェクトの欠点を指摘しなければ、私もあなたのプロジェクトの問題点を指摘しない」という暗黙の了解を決して破らないことである。

これに対して、「効果的なデザイン・レビュー」は、あなたの開発プロジェクトの心拍(生存に不可欠な心拍のように、プロジェクトに一定のリズムを与えて前進させるもの)となり、開発のオペレーティング・システム全体にとって不可欠な要素となることができる。別々に働くチームのあいだに共通の絆をもたらしてくれる。

さらには、プログラムが進む速さに合わせて実践を通して学んでいく上で最も役立つしかけでもある。大まかに言って、われわれは、デザイン・レビューを次の2つのカテゴリーに分けて考えている。

- 定期開催のレビューは、技術上の問題を適時適切に取り上げ、解決していくために使われる。

定期開催レビューは、開発において不可避的に生じてくる技術上の課題に取り組むために、しかるべきメンバーが機能横断的に集まって、一貫性を保ちつつ定期的に開かれる一種の「フォーラム」（実のある議論のためのオープンな空間）を提供する。そのような場があれば、困りごとを抱えた技術者が切実に必要な助けを求めてあちこち走り回るといったムダを防ぐことができる。

● システムに焦点を当てたレビューは、主なインテグレーション・イベントをサポートするように開催日程が組まれる。よくあるのが、開発チーム全体に声をかけて各サブシステムの代表者に集まってもらい、サブシステム間のインターフェースと相互依存性に焦点を絞って議論するレビューである。

このタイプのレビューを行うと、レビュー後にやらなければならない仕事が結構出てくるものだが、そのためにプログラム全体の日程を乱すようなことがあってはならないから、レビューの後にそうした宿題をこなせるだけの時間的余裕を見込んでスケジュールが組まれる。

どちらのタイプのデザイン・レビューもチャレンジングかつ厳格であるべきなのは当然だが、それより何より、血の通った、活力に満ちたものでなければならない。レビューでは「製品とチームの両方を共によりよくしていく」という本来の狙いを見失うことなく、この狙いに適うように、製品とチーム両方のパフォーマンスの期待値を引き上げていくべきだ（期待値を引き上げるだけのレビューでは、この狙いが達成されることはまずない）。

レビューはまた、完了の欄にチェックマークを付けるだけのイベントでもない。むしろその手のものから、はるかに遠いところにある。レビューとはアイデアが厳しい試練を受ける場である。言わば一種の熱い「坩堝」なのだ。坩堝の中でアイデアを検証し、挑戦し、よりよくしていく。そうして坩堝内に熱と光が共に生成されるのだ。

「効果的なデザイン・レビュー」は、パワーポイントを見せる場ではない。参加者は早期のプロトタイプや試験データ、シミュレーションの結果、CAD図面といった開発で現在実際に使っているものだけを持ち込むべきであり、おそらくそこに紙1枚にまとめたプロブレム・ステートメント（何が問題なのかを簡潔に書いた問題記述文）を添えることになる。

イベント自体も可能な限り「ゲンバ」で行うべきだ。ゲンバでレビューを行えば、パワフルでダイナミックな空間を創り出せる。その空間の中では、問題はもはや特異な例外事象ではなくなり、リアルタイムの学びがまさに目的となる。

第4章で説明したように、デザイン・レビューは人を育てカルチャーを変革する絶好の機会でもある。リーダーたるもの、レビューではよい質問をしてその場で積極的に指導しなければならない。

そういう質問と指導を通して、デザイン・ソリューションとその背後にある部下の思考の両方を確かめていくのだ。「よい質問」とは、ソリューションの出来具合を正しく把握し、部下の思考を理解するに足る適切な問いを投げかけることである（虐めるだけの質問など論外である）。まさしくリーダーシップを育むチャンスだ。

しかし、もっと重要なのは、レビューは、リーダーが自らの行動をもってお手本を見せる機会ということだ。協力する、実験に励む、真面目にきっちりやる、細かいことにこだわりを持つ、そして最終的に責任を負う。これらはいずれもリーダーが配下のチームに「かくあってほしい」と望む姿勢だが、リーダーがそれをやって見せてこそ、部下たちにやってほしいと言えるのだ。この環境は懲罰的ではない。

それどころか、リーダーはいかなるときも建設的な質問をし、適切なフィードバックを与えられるだけの準備ができていることを求められるのだから、リーダーシップにかかる圧力のほうがはるかに強い。チームが一致団結して頑張ることによって個人の力の総和以上のことを成し遂げられるよう導いていくのがリーダーの仕事である。そのためにこそ、チームメンバーの力を引き出すと同時に、自らにもプレッシャーをかけ続ける。

こういうレビューは、最初のうちは居心地が悪いと感じるかもしれないが、リーダーたちが厳しい問いを投げかけ、アイデアに試練を与え、同時に部下を常にサポートするといったリーダーの務めをどんなときも忘れずにしっかりと果たしていれば、やがてチームはこうしたイベントを糧に技術者としてあるいはリーダーとして、務めを果たし成長する機会を享受できるようになる。

レビューは個人の業績を査定する場ではないし、誰かを非難する場でもない。常によりよい価値を顧客に届けるために一致団結して働き、働き方自体をも継続的によくしていくことを目指すものだ。

ここまで読んできたあなたなら、ご自身の次のデザイン・レビューをもっとよいものにしたいと考えているはずだ。そんなあなたにぜひ考慮していただきたいポイントを以下に挙げる。

1 議題とスケジュールに積極的に関与して、うまく進めよ。しっかりやるべきことの第一は、適切な議論のために適切な人が漏れなく揃って出席し（当該の議題の分野の専門家が必ず出席するよう取り計らうべき）、出席する必要のない人は出席しないようにすることだ（常にムダを省くよう努めよ）。加えて、議題の1つひとつについて深い議論ができるだけの十分な時間を確保しなければならない。

2 常に周到に準備せよ。これは全参加者に求められる姿勢だが、リーダーは特にそうだ。重要な情報は可能な限り事前に配布せよ。発表する者は毎回、まず明確なプロブレム・ステートメント（問題記述文）を提示すべきだ。続いて、ここまでにやった仕事を説明した上でソリューションの候補を複数挙げて幅広く探索しなければならない（これをうまく進めるのに、A3が大いに役立つはずだ）。レビューは、フィードバックであるかのように見せかけて問題をチームに一方的に押し付ける場ではないと心せよ。

3 レビューは可能な限りゲンバで実施せよ。実際の製品、重要なデータ、CAD情報を確実に揃え、使える状態にしておくこと。

4 問題を掘り起こすのに役立つ、意味のある質問をせよ。リーダーは、自分の知識をひけらかす目的で相手が答に窮するような質問をしてはならない。逆に、すぐに答を与えてしまうのも厳に慎むべきだ。前者のような意地悪な質問をすれば、相手は黙ってしまう。後者のアプローチを続けていれば、いずれあなた自身が多くの問題を抱えて苦しむことになる（部下にすぐに答を与えてばかりでは、部下が自分で考える力を育てられず、仕事を任せていくことができない。この結果、上司自身が問題を解決しなければならない状態がいつまでも続く。中長期的には限界に突き当たる）。

5 遠慮のない率直な討議を奨励せよ。即ち、答えにくい質問を敢えて投げかけるということだ。素晴らしい製品を創造する上で、クリエイティブな緊張関係は大きな役割を果たす。しかし、どんなことがあろうと決して個人攻撃をしてはならない。サブシステム間のインターフェースと相互依存性に深く思いを致すとともに、当該プログラムが開発プロセス全体のなかでどこにいるのかをよくよく考えよ。

6 「実験する」を心に刻み込め。レビューはディベートを楽しむクラブ活動ではない。どうすれば自らの仮説を簡単かつ効果的に検証できるかを常に問え。

7 知識を獲得し、適用せよ。レビューはあなた自身の学習サイクルであると同時に、あなたにとって「機会」でもある。人々が学びを通して現在の標準を一層確実に守るように仕向けていくべき人はあなたであり、さらにその標準を改訂して新たな標準を創っていけるように導くのもあなただからだ。今持っている知識を梃子に新たな情報を得るべく努めよ。

8 デザイン・レビューをあなたの「開発オペレーティング・システム」全体の土台と位置付けよ。大きな組織では「デザイン・レビューの統合されたネットワーク」と言ったほうが適切かもしれない。土台である以上、レビューへの参加は必須だ。欠席という選択肢はない。

9 製品と参加者の両方への期待を高い水準に設定せよ。しかし、あなたは自分自身に対してもっと高い期待水準を課さねばならない。

リーダーシップの学びのサイクル

エンジニアたちは設計し、検証を行い、そこから学び、知識を捉えて蓄積するのに忙しい。この間、彼らの上司であるリーダーも同じことをしているべきなのである。リーダーは、自分の配下の組織が計画に対して遅れているか進んでいるかという「内部的な進捗状況」を常によく見て把握しておくとともに、「外部の環境」にも常に目配りを怠らず、自分たちの組織に何か影響を与える可能性のあることが起きていないかを注意深く見ていく必要があるということだ。

リーダーはこうした情報を交換し合い、状況に応じてうまく調整していかなければならない。リーダーシップのこうした学びのサイクルが組織の全域にわたって緊密に連携して生じるようにすべきなのだ。ここで、実効性の高い「リーダーシップの学びのサイクル」を築くために、次の2つのメカニズムを紹介したい。

オオベヤを通して学ぶ

オオベヤは学びにリズムを与えるドラムビートであり、開発プログラムの中心ハブだ。オオベヤは、各人が自分の情報を更新し（最新状況を掲示しておく、状況を報告するなど）、他の人々から得た情報によって自らの状況理解を更新していく場である。オオベヤの壁は、一目で分かるように視覚的に表現された情報で埋め尽くされている。

壁に貼られたこうした掲示物は、コンセプト・ペーパーから展開される最も重要な情報である目的と、その目的に対して現状がどうなっているかを示すものだ。スケジュール、顧客からのフィードバック、実験の結果、ストーリーボード、性能特性実現推移グラフ、重要試験、最新の図面、試作品などの情報が、チームメンバーの誰もがいつでも見えるように掲示されている。

オオベヤで行われる定期的なミーティングはデザイン・レビューに似ているが、もっと頻繁に、週に1回くらいの頻度で実施される。毎日やっている会社もあるほどだ。ミーティングでは毎回必ずプログラムチームが設計プログラム全体をレビューする。各々の分野を1つひとつ取り上げ、どんなことが起きているか、どうなっているか、問題はないか、新たに見つかったリスクはないかといったことを全員で共有していくのである。

通常ならオオベヤ・ミーティングで細かい作業をすることはないのに、誰もがいつも真剣に参加し、全員がお互いから学んでいる。機能ごとの進捗の確認は、基準や計画から逸れた部分、即ち赤印が付いた項目に主に焦点を当てて見ていくから大抵は短時間で終わる。

ここで挙がった課題は、それぞれ解決すべき人にしかるべく割り当てられる。必要に応じて機能横断的なチームを組んで課題解決のサポートに当たらせることもしばしばあるだろう。こうした課題解決の道程と結果も追々オオベヤ・ミーティングで報告されていく。

この「学びの場」(フォーラム)は、実効性の高いオペレーティング・システムの本質を如実に示している。高い透明性をもって、幅広く人々に参集してもらい、一定のリズムで繰り返し学習サイクルを回していくのだから、その効果は指数関数的に大きくなるはずだ。

さらに、マイルストーンやその他のメカニズムをうまく使って、仕事の中に自然に組み込まれた「振り返りイベント」として活かせるようになれば、アージリスが「二重ループの学習」と呼ぶ学びの機会を築くことができる。

「一重ループの学習」は、言うなればサーモスタット(自動温度調整機構)だ。基準を設定し、プロセスが基準の範囲内に留まるように調整していく。「二重ループの学習」では、調整の基準としてその基準自体が適切か否かを、あなたが常に問い続けなければならない。たとえば、このデザインのまま進めて顧客を満足させることができるか？　これが正しい公差であると自信が持てるか？　この計画の中に、何か見過ごしているものはないか？

　このために「目で見る管理」がとても役立つのだが、残念なことに、非常に限定的な進め方に留まっている会社もある。そういう会社は毎週チームを1カ所に集めることのパワーは理解しているものの、オオベヤを開発プログラムの計画対実績の進捗管理にしか使わない。情報を誰かのコンピュータの中に隠しておくのに比べたらちょっとはマシかもしれないが、プログラムのあらゆる成果物を含めて共に学ぶという絶好の機会をふいにしているのである。

　オオベヤに足を踏み入れるや、立ちどころにプロジェクトにどっぷり浸かれるようでなければならないし、最新の重要情報はすべてそこで見られるようにしておくべきということだ。最初はそんなことは到底無理だと感じるかもしれないが、それほど大変な作業ではない。開発プログラムの中で最も重要な少数の要素だけを扱えばよいのだし、それぞれクリティカルな情報の部分部分を提供するチームメンバーが共同で責任を担うのである。

　どのような開発プログラムであれ、ホワイトノイズ（広い周波数帯域にわたって同程度の強さで出現しているノイズ）に包まれているものだ。

　したがって、オオベヤの役割の1つは重要な信号をホワイトノイズから切り出して見極めることである。実際、これこそチームがオオベヤから最初に学ぶべきことだ。つまり、このプログラムに関して真に重要なものは何かをオオベヤから学ぶのである。

ビジネス・プラン・レビューを素早い学習サイクルとして活かす

これは経営幹部のためのオオベヤと見ることができる。それ専用の「目で見る管理の部屋」を実際に設けるのもよいだろう。この学習サイクルは、組織の最上層にいる幹部たちから始めるべきだ。ムラリーがフォードで行っていたビジネス・プラン・レビュー（BPR）では、すべての機能グループとすべての地域別部門のリーダーが週に1回集まって、それぞれの計画に対する遅れ進み具合と、自分たちの組織の外側で起きている環境の変化について報告していた。

どのような変化であれ、それが十分深刻で、もっと掘り下げるためにさらなる研究が必要と判断されたら、特別注意レビュー（SAR、Special Attention Review）に回される。

SARは、経営幹部陣の部分集合に相当する人たちが集まって行う。つまり、当該の変化に対して特別な知見を持つ経営幹部と、その変化によって大きな影響を受ける経営幹部が集まって、さらに時間をかけてその問題を検討していくのだ。SARチームは必要に応じてBPRにおいて上位集合である経営幹部陣に自分たちの検討の結果を報告していた。

BPRにおける簡潔にまとめた報告と高い透明性、そして週1回というリズムが相俟って、経営幹部チームが最小限の時間で非常に効果的な素早い学習サイクルを創り出すことを可能にしたのだ。BPRがリーダーシップ・チームの内に自然なPDCAサイクルとフレームワークをもたらした。

このやり方がやがてそれぞれ経営幹部を通じてフォード全社の全階層に広がっていった。経営幹部陣が常に共に学び、必要に応じて絶えず方向を調整していったからこそ、会社の舵取りを誤ることなく近代ビジネス史上最も波乱に満ちた時期を乗り切ることができたのである。

科学的に、システマティックに考え、行動する社員を育てる

組織の成員個々の学習能力は「組織的な学び」の鍵である。科学的思考を学べば個々人の学習能力をさらに高めることができる。技術者に科学的思考方法を教えるなんて、ちょっと奇異な感じがするかもしれない。技術者はもとより科学とイノベーションに関してきちんとした教育を受けているのだから、科学的思考は既に身についているのではないか？

実は、そうとは限らないのである。

科学的思考のスキルを高めることによって、技術者と開発者は自身に内在する弱点を改めて知り、向き合い、克服できる。そうなってこそ、自身のパフォーマンスを自らよりよくしていけるのだ。

●開発技術者はしばしば設計しているもの自体に意識を集中するあまり、その開発をどういうやり方で進めるのかということにはあまり関心を持たない。人によっては、自分の仕事には決められた手順など不要だと考えている。彼らは技術者である。だから、手順や方法のようなものは、仕事を進めながら決めていくものだと思っているのだ。

これに対して、彼らが科学的思考で自らの仕事のやり方を考えるようになれば、技術者のプロセスに「構造」をもたらすことができる（仕事の内容を体系化し、ある程度標準的な仕事の進め方を定義することができるようになる）。

●技術者は開発の多くの面で、たとえば応力や変位を解析したり計算したり、試作品を試験したり、創造性を発揮して複数の案を考え出すといった場面では非常に科学的に考えるのだが、特に顧客を理解する段階で、あるいはその他のいろいろな場面において、深く考える前に結論に飛びつく傾向がある。科学的思考は彼らがやっていることのすべてに適用できるし、そうなるよう努めなければならない。

リーンにおける科学的思考を最もうまく表わしているのは、おそらくPDCAだ。まず、PDCAを考えるときによくやってしまう不出来な考えを取り上げ、しかる後にもっと科学的なアプローチと対比してみよう。

人には自然に備わった1つの傾向があるらしい。技術者もそれを免れることはできない。

この世界は一定の秩序を持つ予測可能性の高い空間であり、それゆえ制御可能であると思い込む傾向があるのだ。これは単純な希望的観測ではなく、人類の進化の積み重ねと関係がある。

毎日毎日猛獣や悪天候や他の人たちと戦って、勝った者だけが生き残ってきたのである。生き残りに必須の条件は、瞬時に状況を読み取って反応することであり、深く分析し考えることではなかった。人類は長い間、鋭敏で常に警戒を怠らないようにして生きてきたけれども、それでもなお、どんなときも自分の直観に従って為すべきことをやって生きていくしかなかった。瞬時の思考と行動が求められた時代だったのだ。そしてこれが、結果的にわれわれが「反応的ＰＤＣＡ」（リアクティブＰＤＣＡ）と呼ぶにものにつながったのである（図６－１）。

1 プラン：解決策とその実行方法を計画せよ。このとき大切なのは、問題に対して、あなたが今持っている知識とスキルでいかに素早く対応できるかである。

2 ドゥー：可能な限り迅速かつ効率的に実行せよ。

3 チェック：結果を確認せよ。われわれは勝ったか？　相手の動物は死

図６-１ 反応的ＰＤＣＡは、世界は予測可能性が高いという前提に立っている

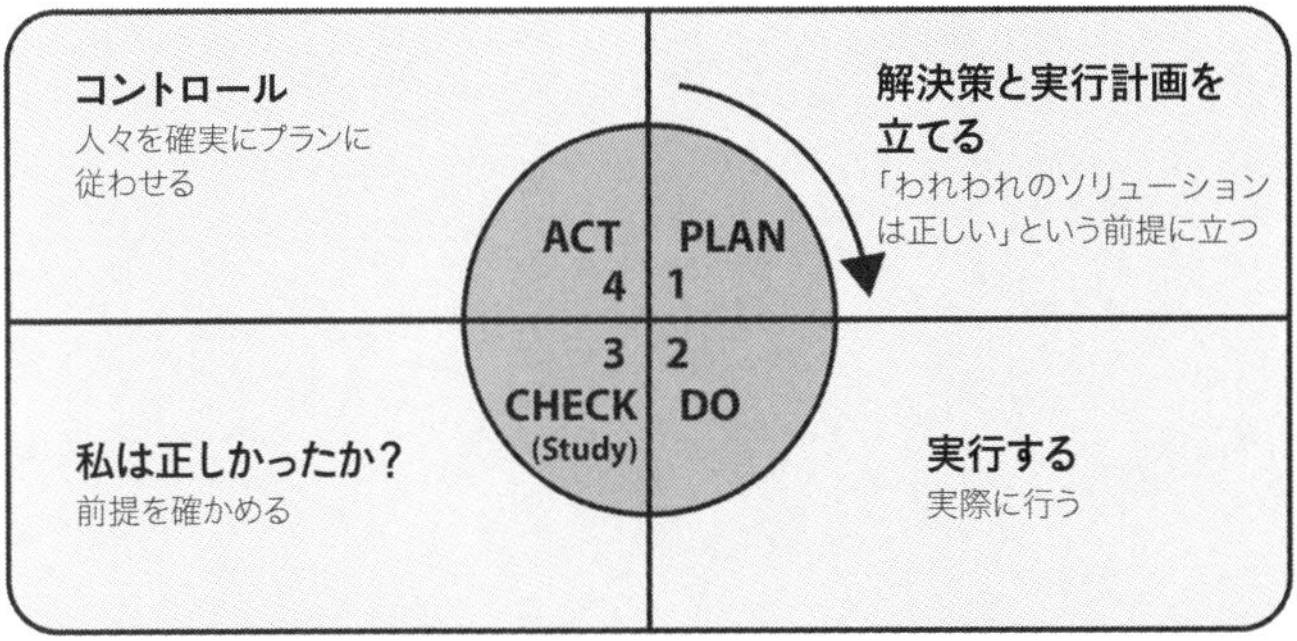

（出典：マイク・ローザー著『トヨタのカタというカルチャー』*Toyota Kata Culture*, NY: McGraw-Hill, 2017 から抜粋し加工したもの）

んだか？

4 アクト：行動とは、コントロールすることである。現在の状況を確実にコントロール下に置け。きちんと総括し、次なる危機に備えよ。

反応的ＰＤＣＡは様々な場合に適用できるが、何をどうすべきかわれわれは知っているという前提に立つものだ。つまり、世界は確実性が高く、かなりな程度まで予測できると想定する。われわれが正しければわれわれが勝つ。間違っていたら、仕方がない、気を取り直してまた頑張ろうということだ。そこでは最も高い確度で正しい判断をする人がリーダーになる。

組織的な動きが下手な製品開発プログラムは数多くあると思うが、特に開発のフロントエンド（最も初期の段階）で急ぎ過ぎると、後になって間違った想定に立っていたことに気づいて手直しを迫られ、プレッシャーの下で火消し作業に走り回ることになる。多くの人が手直しや火消しに熟達し、危機を打開するヒーローとして華々しく浮上する。

しかし、われわれが未知の領域にいる場合はどうだろう？　そして、もっと時間をかけてシステマティックなアプローチを採るなら、何が起きるだろう？　顧客価値を深く理解するのは、開発の最も初期の段階でなされるべきことだ。このフロントエンドを科学的アプローチで始めるなら、スケジュールが遅れに遅れて危機モードに陥るようなことは減っていくに違いない。これをわれわれは「反省的ＰＤＣＡ」（リフレクティブＰＤＣＡ）（図６‐２）

と呼ぶ。

そのような不確実性の中を進もうとするなら、まさにこの「反省的」という言葉に込められた真の意図に従うほかない。つまり、仮説を立て、検証し、反省を次の行動に反映させることを繰り返しながら進んでいくということだ。

1 プラン：この決定によって何が起こるか、具体的な予測を立てよ。これが「仮説」となる。さらに、その仮説をいかにして検証するかという計画も立てるべし。

2 ドゥー：仮説を検証するために実験を行え。

3 チェック：実際に何が起きたか、事実を集めよ。

4 アクト：何が起きたか、それはなぜか、何を学べたかを評価せよ。

PDCAサイクルが1回りすると何らかの知識が生まれ、まだ分かっていないことのいくつかが判明する。それが自ずと次のPDCAサイクルにつながっていくのである。PDCAサイクルをより速く回すことができれば、学びもそれだけ速くなって、望んでいる結果により早く到達できる。トヨタがラピッド・プロトタイピングを

図6-2 反省的PDCAは、世界は不確実であるという前提に立ち、科学的アプローチをとる

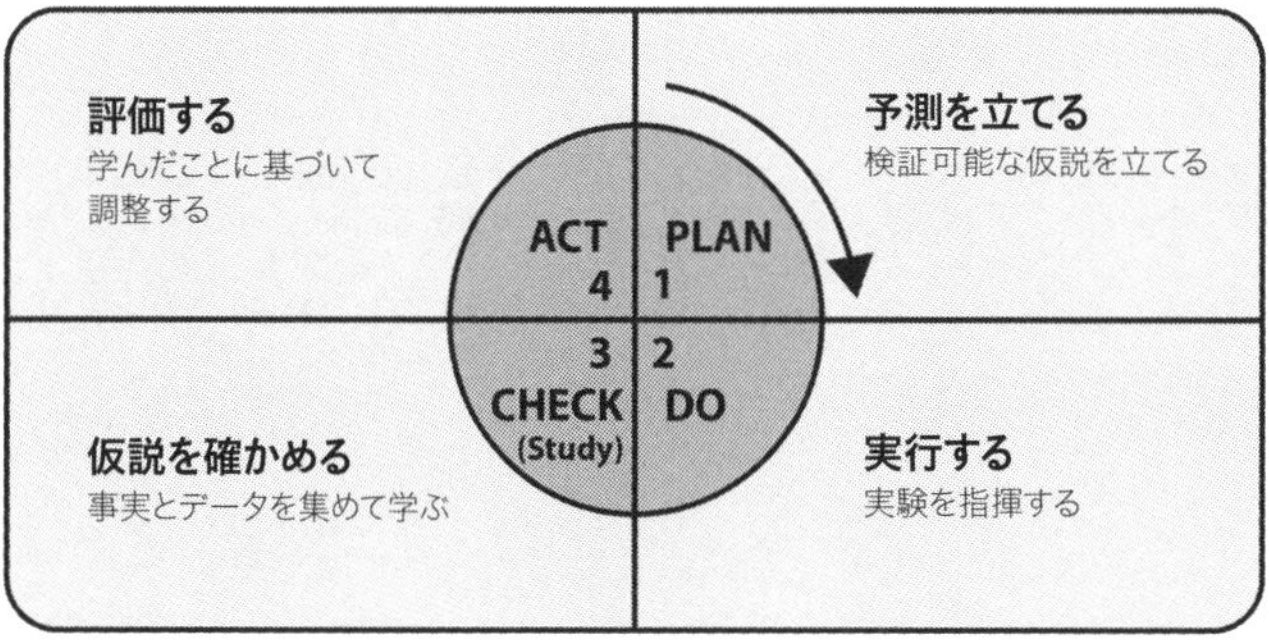

（出典：マイク・ローザー著『トヨタのカタというカルチャー』*Toyota Kata Culture*, NY: McGraw-Hill, 2017から抜粋し加工したもの）

非常に好む理由の1つがこれだ。

第1章のプロトタイプに関する議論では、眼の前にある質問への答を得るために、可能な限りシンプルにしたプロトタイプを使って素早く何度もやってみて学ぶということの大切さを強調した。

反省的PDCAは、顧客を理解し、製品の要件を決めていく最初の段階から製品・プロセス開発に適用できるし、開発プロセスそのものにも適用できる。「われわれはそこから何を学んだか？　次のステップはどうやればいいか？　他の手段はないか？　次は何を実験すべきか？」

残念なことに、われわれに必要なことと、自然に身に備わっていることのあいだにはしばしばギャップがある。反応的PDCAのほうがより自然に感じられるのは、われわれの遺伝子に組み込まれた人間の本能ゆえである。

しかし、われわれには、もっと反省的なPDCAが必要なのだ。反省的な思考と行動の仕方は直感に反すると思わせるものであるだけに、このギャップを埋めるために、人はそうした思考と行動の仕方を意図的に教えられなければならない。トヨタでは、これはリーダーの非常に重要な役割である。

2001年にトヨタは初めて「トヨタウェイ」という内部文書を発行した。これは、全役員に向けて、ある1つの教育プログラムを説明していた。その後しばらくして、トヨタはトヨタウェイを具体的に実践していく方法を説明した「トヨタ・ビジネス・プラクティス」（TBP）を発行した。TBPは8ステップの問題解決プロセスであり、通常は5カ月から8カ月のあいだ、指導を受ける。PDCAに従い、フロントエンドのプランニングに格別に重きを置いている（＊13）。

TBPを教えるプロセスには、リーダーの役割の明確な定義が存在している。リーダーはまず、「TBPプロジェクト」をコーチの指導の下で行うという、実践を通じた学習を経験しなければならない。次に、リーダーは自分の直属の部下に「TBPプロジェクト」をやらせながら指導していくことを求められる。

TBPの最初の導入はトヨタのトップから始まり、まずリーダーがコーチングを受け、続いてそのコーチされた人がコーチになって部下を指導していくという形で、順次下の階層へ展開されていった。目指すビジョンは、部下に指示することよりも、部下を育てることに重点を置く「リーダーシップのカルチャー」である。

そのカルチャーにあっては、どの階層でも上司がメンターとして日々他の人たちに科学的手法を教えている。「生徒」が自分は何かを知っていると思い込んでいると見たら、先生は「それが真実だと、なぜ分かりますか？　その想定を確かめましたか？」という質問をして介入するのである。

マイク・ローザーは、反省的PDCAを「カタ」を通じて習慣として身につけさせるプロセスを体系化してきた。カタとは、複雑なスキルを身につける目的をもって繰り返し行う小さなルーティンである。理想を言えば、このルーティンは「学び手」が「コーチ」の指導を受けながら繰り返し毎日実践するのが望ましく、コーチは学び手の実践の中でよくない部分を矯正するフィードバックを与え続ける。こうしてようやくわれわれは今までとは違う思考と行動のやり方を新たな習慣として身につけることができるのである（図6－3）。

「改善のカタ」は、学び手を科学的思考へ導くことを特に意識してデザインされている。

1 「改善のカタ」は、実際的かつ科学的な思考のモデルやパターンから出発する。このモデルないしパターンは、次の4つのステップからなる。

①幅広い視点から見て、組織としてのチャレンジを理解する
②そのチャレンジに関連した現状を把握する
③チャレンジへの取り組みに役立つターゲット状態を定める
④ターゲット状態に向かって実験をする。

2 実践のルーティンはいくつかあり、初めて経験する学び手がステップを一段ずつ学びながら進めるように工夫されてきた。これらは「初心者向けのカタ」と呼ばれる。

図6-3 改善のカタとコーチングのカタの実践ルーティンは科学的思考を身につけるために欠かせない基本訓練キットである

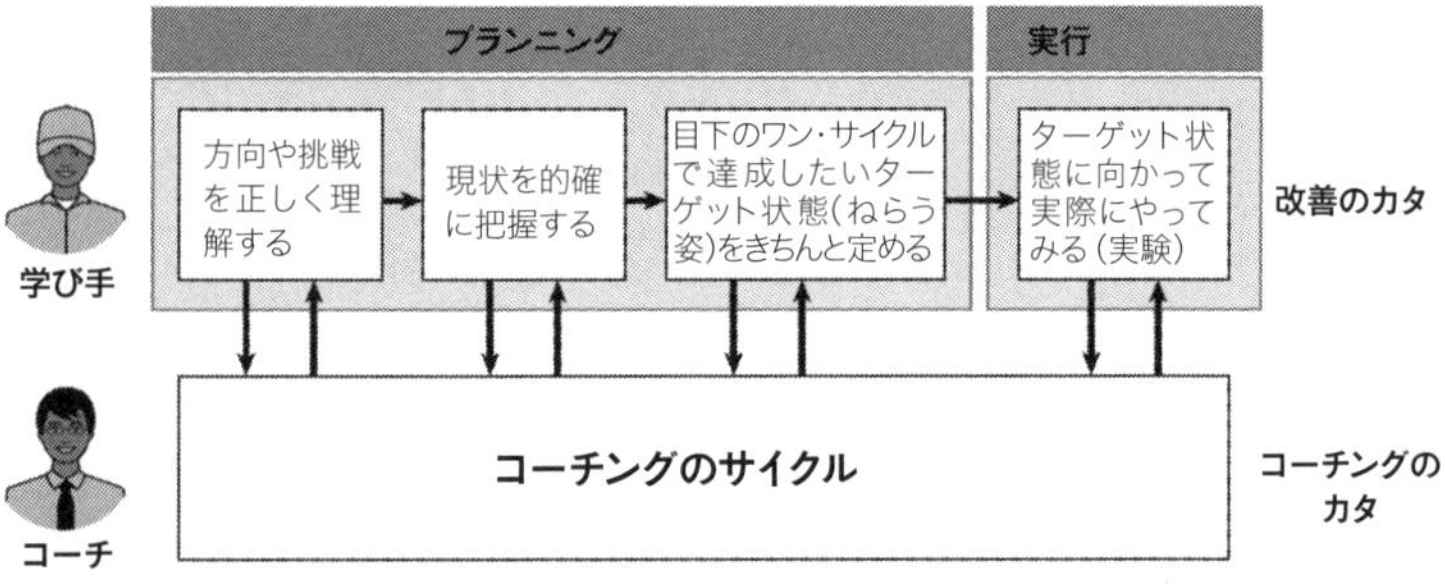

（出典：マイク・ローザー著『トヨタのカタというカルチャー』*Toyota Kata Culture*, NY: McGraw-Hill, 2017）

3 学び手側のカタと対をなす「コーチングのカタ」がある。コーチは毎日のやり取りのなかで学び手がどう考えているかを感知し、効き目の高い矯正的フィードバックを与えなければならない。コーチングのカタとは、コーチングするのに慣れていない初心者がこれを繰り返し実践し、身につけるのを助けるものであり、「コーチングのサイクル」と呼ばれる。

4 学び手とコーチはこのサイクルを毎日繰り返す。学び手は毎回ターゲット状態を追求するよう求められ、達成したら次のターゲット状態を新たに定めてそれを追求せよと言われる。反省的PDCAと同じように、ちょっとずつではあるが意味のある確かな改善がそこには存在する（＊14）。

カタはこれまでに様々なことが広く深く書かれてきて、今なおその応用は広がり続けている。これは、科学的思考と行動が、単なる概念としてではなく、反応的PDCAという悪い習慣を置き換える新しい習慣として教えることができることの証左といえよう。

音楽やスポーツ、芸術、武術といった複雑なスキルと同様に、われわれは、周到に考え準備した練習を毎日実際に「やる」ことを通して学ぶ必要がある。自分のやっていることを確認し、フィードバックを与えてくれるコーチもわれわれには欠かせない。

自分で自分にうまくフィードバックできる人は少ないし、特に、深く身についてしまったクセを変えようとするなら、なおのこと難しい。

コーチは、おそらくあなたの上司が務めることになる。よいコーチとして期待される上司たちこそ、指示する代わりに、つまり答を教える代わりに、正しい質問を投げかけてうまく指導していく方法を学ばなければならない。

知識ベースの技術的なゲートキーパー

深く専門的な技術の知識を蓄積し、活かしていくことは、多くの企業にとって製品・プロセス開発で成功するための重要な要素である。アクセスしやすいように知識を体系化するための有用でパワフルな技術的ソリューションはたくさんあるが、そうした高度な技術以外の何かが必要である。

それは、その知識を検証・評価して応用を手助けしてくれる専門家だ。かくしてノウハウ・データベースと技術的なゲートキーパーがうまく組み合わさって、競争優位性の源泉となるのだ。

ノウハウ・データベース

われわれは長年、トヨタの技術部門のチェックリストがどんなもので、製品開発にとってそれがいかに重要であるかということを聞かされてきた。それは紙と鉛筆で書いたチェックリストをファイルに綴じたものだった。それらが自動車の機能別専門分野ごとに、あるいは部品ごとに、まとめられていた。プラスチックバンパー、プレス車体部品、ガラス部品、冷暖房システムといった具合だ。

内容は技術的な詳細に始まり、管理に資する細かい事柄に至るまで幅広い。たとえば、金型に応力が生じて不良につながる可能性のあるプレス部品の特性といった技術的な詳細から、図面の「タイトル」欄に正しい内容を正しく記入すると共に日付を必ず書けといった事務管理的な細かいことまで含まれていた。

技術者は設計を進める中で、対応したチェックリストの項目にチェックマークを入れていく。チェック項目を確認して印を付けても、標準をしっかり守っていることを必ず意味するとは限らない。「私は標準から逸脱しているが、その対策は適切に検証済みである」という意味の場合もあるのだ。

トヨタの設計者たちはそれぞれが自身の設計の仕事にチェックリストを使っていたが、そのやり方は非常に厳格であった。チェックリストのノートを一通り見て、対応する項目にチェックマークを入れ、設計者が自分の名前を記入する。設計者の上司は各項目がチェックされていることを確認した上でそこに自分の名前を記入する。上司である自分が確かに確認したという記録にするのだ。読者の中にはこれを聞いて、航空会社の安全に大きな効果をもたらしたパイロットによる飛行前チェックリストを思い浮かべる人もいるだろう。

こうしたチェックリストに関してわれわれが書き物として紹介すると、その後しばらくは「紙と鉛筆の代わりにコンピュータのデータベースを使えないのか？」という質問をよく受けたものだ。後にはトヨタもコンピュータ化された「ノウハウ・データベース」に移行した。しかし、CADデータ、様々なデジタル画像、3次元スキャンデータ、いろいろな情報源から取り出した技術情報を除けば、このデータベースの情報はそれまで使っていたチェックリストと大部分が同じだ。

紙と鉛筆を使った従来のチェックリストと同じように、ノウハウ・データベースでも、技術者がチェック項目に一つ取り組むごとにチェックマークを入れ、その上司が、当該項目が対応されたことを確認したというマークを入れることができるようになっている。つまりこれは、手作業のプロセスをちょっとだけ改良したデジタル版なのだった。

中規模の金型治工具エンジニアリング会社のトロイ・デザイン・マニュファクチャリング（TDM）は、この話を聞いて間もなく、ノウハウ・データベースをプロセス・エンジニアリングに応用しようと決心した。ビル・アングリン、スティーブ・グイド、スティーブ・モーテンスの3人が率いる部門横断チームがこれまでにうまくいったプレス金型設計の特徴を調べて体系化し、設計者が部品のタイプ別に情報を引き出して活用できるようにしたのだ。

これらの「デジタル・テンプレート」は、3Dスキャン、プレス試験の記録、チェックリストの要件と共に、新たに部品の金型を設計する際の出発点の土台となった（こうした情報はプレスの種類ごとに分けられている）。このプロジェクトがとてもうまくいったことから、同社の治工具部門でもネッド・オリバーとティム・ジャゴダがプレス金型と同じような活動を始めた。

　コンポーネントの共通化と再利用をめざしたものだ。この２つの活動は共に、コストとリードタイムを大きく減らし、直行率を劇的に改善することにつながった（訳注：直行率とは、手直しすることなく最初から良品が出来上がってくる割合）。

　他の会社でも、ますます高度化していくテクノロジーを積極的に取り入れて、知識を捉えて蓄積し、応用しようという取り組みが続々と始まっている。

　こうした会社の多くは、自分たちが得た成果の素晴らしさと、自社のコンピュータ・システムが持つ驚くべき能力を広く自慢したいと考える。しかしそこには問題があった。技術者にデータベースに情報を入力させてシステムの潜在的なパワーを存分に引き出し、活用させようとしたものの、なかなかうまくいかないことが多かったのだ。

　そういう会社の人たちとちょっと話しただけですぐに分かったのだが、技術者たちはそうしたシステムを、製品開発のツールというよりＩＴソリューションとして見ていたのである。

　実際、システムはＩＴ部門が担当するものだから、結果的にＩＴ部門の担当者が技術者たちに技術情報を提供してくれるように懇願してデータベースに取り込んでいるといった有様だ。大きな誤解と言うべきだが、これこそが大問題だった。

　この問題を振り返ってよく考えてみれば、こういう会社は知識の獲得と応用というプロセスを取り違えて逆にとらえていたのだと気づく。知識は開発の仕事の中で生まれてくるものだ。それは人から始まる。どの知識を掴まえるか、その知識のうち、どれをコンピュータに入れるのか、どの知識を重視して設計で活かすのかということを決めるのは人である。

こうした会社が見落としていたのは「人」だ。つまり、トヨタやTDMの例で見たように、専門テーマの専門家と知識ベースのゲートキーパー(門番)の大切さを見過ごしていたということだ。

技術的ゲートキーパーの役割

チャーリー・ベイカーはゼネラルモーターズの若い技術者だった頃に『リーン生産方式が、世界の自動車産業をこう変える。――最強の日本車メーカーを欧米が追い越す日』という本を読んだ(＊15)。

そのことが自分の仕事に対する見方や考え方に強いインパクトを与え、彼は日本の自動車メーカーが製品開発で何をしているのかに強い興味を持つようになった。やがて彼はリーン製品開発についてもっと学ぶ必要がある、そして、世界の人々と広く共有したいと考えるに至った。

彼がホンダ・オブ・アメリカの役員に手紙を書くと、なんと「会いましょう、ホンダへお出かけください」という返事が届いて驚いた。これは実は採用のためのインタビューであった。

ベイカーはホンダに採用され、米国人としてはホンダ史上で初めてフルモデルチェンジのラージ・プログラム・リーダー（チーフエンジニア）になり、さらにホンダ・ノース・アメリカの米国人初の開発担当バイスプレジデントとなった。

後にベイカーはホンダからジョンソン・コントロールズ（JCI）に移る。そのときもJCIの本当の姿をとらえ、問題を見つけ出すのに熱心だった。しかし、彼がホンダで経験してきた成功要因とJCIで観察したことのあいだには、非常に大きなギャップがあった（＊16）。様々な違いの中でひと際目立ったのが、深い専門知識の役割だ。

ホンダに入ったベイカーは、開発の仕事のやり方を勉強中の見習い職人と見做された。師匠のほとんどは日本にいた。最初はホンダアキュラのCL、次にアキュラのMDS、ホンダ・パイロット、さらにはホンダ・アコードのチーフエンジニアとして、彼はデザイン・レビューにやって来る機能別分野の専門家たちよりも先を行く人である必要があった。デザイン・レビューとは、機能と製造容易性が出会う場所である。ベイカーの成功を祝う気楽な集まりではないのだ。ボディ、シャーシー、電装系統、パワートレイン、外装、内装などそれぞれの専門分野ごとに、キャリアを通じてその分野の専門知識を蓄積してきた専門家が揃っていた。

専門家はベイカーの設計図面を一目見ただけであらゆる弱点をいちいち見抜いてしまう

のである。神経をすり減らすレビューであった。ベイカーはそれをこんなふうに語った。

通常なら、レビューでは設計を担当する若手社員が説明して、直属上司はサポートに回ります。開発チーム（私と私の直属の部下）は、顧客と価値の観点から、許容できるものであるか、適切であるかといった主張を示します。そこには要件とタイミング及びコストを秤にかけて検討した結果も含まれています。レビュー参加者にとっては、これがインプットになるわけです。

そして技術の専門家が、リスクと最適化方法（トレードオフ曲線）を比較検討し、複数の設計ソリューション案を並べて比較評価し、その上で求められる要件とタイミング及びコストを改めて具体的に検討していく。レビューに集まる人は自部門や立場にこだわることなく率直な意見を出し合い、熱の入った議論を交しました。

重要なのは、レビューの終了時には、1つのコンセンサスを持って部屋から出ていけるようにすることでした。どの道を進むのか、少なくとも明確な1つのプランに合意してもらう必要がありました。

ホンダ、フォード、トヨタはいずれもこうしたレベルの専門能力を有している。つまり、知識データベースの構築に向けて情報を詳細に分析し、検証することができる人たちがいるということだ。どんな情報であっても、当該分野の技術的ゲートキーパーの承認がなければデータベースに入力されず、出力もされない。

データベースに知識を入力してくださいと懇願しなければならないIT部門の人もいない。知識データベースは、むしろチェックリストとして使われる。そこではかなり活発な議論が展開されるとベイカーは次のように指摘している。

あらゆる知識がチェック欄にチェックマークを付けるようなものになるとは限りません。基本原則はいろいろな状況に幅広く適用されるべきものですから、その原則をいかに適用していくのかを中心に議論することもありました。判断と議論が必要でした。

私は、キーキー音とかガラガラ音といった異音に関するトヨタのチェックリストの話を聞いたことがあります。普通の会社なら大抵は膨大な量のデータを駆使して0・1ミリ単位で公差を決めようとするでしょう。

トヨタのアプローチは違います。キーキーという擦れ音は、(1)クリアランスを保証する（これが特定の状況でどういう意味を持つかをよく議論する）、(2)クリアランスゼロ、部品が擦れ合わないことを保証する（ここでも議論）か、または、(3)擦れあっても音が出ない材料を使う（ここでもまた議論）という方法によって防止されるべきだというものです。このように何（What）だけでなく、なぜ（Why）まで入ったものがリーン設計チェックリストの本質なのです。

JCI社には、こうしたゲートキーパー的な職位はなかった。ベイカーは同社に多くの変革を持ち込んだが、その中の1つが専門テーマごとの技術専門家（SMTE、Subject Matter Technical Expert）という職位をつくることであった。そして、彼にとって実に喜ばしいことに、求める水準の専門能力を持つ人々はJCIの中にすでに存在していた。

「JCIでもそうでしたが、他の会社も同じでしょう。こういう技術的能力を持つ人材は社内にいるのです。しかし、そういう人は『プロジェクト技術者』として特定のプロジェクトに割り当てられているのが常でした。人のムダ遣いです（こういう人たちは、通常は難しいプロジェクトに割り当てられていましたが、そうであったとしても、実にもったいないことでした）。

私が実行した最大の改革は、SMTEの職位をプロジェクトに所属させるのではなく、その専門分野の事柄については、すべてのプロジェクトに対して責任を負うとしたことです。一旦これをやってPDCAを回せば、すぐにうまくやれるようになります。私の経験では、これなしには決してうまくやれるようにはなれないのです」

コラボレーションと知識伝達のためのメリハリの効いた明解なコミュニケーション

製品開発は、そもそもプレッシャーだらけで時間の制約も厳しいのが常だ。そこでは複雑な問題を適時適切に取り上げて分析し、決断していかなければならないのだが、それを実際にやるのは機能横断チームである。しかし、専門分野によってコミュニケーションのとり方が大きく違っているということが少なからずあって、困ってしまう。こうしたコミュニケーションの難しさを明瞭さと効率性をもって解消していくのに大いに役立つユニークな3つの手法をここで紹介しよう。A3プロセス、トレードオフ曲線、振り返りイベントである。

A3コラボレーション

われわれは、前著でトヨタには4種類のA3があり、それがトヨタ製品開発システムの中でどのように使われているかということを説明した。以来、A3に関しては実に多くのことが書かれてきた。

その中には、人を育てる方法としてA3を活かす過程を描いたジョン・シュックの著作でわれわれが大好きな『トヨタ式A3プロセスで仕事改革』（Managing to Learn）（成沢俊子訳、日刊工業新聞社）（*17）も含まれるが、人を育てるのみならず、皆で協力して問題を解決し、コミュニケーションをよくして共に学んでいく方法として、われわれはA3以上のものを見たことがない。もちろん、探求と継続的改善の精神を大いに発揮してやるならば、という条件付きではあるけれど。

A3という名前は紙のサイズの国際規格から来ている。これだけならA3サイズの紙に書いたレポートに過ぎないのだが、「A3レポート」は、情報を構造化して共有し、これを通してチームが協力して科学的に考えるのを助ける「方法」なのである。シュックは自著のなかでA3を「問題解決の思考プロセスを目に見えるかたちに表現するものであり、A3の書き手である『問題のオーナー』と組織内の他の人々との間に絶え間ない対話をもたらすものだ。これは基本的なマネジメント・プロセスであり、これこそ、科学的手法を通して人々が学ぶことを可能にし、またそのような学びを奨励するものである」と定義している。

そしてA3は、製品開発においても非常に有効であることが実証されてきた。A3を学びとコラボレーションのための道具として使えば、次のような恩恵が得られる。他にもあるだろうが、ここでは主なものを上げる。

●コラボレーションを慫慂する　技術者の多くは、問題を自分で解決しようとする傾向がある。そもそも、この傾向がいくらか作用して彼らをエンジニアリング分野へ連れてきたのである。もとより技術者は優れた問題解決者なのだ。

こういうやり方は大学教育を通してますます強化される。しかし、残念ながら現実の製品開発の環境は工学部の講義に比べるとはるかに複雑で、相互依存度が高い。孤立した状態で問題解決に挑んだところで、最適解ではない上に、人々と十分にコミュニケーションがとれていない設計解になってしまう可能性がある。

ジム・ウォーマックが言った通り、「Ａ３は１人ではできない」のだ。Ａ３の作成はチームスポーツのようなもので、自分とは違う見方・考え方をする人々を探し出してきて巻き込み、共に働いて１つの設計ソリューションをつくりだすことを技術者に求める。リーダーやメンターがＡ３レポートをレビューするときは、しかるべき重要な関係者全員から意見を聞いてしっかり考慮したか否かを問うべきだ。

●もっとゆっくり考える　アーサー・コナン・ドイル卿の探偵小説の主人公シャーロック・ホームズは、「明白な事実ほど人の目を欺くものはない」と言った。人は本能的に結論に飛びつく癖がある。われわれは「自分は分かっている」「事実は明白である」と思い込みがちで、ものごとを真に理解する前に解決策モードへ飛んでいきたい誘惑に強く駆られる。この傾向に拍車をかけるのは、製品開発プログラムが進むあいだに人々にかかる猛烈なプレッシャーだ。

コストと品質と性能特性の目標は必達である。それより何より、時間のプレッシャーがある。あなたは常に納期に追われている。納期は絶対に守らなければならない。問題を定義し、真因を分析し、可能な複数の対策案を考え出して、どうやって素早く検証するかを決めていくといった一連のことをやるべきだとわかっていても、このような切迫した状況で人々がいつもそれに必要なだけの時間をかけるとは限らない。

ノーベル賞を受賞したダニエル・カーネマンは、その画期的な著作『ファスト&スロー』（村井章子訳、ハヤカワ・ノンフィクション文庫）（＊18）の中で、われわれの脳の中に住んでいて、その思考を支配している架空の2人の人物を提示した。

「システム1」は自動的に考える、あまり努力しなくても済むシステムであり、「システム2」は、より遅く考える、努力を要するシステムだ。人は「システム1」からの情報をあまりにも性急に、十分に精査することなく受け容れてしまうせいで間違いを犯すことがある。

カーネマンはこれを活写した。実際、カーネマンは脳はもともと「怠け者」であり、常に近道を探しているという前提に立つ。彼はこうした判断ミスを複数の特定のバイアスの集積の結果生じたものだと見做した。人は「われわれは知っている」という過信に容易に陥る。これはわれわれの思考における欠陥なのだと彼は言う。

そして、人はまず思考の速度を緩めて、自分もこうしたバイアスの中のどれかに囚われ、犠牲になる可能性があると認識することによって、そういうバイアスに抗することができると示唆する。「システム2」はもっとゆったりと遅く、よりシステマティックなアプローチであり、情報を分析し役立つ仮説を複数考え出して検証していこうとするものだ。

カーネマンは、どの組織も自らの力を引き出し、有効性をもっと高めることができるはずだと言う。組織として常に問題を問題として正しく捉え、必要なデータを集め、チェックリストを当てはめ、振り返りのレビューを行うといった、きちんとした手順を強いてやらせることによって、それが可能になる。組織はまた、これらのステップのいずれにあっても、常に改善の機会を追求しなければならない。

ここで、あなたのA3の質をチェックする「魔法」を1つ紹介しよう。リーン・エンタープライズ・インスティチュートのコーチであるエリック・エシングトンとトレーシー・リチャードソンが勧めるもので、A3を逆から読むのである。チェックリストと組み合わせてデザイン・レビューで使われるA3は、このやり方でもっとよくすることができるはずだ。

●より正確に伝える

製品開発における大きな課題は、関係する部門が経理、開発、デザイン、マーケティング、製造と幅広く、ものの見方や考え方がそれぞれ異なっているのに加えて、異なる言語、しかもそれぞれの専門分野に特化した言語を使っていることだ。これが問題解決を難しくしている。時にコミュニケーションさえも困難にする。

A3は1枚の紙に収まるように問題を本質的要素に絞り込んで表現することを求めるから、

必然的に文字情報やそれを書き入れるスペースを極力小さくしてグラフや図を多く使うよう奨励することになる。

専門用語の多用を避け、わかりやすい率直な表現を工夫するしかない。A3はまた、人々が協力して共に問題を解決することを求める。したがって、その場ですぐに質問し、疑問を解消することができる「直接顔を合わせてのコミュニケーション」の奨励にもなる。

● 豊かな知識を蓄積していく保管庫となる

A3プロセスを通して生まれてくる知識は、あなたの会社にとって計り知れないほど貴重な資産になり得る。したがって、他の貴重な資産と同じように適切に守られ、活用されるべきだ。A3に書かれているのは、チームが実際に採用した解決策だけではない。その対策によって解決したかったのはそもそもどんな問題であったのか、つぶさに分かるように書かれているはずであり、場合によっては、やってみたがうまくいかず、採用されなかった対策についても書いてあるだろう。

A3をうまく整理して必要に応じて引き出せるようにすることで、開発者のための素晴らしい知識資源を創り出せる。それを競争優位性の源泉にしていくことも可能だ。われわれは、トヨタが様々な生産技術者から集めたA3をバインダーにまとめ、項目ごとに整理して、社員なら誰でも閲覧できるようにしていたのを実見したことがある。

それだけではない。どの技術者もA3を書いたら、それが誰に役立つかをよく考えた上で、その人に向けて当該のA3をメールで送る決まりがあった。技術者はまた「白書」を幅広く配布する。白書と聞くと長々しい文書を思い浮かべるかもしれないが、トヨタの「白書」とは特定の技術知識を共有するためのA3ストーリーなのである。

製品開発のエンジニア、特に分散した環境で働く人々のために、電子的にA3を取り出せるようにしてもよいだろう。A3は手で描けと言われ、事実、それにはそれだけの価値がある。手で描き上げたA3もOCRでスキャンすれば（文字情報を読み取って）、世界中のどこからでも検索できる。

当然ながら、他のあらゆる「標準体系」がそうであるのと同じように、ここでも実効性の高い「ガバナンス・プロセス」と「標準のオーナー（責任者）」が欠かせない。フォードは開発の各専門分野の中にいる品質グループにこの役割を担わせた。

書かれたA3を1枚1枚評価して、標準データベースに入れるものとしてふさわしいか否かを見極めさせたのだ。別の方法もある。特に、最近の製品開発部門ではデータ量が指数関数的に増えている。これに対応するため、メアリー・モーガンが提案するように、情報科学の専門家をこうした情報の世話役として雇うのも一案だ（＊19）。組織の命運を握っているのは何かを考えるなら、これは小さな投資と言えよう。いずれにせよ、A3を数多く書いたところで、そのときそのときの問題解決だけに使って終わりにしているなら、A3の効用の半分しか享受できていないということだ（蓄積し、広く活用すればするほど効果は増していく）。

●デザイン・レビューの生産性を高める

A3は様々な状況で大いに役立つが、特にデザイン・

レビューで格段の有効性を発揮する。先に述べたように、A3は科学的思考とコラボレーションを慫慂する。さらに、A3は技術者に対して、簡潔で明瞭な問題記述文を書き、現状をデータで裏付けて説明し、具体的な対策（実験）の概要を記述した上で、期限を定めたアクションを・プランを提示するよう求める。そうして、そのすべてを1枚のフォーマットにまとめ上げよと言うのだから、複数の問題現象を本質に至るまで整理した上でさらに煮詰めなくてはならない。

こうした結果、デザイン・レビューにおける議論がものすごく生産的になるのだ。A3は合意した計画の記録ともなる。保存しておけば、問題が解決された後も、いつでも取り出せる。われわれは、デザイン・レビューのアジェンダの全項目にいちいちA3を使うべきだとまで主張するつもりはない。

しかし、複数の専門分野を横断する難しい課題を抱えているときや、トレードオフを十分に理解した上で意思決定に臨まなければならないとき、繰り返し起きているのになかなか解消しない問題に取り組むとき、あるいは、比較的新しい現象が発生してもっとよく理解しなければならないとき、A3はあなたのデザイン・レビューでとても優秀な助けとなるはずだ。

トレードオフ曲線

アレン・ウォードとデュウワード・ソベックが書いた『リーン製品開発方式』（稲垣公夫訳、

日刊工業新聞社）の中で、著者らは「リーンのツールのうち、1つしか教えられないとしたら、トレードオフ曲線を教えるのがよいだろう」と読者に説く。トレードオフ曲線は様々な種類の情報を表現できる強力な手法だ。ウォードが指摘したように、トレードオフ曲線はデータを再利用可能な知識に転換してくれる。

多くのケースで、デザインの根底にある物理的あるいは化学的な現象を表現する最善の方法はトレードオフ曲線を使うことだ。性能を相対的に理解すると同時に、絶対値でも評価したいときも、これがベストなのである。

トレードオフ曲線は、ウォードと彼の仲間たちがトヨタの製品開発について書いた「トヨタの第二のパラドックス。意思決定を遅らせることで、よりよいクルマをより速く設計できるとはどういうことか」という論文で初めて紹介されたものだ（＊21）。

彼らの論文は「セット－ベース・コンカレント開発」という概念を提唱した。この論文は、できる限り先々まで複数の設計解の可能性を保持しておくことが目的という印象を与えたが、実のところ、意思決定を遅らせることは選択肢の1つに過ぎなかった。トヨタは確かにセット－ベースで思考していたと言えるが、そのやり方はいろいろとあった。その1つが、可能な設計解の集合を表現するトレードオフ曲線であった。

この論文のために、ウォードとソベックは日本へ行ってトヨタの開発者とサプライヤーに話を聞いている。トレードオフ曲線の話題は何度も出てきた。気になったのは「トヨタの部品メーカーは、米国の自動車部品メーカーに比べて、なぜそんなにもたくさんの試作品を作るのか」ということだった。日本のあるエンジン排気系の部品メーカーが、われわれに分かるように説明してくれた。

同じデザインの試作品をたくさん作っているのではなく、様々なタイプの試作品を、それぞれ1つずつ作っているのだ。そうして製作した試作品を比較試験し、結果をプロットしてトレードオフ曲線で表現するのだと言う。

この部品メーカーは、一例として、マフラー内部に生じる背圧と、マフラーの騒音減衰能力とのトレードオフ関係を示すグラフを見せてくれた。そして、「チーフエンジニアはトレードオフを見たがります。チーフエンジニアは最終的な設計の判断を適切に下さなければなりませんから、そのために必要なのです」と教えてくれたのだった。

チャーリー・ベイカーもトレードオフ曲線の威力をホンダで学び、それをJCIに持ち込んだ。当時を回顧してベイカーが語る。

「私がJCIに来た初めの頃は、真因の深い理解に至っていなかったり、真因とそれ以外の大量の情報をごちゃまぜにしていたりで、問題を必要以上に複雑にしていました。そこで私は彼らにチャレンジを与えることにしました。

3つ以上のトレードオフ曲線を必要とするような複雑な問題はないはずだ、あると言うなら探して持って来いと言ったのです。結果的に私は負けたのですが、3つ以上のトレードオフ曲線を必要とする問題を発見するまでに、3カ月かかりました。数百個問題を調べたのですから、それだけ時間がかかったのも仕方がないと思いますが」

経験から学ぶために振り返る

古代ギリシャの哲学者、ソクラテスは「検証しないまま日々を過ごすだけの人生なら、生きる価値がない」と述べたという。検証しないまま進める製品開発プログラムはやる価値がないとまで言い切れるか、われわれには分からないが、製品開発プログラムから意図的に学ぶことがなければ、あなたの製品と開発パフォーマンスの両方を共によくしていく上で大きな機会を見逃すことになるのは確かだと言うことはできる。

われわれは前著（*22）で、トヨタの「ハンセイ会」（振り返りイベント）を説明し、よく似た活動である米陸軍のアフター・アクション・レビュー（AAR）も紹介した。トヨタも米陸軍も共にこれらのイベントをより上位に位置する大きな学びの枠組みの一部として使って確かな競争優位性につなげてきたのだ。以来、他の多くの組織がこのやり方を取り入れるようになった。

われわれは前著の中で、振り返りイベントをうまく進める上での主な障害物はどういうものか、よいイベントはいかにあるべきかを説明した。ここではそれを繰り返さない。その代わり、われわれが『トヨタ製品開発システム』を刊行した後の年月に得た、それ以外のいくつかの洞察を以下に挙げる。

実際の仕事に組み込め

プロジェクトが完了するまで待っていたのでは遅い。これは、「振り返り」を学びのメカニズムとして取り入れたいと願っている企業が最もやってしまいがちな間違いである。プロジェクトの完了を待っていたら情報はどんどん失われ、関係者も次のプロジェクトに移っていくから、時の経過とともに記憶もますます曖昧になる。

それにしても、これは容易なことではない。過去から学ぶのは実に難しいのである。『ブラック・スワン――不確実性とリスクの本質』（望月衛訳、ダイヤモンド社）（＊23）でナシーム・タレブは、われわれが絶え間なく世界を理解しようと努力するせいで、かえって間違った過去の物語が出来てしまい、それがわれわれの世界観に影響を与えていると解き明かした。『ファスト＆スロー』でカーネマンは、脳に自然に組み込まれている「システム1」（速い思考）のせいで、過去から学ぶことがいかに難しいかを説いた。

たとえば、それはわれわれを「起こらなかった無数の事象よりも、現実に起こった少数の目立つ事象に注目するように仕向ける」。このため、われわれはそういう少数の事象を過大評価するようになってしまうのだ。カーネマンによれば、過去に対するわれわれの見方に影響するもう1つの重要な要因は、「後知恵バイアス」である。

この後知恵バイアス、別名、結果バイアスのせいで、われわれはプロジェクトが成功したかどうかをもって、過去の経験が良いか悪いかを判断してしまうのだと言う。失敗した試みであっても、やったことの多くは良いことで、皆と共有する価値があるかもしれないし、プロジェクトは失敗に終わったにせよ、その「良いやり方」と失敗は、実は関係がないかもしれないのに、人は結果で判断してしまう。

振り返りイベントをうまく進めるには、われわれはこうしたバイアスがあることを意識した上で、その影響が現れたと感じたら、その場ですぐに指摘する必要がある。

過去から学ぶことの難しさを克服するもう1つの方法は、イベントをもっと頻繁に開催することだ。開発プロセスの中に「ミニ振り返りイベント」を組み込むのである。たとえば、マイルストーン・レビューに振り返りの要素を入れるのもよし、オオベヤ・ミーティングの最後に毎回数分間だけの「振り返りの時間」を入れてもよい。その段階なら、より多くの情報が記憶に残っているから、時間経過による悪い影響を減らすことができる。

それに、頻繁に振り返れば練習の回数が増えて自ずと上手くなるものだ。より自然に感じられるようになって、チームはますます心を開いて話せるようになる。こうして個々のミニ・イベントで出された反省を蓄積していき、やがて最終的な振り返りイベントで活用するなら、効果をさらに増大させることができる。

キャタピラー社は、小刻みに開催する振り返りイベントを巧みに使って、学びと製品開発プログラムの継続的改善を加速させた好例である。同社は10年以上にわたってLPPDに取り組んできた。最初の頃は、主としてバリューストリーム・マッピングとオオベヤを使って、排ガス規制強化のために異常なまでに膨れ上がった開発プログラムを加速させたものだ。

　彼らが徐々に熟達してくると、PDCAのCとAが十分になされていないことに気づく。そこで彼らは学びを記録し、その学びを活用するために正式な「振り返りイベント」を導入すると決めて、手始めに中型ホイールローダー（MWL）の設計チームで試すことにした。MWLチームは当初、われわれが前著に書いた「正しい振り返りのやり方」に従い、同書の質問を援用した。

　それから間もなく、このチームのメンバーたちは真因究明にかなりの時間がかかる難しい問題を開発の初期段階でいくつも見つけることになった。かくしてフォーマルな振り返りイベントは、学びを掘り下げ、より良い判断をするために非常に役立つことが明らかになったのである。

　経験を重ねるうちに、チームメンバーたちは「意思決定A3」ストーリーを開発し、自分たちの考えを整理し、配布して幅広く意見を集め、来るべき未来の意思決定に役立つように、自らの思考過程と考慮した事項、なぜその対策を選んだのかといったことを記録に残すようになった。「意思決定A3ストーリー」を使えば、知識を「リアルタイム」で掴まえて記録に残せる。実は、これこそが先々の「振り返り」の実効性を高める大切な鍵だったのである。

　開発チームにしてみれば、「意思決定A3」は、森の奥へと連れて行かれるヘンゼルとグレーテルが落としていった「パンくず」なのだ（今日ではウェブサイトを閲覧中に現在どこにいるかを示す機能も「パンくず」と呼ばれている）。後に「パンくず」（bread crumbs）を辿れば、なぜその意思決定がなされたのかをチームが理解する助けになり、効率的な振り返りが可能になる。

「正式な振り返りイベント」と「意思決定A3」を加えたことで、キャタピラー社のチームは絶えず変革を促し続けるしくみを仕事の中に埋め込んだと言ってよいだろう。

トヨタは、開発プログラムが1つ終わるたびに必ず大掛かりな振り返りミーティングを開催し、これに数日かける。そのプログラムに関わった人たちが1つの部屋に集められ、大きな紙に自分たちの振り返りを書き入れていく。

機能別の専門家たちは、自分たちがそこから学んだ重要な教訓を自部門内で当該技術案件に関係する人々にうまく伝える役割を割り当てられる。しかし、この大規模な振り返りイベントは、開発プロセス全体にわたって重ねられてきた幾多の小さな振り返りの集大成なのである。

トヨタの反省イベントも米陸軍のAARも、比較的シンプルな質問がなされる。次のような質問だ。

- 何を達成しようとして始めたのか？
- 実際に何が起こったか？
- ギャップはどこにあるか？

●なぜそのギャップが発生したのか？

実際にこれをやってみたことがある人なら誰もが了解していると思うが、これらの質問に答えるのは、見かけよりもずっと難しい。実際に何が起こったかというエビデンス、データ、記録がない場合は特にそうだ。しかし、コンセプト・ペーパーを書き、オオベヤを使うなら、あなたはあらゆるデータを残していけるようになる。

コンセプト・ペーパーは、あなたが何をしようとしていたのかを明確に描き出しているはずだ。オオベヤに掲示されている性能特性達成状況の推移を示すグラフや、書き込みの入った開発スケジュール、その他の様々な資料は、開発プログラム全体を計画－実績対比で見るのに十分豊富な履歴情報を提供してくれる。実際、先進的なリーンな組織の多くは、振り返りイベントをオオベヤの中で行う。

開発の過程でＡ３を使って問題を解決しているのなら、そのとき、あなたはどのような行動を取ったのか、それはなぜかという優れた参照情報がすでに手元に揃っていることになる。さらに、マイルストーンで「ミニ振り返りイベント」をやっていれば、そうしたイベントの結果を記録した文書を使える。

あなたがこうした文書を使い、遠慮がなく率直でありながらも相手を責めないよう気を配った対話を重ねていくなら、経緯の断片をつなげてその開発プログラムの全貌を明らかにすることができるばかりか、そうすることによって将来の製品と開発パフォーマンスを改善する機会を議論する基盤を築くことができる。

振り返りイベントはあなたの学びを加速し、その学びを通して獲得した知識を組織全体へ広めていくのに大いに役立つはずだ。

まとめ

われわれが本章を書いた意図は非常に直截である。組織的学習をやらないという選択肢はもはやない。組織的に学び、進化し、改善しようと努めない企業に製品開発の成功はない。本章では、学びを日常的な仕事の中に組み込む複数の方法を提案した。

しかし、結局のところ、学びは依然として選択の問題なのである（やるか、やらないかは、あなた次第だ）。したがって、まず、組織として学びを重要事項であると位置づける必要がある。

そしてそれは、リーダーシップから始まるのだ。

この先の展開　製品の完全性の追求は、あなたの製品と組織を根底から変革するほどのインパクトもたらすはずだ。第7章では、卓越した製品とサービスを実現する最後の詰めに焦点を当てる。即ち、何が卓越した製品をつくるのか？　どうすれば製品の有効性を測定できるのか？　開発とは製品の卓越性をゴールと定めた、ある種の職人技であるが、どうしたら開発チームの中にそのような強い意識を育むことができるのか？　ということだ。

Your Reflection

あなた自身の振り返り

ビジョンをつくる

学習する組織をめざすと言うと、すこし抽象的な感じがするかもしれない。学習する個人になることの方が理解しやすいだろう。しかし個別に学ぶ個人を集めても、学習する組織にはならない。知識を共有し、保存し、再利用する方法がそこには必要だ。本章では、学習する組織の主な特徴を次のように説明した。

- 個人の学びが集積されて標準として体系化され、共有され、使われている
- 学んだことは、それがたとえ失敗から得た教訓であっても、広い心で共有する

- 学習の機会が製品開発のプロセスの中に組み込まれている（例：デザイン・レビュー、振り返りイベント、オオベヤ・ミーティング）
- 社員はコーチの指導の下で日々練習し、科学的思考を身につけていく
- 技術的ゲートキーパーは自らの専門分野に深く精通した達人の域にあり、知識ベースの正式な守護者の務めをしっかりと果たしている
- メリハリが効いた明瞭かつ簡潔なコミュニケーションがよりよいコラボレーションと技術の伝達を慫慂している（例：A3レポートをつかってうまくコミュニケーションをとる）

ここに示したビジョンは、あなたの会社が学習する組織になるためにあなたが必要だと思うことに合致しているだろうか？　ここに示したビジョンをどう変えたら、あなたの会社の状況にもっと合うようになるだろうか？

あなたの現状

1 あなたの組織を学習する組織の特性と対比して評価しなさい

2 あなたの会社の進歩を妨げている組織的な制約は何か？

3 デザイン・レビューの効果を最大限引き出しているか？　それをもっとよくするには、どうしたらよいか？

4 経験した問題から学んでいるか？　同じ問題が繰り返し発生していないか？

5 オオベヤを使っているか？　あなたのオオベヤは開発プログラムのハブになっているか？　そのオオベヤは学習に没入できる環境になっているか？

6 部下に有能なコーチを付けて、実際の改善プロジェクトの仕事を通して科学的思考を継続的に教えているか？

行動する

1 学習戦略A3を作成し、それを展開するために機能横断的なサポートを与えなさい

2 そのA3の中で、学習システムの開発が必要な理由（背景）、製品開発の現状、さらにあなたの会社の現在の能力とありたい姿とのあいだのギャップを明確に記述しなさい

3 そのギャップを埋めるための実験的な対策を考え、実際にやってみて、そこから学んだものを記録して人々と共有し、振り返りを行いなさい

CHAPTER 7 製品の完全性の追求

The Pursuit of Product Perfection

完全性は達成できない。
しかし、
完全性を追い求めて
エクセレンスを掴まえること
ならできる。

――ヴィンス・ロンバルディ

完全性の追求は、人類の心を何千年もの間かきたててきた。完全性を追い求めることはわれわれの向上心の原動力である。人は有史以来ずっと、完全性とは何か、どうしたら実現できるかという議論を続けてきた。完全性とは、目標とする水準ではなく、人の生き方であるとするアリストテレスの見方がわれわれは好きだ。

アリストテレスはこう言う。

「われわれは何者か。われわれが日頃繰り返し行っていることの集積が『われわれ自身』なのである。それゆえ、エクセレンスとは1回限りの『行為』ではなく、『習慣』となってこそエクセレンスたり得る」

今日なお、この精神構造が「真に優れた組織や個人」と「ワナビー」（表面的に真似するだけの組織や人）の違いをつくっている。

『リーン・シンキング』（稲垣公夫訳、日経BP）でジェイムズ・ウォーマックとダン・ジョーンズは「完全性の追求はリーンの基本信条の1つであり、継続的改善の土台である」と述べた（＊1）。この言葉は製品・プロセス開発者への誠に力強い助言であるとともに、本書で説明するあらゆるプロセス、ツール、手法の暗黙のゴールだ。

本章でわれわれは、「卓越した製品とはいかなるものか」という主な特徴を論じ、「製品力に優れた企業は、常に良い製品を生み出し続けるために何をどのようにやっているのか」という実践例をいくつか紹介する。何をおいても第一に考えるべきは、卓越した製品・サービスが顧客のために価値を創り出すことである。

つまり、顧客が抱えている問題を革新的かつ喜ばしい方法で解決することだ。しかしそれだけでは終わらない。最高の製品とは、美しいデザインと最高のクラフツマンシップで一線を画すのみならず、信頼性が高く、長期使用に耐え、環境に優しく、顧客にとってエレガントなソリューションとなるようにデザインされていなければならない。端的に言うなら、圧倒的に素晴らしく、競合他社の製品からは得られないトータル・エクスペリエンスを顧客に届けるということだ。

卓越した製品・サービスを開発する第一歩は、あなたの組織のすべてをこの活動に巻き込み、本気で取り組んでもらえるようにすることだ。卓越性が求められるのは当然だという風土と環境を築かなければならない。その実現は「人」にかかっている。

エクセレンスへの情熱

「エクセレンスを掴む」とは、天賦の才に負うところもあろうが、むしろ常に自身の限界と思われる範囲のちょっと先にある何かを粘り強く追い求めていく努力の過程で起こることだとわれわれは信じる。そのためにはあなたは一身を投じて自らの仕事に精励しなければならないのだが、残念なことに、そのようなことは普通の人の日常の体験の中ではまず起こらない。

実際、われわれの日常的な体験は、むしろ『禅とオートバイ修理技術』（五十嵐美克訳、ハヤカワ・ノンフィクション文庫）（＊2）というロバート・パーシグの最高傑作で描かれたものに近いと思われる。

主人公が真実を追い求めていく過程で遭遇する問題の1つが人生における「クオリティ」の実存的意味であった。彼のこの旅は1軒のオートバイ修理工場で始まる。もう3回もエンジンのオーバーホールをしたのに依然として彼のバイクは調子が悪い。同じ修理工場へバイクを持ち込んで「タペット音がする」と告げたところ、計らずも修理工たちの作業ぶりを観察することになった。

……若い男がスパナを持ってなかから出てきた。ところが修理に取り掛かったのはいいが、手元が狂って、アルミのタペット・カバーを両方とも折り曲げて台無しにしてしまった。そしてこう言った。

「まだ在庫がいくつかあるはずですから」

私はうなずいた。

男は、今度は奥からハンマーと金属用のたがねを持ち出してきて、いきなりタペット・カバーを叩き、それをはずしにかかった。ところが叩いたたがねはアルミのカバーを貫通し、シリンダー内にめり込んでしまった。そして次の瞬間、振りおろしたハンマーがたがねのヘッドをすべり、エンジンを直撃して冷却フィンを二枚も折ってしまった。

「ちょっと待ってください」大変なことになると思った私はとっさにこう言うと、「新しいカバーをくれれば、自分で何とかやりますから」と丁寧に付け加えた。

グリスまみれになった自分のオートバイをどうにか取り戻し、道路まで引き上げて走り出したものの、ますます調子がおかしい。バイクを止めて見てみたら、エンジンを取り付ける4本のボルトのうち2本がなく、3本目はナットが付いていない。テンショナー・ボルトもない。どうしてこんなことになってしまったのか。主人公は考えずにはいられない。

なぜこんなにまでバイクを台無しにされてしまったのか。……工場の連中はテクノロジストそのものだ。それが仕事をするときには、チンパンジーみたいに地べたにべったりと坐ってやっている。決して人間の仕草ではない。……だが最も大きな手がかりを与えてくれたのは、彼らの表情であった。何と言ったらいいのか、みな穏やかで、親しみやすく、のんきそうに見えた。それに誰もが冷めた顔つきをしていた。まるで傍観者のようであった。偶然工場に迷いこんだ若物が、わけの分からぬままスパナを持たされたという感さえあった。仕事に対する熱意などまるでない。「修理工」だなんておこがましいかぎりである。午後五時になって八時間の就業時間が終わると、やりかけの仕事があろうがなかろうが、彼らはさっさと仕事を切り上げて、それまでやってきたことはけろりと忘れてしまう。仕事のことは極力考えないようにしているのだ。

パーシグの物語は、エクセレンスの追求に対して人がどういう姿勢で臨むものであるかをまざまざと示している。エクセレンスの追求は、自らの仕事を心から大切に思う人がいなければ始まらないのだ。

置かれた状況に違いはあるが、様々な職種の人たちが自分の仕事に対して活力とワクワク感を持って真剣に働くのをわれわれはずいぶん見てきた。リーダーはまず、何のためにこの仕事をやるのか、心を躍らせる魅力的かつ明解なビジョンをもって配下のチームに仕事を始めさせるべきだ。そして、率先垂範で皆を率いていく。

リーダーは人の話をよく聴かなければならない。教える一方ではダメなのだ。チームメンバーは単なる手足ではない。チームメンバーは、何事であれ、重要なことを成し遂げるために自分たちがどうしたらもっと貢献できるかをよく理解している大切な存在として扱われるべきなのだ。

社員が真に仕事に打ち込める環境をうまく築けない会社では、何をやっても往々にして「チェックリストに印を付ける」ような品質向上活動や、「ツール中心」の活動といったつまらぬものになってしまう。こういう会社にとっては、品質は品質部門の責任なのであり、品質部門が社員たちにその会社の標準に従うよう強制するのは至極当然と思われている。

『エクセレント・カンパニー』（大前研一訳、英治出版）（＊3）という有名な本の中で著者のトム・

ピータースとロバート・ウォーターマンが言うように、「1つの例外もなく、一貫性のある優れたカルチャーが会社の中で優勢であることが、エクセレント・カンパニーに欠かせない要素であると判明した」のである。並外れて優れた企業は、社員を仕事に打ち込ませ、社員に自らの潜在能力をフルに発揮するチャンスと、自分たち以上の何かの一部となるチャンスの両方を与える。会社のカルチャーこそが、製品の卓越性を創り出すための基盤であるということだ。

それでは、優れた製品のカルチャーを創り出すにはどうしたらよいのだろう？　第4章と第5章で説明した採用・育成・リーダーシップのあり方を応用すればまず大方うまくいくはずだ。ハイ–パフォーマンスチームが優れたリーダーに率いられたら非常に優れた結果を出せるに違いない。それに、真のリーダーシップは、製品の卓越性を追求する上で特に重要なのである。

クオリティの話をするだけなら簡単だが、実際にどう行動しているかを問われるのがリーダーである。リーダーたちはどのように時間を使っているか。部下に対してどのような期待を持ち、どのように伝えているか。チームメンバーのやる気をいかにして引き出し、真剣に仕事に励むよう仕向けているか。

フォードの復活劇の始まりの頃、車体プレスチームは外装ボディのクオリティを改良するためにものすごく頑張った。世界最高のクオリティの車体を集めてベンチマークし、それを上回る水準を目標に置いた。だが、この取り組みにマネジャーの全員が深く関与しているわけではないことがやがて明らかになる。ある製品レビューでのことだ。

部品の品質要件に関して激論が交わされている中で、不満を溜めていた1人のベテラン管理者がこう叫んだのだ。「プレスの曲げ半径を小さくしたり、公差を減らしたりしたところで、そのおかげでクルマが1台でも多く売れるってわけじゃない！」

実際には、このベテラン管理者の言うようにはならなかったことが後に判明するのだが（外装の質感と全体の仕上がりは、このとき開発していた新モデルの最も注目された特徴の1つになった）、ここで重要なのはそのことではない。要は、エクセレンスが当たり前に求められる環境を築くことがポイントだったのだ。

そうした環境を築けば、エクセレンスは自ずと組織全体に浸透していく。この環境をつくることはリーダーの責任である。会社が苦境にあるならなおのこと、あなたのリーダーシップが重要だ。エクセレンスを求める組織か、凡庸で満足する組織か、あなたに選択の余地はない。あなたがどこにいようと、常にそこでエクセレンスを追求すべきなのである。

エクセレンスを届けることに焦点を当てて頑張っているうちに、おそらくそのおかげと思われるのだが、予想外の恩恵が得られることが分かってきた。その仕事に携わり、頑張って働いた当人たちへの好ましい影響である。ロンドン・スクール・オブ・エコノミクス（LSE）の社会学のセンテニアル・プロフェッサーであるリチャード・セネット教授の「人間には良い仕事をしたいという生来の欲求がある」（＊4）という主張に、われわれは大いに賛成したい。これぞクラフツマンシップの精神だ。

古今東西を問わぬ普遍的スピリットである。この精神があるからこそ、人は自らの仕事に誇りを持ち、そこに意義を見出せるのであり、このおかげでまさに個人として自分の仕事と深くつながっていけるのだ。だから、自分の仕事に熟達すると心の中から湧き上がる豊かな喜びを感じるのである。こうした喜びは、非常に困難で、個人的にもこだわりのある何事かを達成したときにのみ得られる。

このような厳しい旅路は、その道を歩むことを自ら選んだ人たちに恒久的な影響を確実に与える。そして、その上になお、リーン・シンカーとして価値創造と完全性の追求に励んでいかなければならない。クラフツマンシップ精神は、永続的な価値を持つ何ものかを創造する上で、非常に大きな役割を果たすのである。

価値を決めるのはお客様

ウォーマックとジョーンズによれば、リーン・シンキングの第一の原則は、顧客が決める価値がいかなるものかを理解し、それを顧客に届けることだ。これは製品の卓越性の土台でもある。あなたの製品やサービスが、顧客が抱えている問題を解決できなかったり、顧客が望むエクスペリエンスを実現しなかったりすれば、それが優れていると顧客が感じることはない。

第1章でわれわれは、顧客に最高の価値を届けるにはどうすべきかを深く理解し、それを中心に据えて組織全体の方向を揃える上で、チーフエンジニア、どっぷり浸かって学ぶこと、ハイテク人類学者、hackathons（ハッカソン）、素早い実験、コンセプト・ペーパーといったものがどのような役割を果たすかを説明した。しかし、顧客から見て、「付加価値を付けている」とはどういうことなのかに関しては、さらなる議論があってよい。そもそも製品の卓越性を語るなら、顧客から見た価値を常に中核に据えて議論しなければならない。

われわれが強調したいのは、確実に成功するためには、顧客が並外れて素晴らしいと感じる価値を創造しなければならないのであり、その活動には「1つの製品チームの動き」を超えて、はるか上を行く広がりと深さが求められるということだ。これが組織の隅々まで浸透している必要がある。

「顧客との距離を縮める」というテーマを説明する際、ピータースとウォーターマンは「数々のエクセレント・カンパニーを調査して分かってきたのは、格段に優れた企業においては、営業、製造、研究、経理といったあらゆる領域に顧客が広く深く入り込んでいることだ」と述べている（＊5）。

トヨタは顧客満足について、非常にシンプルだが実現するのは難しいチャレンジングな考えを持っている。彼らはこう言う。「不良品を受け取ったお客様がたった1人だけだったとしても、そのお客様にとっては不良率100％です」。そしてこう続ける。

「当社の製品は、お客様がお金を払って買ってくださるクルマだけではありません。ディーラーの対応や保守サービスも含めて、お客様の『クルマのある暮らし』全般にわたるエクスペリエンスも当社の製品なのです。当社の製品とはその両方を意味します」（図7－1参照）

トヨタの顧客第一という理念の起源は、何十年も昔の社祖・豊田佐吉翁の革新的な考えにまで遡る。佐吉翁の考えは豊田喜一郎の継続的改善の精神に受け継がれた。後にこれが顧客エクスペリエンスの質の追求と現地現物を旨とする継続的改善に格別に意を用いるトヨタの企業カルチャーにつながっていった。

これは、なぜトヨタのチーフエンジニアはそんなにも時間をかけて「顧客は普段の暮らしのなかでクルマをどのように使っているか」をじっくり観察するのかを説明する助けになる。

「お客様のために」という情熱は、いつも顧客にハッピーな気持ちでいてもらえるようにする上で力になるだけではない。「逆もまた真なり」だ。人は顧客に喜んでもらうことに胸を躍らせる。顧客の笑顔は素敵なワクワク感を与えてくれる。これは、会社にとってコストや効果や利益がどうなるかをパワーポイントでいくらプレゼンテーションしたところでめったに得られるものではない。

顧客に焦点を当てて考え、行動するなら、チームメンバーのやる気

図7-1　「価値はお客様が決めるもの」トヨタの顧客定義価値モデル
（出典：http://www.toyota-global.com/sustainability/society/quality/ ）

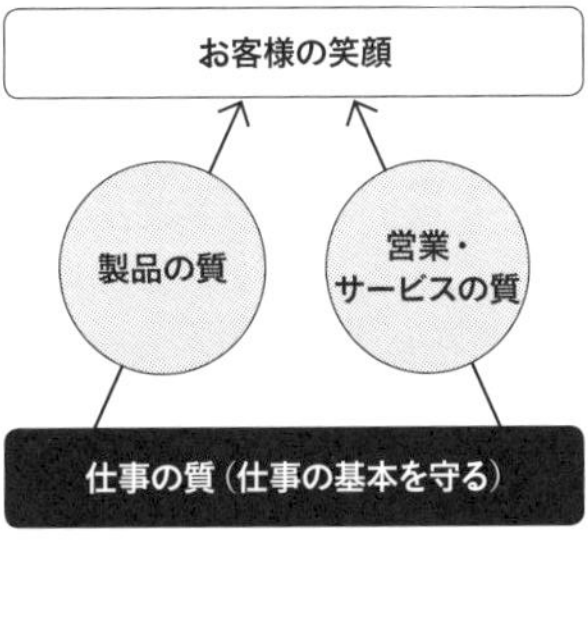

を高めることができるだけでなく、彼らの顧客指向を一層強める上でも力になる。

そして、「自分たちの製品はいかにして『顧客にとっての価値』を創り出すのか」ということに組織を挙げて深く集中すればするほど、社員たちも「1人ひとり、全員が、どうすれば会社のミッションにダイレクトに貢献できるか」ということをもっとよく理解できるようになるはずだ。

顧客中心のデザイン

素晴らしいデザインは顧客の心を捉えて離さない。クルマ、スマートフォン、家電、髭剃り器、どんな製品でもそうだ。『誰のためのデザイン？――認知科学者のデザイン原論』（*6）の著者にして認知科学者かつユーザビリティの技術者、カルフォルニア大学サンディエゴ校名誉教授でもあるドナルド・ノーマンは、この本の中で「デザインはまさにコミュニケーションの行為である。これは、デザイナーは誰かに何かを伝えるためにモノをつくるのであり、その伝えたい相手がどんな人であるかを深く理解していてこそコミュニケーションが成立するという意味だ」と指摘した。これぞまさに「デザインへのリーン・アプローチ」の本質である。

業務の効率や業務遂行の細かな出来不出来にこだわりすぎて「木を見て森を見ず」の状態に陥るのはよくあることだ。顧客は「優れた業務遂行」を買うのではない。「優れた製品」を買うのだ。

イーロン・マスクがテスラモデルSを世に出すと、自動車業界は大きな衝撃を受けた。外観といい、スピードといい、シンプルなデジタル・ユーザー・インターフェースに至るまで、テスラSのデザインはあらゆる面で心を躍らせ、競合製品よりも格段に優れていると感じさせた。この車がその後どうなったかを見れば明らかだが、テスラのものづくりの実相は自動車業界の普通の水準にさえはるか遠く及ばぬものだったのである。

なにしろ、赤字を垂れ流し、ただでさえ大幅な納期遅れなのに品質もよろしくなかった（第8章を参照されたい）。にもかかわらず、顧客は製品そのものにすっかり魅了されてモデルSに殺到し、その後も膨大な数の顧客がモデル3を注文することになった。

われわれは「実行は重要ではない」と言うつもりはない。それはそれで大切なことだ。テスラの実行のまずさはテスラ凋落の原因にもなりかねないのである。しかしそれでもなお、テスラの製品はまさに「スペシャル」な絆でいまも明らかに顧客とつながっている。

アップルのデザインへのコミットメント

スティーブ・ジョブズは、アップル製品の外観と雰囲気に異常なまでにこだわった。アップルのデザイン責任者ジョニー・アイブもまた美しさにこだわり、感触にこだわり、ユーザー・エクスペリエンスのすべてに100分の1秒の単位で徹底してこだわる。

ジョブズは、顧客の心を魅了して止まぬ「感情的なつながり」の価値を深く理解しており、アップルの製品の中にあるデザインの卓越性に対して顧客は必ずやその対価を払って買うと信じ、それに掛けた。この賭けが同社に莫大な利益をもたらしたのは言うまでもない。

ジョブズが１９９７年にアップルに戻ってからずっと、「アップルのデザイン」が同社を他社とは違う際立った存在にしてきたのである。デザインこそが瀕死の状態だったアップルをわれわれの時代で最も成功したと言ってよい会社にした最大の要因であった。

ジョブズの伝記を書いたウォルター・アイザックソンは、ジョブズはデザインについて異常なほどの情熱を燃やし、自らのコンピュータは内側も外側も完璧でなければならないと強く主張していたと言う。

「一目で違いがわかるデザイン、美しく親しみやすく、使う喜びをもたらすデザインが、ジョブズ率いるアップル製品の特長になっていった。優れた工業デザイナーと巡り会えずにいた時代もあり、１９８０年代にジョブズはハートムート・エスリンガーとパートナーシップを組んでいた。１９９７年に始まるジョニー・アイブとの協力関係が生んだ技術とデザインの美しさがアップルを他のハイテク企業とは一線を画す存在にしたのであり、ひいては株式時価総額世界一の会社にするのにも大いに貢献したのだった」（＊7）

いまではジョブズがデザインにおいて、何よりもシンプルさを重んじていたことが知られている。１９９７年に作られたアップルの最初のパンフレットは「シンプル、それは究極の洗練」と大仰に謳い上げた。ジョブズ自身の言によれば、「シンプルなものを創造するには、並大抵でないハード・ワークが必要だ。シンプルなものを創るには、その根底にあるいくつもの課題を真に理解しなければならないのであり、そこからものすごく頑張って、ようやくなんとかエレガントな解に辿り着けるか否かということ」（＊8）なのである。

　ハイテクメーカーの多くが機能をどんどん追加することによって顧客価値を高めているつもりになっていた時代にあって、アップルのアプローチは消費者にとって非常に新鮮に感じられるものであった。そしてアップルはそのことから多大な恩恵を受けてきたのだ。

　モーガンがアップルから誘いを受けた話は既に紹介した通りだ。その話し合いの中でアイブと話す幸運に恵まれ、アイブの謙虚さ、優れた製品を生み出すことへの揺るぎない決意と関与、デザインのみならず技術や材料や生産に関しても深い知識を持っていることにモーガンは感銘を受けた。

　本書で紹介してきた優れたリーダーたちと同じく、アイブもまた、優れた製品を創造するためには多くの人の力の結集が必要であることをよく分かっていて、そのことへの感謝の念を持っている。モーガンにはそれがよく分かった。アイブは「私がやった」ではなく「私たちがやった」と繰り返し言った。また彼は、チームワークを殊《こと》の外大切に考えているらしい。アップルの象徴となるような素晴らしいデザインの製品をつくり上げるには、よいチームワークが欠かせないからだ。アイブのこうしたチーム指向の考え方は、自身の直下のデザインチームをはるかに超えてアップルの全部門に行き渡り、果てはサプライヤーにまで及んでいる。これについてアイブは、このように言う。

「私たちはデザインでいろいろなことを達成してきましたが、それもこれも、同じ1つの問題を解決するために力を結集してくれたものすごく多くのチームの働きあればこそでした。おそらく、私自身が意識している以上にもっと強く大きく、そうしたいくつものチームの働きに私は依存してきたはずです」（＊9）

アイブの見方に立脚するなら、新製品とは新しいもの、それまでとは違うものであるべきだが、それが顧客にとってどういう意味を持つかが重要なのである。

「私たちの競争相手のほとんどは何か違うこと、新しそうに見えることをやりたいようだ。しかし、そういうことはまるで間違ったゴールだと私は思う。製品はそもそも『より良く』なって当然だ。これは真の規律と高い技術があってこそやれることなのであり、それが私たちを駆り立てる。つまり、もっと良い何かを創造しなければという、心の底から湧き上がる、已むに已まれぬ気持ちが私たちを駆り立てるのです」（＊10）

アイブの知識の広さと深さは材料と製造方法にまで及ぶ。アイブがデザインを単なるアイデア出しと洗練された外観よりもはるかに広いものと捉えていることは明白だ。彼は、自身と部下のチームが自分たちのデザインの限界を広げ続けていけるようにしたいのだ。そのために材料に関してもできるだけ広く深く理解したいし、どんなことでもやろうという気がある。

アップルがゴリラガラスを採用し、ケースをアルミの塊から切削で作る加工方法を採用したことはよく知られている。アイブには、材料と加工技術の本質を部下のチームに学ばせるため、彼らを連れて伝統的な日本刀の刀工のところへ行ったという逸話もある(*11)。

豊田章男のデザイン・エクセレンスへの情熱

2016年1月に豊田章男はデトロイト国際モーターショーの舞台に上がり、会場を埋め尽くす聴衆を前にスピーチを行った。彼はトヨタがレクサスのユーザーの声に真剣に耳を傾けていることを人々にもっと知ってもらいたいと願っていた。そこで、このスピーチの中でレクサスのデザインがつまらなくなっていることを自ら認め、「今後、『レクサス』と『つまらない』という2つの単語が同じ文中で二度と使われないようにする」と宣言したのである。

そうして、この言葉とともに新車レクサスLC500を披露した。量産車としては最も斬新なデザインの1つと言える車であった。それだけではない。続けてサブコンパクトSUVクロスオーバーのC-HRから新型トヨタ・カムリまで、トヨタのラインナップのすべてで、いずれも斬新かつエッジの効いたデザインの新車が披露された。

レースカーのドライバーでクルマをこよなく愛する豊田章男は、「もうつまらないデザインのクルマは出すな!」というトヨタの顧客の声をはっきりと聞き取ったのだ。トヨタはこの新たな価値提案を断固貫く決意で、デザインを梃子に顧客とのつながりを強めようとしている。これまで「胸を躍らせる素敵なデザイン」がトヨタの強みの1つと見做されたことはなかった。

現役CEOである豊田章男が「顧客価値を高める上でトヨタのデザインには改良の余地がある」と自ら認め、「もっといいデザインの」クルマをつくるという決意を内外に示したのである。

「もっといいデザイン」を通じて顧客とのつながりを強めようという取り組みは広範に続けられている。レクサス・インターナショナル社長でトヨタ本社の執行役員でもある澤良宏は、われわれとの議論の中でデザインの重要性を熱く語り、世界中の次世代のクリエイティブな人々と強いつながりを築くことがとても大切なのだと言った。

レクサスは、世界中から優れたアーティストをはじめ様々な分野におけるクリエイティブな人々を見つけ出してきて、サポートしている。レクサスの物語性と、「シームレス」「ゼロ・グラビティ（無重力）」「エレガンス」「先鋭的なシンプルさ」「最先端」といったデザイン・キーワードを通じて、トヨタはレクサスのスピリットを彼らと共有している。そして、日米欧で活躍するデザイナーが各々の活躍の場であるクリエイティブな媒体でレクサスの世界観に合致するビジョンを創り出していくのだ。

場合によっては、こうしたアーティストがレクサスのデザインスタジオで次世代のクルマのデザインに直接関わることもある。レクサスは、ミラノのようなデザイン先進地域で大掛かりなデザインコンペを実施する最初の自動車メーカーとなった。これによってトヨタは若手アーティストを支援したり、彼らと緊密に協力して仕事をしたりできる。また、そのようなイベントの参加者たちから学ぶこともできる。こうしてトヨタは高級車を購入してくれる次世代の人たちとの「審美的つながり」を強めようとしているのだ。

フォードの技術が可能にした素敵なデザイン

フォードの復活には人々の胸を躍らせる「動的な」デザインが大きな役割を果たしており、それがフォード車の強力な差別化要因となった。マスタング、フュージョン、フォーカスのデザインは各クラスでそれらを際立った存在にし、業界の新たなトレンドを創り出した。こうした動的なデザインはエッジが効いていて、顧客をワクワクさせるものだったが、その一方、開発と製造のどちらの立場から見ても、ただでさえ課題満載のデザインである。

フォードであればなおのこと、これはますますやっかいな問題を引き起こすに違いないと感じさせた。残念なことにフォードでは、製品技術と生産技術の両者ともが斬新なデザインに対する抵抗勢力として行動してきた年月が長すぎて、「エッジの効いたデザインは必ずや工場で問題を引き起こす。生産部門を守らなければならない」という姿勢が常態になっていた。

車体・プレス技術（B&SE）のチームはこれを変えようと決意する。偉大なデザインのイネーブラー（素晴らしいデザインを可能にする者）になりたいと考えたのだ。そこで、デザインスタジオと量産工場の仲間たちと緊密に連携し、どうすれば生産にまずい影響を与えることなく、その素敵なデザインを実現できるかを研究していった。デザインにきっちりと忠実に、高い精度で量産車として世に出すことがB&SEの新たなミッションになったのである。

上流の開発チームはデザインスタジオと協力するようになり、デザイナーも下流に位置する金型工場へ出かけては技術者と話し合う。デザイナーの中には、組立工場や金型工場を訪問するのは初めてという人もいた。この体験は、自分たちの仕事がどのように進行していくのかに対するデザイナーの見方・考え方に大きな影響を与えた。

その結果は、フォード史上最もエキサイティングなデザインと評価された一連のブレークスルー製品となって現れた。これはまた、製造における卓越性が優れた製品を開発する上で競争優位性の源泉になり得るという新たな視点を生み出すことにもつながったのである。

クラフツマンシップ

モーガンのクラフツマンシップへの情熱は、1992年に放映されたレクサスのコマーシャルに始まる。カメラがズームインして、小さなベアリングボールがレクサスES30

0の精密な車体の縁に沿って、滑るように転がっていくのを見事に捉えていた。あるいは、彼の情熱の始まりはもっと以前からかもしれない。

モーガンが練達の車両設計者として働いていた頃のことだ。非常に高い技能を持ち、他者への要求も厳しいクラフツマンたちの目がいつもモーガンに向けられていた。金型や治工具を手で作り、車体を高精度で溶接していたのは彼らクラフツマンである。始まりがどちらのときであったにせよ、モーガンは、精巧に作られ仕上げられた製品と、そうでない製品の間にはものすごく大きな違いがあり、それを作る人たちのあいだには、製品の出来栄えの差以上に大きな違いがあることに気づき始めたのだ。

この違いに気づいた瞬間、どちらの製品を作りたいか、どちらの職人になりたいか、モーガンには直観的に分かった。こうして、モーガンがその後何十年にもわたって心を奪われてしまうことになるクラフツマンシップとその背後にある人の精神構造への探求が始まった。

ここではっきりさせておきたいのだが、われわれは、ロマンチックで神秘に満ちた、過ぎ去った時代のクラフツマンシップについてではなく、今を生きる真にクリエイティブな仕事師軍団について話しているのである。今、この時、どのような職種でどのような状態にあるかを問わず、ユニークで永続的な価値を自らの製品の中に具現化し、毎日の仕事を通して真に優れた人材を育てているのはそういう人たちだ。われわれは、そういう人たちのことを論じたいのだ。

『ザ・クラフツマン――作ることは考えることである』（高橋勇男訳、筑摩書房）の中でセネットは「作ることと考えることとの関係」を論じている。セネットは「大工も実験室の技師も指揮者も皆職人である。良い仕事をすること自体に価値を見出して一身を投じて仕事に励んでいるのだから」と言い、「クラフツマンシップは、良い仕事をしたいという、人に本来備わっていて、いつまでも消えることのない確かな欲求を具現化したものだ」と指摘した（＊12）。

ところがこれは、人にとって根源的な強い衝動なのに、現代の組織ではほとんど無視されている。これこそやりがいの持てる自然な働き方なのに、現実は逆なのだ。『魂を具現化する手仕事教室』（Shop Class as Soulcraft）という素晴らしい本にその性質が見事に描き出されている（＊13）。しかしこれは著者のマシュー・クロフォードが書いているような1人で働く人たちに限られたものではない。組織の中で活きて、大いにパワーを発揮できるはずのものであり、幾多の組織で現実にそうなっている。

他とは一線を画す製品を、実際につくり上げる

そこで問うべきは、新製品やサービスにおけるクラフツマンシップとは何かということだ。われわれの考えるところ、顧客がクオリティをどう受け止めるかを左右するのは「視覚・触覚・聴覚でどう感じるか」であり、クラフツマンシップはそれに尽きる。

クラフツマンシップにおける卓越性は、顧客エクスペリエンスの全体をより良いものにして、他からは得られない価値を生み出す。人は、シンプルなエレガンスを感じたり、ぴったりくるとかしっくりくりすると感じたりしたときに初めて製品やサービスに込められたクラフツマンシップに気づく。

ムダなものを削ぎ落とし、必要なこと・ものだけが実行・実現されているのを目の当たりにすると感銘を受ける。これは、「実によく出来ている」と言われる製品、思わず惹きつけられてしまう製品に共通する特徴である。アップル製品の筐体のシンプルなエレガンスと仕上げと質感、アウディ車の内装、カトリーナ家具プロジェクトの教会のベンチ席（ハリケーンで破壊された破片から作られた）（＊14）に至るまで、心から湧き上がる深い愛着や感謝の念をクラフツマンシップが引き出すのである。物理的な製品だけに当てはまるものではない。

前章で説明した通り、メンロ・イノベーションズの創造的で深く探求されたユーザーインターフェースにも、技を磨き抜いた外科医の正確な手の動きにも、マルチェロ・ガルシアの真剣勝負のブラジリアン柔術にも、われわれはクラフツマンシップを見ることができる。これらはいずれも人の目を惹きつけて已むことがない。

精巧につくられた製品に対するこうした驚嘆や称賛は、実のところ、開発のエンジニアたちが「ついに手に入れたぞ！」という反応を見せたときにすでに定まっているのだ。モーガンはそれを何度も見てきた。どういうことかと言えば、エンジニアたちは何度も失敗し、長く過酷な働きを続けてかなり疑り深くなっている。そんなに簡単にできてたまるかという気持ちもある。

そんななかで、自分たちの頑張りと高い水準のクラフツマンシップが組み合わさってようやく形になった製品を目にしたとき、第一声が「ついに手に入れたぞ！」だったら、それは本当によく出来た素晴らしい製品ということなのだ。真に卓越した製品をつくりだすプロセスは、魔法をかけるのとはぜんぜん違う。

人と製品の両方に対して厳格で客観的なパフォーマンス基準を定め、着実に実行してようやく実現できるのである。並外れて素晴らしい価値を持つ何かをつくり上げようというのだから、何千もの細かい事柄に対して信じ難いくらい綿密に意を用い、エクセレンスに徹底的にこだわらなければならないのは当然である。加えて、デザインと開発と製造が隙間なく滑らかに協力できる体制と環境を築くことに格別の注力が必要だ。

フォードはいかにして精巧な車体を実現したか

フォードの車体・プレス技術（B&SE）の幹部チームの面々はクラフツマンシップへの旅路に乗り出したのだが、それが真剣で本格的なものになったのは、彼らが一つのチームとして真面目にデトロイト国際モーターショーを見学したときからである（当然だが、それまでも毎年彼らはそれぞれこのモーターショーに通ってきたのである。チームとして考え、視点も徐々に変化してきていたことが背景にある)。

彼らが目の当たりにしたのは、ちょっとまずいなどという程度のことではなかった。フォード車のボディは北米のライバルメーカーの車と比べれば同じような水準だったが、欧州車や日本車に比べると大幅に劣っていた。特にアウディとレクサスは、ちょっとだけ良いどころか、外観のクラフツマンシップに関して業界で新たな標準を確立したと言えるくらい優れていた。

そういう車を知ってしまった顧客に納得してもらえるだけのクオリティの水準は、圧倒的な高さまで上がっていたのである。それはフォードを行動に駆り立てるのに十分だった。

会社に戻るや幹部チームはB&SEの仲間を集めて1つのプランをまとめ上げた。このプランは5つの重要な要素で構成され、これまでフォードのクラフツマンシップを実際につくり込んできた既存の技術・既存の技能を大幅に強化し、そこにいくつかのことを追加するものだ。

即ち、「クラフツマンシップの標準を引き上げる」「隔週開催のグローバルなクラフツマンシップ・フォーラムを創設する」「製品開発プロセスを通じてすべての製品の中にクラフツマンシップ・プランを組み込む」「機能別部門ごとのクオリティのつくり込みに一層注力する」「監査イベントを強化し監査員訓練も刷新する」という5つである。

クラフツマンシップの標準を引き上げる

B&SEチームは世界中を回って最も優れている車

をベンチマークし、それぞれのカテゴリーでベストな車をピックアップして「いいとこ取り」を狙った。そして、ほとんどの項目に対してその「現行車中のベスト」以上の水準に目標を定めた。チームのメンバーはフォードのデザインスタジオの人と会って話し、目標をすり合わせ、各車のデザインテーマに合わせて実行アイテムに優先順位をつけていく。

金属加工の標準として、寸法公差、曲げ半径、表面仕上げ、面一《つらいち》（接合部の同一平面度）、接合部のギャップに「世界最高の（B－W、best-in-world）」の要件を含める一方、その他の標準として、目に見えない内部の機構、ハンドルのストローク、視界に入らないファスナー、さらにはドアを締める音まで定めた。

そうしてチームは、使いやすく工夫した一種の知識データベースを作成した。これにはBIWの具体例の細部を示す写真とともに、標準の項目1つひとつに対して出来栄えのレベルを定義し、そのレベルごとに数値目標を置いた「出来栄え許容限度基準」も含まれていた。

この新しい標準から新たな技術的課題が大量に生まれてきた。新標準の本格的な適用開始に先立って機能横断チームが一通り対策を検討したのだが、この新たな目標に怯んだり取り下げを求めたりする者は1人もいなかった。課題の1つひとつについて、チームメンバーは「それを可能にする物理的なイネーブラーは何であるか」の解明に努め、解明した後に改めて標準として承認していく。

たとえば、フロントバンパーとリアバンパーの曲げ半径をもっと小さくするという新たな課題に対して、塗装がうまくつかない惧れがあるとして当初は複数のサプライヤーが難色を示した。そこで、フォードの技術者が送り込まれた。サプライヤーと直接協力してその課題を解決していくためだ。

機能横断チームは、成形が難しいもの、累積公差の問題、取付け方法（溶接のやり方や接合部の形状など）といった諸課題をうまく解決し、改良できた時点でその都度標準を改訂していくという地道な作業をずっと続けた。

クラフツマンシップ・フォーラムの創設

こうした課題に取り組むうちに、チームの人々は一定の周期で開催する「イベント」が必要だと考えるようになった。クラフツマンシップを実際に担う熟練スペシャリスト、デザイナー、技術者、製造のリーダーが世界中から定期的に集って新製品のクラフツマンシップをよくしていくべきだと感じるようになっていたのだ。そこで彼らは、隔週開催のグローバルなクラフツマンシップ・フォーラムを創設することにした。

このクラフツマンシップ・フォーラムによって、グローバルな機能横断グループとして新たな標準をレビューし、議論し、実験に取り掛かることができるようになった。さらに、個々の新車開発プログラムにおいてクラフツマンシップ目標に対する進捗状況を追跡することが可能になった。

このように一定の周期で進捗をチェックしていったおかげで、個々の新車開発プログラムチームが問題を上に上げて解決する場を得たのみならず、そこから学びを得て、複数の新車開発プログラムを横断して共有することもできるようになった。

開発プロセスにクラフツマンシップを組み込む

「偶々《たまたま》うまくいった」ではなく「常にうまくいくようにする」ためには、ことが起きた後で「ああすればよかった、こうすればよかった」などと言っているようでは覚束ない。かといって、開発プロセスに「クラフツマンシップという名の部品をボルトで組み付ける」だけで済むはずもない。

クラフツマンシップが開発プロセスのあらゆる仕事の中にしっかりと組み込まれ、中核的な要素になっていなければならない。これを実現するため、チームは開発プロセス全体にわたって、開発の進行に沿って具体的な内容を検討していく「クラフツマンシップ・イベント」をいくつも組み込んだ。

クラフツマンシップ・イベントは、新車開発の最初の段階で機能横断チームがフォードの現行車を競合各社のモデルと比較検討して新たなモデルのターゲットを設定するところから始まった。続いて設計と製造の課題をデジタル・モデル上で検討する段階にもクラフツマンシップ・イベントが挿入された。

累積公差と成形容易性の問題は、それまでも次のデザイン・レビューやクラフツマンシップ・フォーラムを通して解決することができたものだが、クラフツマンシップ・イベントを細かく挿入したことで、物理的金型や部品が出来上がるよりもはるかに早い段階でそうした問題を特定し、解決するのにずいぶん役立った。「会議室を出て現場で行う」。このようなクラフツマンシップ・イベントは、まずスタイリング部門で始まり、試作、機能別部門でのつくり込み、さらには量産試作の段階へと続けて開催された。

フォードにおける「完成前に整合性を確立する（CbC、Compatibility before Completion）」の取り組みの中で、改めてクラフツマンシップ要件が欠くことのできない重要事項となり、その中でも「寸法通りにきちんと仕上げること」が特に重視された。

機能別部門におけるクオリティのつくり込み

クラフツマンシップを達成する重要な手立ての1つが「それぞれの機能別部門において、クオリティをつくり込むこと」であった。これは元をたどればトヨタやマツダがやってきたことであり、何百もの金属部品をいかにして複雑な1台の完成車体に組み上げていくかということに関して、それまでわれわれが考えていたのとは根本的に異なる考え方であった。しかも、開発プロセスのあらゆる段階で「クオリティをつくり込む」ことが基盤的な理念として浸透していなければならない。

プレス部品には多少なりとも付いて回る問題ではあったが、プレス部品というものは、実際にプレスをやってみないと、どのような形状になるか正確には予測できないのである。軽量化と剛性強化の両立をねらって採用される様々な特殊合金となると、これがさらに難しい。そのおかげで、車体設計者が決めた仕様通りに仕上がるまで金型を試行錯誤で磨き直さなければならないのだった。

従来の考え方は「車体設計者は正しい」という前提に立つ。「完全な部品が完全な車体につながる」という信念に基づいて、各部品の金型を研磨し直すことに大金を使っていたのである。こうした事情から金型工場は1つひとつの部品を設計者が決めた寸法に正確に合致させるために膨大なカネと時間をかけていたのだが、皮肉なことに、実際に車体に組み上げてみると大きな問題が見つかることが度々あった。

ほとんど完成した金型を、組立で生じる問題の解消のために変更しなければならないケースも多かった。高価で時間のかかるこんな手直しループが、生産立ち上げ時期、時にはさらに後々まで続いていた。それまでのやり方は、システムレベルでの最適化の機会を減らすだけでなく、自部門中心の考え方や行動のあり方を他部門に押し付けるものでもあった。

つまり、誰もが自分の担当している部品は正しいと言い、組立時に部品がうまく噛み合わないのは他部門の責任だと言い募るような態度を増長させていたのである。

「クオリティのつくり込み」は、こういう従来の考え方とは真逆の理念だ。まず、車体システムを全体として最適化するためには、必ず微調整が必要になるという前提に立つ。そのためにこそ設計と製造の間で協力的かつ系統的な進め方をするのであり、「完成前に整合性を確立する」（ＣｂＣ、Compatibility before Completion）ことを実際にどう進めるかを示す好例と言えよう（第2章参照）。

治工具・金型づくりのプロセスのかなり早い段階で、最小限の寸法精度基準を満たす個々の部品を集め、特殊な組立治具を使って、ネジ止めで車体を組み上げるのだ。この特殊治具のおかげで、デザイナー、車体設計者、生産技術者、工場の技術者が車体をよく確かめ、車体の組み上がり具合を評価し、1つのシステムとして仕上げていくことができるようになる。

個々の部品の変更は、「車体全体としての」クラフツマンシップ（当然ながら、顧客が見るのはこれだ）にとって何がベストであるかを基準にして評価され、実行されることになる。ベストにつながる選択肢がいくつかある場合は、そのうち変更が最も簡単な金型を選んで修正する。

このような試行錯誤的学習プロセスを通り抜けて、すべての基準を満たし、意図した通りのデザインを実現した車体が生み出される。このプロセスは車体のクラフツマンシップをよりよくするだけでなく、金型の開発コストを劇的に節減し、ちょうどよいタイミングで金型が仕上がることにも大いに貢献する。

それまでとは根本的に異なるこのような「クオリティのつくり込み」のアプローチを車体開発に取り入れるために、フォードのチームはトロイ・デザイン・アンド・マニュファクチャリング（TDM）に目を向け、「クオリティのつくり込み」を支援してもらうことにした。フォードの100％子会社だったTDMは、既にCbCプロセスの中のデジタル寸法評価の部分をかなりうまくやっており、「クオリティのつくり込み」の推進に欠かせない特殊専用治具を作る能力を持ち、熟練技師たちを提供する余力まで持ち合わせていた。

さらによいことに、このプロセスに関与していた様々な関係部門から見て、TDMは一種の中立的第三者であった。

フォードの技術者たちは非常に優秀であり、この重要な手法の確立は、彼らなしにはあり得なかった。しかし、ジョン・ロワリー、ネッド・オリバーをはじめとするTDMチームの人たち全員の並々ならぬ尽力がなかったら、「クオリティのつくり込み」がこんなにもうまくいって大きな成果を出せたかどうか疑わしい。それほどまでに力になってくれたのである。

クラフツマンシップ監査

フォードにはすでにクラフツマンシップ監査があり、製品を見て評価する経験豊かな専門家がいた。しかし、クラフツマンシップの標準を引き上げたからには、監査基準も引き上げ、改訂しなければならない。監査員の発言力も、従来に比べてもっと、誰もが意識するくらいまで、強くする必要があった。どうやって発言力を強くするのかと言えば、監査員を開発者と組ませるのである。

さらには、監査員のトレーニングも刷新しなければならない。監査員はごくわずかな人数しかいなかったから、彼らの知見を活かすには、部門横断的なクラフツマンシップの活動をしていた開発者と組ませるのがベストだ。チームは、監査の結果をクラフツマンシップ・フォーラムで共有することによって、開発プロセスにおける監査の影響力を高めていくことにも取り組んだ。

これはほんの始まりにすぎない

ここに紹介したのは、フォードのクラフツマンシップへの旅路の最初の部分だけだ。一旦強い土台ができると、フォードのチームはプランのあらゆる要素に目を向けて改善を続けるようになり、改善の対象もドアハンドルなどの感触についての要件や、ドアを閉める音などの技術的聴覚要件（人の耳の代わりとして機能する何らかの判定基準を見出して定義する）へと広げていった。目的は「フォード製品の顧客エクスペリエンスの全体を、よりよいものにする」ことであり、至ってシンプルだが、実現の道のりは厳しかった。

この活動を通じてフォードは日本メーカーを含む競合メーカーの大半を追い抜き、BIW水準の達成者たちのライバルになりつつあった。フォード製品に対して顧客が抱くクオリティの認識の変化は実に奥深くかつ広範にわたり、顧客からのフィードバックも非常に肯定的であった。

信頼性

「信頼性」という言葉が意味するのは、製品が所定の状況下で所定の期間、期待通りに機能すること、そのように機能する間、安全性と耐久性に関する顧客の期待に合致することだ。これはある意味、クオリティへの最も基本的な要件である。品質改善運動の伝道師だったジョセフ・ジュラン（一九〇四～二〇〇八、ルーマニア生まれの品質管理の権威）が「使用に適している」と表現し、顧客満足度の大家として有名な狩野紀昭（東京理科大学名誉教授）が提唱した二次元の狩野品質モデルの「当たり前品質」の軸に相当する。

この2人の大家はこうしたテーマに関して幅広く深く書いている。信頼性についての技術的な深い議論に興味がある読者には、彼らの本やW．エドワーズ・デミングの著書を読むことをお勧めする。ここでは、本書で取り上げた複数のリーンな企業が信頼性を高めるために実践し、効果があると実証されてきた手法を紹介するにとどめる。

トヨタの信頼性

デトロイト・フリー・プレスの2017年10月19日の見出しに「コンシューマー・レポート誌：トヨタが信頼性で1位、キャディラックが最下位」の文字が躍ったが、自動車産業の研究者たちのあいだに驚きはなかった。この記事によれば、本調査で連続5年間、トヨタとレクサスが1位と2位を占めている（＊15）。

これはずっと以前からそうなのであり、もはやニュースとは言えないくらいだ。2007年にはトーマス・ステュワートとアナンド・ラーマンが「15年近くのあいだ、J・D・パワーズをはじめどの調査会社もトヨタ及びその高級車ラインのレクサスを信頼性、初期品質、長期耐久性で常に自動車業界のトップレベルのブランドの1つに入れている」と書いている（＊16）。実際、コンシューマー・レポート誌の過去の信頼性調査を調べてみると、トヨタの車は1970年代以降ずっと、トップか悪くても上位にランク付けされてきたことが分かる（＊17）。

トヨタは、非常に息の長い品質と信頼性のカルチャーを全社にわたって築いてきた。それは異常があれば直ちにアンドンで知らせよと徹底することに始まり、プロブレム・ソルバーで満ちた組織をつくり上げることへの注力や「5回のなぜ」やA3の規律ある活用に至るまで組織の全域に浸透している。

しかし、トヨタの製品とプロセスの設計が、その信頼性に非常に大きな影響を与えていることはあまり知られていない。本書ですでに説明してきたツールや実践も確かにトヨタの大成功に貢献してきた。しかしここでは、トヨタが実践している設計品質の慣行をさらに2つ紹介したい。もっと注目されてしかるべきものだ。本書で紹介しているほとんどすべてのやり方がそうであるのと同じように、この2つもプロセスの開発やサービスの開発にも使える。

トヨタは問題の未然防止にプロアクティブに取り組む

トヨタの学習能力は実に恐るべきものであり（前著（＊18）及び本書の第6章で紹介）、その学びの力がグローバルな巨大組織トヨタの全域にわたって、いつでもどこでもうまく知識を掴まえ、共有し、応用することを可能にしてきたのである。設計そのものとプロセス開発の両方でこの知識を実際にうまく活かしていることこそ、トヨタの製品を特徴づけている比類なき水準の信頼性と耐久性の鍵の1つだ。

ここで言う「知識を活かす」とは、過去に生じた不具合をよく分析し知識として蓄積しておき、その蓄積した知識に基づいて、新車がフィールドに出た後に故障して動かなくなる確率や、そこまでいかなくても何らかの不具合を起こす確率を予測することだが、このおかげでトヨタは新規のコンポーネントやサブシステムに「実証済みの」対策をしっかり組み込むことができたのだ。今日に至るもずっとそうである。

このしくみは後に「未然防止」として制度化され、さらにその後、トヨタで開発と品質保証の幹部職を歴任してきた九州大学の吉村達彦教授（当時）によって初めてトヨタの外部に紹介されることになった。

ここまでトヨタのやり方を学んできた読者ならもう予想がつくと思うが、この手法もやはり基本に忠実に、徹底して実践することを旨とし、新たなコンピュータのアルゴリズムをプラグ・インで持って来るようなことはしない。

吉村教授は『トヨタ式未然防止手法GD3――いかに問題を未然に防ぐか』を書いた（＊19）。タイトルが示すように、この手法は「良い設計」(good design)、「良いディスカッション」(good discussion)、「良い観察」(good dissection) という英語のフレーズを略すといずれもGDになる3つの段階から成り立っており、これを使って製品に潜む問題発生の可能性を最小化するか、もしくは完全になくしてしまうことをめざす（＊20）。

1 良い設計（Good Design） 吉村の「良い設計」は、可能な限り、実績のある部品を再利用せよ、それができない場合は既存の設計でうまくいっている特性をセット－ベースプロセスの一部として使うことによってロバスト設計（丈夫な設計）を実現せよと強調する。

さらに、開発者は、部品1点1点について変更の回数を最小限に抑える努力をすべきであり、新たな技術や新しい材料を使うならそれが品質に悪い影響を与えるのを最小限に抑え込めるよう、先手を打ってプロアクティブにうまく動かなければならない。ついには、製品に問題が起こりそうになったら、できるだけ早く顕在化するような機能を設計で組み込めと言う。これは、煙検知器の電池が消耗してくると警告音を鳴らす機能のようなものと考えれば分かりやすい。

2 良いディスカッション（Good Design） 設計の「良いディスカッション」は機能横断的になされるべきであり、そこでは、新しい部品、新しい機能、新しいインターフェース、過去の製品から変える部分、あるいは過去の製品と使い方を変えるのならその変更にというふうに、焦点を「変化」に絞り込んで議論すべきだ。吉村は変化の影響を過小評価してはならないと教える。

なにしろわれわれは、ついついそれをやってしまう存在なのだ。心してかからなければならない。吉村は、むしろそうした変更に関係するリスクをすべて挙げて、よくよく解明せよと説き、さらにこのプロセスをなるべく早く始めよと教える。

彼は、このためのツールとして「デザイン・レビューベースの故障モード解析」（DRBFM、Design Review Based on Failure Mode）と呼ぶツールを開発し、提唱している。故障モードと影響解析（FMEA、Failure Mode and Effects Analysis）に似ているが、吉村のツールは設計やインターフェースの「変更点とそれに関連するリスク」に焦点を合わせているから、うまくやれば、ムダを省いて効率を上げながらも完全なFMEAと同じくらいの大きな効果が得られる。

真正面からFMEAに取り組むなら、生じ得る故障モードをすべて挙げて1つひとつ丁寧に評価し、文書化する必要がある一方で、許容される開発リードタイムはとても短く、両者の板挟みになった技術者がFMEAプロセスを端折りたい気持ちになったとしても無理はない。そんな状態にあるのなら、焦点を絞り込んだDRBFMの効率性は歓迎されるはずだ。DRBFMは、第6章で説明したデザイン・レビュー改善策とうまく組み合わせれば実効性をさらに高めることができる。

3 良い観察（Good Dissection）

「良い観察」は、試験の結果を分析する1つの方法であるが、これは試験の最中からすでに始まっているのであり、性能が許容範囲に収まらない何らかの兆しを見つけたり、結果がばらついているのに気づいたりしたらまずは詳細に見直すことが出発点となる。試験を終えた部品は「解剖」され、設計の潜在的な弱点を示す摩耗や劣化の兆候がないか詳しく観察される。これは本書の前の部分で説明した「現地現物主義に則った製品開発」の重要な部分である。

吉村は「試験結果に基づくデザイン・レビュー」というツールを導入した。このツールは、このプロセスをうまくやれるように導き、試験結果と観察・分析の内容を記録に残し、潜在的な問題に関してきちんとした議論ができるようにするものだ。

この議論は評価（試験）担当の技術者によって主導されるが、機能横断グループも参加して、是正措置が必要か否か、必要であるとすれば、どのような対策かを決めていく。

信頼性を極端なまでに重視するこのやり方に対して少なからぬ読者がどう反応するか、われわれは予測できる気がする。そんなことをすればイノベーションがやり難くなる、製品がつまらないものになってしまうと言うのだ。実際、トヨタは世上でこうした言われ方をされてきた。

その一方で、トヨタはその基本理念からして、自分たちの製品が1人ひとりの顧客にどのように価値を届けるかをよくよく理解した上で、必要な部分に集中してイノベーションを起こすことに専心しているのであり、イノベーションのためのイノベーションにはあまり関心がないのである。

本書で紹介し、ライカーの以前の著作『ザ・トヨタウェイ』でも紹介した初代レクサスの物語は、チーフエンジニアが顧客に関する自らの深い理解を活かして、「これも、あれも両立させる（yet思想）」ことが可能であり、それによってすべての競合車に勝てるような「ブレークスルーを起こすべき領域」を見つけ出し、その領域にイノベーションを集中させて成功した事例だ。

トヨタのチーフエンジニアなら誰もがそれぞれに「ブレークスルーとなるイノベーション」を起こすべき対象領域を見つけ出し、そこで仕事をする。そして、そこ以外では既に実績のある設計を使って、顧客が新たな価値と認めない機能を追加して不要なリスクを開発に持ち込むのを避けるよう努めるのである。

新車開発プログラムのレベルで行うトヨタの未然防止

機能別部門内の各課・各グループのレベルで行われている未然防止を理解するのは大切なことだが、こうした「よい仕事」（機能別部門で行われている未然防止）が全体として新車開発プログラムのレベルでどのように活きてくるのかを知ることはさらに重要である。

そこでわれわれは、トヨタ・アバロンの2018年モデルのチーフエンジニアで、当該モデルの製品品質の統括責任者であるランディー・スティーブンスに聞いてみた。個々の技術部門の未然防止活動は、プログラムレベルでどのように統合されるのか。

スティーブンスは、定期開催のデザイン品質レビューが3回から4回、主要マイルストーン・レビューの数週間前から行われると言い、次のように説明した。

このデザイン品質レビューには関係する様々な技術グループが参加し、技術グループごとに自分たちがつくった文書をチーフエンジニアと一緒にレビューしていく。レビューの会場はクルマの横だったり、試作現場だったり、特定の部品を持ち込んだりと議題に応じて変わる。このレビューで出てくるすべてのデータをチーフエンジニアが一通り読むのに数週間かかることもある。

どのプロジェクトでもそれぞれのマイルストーンで到達すべきデザイン品質のレベルがあらかじめ決まっていて、チーフエンジニアはマイルストーンが来るたびに自分の車がその水準に達していることを確かめて承認しなければならない。ローンチの直前には最終レビューが行われ、生産への「引き継ぎ」の一環として、品質と安全性を確かめて承認することを求められる。

G3をよいプロセスの構築に活かす

マーク・ドルセン、エリック・ルゲーリー、マレー・フィリップスは、シートベルト・システムをトヨタに供給しているTRQSS社で未然防止のG3手法を複数のプロセスにどのように適用したかを見事に描き出した。

IEOM（IEとオペレーション・マネジメントの非営利団体）の論文の中で、彼らはTRQSS社が未然防止のフレームワークをどのように活かし、様々な変化に対応するために生産プロセス自体を変えることにどうやって集中的に取り組んだかをケーススタディとして提示したのだ。

「様々な変化」は、生産量の変動、製品タイプの切り替え、生産速度の変更（タクトタイムの変更）、新しいサプライヤーの採用、作業員の入れ替わり、材料の変更と多岐にわたり、この他にもいろいろな派生的変化があった。彼らは、プロセス変更のためのG3のフレームワークを、マイク・ローザーが『トヨタのカタ』で提唱したやり方と実に巧妙に組み合わせ、改善活動をさらに活性化したことも論文の中で報告している（*21）。

部品の限界を知るために、壊れるまで試験する

われわれは以前の研究で、トヨタは競合各社に比べてかなり多くの「壊れるまで続ける試験」をやっていることを知った。トヨタの競合他社は、どちらかと言うと、仕様に対する試験をして（例：合格・不合格試験）、あらかじめ仕様で決められた基準値を達成していればその設計を承認するという傾向が強かった。仕様に対する試験は多くの業界で一般的に行われている。

状況によってはそれで支障はないのだが、部品やサブシステムが試験に合格してもそれがある基準を満たしていること以外には何も学べない。「壊れるまで続ける試験」とは、文字通り部品が壊れるまで試験を続け、しかる後に壊れた部品を分析して根本原因を追求することだ。

トヨタでは壊れるまで試験することを「いじわる試験」と呼ぶが、この呼び方はこの試験の考え方を非常によく言い表している。この試験は可能な限り過酷で厳しい設定で行われる。当該の部品やサブシステムを、その設計限界を超えるゾーンまで追い込むことによって、どのような問題が生じてくるのか（故障モード）を見定め、その故障モードを深く理解するために意図的にやっているのである。試験を続けて部品が壊れたその後は、トヨタの技術者ならお手のものだ。持ち前の問題解決のスキルやツールを使って複数の対策案を

考えることができる。
「いじわる試験」はすべての部品に対して毎回行われるわけではない。第1章の試作の部分で説明したように、試験の範囲はチームがある特定の部品に関してその時点で何を知りたいかによって決まる。また、このやり方は質・量ともにかなりの知識を生み出し、それがトヨタの組織的学習能力の向上にますます貢献することになる。このとき知識をうまく捉えて蓄積する方法の1つがトレードオフ曲線だ。

フォードの新車品質マトリクス　1つの問題を一旦解決したら、その後は製品を跨いでしかるべき人たちのあいだで対策を共有していくことが大切だ。また、同じ現象が再発して解決に奔走しなくても済むようにするのも素晴らしいことである。フォードでこの目的のために役立ったツールの1つが品質マトリクスだ。

品質マトリクスとは、早い話、リンクを貼ったエクセルのシートである。現行モデルに対して行った品質対策を持ってきてサブシステムごとに並べたものだ。様々な品質情報の中から必要なものを選んで作る。表に含まれているのは、影響を受ける部品、問題、対策、質問がある場合の担当者の連絡先だ。新型モデルにはこれらの対策（現行モデルで実施した対策）をそのまま入れ込むか、そうでなければ改良版の対策をきちんと入れ込む必要がある。

これを確実にやるために、エクセルシートは1行ずつ、「赤」（計画されておらず、アクションを要す）、黄（計画されているが、完了していない）、緑（実行され、完了した）に色分けして管理される。

このマトリクスは、こうした対策を実施するのに必要な予算を確保するためにも使われた。

持続可能な設計

われわれが作る製品と壊れやすい自然環境との関係を知り、貴重な天然資源の有限性を理解している以上、製品の卓越性の議論に持続可能性のための設計（design for sustainability）を入れないわけにはいかない。

われわれの言う持続可能な設計とは、製品だけでなく、バリューストリーム全体を指しており、より幅広い定義であるがゆえに一層難しい課題を提起するのだ。そこで、LPPDは「価値の流れを設計する」というアプローチで開発に近づこうとする。このおかげで、設計者は自分たちが設計する製品・プロセスの環境への影響を考える上で、価値の流域に沿ったあらゆる場所で環境にどういう影響を与える可能性があるかを見極めやすくなる。

ジム・ウォーマックが最近「プラネット・リーン」にアップした素晴らしい記事を通してわれわれにこのことを気づかせてくれた（＊22）。たとえば、ウォーマックはこう言う。アルゴンヌ国立研究所の「輸送における温室効果ガス、規制排出物、およびエネルギー使用量のモデル（GREETモデル）」によると、バッテリー式電気自動車は、マイル当たり温室効果ガス排出量で比較すると同等の内燃機関の自動車（ガソリンエンジン車）の半分しか温室効果ガスを排出しない。

しかし、これは全体像の一部に過ぎないのだ。この数字は電気が従来の方法で発電されていることを想定している。当然だが、温室効果ガスの総排出量はその電気を石炭で発電したのか、ソーラーで発電したのかによって大きく違う。しかしこの方程式には、もう1つの重要な要素があって、それがしばしば見過ごされている。製品が開発され、生産される間に消費される資源と、排出される温室効果ガスである。

製品のデザインとバリューストリームの両方に良い影響を与えるベストな方法は、開発の早い段階で相互依存性をよく考え、全体をよくするための細やかな思想を入れ込むことである。これこそまさに「リーン&グリーン・シンキング」の出番だ。設計と開発における思考を変えて、はるかに大きな価値を生み出す絶好の機会に満ちたステージなのである。

トヨタ式生産システムは、もうずっと長いこと、生産と物流において消費する資源を最小に抑えながら創出する価値を最大化したい世界中の組織から、お手本と見做されてきた。開発のプロセスでも彼らの優れた能力は発揮されている。トヨタは「持続可能な製品とビジネスのやり方」においても自動車産業のリーダーだ。同社は1997年に世界初のハイブリッド市販車を世に出した。

現在はEV（電気自動車）もつくって売上台数第3位（プリウス・プライム）（＊23）、水素燃料車でもMIRAIで先頭を走る。ハイブリッド車のバッテリーを自社工場の電力供給に再利用しているのをはじめ、様々な持続可能性向上策の推進を評価されて、12年間連続で米国環境保護庁の「エネルギー・スター・パートナー賞」を受賞している。

第4章でわれわれは、トヨタでは、製品開発のエンジニアと生産技術のエンジニアが協力して車重を減らし、燃費をよくして持続可能性の高いクルマを開発したこと、競争相手が使っている部品よりもはるかに持続可能性の高い熱間鍛造部品をつくるために、新たな製造バリューストリームを構築したことを説明した。こうしたことから、トヨタは設計と開発のための「リーン＆グリーン・シンキング」をどのように始めるかについてもお手本になると言えるが、それでもなお、なすべきこと、やれることはもっとあるとわれわれは信じる。

まずは開発プログラムごとに持続可能性に関する具体的な目標を定めることだ。製造容易性やその他の評価を行うチェックリストに「持続可能なバリューストリーム」のチェック項目を追加することから始めてもよい。こうすればＣｂＣ（完成前に整合をとる）の一環として開発の実務へつなげることができる。続いて進捗を追跡し、他の重要評価項目と同じように、オオベヤに貼り出す。

フォードの車体・プレス技術（Ｂ＆ＳＥ）チームがこれをやったのを思い出していただけると思うが、Ｂ＆ＳＥチームは目標を定め追跡することから始めてプレス材料のムダを大幅に減らし、効率的な材料リサイクルプロセスを構築していった。環境の持続可能性は、よりよいデザインについての企業の考え方の中に不可分の要素として組み込まれているべきものだ。

ムダを省くデザイン(Efficient Design)——エレガントな解を得る

あなたの製品があなたの顧客のために他からは得られないユニークな価値をいかにして創出するかを理解することは、第1章で説明した通り、デザイン・プロセスの第一歩に過ぎない。当該の価値を実現する方法は、しばしば複数存在する。ムダを一切考慮せずにデザインすることもできるし(たとえば、あらゆる解決策を動員する)、ほぼすべての特性・属性に関してムダが出ないように、効率性を軸に最適化することも可能だ。

1つの考え方は、製品の特性のうち、重過ぎる・コストが高過ぎる・複雑過ぎるといった「顧客価値を減らす特性」はどういうものであるかを知り、よりよい性能・安全性・能力といった「顧客価値を増やす特性」がどういうものであるかを見定めることだ。当然ながら、ゴールは前者を最小化し後者を最大化することである。

「ムダを省くデザイン」(Efficient Design)とは、顧客エクスペリエンスとバリューストリームの全体がムダなく効率的になるようにという観点から、よりよいデザインを追求することであり、そのアプローチは二つあって同時並行で活用できる。一つはプログラムを横断して推進する定期的なアプローチ、もう1つはプログラム内部で進めていくものだ。

●年次で行うプログラム横断型の「ムダを省くデザイン」推進　こうした活動は年次の方針展開（米国では「ストラテジー・デプロイメント（戦略展開）」と呼ぶことが多い）のプロセスを支えるものとして行われることが多いが、方針展開の如何に拠らず、数多くある個々のプロジェクトからベストプラクティスを集めて系統立てて整理していくのがよい。別の言い方をするなら、1つのプログラムでやった改良が次のプログラムの出発点になるようにするということだ。

このアプローチをうまく進めるしくみはいくつかある。たとえば、強力な方針展開プロセス、部品種類別開発計画（CDP）、積極的な標準化、知識ベースなどだ。これらの目標達成に挑むことは、あなたの会社の組織的学習の総合力を試す試金石と言ってもよい。標準プロセス表（標準BOP）、最適材料を推奨する「第一候補のリスト」、ファスナーの共通化、標準アーキテクチャなどもこのアプローチを可能にしてくれるイネーブラーの見本と言ってよく、様々なメカニズムのなかでも、特によく効く。

●プログラムを中心にした「ムダを省くデザイン」の推進　これは特定の顧客に向けて個々の製品の価値を最大化するためにプログラムごとに目標を定めて進めるアプローチである。たとえば、マスタングの顧客は、エクスプローラーの顧客よりも「乗り心地とハンドリングの卓越性」を重視し、エクスプローラーの顧客は「どんな悪路も走行可能な耐久性」を重視すると思われる。こうした様々な「好み（プリファランス）」は、開発が進む過程でなされる数々の「ムダを省くデザイン」の意思決定において特定の意味を持ってくる。

チーフエンジニアの役割と開発の初期段階の仕事（たとえば、フロントローディングでよく「検討」することと）がここでも決定的に重要だ。個々のプログラムは、非常に重要なクリティカル特性（好ましいもの、好ましくないものの両方とも）に対して部品ごとの個別の目標を設定し、実行プランを作成する必要がある。顧客価値の深い理解と良いコンセプト・ペーパーがこれをやるためのロゼッタ・ストーン（翻訳装置のようなもの）として機能し、いいものをつくろうという「ものづくり精神」がフロントエンドでのあなたの最強のツールになるはずだ。

好ましくない特性の影響をできる限り小さくする

製品とプロセスのデザインにおける卓越性を達成するには、一連の製品性能目標を達成しただけでは不十分だ。金に糸目を付けず、複雑になろうが重くなろうが構わないと言うなら、ほぼすべての会社が「実現可能なデザイン」を達成できるが、現実にはそうはいかない。デザインにおける卓越性とは、難しい課題に対してエレガントな解を得ることだ。同様に、リーンな製品・プロセス開発は、最小限のムダで最大限の価値を届けることをめざす。加えて、最も革新的なデザインは、制約条件を賢く適切に課した状態から生まれてくるものだ。私たちはそれをしばしば見てきた。制約条件というものは、よく考えて正しく適用すれば、製品とバリューストリームの全体をよりよくし、顧客に最適の価値を届けるための「強制力」となり得る。

開発におけるコスト管理

デザインのムダは様々な形となって現れてくる。重さ、複雑さ、部品点数などだ。しかし、コストは、ほとんどの種類のムダの代理指標と言ってよい。まず理解しておくべきは、あなたの顧客は製品に関するすべてに対してお金を払うのであり、あなたが製品の価値を高め、コストを下げる最良の機会は開発の中にこそあるということだ。したがって、あなたが開発する製品の総コストが顧客に届ける実際の価値に大きな影響を与えるのである。

われわれは、コストも他の製品特性と同じで、よく理解すべきものであり、開発プロセスの全段階を通してコストと他の特性とのあいだに生じるトレードオフをうまく管理していかなければならないと信じる。コストはまた、資源の有効活用と環境の持続可能性のためにも重要な意味を持つ。

われわれは「コストは低ければ低いほどよい」と言いたいのではない。コストを十分に理解し、最良のパフォーマンスを可能な限り小さなコストで届けるにはどうすべきかを知った上で、コスト－パフォーマンスのトレードオフをよくよく考えて決めていくことが大切だと言っているのだ。

コストには多くのカテゴリーがあり、それぞれ異なる意味を持つ。業界によって多少の違いはあるかもしれないが、よく見られる分類の方法では、コストは「開発コスト」「投資コスト」「変動費（単位コスト）」「維持費（所有コスト）」に分けられる。（表7－1参照）

目標とトレードオフを能動的に管理する

本書で説明するツールと手法はどれも、あなたの製品に内在するムダを省き、顧客価値を高める諸特性をよくしていくのに役立つだろう。しかしこれは自分たちのデザインに起因するムダを減らしてより効率的なデザインにしていく能動的な努力なしにはうまくいかない。

フォードでモーガンとそのチームはコストを他の製品特性と全く同じように管理する方法を研究し、「ムダ」（あらゆるタイプのコスト、重さ、複雑さ等）を「価値を高める特性」（安全性、ねじり剛性、クラフツマンシップ等）と対比させて分かりやすく示した簡潔な資料を作成するとともに、そこに目標を設定した。そしてオオベヤの壁に貼り出し、この「ムダと顧客価値を高める特性の関係性」が確実に「ムダを省くデザイン」に結実するように管理していった。

彼らはまた、開発プロセス全体にわたって常に「マッチド・ペア」の購買側のパートナー及びサプライヤーと緊密に連携し、「ムダを省くデザイン」「プロセス構築」「商取引上の課題」という側面で目標達成に向けて取り組んだ。

LPPDのツールと手法を使って「劇的にムダを省くデザイン」

表7-1 コストの分類

コストの分類	例	コスト削減の方法
開発コスト	技術者の工数、試作、試験	標準アーキテクチャ、部品再利用、開発プロセスの最適化、試験・試作をリーンな進め方で行う、設計変更を減らす、目標をきちんと定めてプロトタイピングを行う
投資コスト	金型・治工具・設備	金型設計製造のプロセスを標準化する（標準プロセス表、PDPD）、サプライヤーと協力してトレードオフ解消に取り組む、金型・治工具製造の能力を高める
変動費（単位コスト）	製造コスト（例　直接工数、材料、部品）	製造容易性設計、材料使用の最適化、材料、副資材の共通化、部品の再利用、重量と複雑さの削減、サプライヤーにおけるコスト削減を購入価格に反映する
維持費（所有コスト）	設置、保全、修理	設置・保全・修理がしやすいデザインをCbCの一環として推進する、「未然防止」と「いじわる試験」を活用して丈夫なデザインを実現する

を達成した例を一つ紹介したい。今まで紹介してきたような自動車産業の例ではなく、チャレンジに満ちた海底石油・ガス採掘技術の分野での実例である。

サブシー2・0で「ムダを省くデザイン」の製品を実現

LPPDの原則をうまく使って「さらにムダを省けるデザイン」と「ものすごく革新的なビジネスの進め方」の両方を同時に達成した最も劇的な物語の1つが、テクニップFMC社でのものだ。

テクニップFMCは、海底石油・ガス採掘産業にあってエネルギー技術、高度なエンジニアリングシステム及びサービスを提供しているグローバルリーダーである。とりわけ特徴的なのは、ロンドンに本社を置くこの会社が最深3000メートルの海底で液体を制御・混合できる海底産油システムを設計・生産していることだ。

ちなみに人間の最深潜水記録は約700メートル、フランスのコンパーニュ・マリティーム・デクスペティーズ社（海事専門技術の会社）によるものだ（＊24）。ある意味、海中システムは宇宙空間で設置・運用・保守するほうがまだ簡単だと言えるかもしれない。それくらい難しいのだ。

この産油システムは、通称「クリスマスツリー」をはじめマニフォールド、バルブ、コネクターといった巨大なコンポーネント群で構成され、海底30平方キロに広がっている（図7－2a及び7－2b参照）。強烈な水圧、信じ難いような温度、腐食、砂、デブリなどの過酷な条件に耐えて、25年もの間ほとんど保守なしで遠隔操作稼動できることが必須要件である。

加えて、どんなことがあろうと「絶対に」漏れがあってはならない。このシステムは1平方インチ当たりの水圧1000ポンド（約68気圧）、水温37℃以上という環境で日産1万バーレルの石油をコントロールしているのだが、それでも絶対に漏れてはいけないというのである。

石油もガスも限りある資源だ。採掘しやすい油井・ガス井が枯渇してくると、石油・ガス企業は採掘がさらに難しい場所へ移らざるを得なくなる。石油は今でも世界のエネルギー需要の相当部分を満たしており（＊25）、テクニップFMCのパウロ・コートによれば、海底油田から採掘する石油・ガスの割合はこれからも安定したペースで増加していくと見られるとのことだ。

つまり、石油・ガス産業は、今後とも技術上の難しい課題がますます増え、コストも膨れ上がっていくという状況に直面しているのである。パウロ・コートはテクニップFMCのグローバル海底技術担当のバイスプレジデントで、リオデジャネイロにあるブラジル・テクニカルセンターで働いている。コートとその同僚はこんなやり方を繰り返していたの

図７-２a 海底石油生産システムのイメージ図

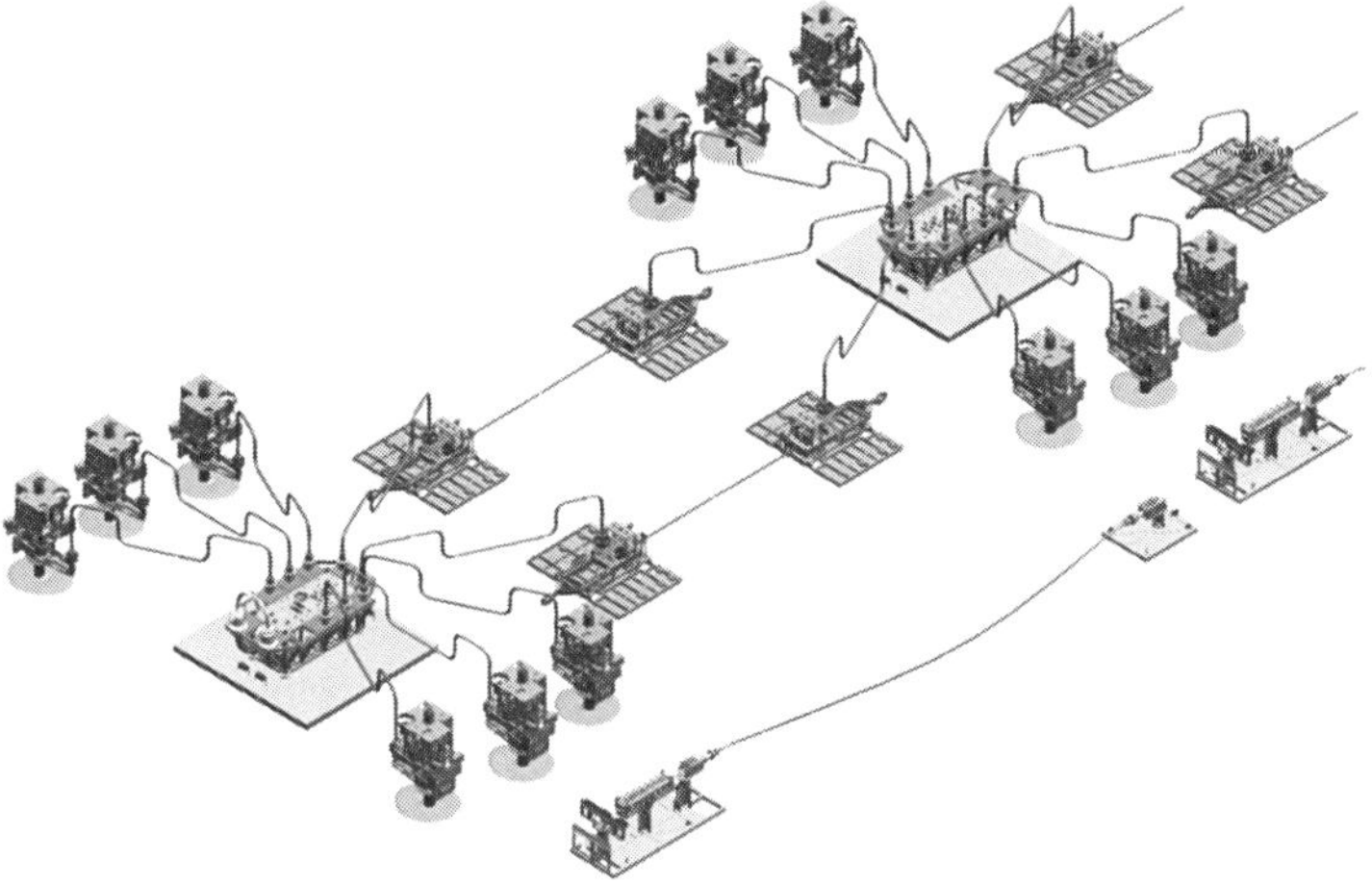

図７-２b 個々の「クリスマスツリー」

では長くはもたないと分かっていた。

このような非常に難しい課題にうまく対応していくには、金で済むならいくら投入したって構わないというのとは違う、新たな方法を見つけ出さねばならない。彼らのこの考えが正しかったことは、原油価格が1バーレル100ドルから50ドル前後まで急落したときに明らかになった。

コートは同社の製造部門がリーンなやり方をしてずいぶんよくなったのを知って、調べ始めた。しかし、すぐに次の2つのことが明らかになった。(1) 製造における改善は素晴らしいが、こうした改善だけで当社をあるべき姿に到達させることはできない。(2) 製造でやった方法・技法は、技術・開発部門をよくする上で当社の役に立たない。そこで彼はさらに調べてリーン製品・プロセス開発のことを知ったのだ。直ちに部下のチームにこれに関して可能な限りあらゆることを学べと指示する。

折から経営幹部も技術・開発チームに「ビジネスの進め方を大変革する全社活動をリードせよ」とチャレンジを与えているところだった。そこで、ブラジルのチームがLPPDをさらに研究し、試行するのを続ける一方で、コートは同社の世界各地の開発拠点の責任者たちに1人ずつ声をかけていった。ヒューストンのデイビッド・マクファーランド、スコットランドのマイク・ティアニー、カルフォルニアのアンディ・ハウクである。

アラン・ラベスは同社で最初のチーフエンジニアに任命され、同社のみならず業界全体に変革をもたらすことを狙った「サブシー2・0」の開発を主導した。プロジェクトの目標は実にシンプルで、容積半分、部品点数半分、重量半分、コスト半分をめざせというものだ。

そして、この目標を達成するために行う様々な実践とそこから得られる学びが「全く新しいビジネスのやり方」の土台になるはずだと期待されていた。しかし、このチャレンジ達成の道程で簡単なことは何ひとつなかった。

技術・開発チームはLPPDツールと手法を数多く使った。サブシー2・0を開発する上で最も貢献したのはチーフエンジニア制度、コンセプト・ペーパー、オオベヤ・マネジメント・システム、セット－ベース・コンカレント・エンジニアリング、トレードオフ曲線である。

●チーフエンジニア　プログラム全体のチーフエンジニアであるラベスに加えて、主要サブシステムのそれぞれにもチーフエンジニアが配された。しかしこれは功罪相半ばする結果となった。技術・開発チームには、チーフエンジニアの役割を成功させるための環境と条件を整えるだけの十分な時間がなかった。このため、チーフエンジニアの役割と責任を理解していない社内の一部の「専門家」たちが、チームがやろうとしていることに抵抗したのだ。

製造やマーケティングチームとのやり取りも改善の必要があった。しかし、幹部たちはラベスへの期待をはっきりと打ち出し、プロジェクトの間中ずっとラベスと各サブシステムのチーフエンジニアを一貫して支えた。技術・開発チームは後にチーフエンジニアの実験は大成功だったと宣言し、このプロジェクトはチーフエンジニアの存在なしにはできなかったと高く評価した。

プロジェクトの成功に対して全面的に責任を負うこと、よい製品をつくりあげることを第一に考える意識を持つことが、チーフエンジニアの成功にとって決定的に重要だった。

●コンセプト・ペーパー

ラベスはこのプロジェクトのビジョンをはっきり示し、そのビジョンに向かって人々の方向を揃えるために、コンセプト・ペーパーから始めた。書き進めるうちに彼が気づいたのは、コンセプト・ペーパーの第一の利点は、自分の論理の穴やビジョンの中の矛盾を見極め、プロジェクトに対する自分の考えをまとめ上げていくことを通して、このペーパーが自分の仕事を助けてくれるということだった。

彼はコンセプト・ペーパーを使って、会社の今の状態は危機的で、急いで手を打つ必要があることをまず自分自身が深く理解し、それから皆にうまく伝えていった。つまり、「なぜ」をはっきり打ち出したのだ。ビジョンと現状に続いて、目標の設定、全体日程の説明、世界中のエンジニアリング・センターへの具体的な設計タスクの割り当てがコンセプト・ペーパーに書かれていく。

この紙は製造部門とのつながりをよくするのにも役立った。なにしろ、開発チームが目標を達成するためには、製造部門にそれまでの製造のやり方を自ら大きく変えてもらわねばならないのだ。さらにコンセプト・ペーパーは、「困難だが、これは必要なことだ」という議論をチーム全体で重ねていく出発点ともなり、開発のスコープと機能要件を定めて、一種の契約書として機能した。

ラベスはこのおかげで、ギリギリになってトップダウンで何度も変更を迫るようなことをしなくてもプログラムを進めることができた。チームがめざすべき方向（真北）をこの紙がはっきり示したから、チームはその方向に対して自らの仕事ぶりと進み具合がどうであるかを自ずと知ることができた。

そして、以前なら開発後期に至ってしばしば上がってきた「目標逸脱要求」（これはもう無理なので、目標をちょっと下げるしかありませんといった提案）をコンセプト・ペーパーがほとんどゼロにしてくれたのである。

●オオベヤ　チームは、以前ならまず不可能と思ったくらいの高水準の透明性、コラボレーション、素早い意思決定を必要としていた。そこでチームメンバーはミシガン州ホランド市にあるハーマンミラー社を訪問することにした。この訪問が非常に多くの気づきを与えてくれたのである。オオベヤ・システムを実際に活用している様子を直接見ただけでなく、マイルストーンをもっと上手く使う方法も学ぶことができた。

彼らは、ミシガンで学んだことを実際にやったらどうなるかと胸を躍らせてブラジルに戻った。そして、自分たちのオオベヤ・システムを築くことを通して、チームが共に働くやり方を根底から変革したのである。テクニップFMCはブラジル以外の開発センターにもオオベヤを設置した。ラベスはこう語る。

新しいシステムをゼロからつくるときには、システム、サブシステム、コンポーネントのそれぞれのレベルでのアーキテクチャ決定においてトレードオフがあり、その検討を織り込む必要があります。スペクトラムの全域にわたって可能性を調べようというのですから、ものすごく速くそれらのトレードオフをテストしなければなりません。オオベヤ・システムがこれを可能にしてくれています。

しかし、それだけではなく、オオベヤ・システムのおかげで、システムの最も重要な特性は何であるか、その重要特性の実現をサポートする上で自分たちがなすべき仕事は何かということに関して、チームメンバー全員が深い共通理解を得ています。オオベヤ・マネジメント・システムはわれわれの開発のプロセスを劇的によくしてくれました。

特に、このプロジェクトはまったく新しいものでしたから、プロジェクトの最初から最後までずっと、チームは多くの「分かっていないこと」に取り組む必要があり、学ぶべきことも多くありました。それゆえ、効果が大きかったのだと思います。

セット−ベース・コンカレント・エンジニアリング（SBCE）とトレードオフ曲線 こうした実践

図７-3a マニフォールドの構造の比較

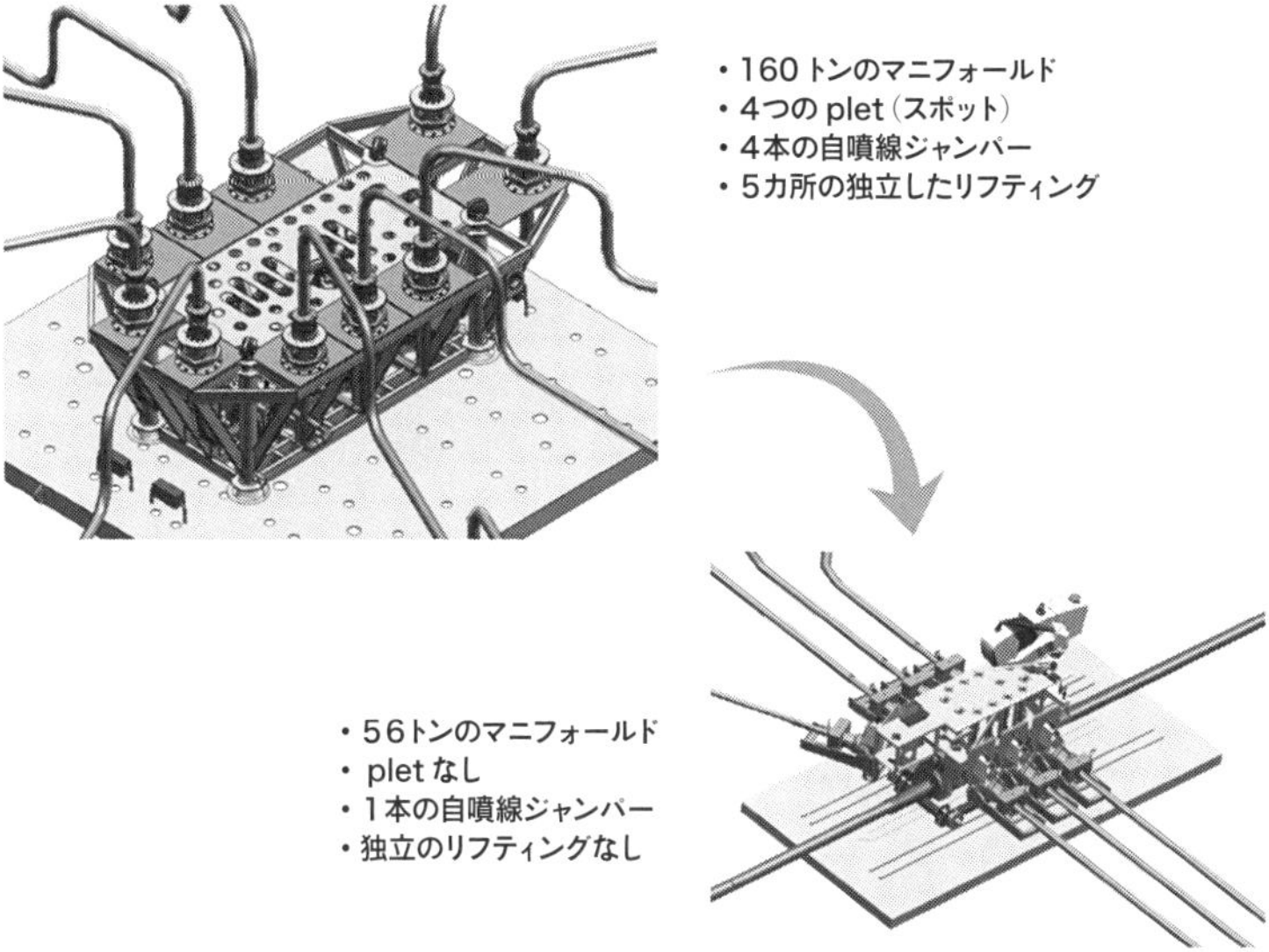

図７-3b 従来型の海底設置マニフォールド vs. サブシー 2.0 のマニフォールド
— 同じ機能で大きさと重量を半減

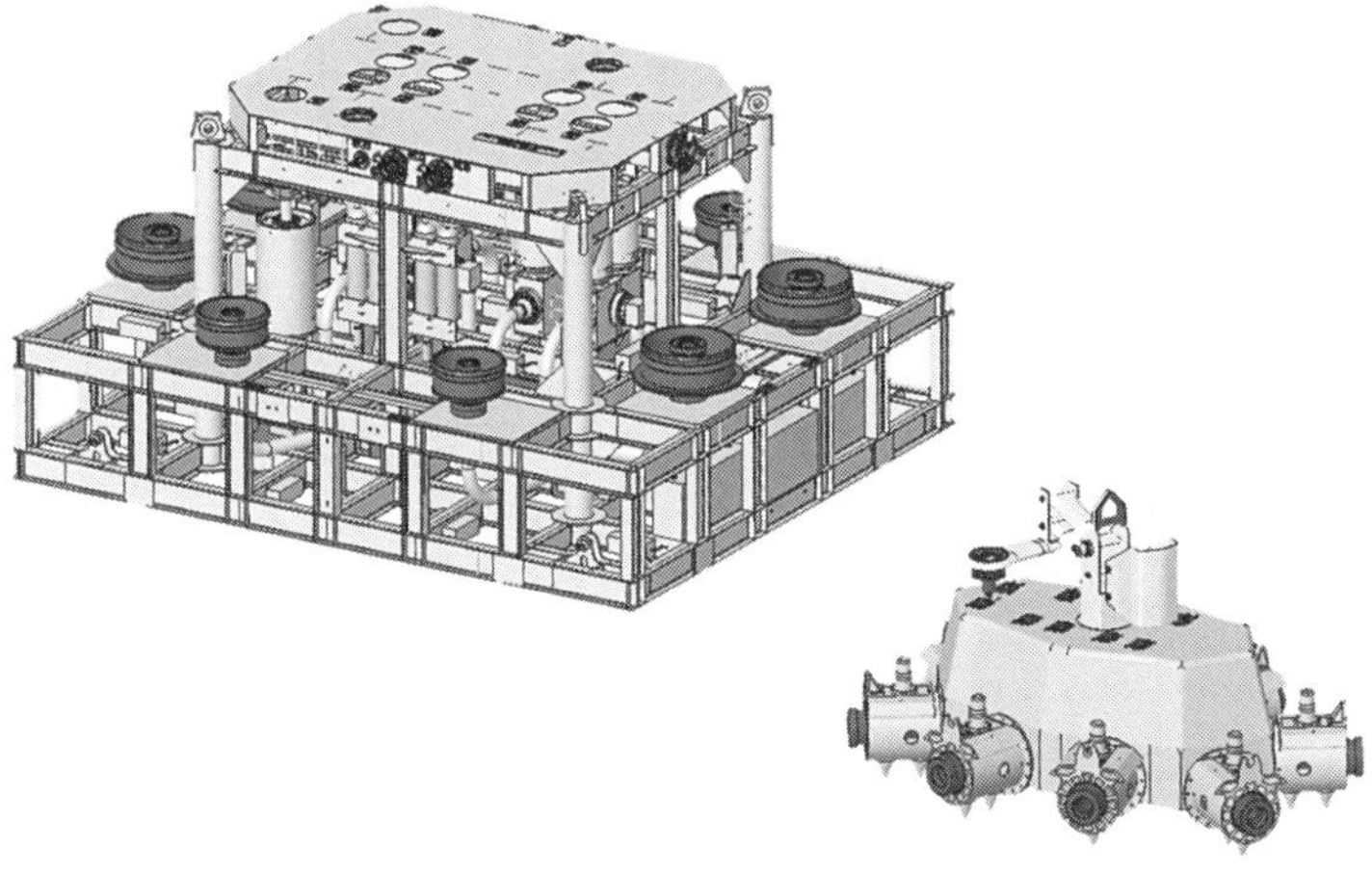

と、ターゲットを絞り込んだ素早いプロトタイピングとの合わせ技で、チームは対策案を多く挙げて検討し、1つひとつの対策案が最終製品にどのように影響するかを理解できるようになった。こうしたアプローチをとったおかげで、チームの人々は会社がどの技術に投資すべきかを見極めることができ、どういう構成を採るとシステムの最終的な姿がどうなるかを様々な構成について考えることができるようになったのである。ラベスとコートは、このプロセスを次のように説明する。

このプロセスは、チーフエンジニアが許容限界値や制約条件、材料強度、ねじれといった変数、あるいはその他の機械的特性（摩擦、公差、製品アーキテクチャなど）に目を向けるところから始まります。次にチーフエンジニアは、複数のデザイン案を考え出すために、機能横断チームとともにブレインストーミングを行います。

こうして出て来た複数のコンセプト案にチームがランク付けして、実現性が低いコンセプト、評価が特に低いコンセプトをどんどん除外していって、扱える数になるまで絞り込みます。このプロセスを続けて、選抜が進むのに応じて選抜を通って生き残ったコンセプトに対して技術者がかける労力を少しずつ増やしていくわけです。

こうすることで、コンセプトに関する知識が育まれ、チームは自分たちの考えを進化させ続けることができます。この過程で、それまでに想定していた複数のコンセプトの異種交配のような形で新たなコンセプトが生み出されることも珍しくありませんでした。

デザイン案を3つか5つくらいまで絞り込めたところで、チームはさらに細かい分析を行います。以前に想定した変数を1つずつ取り上げて変化させ、各コンセプト（の性能・挙動等々）がどうなるかを細かく見ていくのです。すべての選択肢をコンピュータでシミュレーションするか、物理的な試作品を作って確かめなければなりません。

デザイン自体を調整・変更したらそれもまた確認する必要がありますから、大仕事です。これには非常に集中して取り組みました。このプロセスを通して、チームは、1つひとつの変数に対してどのコンセプトがより大きな影響を受けやすいか、また、どのようなデザイン変更が最大の効果を生み出すか、さらには、ある側面の性能を上げていったとき、どの段階でデザインに価値をもたらさなくなるか（飽和点はどこか）といった知識を得たのです。

こうした知識は「トレードオフ曲線」のグラフとして獲得され、記録されていきました。「トレードオフ曲線」は、1つひとつの変数の変動幅の全域にわたって、各コンセプトがその変数からどのような影響を受けるか、デザイン効率が全体としてどうなるかを視覚的に伝えてくれます。

これらの曲線が複雑な技術的関係性をいかに明確に伝えてくれるか、チームは目を見張りました。チーフエンジニアの1人、ジョン・コールダーは「トレードオフ曲線は、もの凄い量の研究の結果をシンプルかつエレガントでパワフルな形に凝縮した表現だ。そう、アインシュタインの$E=mc^2$のようにね」と述べています。

これは短距離走ではなく、長い困難な道のりでした。それに、サブシー2・0は同時並行で進む多数の複雑な開発プロジェクトからなる巨大プログラムでしたから、始めた頃はそれがどういう結果になるか、チームの人々にもよく分かっていなかったのです。SBCE（セット－ベース・コンカレント・エンジニアリング）とトレードオフ曲線は、このような革命的なシステムを開発していくチームの能力の、まさに核心でした。

というのも、こうした手法を使ってチームが設計空間の隅々まですっかり探索できなければ、常識を打ち破るようなこんなシステムは実現できなかったからです。デザインが試験に回された後に調整に長い時間がかかったおかげで再確認できたこともありました。それは、その設計にどれだけ自信を持っていたとしても、徹底的に試験して初めて「できた！」と宣言できるのであり、すべての知識を獲得できたと言えるということです。

このチームは重量と大きさと部品点数を半減するという野心的な目標を従来よりも劇的に安い価格で実現したのである（大きさと複雑さの比較は図7－3a及び図7－3bを参照されたい）。さらに、チームはこのプロジェクトを予定通りの時期に予算内で完了させたのみならず、開発完了時点で以降の注文に対して従来の3分の1のリードタイムで応じられる見通しが立っていた。

何より最もよかったのは、チームがこのやり方を非常に喜んだことだ。現在、テクニップFMCは、設計のこの考え方とアプローチを、グローバルな同社全体に広げようとしている。

しかし、よかったことはもっとある。このチームは予定した期間の内に目標を達成しただけでなく、確かな競争優位性と開発の新たなオペレーティング・システムを会社にもたらしたのだ。投資家やアナリストもこれに気づいた。コートがこの革新的な製品と開発の新手法をアナリストに説明したところ、同社株の評価は「中立」から「買い」に上がり、株価はたちまち3%上昇したのである。

チューダー・ピカリング・ホルト&カンパニーのダイレクターであるバイロン・ポープは次のようなレポートを書いた。これは同社を推奨した多くのアナリスト・レポートの1つである。

> 見るまで（完全には）信じるなと言われるが、今回のアナリスト・デイで素晴らしいものを見た（そして聞いた）。われわれは招待されて参加したのだが、非常に説得力のあるテクニップFMCのアナリスト・デイであった。その場で同社は、自社

の顧客である石油・ガス探鉱生産会社が海上・海中ともにその経済性をよくするのを助けるためのベストなやり方として、自社の考え方を根本的に変えたこと、その結果、どれほどの改善につながったかということを分かりやすく説明してくれた。

同社が提案する海底システム製品サブシー2・0は、機能と形状の両方が大きく改善されており、これは2018年以降に認可されていく海底プロジェクトのルネッサンスの予兆でもある。サブシー2・0の本質は何か？　それが業界を変えてしまうような「ゲーム・チェンジャー製品」であるのはなぜか？

……まず、海底生産システムの主要要素（ツリー、マニフォールド等）の大きさ、重量、部品点数が50％以上削減される。これがわれわれに確信を深めさせる類のイノベーションであるのは間違いない。

この確信が本物だと感じとったのは、同社の「イノベーション＆テクノロジー・ショールーム」を見学している間に（ちなみに、われわれは間近で現物を見たが、カメラ撮影は禁止されていた。しかしサブシー2・0の主要ハードウェア要素をこの目で確かめることができた）、同社の幹部が開発のやり方を根底から考え直せと命じたのは、油田サービス産業の今回の需要低迷が始まるずっと前のことだったと分かったときのことだ（＊26）。

テクニップFMCの開発チームは、まさに「自分たちの未来」を設計したのだ。LPP

Dと共に歩んできた同社の取り組みをこんなふうに語ってくれた。

われわれは、それまでの常識を打ち破る大変革を成し遂げたいと強く願っていました。LPPDはまさにそれを可能にする鍵だったのです。LPPDには一目惚れ……いや、それよりもはるかに深く惹きつけられています。学べば学ぶほど情熱が高まる。今ではもう、LPPDなしで仕事を進めるなんて、想像もできないくらいです。

この先の展開 あなたの製品は――それが物理的な製品、ソフトウェア、サービスのいずれであっても――あなたの顧客のために、あなたが創造した価値を体現している。テクニップFMCのように、その業界でベストな企業であろうとするなら、自らが創造する価値をより深く理解しなければならないし、かくあればこそ、卓越性を追求し続ける中で自分たちが顧客に届ける価値を高め続けることができるのだ。完全性を追求しない会社は、遠からず競争力を失うだろう。

われわれが提唱するLPPDモデルは、トヨタの仕事のなかに埋め込まれているやり方が基になっている。テクニップFMCが使ったモデルもそうだ。われわれは次章で、トヨタがどれほど長きにわたって「製品とプロセスの両方の開発」を通じて「自動車産業の未来」をデザインしてきたか、今日なお、どのようにしてそれを続けているかを見ていく。

Your Reflection

あなた自身の振り返り

ビジョンをつくる

人を育て、それを支援するインフラをつくり、最初の6つの原則で説明したリーンなプロセスをあなたが構築することができたなら、非常に優れた製品を、納期通りに、予算以内で届けるというありたい姿への着実な第一歩を踏み出したということだ。製品の卓越性を求めてさらに先に進むには、また次の一歩が必要だ。

本章は製品の完全性の追求という、とらえどころがないが、卓越性の次の段階に進む鍵となる目標に注目した。それは測定が難しく、特定の手法や行動で処方することは難しいのだが、あなたもそれを見ればそうだと分かるだろう。われわれは、製品の卓越性達成に必要なことのうちには、次のものが含まれると主張した。

- 社員の心を捉えて離さない卓越性への情熱
- 何か凄いこと、すごく難しいことを成し遂げたときに心の中から湧き出る喜びを動機とするクラフツマンシップ。これが比類ないほどの体験を顧客に届けるのだ
- 顧客との感情的つながり
- 測定可能な製品やサービスの特性に関する世界一の要求水準
- クラフツマンシップを評価し、共有する手法、フォーラム
- 世界トップクラスの信頼性
- 能動的な未然防止
- 最も優れたあらゆる品質手法の徹底的な活用
- 持続可能な設計

● 最も高い価値を届けるための、ムダを省く設計（Efficient Design）への強いこだわり。

ここに示したビジョンは、あなたの会社が製品の卓越性を実現するためにあなたが必要だと思うことに合致しているだろうか？　ここに示したビジョンをどう変えたら、あなたの会社の状況にもっと合うようになるだろうか？

あなたの現状

1 あなたの会社の社員は、製品の卓越性を創りだそうとしているか？　あなたは製品の卓越性を推進するために何をやったか？　さらに何ができるか？

2 あなたは、製品の差別化のため、顧客とのより強固なつながりを築くために、デザインを活かしているか？

3 顧客があなたの製品を使う際の体験をよりよくするために、クラフツマンシップはどう貢献しているか？「しっかり作られている」というメッセージを伝えているか？　どうしたらもっとよくできるか？

4 あなたの製品やサービスの信頼性は、競争優位性の源泉か？　製品やサービスのパフォーマンスをよくするために、あなたはどんな手を打ってきたか？

5 あなたはムダを省くデザインをどのように進め、製品とバリューストリーム全体からムダを徹底的に排除すべく努めているか？　もっとよくするために、どのような行動が取れるか？

行動する

1 機能横断の、複数階層にわたるグループをいくつか編成し、あなたの会社に卓越性のカルチャーを創出する上での阻害要因を特定しなさい。可能な対策を考え、優先順位をつけなさい

2 機能横断の製品ティアダウン・イベントを行い、あなたの製品と最も優れた競合メーカーの製品を比べなさい。必要なら、あなたの業界の外に出かけなさい。デザイン・開発、製造、サプライヤーからも意見を求めなさい。こうした部門・組織から、改善の機会を集めるのだ。可能な対策を考え、優先順位をつけなさい

CHAPTER 8

トヨタvsテスラ

戦略を実行に結びつけることで未来を設計する

Designing the Future by Linking Strategy to Execution:
A Toyota–Tesla Comparison

できないことなど何もない。
何かができないなら、
努力が足りないのだ。

――豊田佐吉

交通の未来への航路をつくる

どの自動車メーカーがこれからの何十年を生き延び、21世紀のフォードやメルセデス・ベンツになるのだろうか？　どの自動車メーカーがスチュードベーカーやパッカードのように消滅するのだろうか？　交通の未来は今、めざましいペースで展開しているが、そこには複数の戦略的線引きがあり、一方に破壊的なテクノロジー、他方には経験と卓越したオペレーション力がある。しかし、ものごとは見かけ通りであるとは限らず、このドラマの展開の中には、自動車にとっても他の産業にとっても、学べる教訓が沢山ある。

自動車産業のこうした大変革は、戦略と製品開発とオペレーションの卓越性との関係を研究する素晴らしいケーススタディを提供している。戦略は、製品開発に関わるあらゆる活動に方向を与える。多くの人々の心をワクワクさせるのは、ダビデが巨人ゴリアテを倒す聖書の物語のように、異端児の起業家が既存業界に立ち向かい、打ち勝つというイメージだ。業界への新規参入者の大胆で破壊的な戦略の力は、その会社の実行上の弱みを補うことができるのか？

本書のLPPDの原則は、破壊的テクノロジーが急激に塗り替えつつある新たな世界に適用できるのか？　本書の冒頭で説明したように、その答は、短期視点と長期視点の違いであるとわれわれは確信している。短期的には、時代の要請に合致したブレークスルー・テクノロジーが勝つことがあるだろう。しかし、長期的で持続可能な競争優位性は、よく考え抜かれた戦略を、卓越した製品を開発し届けることにつなげることから来るものだ。

伝統的な自動車産業を脅かす破壊的勢力は、製品とプロセス両方でのコンピュータ・テクノロジーだ。自動運転車、ネットでクルマを呼ぶライドシェアから、完全に自動化された工場まで、馬車の時代から自動車の時代への変化と同じくらいの、近未来交通における大変革になると考えられている。テスラは、この未来へ向かって走る最も有名な企業だ。

テスラのソーラーパネルで充電され、テスラのギガファクトリーが供給する電池で動く自動運転の電気自動車というCEOイーロン・マスクのビジョンのおかげで、テスラは多くの人から、自動車産業のアマゾンやウーバーに相当する、既存秩序を破壊する偉大なる企業と思われている。テスラ・ロードスターを宇宙に打ち上げるといった大胆な行為はこのイメージを強化する。しかし、ベンチャー企業から自動車業界大手までの道のりは、長い、でこぼこ道だ。

自動車エンジニアリング企業のマンロー&アソシエイツ社は、テスラのモデル3を基本的な部品まで分解するティアダウン分析を行った。ドアを開けるのに両手の力が必要だった。車体のパネルは仕様から大きく外れており、結果的に非常に悪い仕上げになっていた。ティアダウン分析を行ったCEOのサンディー・マンローはこう言う。

「ここを見ると、爪先すら入りません。しかし、こちらのギャップには親指が入ります。これはとてもめずらしい。このクルマの累積公差は、今まで見たことがないひどさです。1970年代あたり以降はまったく見たことがないですね。一体どうやってこんな具合に

なったのか、理解に苦しみます」(＊1)

テスラはモデルSの発売で世界に大きな衝撃を与えた。完全電動式のこのクルマは、業界のアナリストから市場をつくり変えるような画期的製品設計とみなされた。イーロン・マスクは、刺激的な個性とモデルSの当初の市場での成功で、２０１７年7月には同社の株式時価総額を自動車業界のトップレベルまで押し上げ、フォードを追い抜き、ゼネラルモーターズに迫った。

次なる大飛躍が、大量生産する予定のモデル３であった。大量生産で低価格をめざしたとはいえ、依然高価ではあった。そして、２０１８年2月にはテスラはモデル３の約束した発売日を何回も延期していた。

相次ぐ生産遅延。生産ラインがうまく動かないせいで、非常にわずかな量のクルマが手作業で作られていた。電池を作るテスラのギガファクトリーもサプライヤーの部品問題のせいで生産遅延を経験しており、それがモデル３生産のボトルネックになった。

ブルームバーグ・ニュースのクレイグ・トゥルーデルは、イーロン・マスクが守れなかった３つの大きな約束を描き出している(＊2)。

自動運転で米大陸横断　２０１６年10月、マスクは、オートパイロットの能力を世間に示すために、年末までにロサンゼルスからニューヨークまで、ハンドルに「一度も手をかけることなく」走行すると宣言した。

しかし、それは実現しなかった。翌年2月、マスクはテスラがこの走行を3カ月から6カ月後に試みると語った。

（予定通りに）発売できなかった

テスラが過去に発売した新モデルはどれも予定から遅れた発売になった。最初のロードスターは2008年3月に、約9カ月遅れで発売された。モデルSはマスクの目標の6カ月後の2012年3月に発売され、モデルXが2015年9月に発売されたときは、予定より約2年遅れていた。

モデル3は2006年にテスラのブログに掲載されたマスクの有名な「マスタープラン」よりも遅れた。当時、マスクは、テスラの2番目のモデルの値段はロードスターの8万9000ドルの約半分になると言っていた。

そして、2017年7月、CEOはモデル3のキーを最初の顧客に渡す。このモデル3はもともと3万5000ドルからという価格帯になるはずのクルマだったのだが、結局、それよりも高い値段がつけられて市場に出たのである。

がっかりさせる生産量

マスクは2016年5月、テスラは、モデル3セダンを2017年の第二半期には10万台から20万台生産するつもりだと説明した。2017年5月になると、同社は年末には週当たり5000台生産するという見込みを述べた。その後、テスラはこの目標を今後3カ月以内へと延期した。

自動化を他社より多く採用しているテスラは、他の自動車メーカーに比べて少ない労働力しか必要としないと普通なら考えるだろう。しかし、次のような報道もあった。『この工場は、必要な数の倍の労働者がいる』とある元幹部は語った。昨年1万人の工場従業員で10万台のクルマを作ったということは、テスラのフリモント工場は、工場従業員1人当たり10台のクルマを作ることができたという意味だ。

しかし、この工場はGMとトヨタの合弁会社だった時代には、1人当たり生産台数が26台を下回ったことはなかったのである（1人当たり最大で74台作っていたこともある）」（＊3）それに、この報道は、2017年5月に報じられた「週に5000台生産するためには、テスラは工場従業員をもっと増やす必要があるだろう」というレポートよりも前の話だ（＊4）。

テスラの損失は毎月膨らんでいく。オートウィーク誌は、2017年11月、テスラが毎分8000ドルを失っており、四半期ごとに10億ドルの損失を出していて、2017年全体で5万台の車しか販売してないと報じた（これは大手自動車メーカーにおける売上の少ないモデルひとつだけの年間販売台数に相当）。

そんななかでも、2018年初めには投資家は競ってテスラの株を買い続けていたし、顧客は2019年まで手に入らないモデル3の着手金を払い続け、まだコンセプト段階に過ぎないテスラの電動超ヘビー・デューティー・トラックの前払金を払い続ける企業もいくつも存在していた。2018年の6月までに、テスラは急遽テントを設営して組立ラインを追加し、なんとか毎週5000台の生産まで達した。

テスラの現実はわれわれのアドバイスに完全に反している。すなわち、設計に品質を組み込み、正確に実行し、製造容易性を考慮して設計し、デザインにおいて1円の単位までムダなコストを排除せよという考え方に反しているのだ。われわれはまた、LPPDは外部サプライヤーをも含めた企業全体の効果的なコミュニケーションとコーディネーションが欠かせないと主張している。

テスラの立ち上げにおいては外部サプライヤーとの協業も弱点だった。CNBCの報道によれば、「テスラはサプライヤーが納入したかなりの数の不良品、あるいは損傷した部品の手直し作業を管理するのに苦労しており、一部を近隣の機械加工業者に送り込んで手直しさせているとテスラのエンジニア（社員や元社員）が言っているという。また、同社は、一部の部品の設計を、その部品がサプライヤーから届いた後になってから変更しているとのことである」（＊6）。

モデル3の生産の最大のボトルネックの1つが、内部サプライヤーのギガファクトリーだ。「テスラは現在では、生産を遅らせている1つだけの要因はないと言う。その代わりに、自動化に非常に多く頼ったことと、新しい生産手法を採用したことが、もの凄い数の、個別に対応しなければならない小さな問題をつくり出したと言う」（＊7）

どんなベンチャー企業も新たな技術分野に参入するときには産みの苦しみがある。テスラもその苦しみを味わっていると言えよう。テスラはいずれこれを解決するだろう。そうは言っても、創業15年のテスラを「ベンチャー企業」とは見做し難い。電気自動車は部品点数があまりにも少なく、組み立てるのが易しいから、特に３Dプリンターが自動車の車体に使えるようになれば、誰でもできるようになると言う人もいる。これは興味深い質問を想起させる。「破壊的テクノロジーの大胆なビジョンは、効率的な実行と低コストに打ち勝てるか？」という問いだ。

自動車産業の大半の企業はまだ暗黒時代におり、いずれテスラやウェイモやウーバーなどの、より先進的思考を持った、自動車の新興企業に取って代わられるのか？　伝統的自動車メーカーは馬車用の鞭《むち》が辿った道を歩むのだろうか？

企業戦略の大家のマイケル・ポーターは、１９９６年のハーバード・ビジネス・レビュー誌の有名な論文で「オペレーションの有効性は戦略ではない」と警告した（＊８）。彼は、日本企業は凋落する道を辿る可能性があるとも言った。

「日本的な競争の危険は、より認識しやすくなった。１９８０年代にライバル企業が生産性の最前線のはるか後方にいた頃には、コストと品質の両方で永久に競争に勝ち続けることができるかに思われた。……しかし、オペレーションの有効性のギャップが縮まるにつれ、日本企業はますます、自らが作った罠にはまっている。日本企業の業績をどんどん悪化させている破滅的な競争から彼らが逃れたいなら、戦略を学ぶ必要がある」

われわれは、ポーターが日本の自動車メーカーは戦略を学ばなければならないと予言した20年後にこれを書いているのだが、確かに日本の自動車産業には大きな苦しみの時期があった。日産はルノーに乗っ取られる前に、すでに倒産しかけていた。マツダ、スバル、スズキ、三菱に外国資本が入った。ホンダはこれらの会社よりも多角化しており、安定していて、トヨタは依然力強く前進している。ポーターは、注意深く組み立てられた戦略が経営を主導すべきだと信じていたが、彼はオペレーションの有効性を放棄せよとは言わなかった。

実際、彼は企業に戦略とオペレーションの有効性を組み合わせることを提案していたのである。鍵となるのは、戦略と整合が取れた、ユニークな製品とユニークな活動を持ち、競争優位性を実現することだ。われわれはそれがトヨタの歴史であり、トヨタが未来に向かって進むやり方と合致していると考える。

トヨタが秩序の破壊者だったことはあるか?

トヨタの業界の破壊者としての歴史は1970年代に高品質で燃費効率の高い、低価格の車を発売したことに始まる。これは顧客の期待を一変させ、既存の自動車メーカーを震撼させ、業界全体に大きな変革を余儀なくさせた。既存の米国やヨーロッパの自動車メーカーは、トヨタがどうやってこれを達成したのか研究し始め、トヨタが第二次大戦後に練り上げてきたトヨタ式生産システム（TPS）を発見する。

しかし、TPSのツールを真似るのは簡単だったが、その根底にある活力や哲学は簡単には真似できなかった。次にトヨタは高級車市場に参入し、レクサスという新しいブランドを立ち上げた。1989年に発売された初代レクサスの開発物語は、業界の常識を打ち破り、魅力的なスタイリングと優れた空気抵抗、高出力と高い燃費効率と低騒音・低振動を実現し、次世代水準の品質を、業界を牽引する価格で提供した（＊9）。

トヨタはヨーロッパの高級車の常識を破壊し、3年後には売上高でトップのブランドとなり、北米の既存高級車ブランドの影を薄くしてしまった。そして1997年、自動車産業の他のメーカーが環境持続可能性を高める車を設計することを考え始めるはるか前に、トヨタは世界初のガソリン・電気ハイブリッド車、プリウスを発売した。

トヨタは、今までに需要がなかったところに（環境持続可能性を重視するという）新たな需要を創り出し、業界全体を追従させることになった。最も近いトピックを挙げると、トヨタは「水素社会」の実現に向けて水素燃料技術を開発し、MIRAIを発売した。トヨタは、自身の「学びのやり方」と「新製品とプロセスの開発」を通じて、常識の壁を破り続けている（＊10）。

豊田章男が社長に就任して以来、自動運転技術やコネクテッドカー技術に業界随一の金額を投じたことなどに見られるように、常識の壁を打ち破り、大胆な戦略をとることについて、トヨタは今までよりも非常に多くのことを学んだとわれわれは考えている。ソフトウェア領域だけでもトヨタは無人運転車のためのＡＩソフトウェアの開発に何十億ドルも投資しており、世界のリーダーになろうとしている。しかも彼らのいつものやり方のように「内製で」だ。

しかし、トヨタの２０１８年モデルのラインアップを見ると、同社がモビリティ産業の未来に関して、業界を主導する道を歩んでいるのか、それどころか他社に追従できているのか、疑問を呈す人もいるだろう。トヨタのモットーは「控えめに約束して、期待以上の結果を出す」ということだ。トヨタがその先進的なコネクテッド・モビリティを自慢するのを聞くことはめったにないが、われわれは、投資された何十億ドルもの資金と、研究開発投資から大きな成果を生み出してきたトヨタの歴史が、同社をこの領域における業界のトップ・リーダーとしての地位を保ち続けさせるかもしれないと見ている。

マスクによれば、自動車の未来は明白であり、１つの方向しかない。それは、あらゆる大きさ、あらゆる形の自動運転の電気自動車が再生可能エネルギーで動き、ライドシェアを使い、消費者は車を所有したり、運転したりすることなく、どこにでも行けるようになるというものだ。

複雑な排ガス低減装置が付いたガソリンを浪費するエンジンは、時代遅れの恐竜だ。電気自動車は自動車のパワートレインの設計や製造を大幅に簡素化し、自動車業界への参入障壁を劇的に下げる。これが多くのハイテク企業が電気自動車をつくりたいと言っている理由の１つだ。

自動車産業全体のみならず、伝統的な交通産業のすべてが大きな転換点を迎え、それが環境に優しい、再生可能エネルギーと新しいビジネスモデルを使った自動運転車につながるという考えにわれわれは同意する。本書を書いている間にも自動運転車が公道を走り、なお続々と増えて、メディアではその実態以上に広く報道されるだろう。ここで競い合う会社のそれぞれに問われる戦略上の質問はこうだ――「我が社はどうすればこの新しい世界への移行をうまく計画し、競争優位性を獲得できるか？」

戦略計画プロセスを始める際に最初に聞くべき質問の1つが、「いつ始めるのか？」ということだ。企業は未来を予測し、この次世代カーがいつ市場を支配するのか予想しなければならない。これは長期的予想であり、不可避的に間違いを含んでいることを意味する。しかし、何らかの、最もありそうなシナリオの予想はしなければならない。われわれは、トヨタと同じように、自動運転の電気自動車が市場を支配するというビジョンは、達成まで何年ではなく、何十年かかかると考える。その理由は次の通りだ。

1　変化というものは、単純で、直線的で、予測可能であることはめったにない。

ドットコム・バブルと続く株価大暴落は今や伝説になった。インターネットは、1991年にAT&TとNCRが立ち上げた。バブルは1995年から2000年のあいだに急激に膨張し、2001年に弾けてバブル企業の多くが倒産して株式価値の70％～80％が失われた。2002年のことを思い返せば、われわれは、インターネットは1つの壮大な神話であって、インターネットがすべてを変え、物理的な店舗はなくなると予測する人たちは頭がおかしくなったと思っていた。

しかし、今にして見れば、インターネットはすべてを変え、物理的店舗に対して大きな脅威が出現している。だが、その実現には約20年間という、予想よりもずっと長い期間がかかり、しかも、インターネットの預言者たちの究極のビジョンからは今なお程遠い状態だ。

2 新しいテクノロジーの受容には時間がかかる

世の中には必ずアーリー・アダプターという先進的なユーザーがいるが、大半の人たちは身に付いた習慣を簡単に変えようとはしない。自動運転のライドシェアの車を当たり前のこととして受け容れるには、まだ時間がかかるだろう。われわれは自分のスマホを取り出して近くのロボットカーを呼び寄せると、行きたい所に運んでくれるというアイデアについて、ものすごく胸を躍らせている人々と話し合ったことがある。しかし、その同じ人たちが「でも、そのロボットカーが私の子供を乗せて時速120キロ以上で走るのを信頼できるかといえば、できないね」と言うのだ。

未知のものに対する恐怖は自然なことである。メデイアがトヨタの自動車がコンピュータに乗っ取られ、制御不能になるまで加速する可能性があると報じたときには、一般市民に恐怖を植え付けたが、それは神話にすぎなかった(＊11)。自動運転車が衝突事故を起こすたびにメディアは徹底的に調査し、報道する(＊12)。

コンピュータのドライバーがおかしくなることへの恐怖に打ち勝つには、時間がかかる。大半のアナリストは、自動運転車は都市部の、自動運転用の対策がとられた、決められた道路が出発点になると予想している。

また、ライドシェアは公共交通機関の一種だが、国民が個人の自由と自立を重視する米国では、公共交通機関が強く支持されたことはない。われわれ（米国人）は、自分の車が家の横に止めてあるのを好み、多くの人は自分のアイデンティティの源泉として車を所有したいと思う。こうした傾向は変わるかもしれないが、そんなに素早く簡単に変わるとは思われない

3　一般市民は簡単に自分のガソリンエンジン車を手放さない

多くの自動車メーカーはガソリンだけで駆動する自動車の販売を、2030年など、将来のある時点で止めることを約束した。そうなると想定してみよう。すると2025年にはまだガソリン車は販売されている。人は自動車を、たとえば10年間といった、ある一定の期間は使いたいと思うはずだ。この例で考えればガソリン車は2035年まで残り、その後もまだ残るだろう。そして、自動車メーカーは、現実には、世界のどこかに需要がある限り、2035年以降もガソリン車やハイブリッド車をつくり続ける。

4　電動化とは電池駆動だけの車以外の車も意味する

多くの自動車メーカーはガソリンだけの自動車をある年から販売しないという約束をしている。トヨタは「2025年前後」にすべての製品ラインに何らかの電動化モデルを入れると約束した。しかし、同社の予測によれば、電池だけで駆動する電気自動車は主として都心部の短距離交通を担うだけで、主流にはならない。ハイブリッド車やプラグイン・ハイブリッド車がラインナップの中心になる模様だ。そして同社は、長期的には、都心部は電気自動車、長距離運転や電池式にすると非常に高価

な電池を要する大型車には、水素燃料電池が採用されると見ている（＊13）。これに関しては、後でさらに説明する。

ザ・センター・フォー・オートモーティブ・リサーチ（ＣＡＲ）は、われわれの予測と同じ意見のようだ。２０１８年に「電気自動車や自動運転が広く普及するには何十年もかかるだろう」（＊14）と予測している。未来を予測する業界専門家の調査の後にＣＡＲは「レベル４とレベル５の自動運転車は２０３０年の新車販売の４％以下しか占めないと思われるが、その後、２０４０年には約55％へと徐々に増加するだろう」と予想している。

同センターは電池駆動電気自動車と燃料電池式自動車の両方を含む非内燃機関式パワートレインが２０３０年に市場の８％を占めると予測している。これは92％がガソリン車ないしハイブリッド車であることを意味する。それでも２０３０年には相当数の電気自動車が、２０４０年には相当数の自動運転車が販売されることになるが、多くの業界アナリストが予想する瞬時の業界秩序破壊とはかけ離れている。

さらに彼らの予測によれば、今後10年間にガソリン車やハイブリッド車から撤退しようとしている大手自動車メーカーは大変まずい状況に直面することになる。確かに単なる予測に過ぎないかもしれないが、考えさせられる予測ではある。トヨタが２０１８年に世界で最も熱効率の高い２・０リッターのガソリンエンジンを開発し、排ガスを18％削減したということも、これで説明がつく（＊15）。

ガソリンエンジンが過去の遺物になるなら、なぜ敢えてこんなことをするのか？　その答は、トヨタはこの新型ガソリンエンジンをガソリン車とハイブリッド車用に、開発投資を回収できる年数以上の間使い続けるつもりであり、そこから学べることは電気自動車にも使えると信じているということだ。

トヨタとテスラの「戦略ビジョン」と「オペレーションの考え方」を比較する

方向としての戦略

実のところ、われわれだって未来は分からない。われわれが信じているのは、トヨタの考え方が、未来へ向かう荒波の中を臨機応変に航海していくための良いモデルになるということだ。自らの未来へ到達するためのトヨタの戦略的ビジョンやアプローチは、テスラのイーロン・マスクのそれとは全く対照的であり、両者の間の違いは大いに参考になる。

われわれはこの対比を通して「トヨタはよいお手本、テスラはまずい見本」という教訓を示したいのではない。近年ますますはっきりしてきた2つの戦略的思考、オペレーションの考え方の違いをよく表しているからこそ提示するのだ。これは、新しいアイデアに基づくビッグバン的な秩序再構築と、未来に向けて着実に歩むことで価値を届け続けてきた現在の業界のリーダーとの対比である。

両社とも到達点に対する長期的な見方は全く同じ場合もあるが（トヨタとテスラの場合、概念的には同じものをめざして行動していると見ることもできるが、具現化の考え方や実際の行動は異なっている）、われわれが問題にしているのは、そこに到達する道筋だ。両社のアプローチを対比してみよう。

テスラ――既存の秩序を破壊するビジョン

われわれは、イーロン・マスクのテスラのビジョンを、車に焦点を当てたシンプルな絵（図8-1）にしてみた（テスラは車だけでなく、電池やソーラーパネル、独立した電力システムも作っている）。

これまでのところ、テスラは、モデルS、モデルX、モデル3、それから超重量級トラックの試作車でその画期的な全電動製品を披露してくれた。すべてに「オートパイロット」機能が入っているが、本書執筆時点では、これはレベル2（自動運転の5つのレベルのうちの2）とみなされるもので、ドライバーが運転する必要がある。

中期目標と長期目標の間にわれわれは差を見出すことができなかったため、この図では中期と長期のビジョンを区分しなかった。唯一のビジョンは、自動運転機能を持った高性能電気自動車である。

マイケル・ポーターは、他社にないユニークな動き方が戦略の鍵であり、それが戦略の具現化を支えていくのだと教えている。イーロン・マスクもこれを分かっているらしい。彼は実際、真のビジョンは車そのものではなく、高度に自動化された工場で、従来の自動車組立工場よりはるかに速く作れるようになるという、作り方の問題であると述べている。２０１８年2月にマスクは投資家向け業績発表のテレビ会議会見でこう説明した。

「テスラの長期的競争優位性は車ではありません。それは工場なのです。われわれは工場を製品となすということです……フォードのモデルTは、製品ではありませんでした。フォードの製品は、リバー・ルージュ工場だったのです。テスラには素晴らしい製品がありますが、長期的に持続可能な競争力を生み出すのは工場になるはずです」（＊16）

ジョン・シュックはこの件に関する最近の会話の中でリバー・ルージュ工場の歴史とトヨタの貢献について次のように語り、いきさつを明らかにしてくれた。

　1世紀余り前にヘンリー・フォードがこれ（流れの原理原則）の大半をつまびらかにしました（ハイランドパーク工場において、T型フォードを、世界初の流れ生産で量産したことをさす）。しかし、言ってみればそれは、高速生産を実現することが比較的容易な、

図 8-1 テスラのビッグ・バン型戦略ビジョン

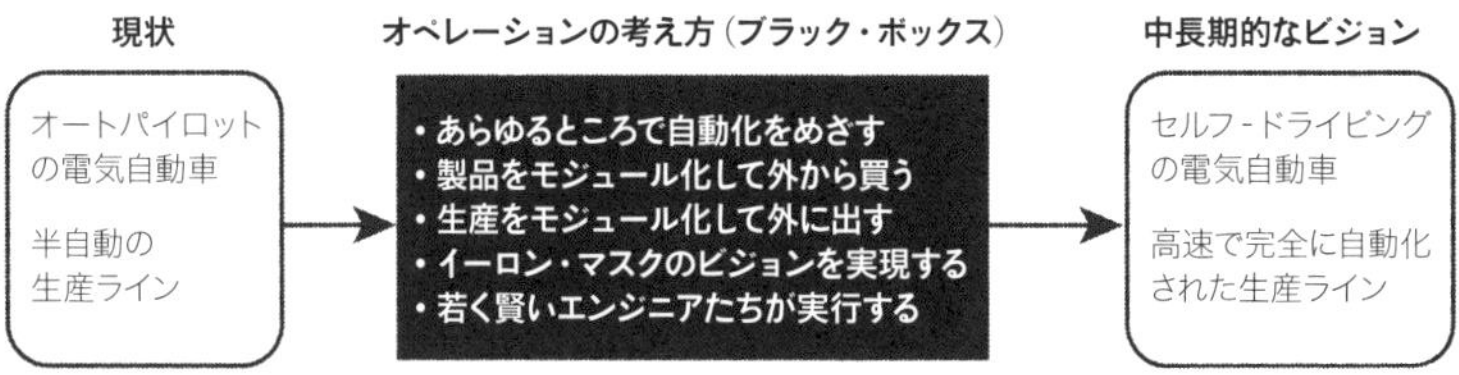

シンプルなケースでした（イーロン・マスクが今日追求しているものも同じ）。

製品は概ね単純だったし、もっと重要なのは、すべてが同じ車種（T型フォード）だったことです。複雑さが増していくのにつれて（製品の種類、オプション、さらには電子機器など、より複雑なテクノロジーが車に使われるようになるにつれて）、フォードの単純なシステムは機能しなくなりました。ハイランドパークでの最初の試みでは実にうまくいったやり方でしたが、リバー・ルージュで規模を拡大しようとして、それまでのシステムでは扱いきれないレベルの複雑性を追加すると、大惨事になったのです。

半世紀後にトヨタがやってきて（はじめは小型車の輸出、後に北米現地生産というかたちで）、高速生産の実現のみならず、混流生産という複雑性のなかでいかにして品質をつくり込むかという、この方程式に不可欠な部分を解決しました。それが、フォードをはじめとする米国の自動車産業にとって「次に取り組むべき重要な要素」となったのです。

テスラは、フォードがリバー・ルージュ工場の理想ビジョンに向けて規模拡大を急ぎ過ぎたのと同じ過ちを繰り返すのだろうか？　2018年の初期におけるテスラのアキレス腱は、製造しやすいデザインをつくる能力と、製造の実行能力であった（＊17）。

しかし、これこそが製造で何十年もの経験を積んできた既存の自動車メーカーに対してテスラが挑もうとしているポイントなのである。マスクは「最も根本的な違いは、工場を製品として、しかもまさに垂直統合された製品として考えることです」と説明した。これに対し、テスラCTOのJ・B・ストラウベルはこう付け加えた。「それはこの問題を、今までよりも工学的、技術的な問題として扱うことでもあります」。

マスクが心に描いているのは、世界で最も自動化が進んだ自動車工場で、工場内物流も加工・組立も人の関与なしに行われること、さらには、従来の自動車生産ラインに比べて、もっと速く生産できる生産ラインだ。マスクは従来型の生産ラインを「歩行器を使うおばあさんのほうが、最も速い生産ラインのスピードよりも速く歩けるでしょう」と言って嘲っている(＊18)。

われわれは、ストラウベルの考え方、つまり、未来の生産システムは設計の問題であると捉える考え方に同意するが、同時にそれをLPPDの視点から見る。セット－ベース・コンカレント・エンジニアリングを使って設計プロセスをフロントローディングするという原則を思い出していただきたい。

テスラはどうもたった1つのソリューションにすべてを賭けるという罠にはまり、真面目で地道な分析とソリューション空間を広く探索する努力を端折ってしまっているように思われる。電気自動車は良く、水素燃料電池車は悪い、自動化工場は良く、人手の工場は時代遅れというように。

未来の工場の設計要件を考えると、根本的な設計上の問いが浮かび上がる。これは、ストラウベルが言うように純粋に技術的な設計の問題なのか、それとも社会技術的な設計の問題なのか？　自動化システムの日常のオペレーションは、誰が管理するのか？　問題が起きたら、誰がどのように対応するのか？　最新テクノロジーで武装したとして、誰がそれを改良していくのか？　言っておくが、それは人であり、複雑で自動化された環境では、やる気にあふれ、仕事に没頭してくれる高い能力を備えた人材の必要性は、却って高まるはずだ。

スティーブ・セントアンジェロは、トヨタの南米及びカリブ海エリアを統括するCEOである。彼は、かつてGMで若手技術者だった1980年代に、CEOのロジャー・スミスがイーロン・マスクと同じような大胆な発言をしたのを思い出すという。皮肉なことに、それはスミスがトヨタとの合弁会社を承認したのと同時期のことだった。この合弁会社は後にNUMMIと名付けられ、最新の自動化システムなどほとんど入っていないにも関わらず、GMの北米工場の中で最も生産性の高い工場になった。

NUMMIが順調に発展していく一方で、スミスはファナックとの合弁会社やEDSというITサービス企業の買収に何十億ドルも使い、「人が1人もいないから、暗闇でも稼働を続けられる完全自動化工場」という自身のビジョンに向けた投資を続けていた。セントアンジェロが回顧するように、「彼（スミス）はさらに、当時GMが抱えていた問題を、何もかもすっかり自動化することで解決しようとしました。一種の大災害と言っていいものでした。私は自動化に関する特許を数多く持っていますが、私が学んだのは、人の手でやれないプロセスはロボットでもできないということです。それに、およそあらゆる自動化というものは実験室ではうまくいきますが、ばらつきという要素を入れた途端、状況は一変するものです」

テスラのスーパー自動化生産ラインは、それまで一緒に働いたことがない優秀な若い技術者を大量に採用し、求められている製品と生産工程の特性のビジョンをトップダウンで彼らに与え、設計し製造させるというやり方に頼っている。それはまた、外部から購入するサブシステムや社内外のベンダーから調達するターンキーの生産ライン（買ってきて取り付ければそのまま使えるような生産ライン）に大きく依存している。

テスラのギガファクトリーに関して、マスクはそれまでの経験を「地獄の生産」と呼んだが、業績発表のテレビ会議会見では投資家たちを安心させようとしたのか、助っ人に選んだドイツの自動化メーカーから完璧な自動化ラインを調達し、それをパソコンのプラグ・アンド・プレイのように組み合わせれば完璧に動作すると説明した。

「新しい自動化ラインが来月の3月に到着します。すでにドイツで動作確認済みです。それを分解して、ギガファクトリーに運んで再び組み立て、運用します。うまく動作するかどうかの問題ではなく、分解・輸送・再組立の問題に過ぎません」（*19）

元NUMMIというトヨタ式生産システムの象徴たる工場をテスラが引き継いで運営しているのは、皮肉な話である。テスラの初めの頃、トヨタは最上級の専門家を手助けに派遣した。そうした経緯があるのに、テスラの製造に関するビジョンのあまりにも多くの部分がTPSと真逆なのである。

できるだけ多くの工程を自動化するために巨額の投資をする。自動化システムを動かすのに、社内でじっくりと人を育てていく代わりに、多数の技術者を外部から雇い入れる。設計や製造で品質をつくり込むのではなく、手直しで品質を確保する。顧客需要（タクトタイム）に合わせてではなく、できるだけ速く生産しようとする。テスラのオペレーションの中には「人が継続的にプロセスを改善していく」という考え方がないように思えることに注目していただきたい。テスラのビジョンは、リビング・システムズ・パラダイム（組織やしくみを活きものとして見る考え方）ではなく、機械論的パラダイム（組織やしくみは機械のように正確に機能すべきものという考え方）から生まれたと思われる。

ギガファクトリーの「生産地獄」の最中に、危機管理における人の重要性をイーロン・マスクがいくらか理解するようになったらしいこともまた興味深い。彼は次のように語っている。

「私は、人間の進歩の速さや、新たな事態に適応する能力に驚かされ、そのことが人間の可能性への私自身の信頼を多少なりとも高めてくれました」

時はどんどん過ぎていく。テスラがモデル3の生産目標の達成を何回も先延ばしにする中、イーロン・マスクは以前にも増して長い時間を工場で過ごすようになり、会議室で寝ることまでした。彼は、現場の近くにいることで自ら問題を素早く見つけ出し、現場に飛んでいって助けることができたと主張した。現場でのこうした強烈な体験が彼に新しい考え方をもたらしたと思われる。なぜなら、ある時期から急に、マスクが「テスラは自動化やロボットをたくさん使い過ぎており、人の価値が過小評価されている」と言い出したからだ。彼は「テスラは人の数を増やし、ロボットの数を減らすべきだ」と語った(＊20)。

CBSの番組「ディス・モーニング」でインタビューされたマスクは、当時テスラが直面していた「生産地獄」の原因について聞かれた。彼は、テスラが「自社のコア技術と考えてきたものに慢心していたのかもしれません。モデル3にあまりに多くの新技術をいっぺんに入れ過ぎたのです。段階的にやるべきでした」(＊21)と語った。

彼はまた、実際に使われる場所まで個々の部品を自動搬送する複雑なコンベアシステムがあまり良いアイデアでなかったことを認めた。「われわれは、とんでもなく複雑なコンベアのネットワークを導入しました。しかし、うまく機能しませんでした。そこで、すべて捨てました。」

確かに彼は、われわれが本書で説明してきたLPPDの原則の重要性を理解し始めているように見える。この先もテスラはずっと苦しみ続けるだけなのか、あるいは苦境を脱し大成功するか、われわれには分からない。しかし、テスラのビジョンとアプローチは依然として興味深い。非常によく見かけるものだからだ。マスクは確かに多くの投資家を魅了してきたし、投資家たちが今なお自分の財布からお金を出してテスラに掛け続けているのも明らかだ。

投資家たちの心を捉えて離さないのは、大胆で破壊的なビジョンを持った、リスクをとる覚悟があり、自分のビジョンを達成するまで頑張り抜く1人の超人的な起業家というイメージであろう。いずれにせよ、それがマイクロソフト、アップル、アマゾン、グーグル、フェイスブック、（そしてその他の大成功したあらゆるソフトウェアベンチャー企業）が成功したやり方だ。マスクが創業したペイパルもそうだった。その際、「How」（いかにして実現するのか）はあまり重要ではない。適切な時期に、適切な素晴らしいアイデアを持つリーダーがいて、そのリーダーにどれくらいカリスマ性があるかということのほうが重要なのである。

これが未来を掴み取るアメリカン・ドリームのやり方であるらしい。すなわち、破壊的な新たなアイデアを持つ、先見性ある1人のリーダーが率いるベンチャー企業が成功し、創業者は自社が成長するにつれて何十億ドルも稼ぐが、その後会社は官僚的な大企業となり、革新性から来る優位性を失い、既存製品を守る姿勢に転じて、次なる破壊的イノベーションが登場してその保守的な大企業を潰す、というサイクルが続くというものだ。

これは適者生存であり、生き残る適者とは、既存の競合企業を出し抜いたアイデアを出せる、天才的な先見の明がある個人のことを指している。ビジョンさえあれば実行は後からついてくる。ビジョン実現をめざすトヨタのアプローチは、これとは180度真逆のものだ。

トヨタ――バランスの取れたビジョン

トヨタはこれまでのところ、電池だけで駆動する電気自動車へのコミットメントを明言することにおいては、業界のリーダーではない。明言するのではなく、トヨタの戦略はずっと、様々なタイプの電動化技術を並行して開発することにあった。トヨタが電気自動車を開発し始めたのはテスラ創業の何十年も前である。１９９７年には世界初のハイブリッド量産車プリウスを世に出した。

最近では、自動運転車の実現に向けてビッグデータとＡＩに巨額の投資をしている。２０１５年に米国に設立されたトヨタ・リサーチ・インスティテュートを通じて自動運転技術に10億ドルの研究開発費を投じ、２０１８年には東京にトヨタ・リサーチ・インスティテュート・アドバンスト・デベロップメントを立ち上げ、３０００億円の開発投資を行うと発表した。トヨタは自動運転に必要な何百万行ものプログラムコードの開発をＴＰＳの原則を使って加速しようとしている。

トヨタの友山茂樹専務役員（現副社長）は「われわれが新しいビジネスモデルを作る上で、当社の強みを最大限に活かしたいと思えば、ＴＰＳをうまく当てはめることが必要になります。われわれは、社内外の人たちに、ＴＰＳが今もなおトヨタにとって中心的なものであることを示したいと思っています」と言う（＊22）。

　トヨタは自動運転の電気自動車を退けたのではない。２０２０年までには高速道路上で高度な自動運転車を走らせるとコミットしてきた。トヨタは単に、より長期にわたる移行の道筋を見据えているだけだ。つまり、まずハイブリッド車やプラグイン・ハイブリッド車の販売が伸びて、水素燃料電池車や電気自動車がそれに続くという、長期の移行過程を想定しているだけである。

　しかしトヨタは、人間性尊重と継続的改善という同社の２つの中核的な原則に基づいて、段階を踏んで着実にこのビジョンに近づこうとしている（図８－２はトヨタのビジョンとオペレーションの考え方をわれわれが絵にしたものだ）。

中期的なチャレンジと長期的なチャレンジ　トヨタは、人間が引き起こす気候変動は現実のものだと強く信じている。トヨタは自社のウェブサイトにおいて『地球温暖化』を実証するかのように、世界中で異常気象による被害が相次いでいます。十分な対策を施さなければ被害はさらに深刻化し、地球規模の被害をもたらす危険性が指摘されています。現状のまま温室効果ガスの抑制策が追

図 8-2 トヨタの戦略ビジョンとオペレーションの考え方

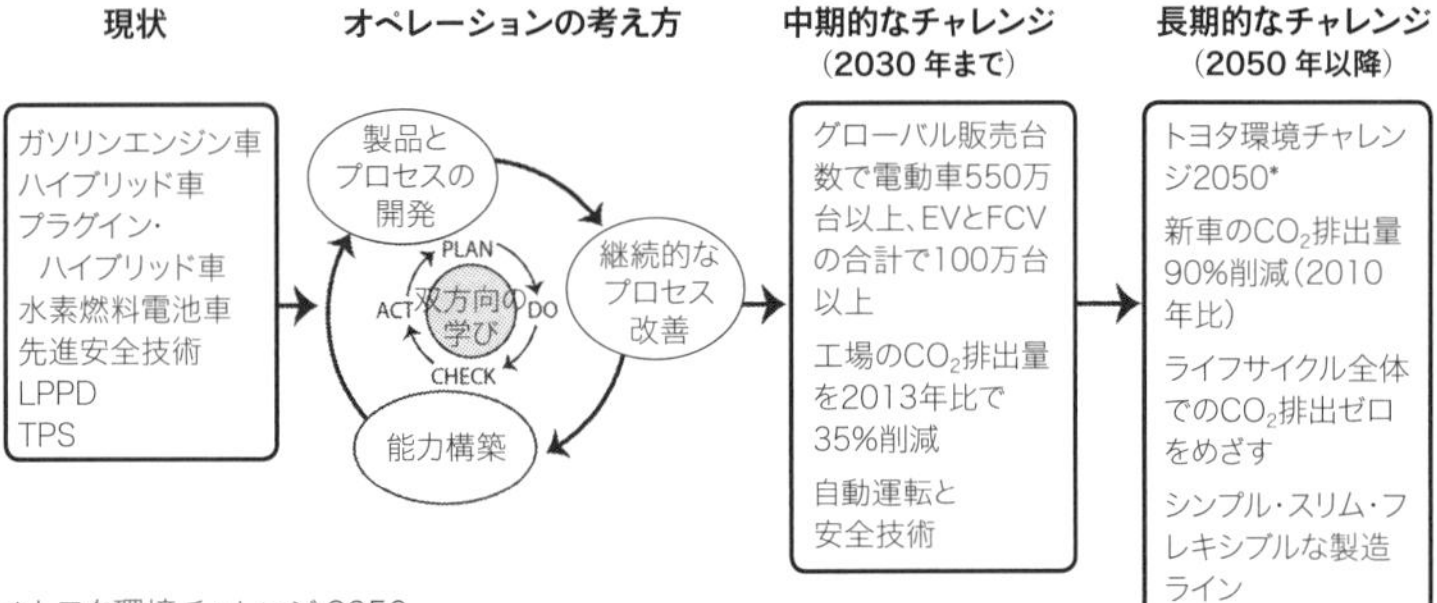

＊トヨタ環境チャレンジ 2050
1. 新車 CO_2 ゼロチャレンジ
2. ライフサイクル CO_2 ゼロチャレンジ
3. 工場 CO_2 ゼロチャレンジ
4. 水環境インパクト最小化チャレンジ
5. 循環型社会・システム構築チャレンジ
6. 人と自然が共生する未来づくりへのチャレンジ

加されなければ、『2100年には世界の平均気温が産業革命以前より3・7〜4・8℃上昇する可能性があり、これを2℃未満に抑えるためには、CO_2排出をゼロにするだけではなく、マイナスにしなくてはならない』と報告されています（IPCC第3作業部会第5次評価報告書2014）」と説明している（2018年のトヨタの環境報告書）。

そこでトヨタは「トヨタ環境チャレンジ2050」を打ち出した（＊23）。「ビジョン」とは長期的な理想であり、もしかしたら達成できないかもしれないものだ。「チャレンジ」とは測定可能な目標であって、トヨタがその達成にコミットする、すなわち約束するということだ。

トヨタのこの「環境チャレンジ2050」は、自動車のライフサイクル全体にわたってCO_2排出ゼロをめざすところから始まる。しかし、トヨタはさらに先に進もうとする。『ゼロの世界』にとどまらない『プラスの世界』を目指すため、トヨタは成し遂げるべき6つのチャレンジを掲げます。気候変動はじめ資源と水の循環型システムの構築など、いずれも困難なものばかりですが、2050年に向けて社会とともに持続的に発展していけるよう、取り組みを着実に進めていきます」（＊24）

トヨタは、「新車CO_2ゼロ」「ライフサイクルCO_2ゼロ」「工場CO_2ゼロ」「水循環インパクト最小化」「循環社会・システム構築」「人と自然が共生する未来づくり」という6つのチャレンジを設定した。さらに、環境への悪影響をゼロにする（ゼロの世界）だけで満足するのではなく、トヨタは環境に対して実質的にポジティブな影響を与えられる存在

（プラスの世界）になりたいと考えている。

新車については、長期ビジョンとして電動化100%をめざすとしている。トヨタはこれを電気自動車（EV）と水素燃料電池車（FCV）と、一部はハイブリッド車、という組み合わせによって達成するつもりだ。トヨタは水素燃料電池駆動の車両のみならず、より広く水素社会の実現にコミットしている。

トヨタ環境チャレンジは2050年までに新車のCO_2排出90%削減をめざすとしている（2010年比で）。2030年までのチャレンジ（マイルストーン）は、トヨタの新車の半分を電動化する（約550万台が何らかの形で電動化される）ことだ。トヨタは2025年には全車種に電動化モデルを提供するつもりだ。その意味するところは、過半がハイブリッド車になるということである。

これはテスラの100%電気自動車というビジョンとは異なる。2020年代前半までのトヨタのチャレンジは少なくとも10車種の電気自動車（EV）を市場に出すとともに、水素燃料電池車（FCV）の売上を伸ばすことだが、2030年までに電動化する新車550万台の大半はハイブリッド車またはプラグイン・ハイブリッド車になると想定している。つまり、CARの予測と同じように、トヨタは、燃料としてのガソリンが2030年までに退場することはないと見ているのだ。トヨタのパワートレイン企画部門のチーフエンジニアの山形光正は、2030年に全車両の90%は依然としてガソリンを燃料にしているだろうと予測し、こう説明した。

「ガソリンエンジンとハイブリッドシステムを使って最も燃費効率が高いパワートレインを開発することが（CO_2排出を削減する上で）最も大きく貢献できる道なのです。そして、当社はこのことにコミットしています。……同時に、パワートレイン開発に使った技術をＥＶやＦＣＶにも使えます」（＊25）

短期的には、トヨタは自動運転車のためのテクノロジーのほとんどを、ドライバーを補助する安全技術として見ている。２０１７年の時点でトヨタは大半の車種のベースモデルに先進安全技術を使った装置を組み込んでいる（これは他の自動車メーカーたちも同じようにやっている）。「トヨタセーフティセンス」と名付けられた一連の安全サポート機能には、正面衝突を防ぐために警告を発しブレーキをかけるプリクラッシュ・セーフティ・システム、車線はみ出しを検出し、ハンドル操作を補助するシステム、自動ハイビーム、レーダー・クルーズ・コントロールによる追従ドライブ支援機能、歩行者認識機能などがある。これによってトヨタは、市場が自動運転車に進化していく間も、こうした安全技術について量産の経験を積むことができる。

戦略設定の重要な領域が「戦略的ポートフォリオ・マネジメント」だ。既存企業はみな製品のラインナップを持っていて、短期的な需要のために設計されるものもあれば、将来に向けて研究開発中のものもある。長期的研究開発のための資金を生み出すのは現在のキャッシュカウ（cashcow、売れ行きのよい現行製品、ドル箱）だ。組織論の研究者のなかには、最も成功している企業は、「両手利き」（ambidextrous）であると主張する人がいる。

つまり、現行の製品ラインアップの小刻みな改良に集中する一方、長期的な技術開発にも力を入れているということだ（＊26）。ある研究によれば、成功している企業は、平均するとイノベーションへの投資の70％を漸進的イノベーション（短期）、20％を隣接分野のイノベーション（中期）に振り向け、残り10％は革命的またはブレークスルー型イノベーション（長期）に配分している。グーグルはその一例であり、70－20－10のバランスをとるよう努力している。このようなポートフォリオの割合の企業は、そうでない会社に比べてPER（1株当たりの利益）が10％から20％高かった（＊27）。

当然ながら、非常に成功し成熟した自動車メーカーであるトヨタは、テスラとは全く違う立ち位置にいる。テスラのようなベンチャー企業は先進的製品の開発費を成熟したキャッシュカウ製品の利益で賄うような贅沢はできない。こうしたベンチャー企業が先進的な製品を開発するには、「当該の業界に必ず破壊的イノベーションをもたらします」という約束を根拠に資本市場から資金を調達しなければならない。この意味でイーロン・マスクは実に見事な手腕を見せた。

おそらく、投資家を強烈に惹き付ける必要があり、それが電気自動車と生産の自動化においてテスラのブレークスルー・イノベーションが他社を圧倒するという絵を描く動機になっていると思われる。トヨタは、何年にもわたる巨額の利益（２０１７年度には約２００億ドル）と巨額の手持ち現金のおかげで、２０１７年度に研究開発に93億ドル使ったが、この金額は世界で11番目である。同時期にテスラが使った研究開発費はトヨタの10分の1程度だが、売上高比で見ればたいへんな高額と言えよう。

トヨタのオペレーティング・フィロソフィ（仕事のやり方に対する見方・考え方）

「自動化、自動化、自動化」というテスラのオペレーティング・フィロソフィは、われわれにはやや単純過ぎるように見える。デザイン・アプローチの観点からも、ベストなやり方を求めて結論ありきで飛びつくような、拙速な進め方と見えるのだ。トヨタのアプローチは、もっとずっと幅広い視点から考察され、長年にわたって進化し続けてきた。

実際、トヨタのオペレーションの基本原理は、60年近く前に大野耐一とその部下によってトヨタ式生産システムが作られて以来、変わっていない。そしてさらに標準化され、安定化されたやり方となって、今なおジャスト・イン・タイム生産を支えているのであり、問題を顕在化し、品質をつくり込み、改善し続けている。

製品開発においても生産と同じことが言える。短く素早いフィードバック・ループこそがPDCAを駆動するエンジンであり、それが人間による継続的な組織的学習を可能にする。やってみよ。結果がどうなったかをよく見よ。そして学べ！

トヨタの組立工場では、このビジョンが見事に貫徹されている。目的は、自動車をより速く組み立てることでも、可能な限り自動化することでもない。彼らが目指すのは、顧客が求める速さで車を組み立てること、安全性と高品質と車種の柔軟性（1つのラインで8モデル）を達成すること、そして、スムーズな生産を実現するとともに設備投資を低く抑えることによって低コストを実現することだ。

車種の柔軟性は、生産計画を平準化し、各工場の生産を安定させるために欠かせない。生産台数は、セダンやSUVなど、車種ごとに違う波がある。異なるモデルを同じラインで組み立てているなら、需要のばらつきを互いに打ち消し合う可能性を高められる。個々のモデルの大きな需要変動も、合成すれば小さな変動に収められるということだ。

さらに、工場が全体の生産量の変化に対応できるなら——たとえばフル生産の70％までの下落に対応できるなら、その工場は各モデルのもっと大きな需要下落にも対応できるはずだ。トヨタは人間尊重と人間性尊重を殊の外重視するが、実はこれが鍵なのである。人を尊重する出発点は従業員の雇用の安定だ。このことは、サプライヤーの工場、さらには地域社会の雇用も含まれる。トヨタにとって人は、単にコスト項目の1つではない。価値システムの中核部分なのである。

トヨタの製品とプロセスの開発のやり方は、TPS（トヨタ式生産システム）と並行して発展してきた。本書で説明してきたように、トヨタの開発のやり方は、実によく育てられた人たちが、何年もかけて自らの技術領域を深く理解し、チームワークを通じてブレークスルーを実現する設計上のチャレンジに挑戦していくというものである。

そこには、オオベヤをはじめとするしくみの改善もある。トヨタが自らの哲学を「トヨタウェイ2001」という冊子にまとめたのは、それが成熟期に入ってから何十年も経った後のことだ。あらゆる競合自動車メーカーをテクノロジーによって一気に追い抜くことにオール・インしているテスラとは違って、トヨタは自社の社員が継続して改善することに賭けており、人間尊重と人間性尊重に最大の力点を置く。

人をオペレーションの中心に置くという考え方は、少なくとも大野とＴＰＳの始まりの時期まで遡ることができる。技術は人のためにあるのであって、人が技術のために働くのではない。高度に自動化されたシステムであろうとも、それを周到に考えてデザインし、運転し、維持していくのは工場で生産プロセスに責任を持っている人たちだ。「無人化工場」は、自動化システムには人の保全は不要で、システムが自己保全できるという前提に立つ。

しかし、現実には不可能だ。自動化システムの異常事態への対応能力は人に遠く及ばない。だから、プロアクティブなＰＤＣＡが人手のラインよりも重要になる。自動化システムがしかるべく動くためには、異常をほぼゼロにしなければならない。

加えて、自動化システムの「自己保全」は、自ら改善していくことも想定していない。ひとたび自動化したらそれで終わりではないのだ。トヨタは、自動化ラインを動かしながら、人がそれを研究し、ラインを改善して自動化ラインからムダを取り去っていくやり方の美点に確信を持っている。ＴＰＳのトップランクの専門家である河合満は、切削と鍛造の自動化されたラインに関してこう説明する。

「モノは、売れる速さでラインを流れ、形を変えていきます。それ以外のすべてはムダなのです。自動化ラインでは、経験が浅いチームメンバーは『ボタンを押せば完成品が出てくる』と考えてしまいがちです。自動化ラインを改善できるようになるには、TPSを学ばなければなりません。彼らは、現場を理解し、自動化プロセスの中にムダを発見できるようになる必要があるのです」

トヨタの生産設備の原則は「シンプル、スリム、フレキシブル」だ。トヨタは長期にわたる記憶の蓄積がある学習組織だ。1989年、レクサスLS400（セルシオ）の生産を田原工場で始めたとき、それまでは人がやっていた作業にもロボットを大いに取り入れた。トヨタ史上最も自動化されたラインであった。初代レクサスは確かにその斬新さで自動車業界に衝撃を与えた車だったが、事前の想定に実売が届かず、工場稼働率は満足できる水準ではなかった。

そこでトヨタが得た気づきは、高額な設備投資を行えば固定費となって返ってくる、固定費は需要に応じて変えることはできないという至極当然のことであった。トヨタは現実に売れる分しか生産しないことに強い誇りを持っている。需要が低ければ、利益を出すためコストを一層削減するという柔軟性を求めるのがトヨタだ。トヨタは社員に長期雇用を保証する一方で、減算時には職を離れてもらえる契約社員（期間工）も使っている。織り込み済みの残業を削減することもできる。

リーマン・ショック時、トヨタは管理者の給与をカットし、生産部門の従業員の勤務時間を週35時間に減らした。その時々の生産には不要な社員がいたとしても、トヨタにはその人たちにやってもらうことが可能な、意味のあるワークがある（人はフレキシブルなので、様々な作業に就いてもらうことができる）。だが、ロボットは単に遊んでいるだけだ。田原工場の経験以来、トヨタでは自動化を加速するどころか、減らした領域さえある。

テスラとトヨタを比べると、モノの運び方にもその違いが見て取れる。イーロン・マスクはテスラのフリモント工場での「おそらく世界で最も洗練された、非常に高度な自動搬送システム」について語っている（＊28）。世界中のどのトヨタの工場に行っても、人が運転する電動車が大型部品（たとえば樹脂製のバンパー）や小さな部品が入った小さな箱を載せた台車を牽引して、ライン側へと頻繁に運ぶ様子を見ることができる。

さらに多くの部品が、無人搬送車（AGV）で1台分ずつ、組立の順番通りにキット化され運ばれているのを見かけるはずだ。この台車に載ったキットは組立ライン沿いに作業員と一緒に移動していくもので、その車の当該組立工程に必要な部品一式が入っている（SPS、セット・パーツ・サプライ）。

トヨタはかつて大規模な自動搬送システムを採用したこともあるが、往々にして柔軟性に欠け、改善するのが難しく、モノの停滞につながったという。こうした経験を経てトヨタが開発したAGVは、シンプル・スリム・フレキシブルで、必要に応じて経路を変えられる。

自動車工場の複雑な部品搬送システムがテスラにとって悪夢となったのは明らかだが、そこにおいて人がいかに重要であるか、ジョン・シュックが論点をさらに明確にしてくれた。

どれほど素晴らしい設備を備えた工場であっても、それをうまく動かしていくのに必要な道具は、数学と工学だけではないのです。心理学的、社会学的な洞察が要ります。社会心理学と脳科学。組織開発とシステム・ダイナミックス。この場合の「システム」とは、技術上のシステムを超えて、はるかに複雑なソーシャル・システム（人と組織のしくみ）の側面を含んでいます。

イーロン・マスクと彼のチームは技術上のシステムを解明できているかもしれませんが、それだけではうまく運用できません。システムにおける人と組織の側面はそれ自体が難しいものです。そこに、尋常ならざる複雑性が加わるのです。何千種類もの部品を集め、それぞれを適切な場所に、適切な数だけ、完璧なタイミングで（分単位の精度）、何千人もの人に届けて、正しいリズム（秒単位の精度）で人が組立の作業を滑らかに続けられるようにするオペレーションを、オーケストラを指揮するように、うまくやっていかなければならないという複雑性です。実に壮大な、社会技術的なチャレンジです（＊29）。

トヨタが21世紀に向けたビジョンを策定したとき、1つの大きな飛躍でそれを達成しようとはせず、初代プリウスのハイブリッド車から始めて、小さな段階を積み上げながら達成しようとしたのを想起していただきたい。段階を踏んで学んでいくことは、トヨタの改善の胆である。

ＰＤＣＡを回して素早い学びのサイクルを繰り返してきたからこそ、トヨタはブレークスルー・チャレンジに向かって、ブレることなく品質をつくり込みながら進んでくることができたのだ。各世代のプリウスは、大きなＰＤＣＡループと見なすことができる。トヨタはこうした学習ループをどの自動車メーカーよりも数多く回してきた。

トヨタの長期的な製品開発戦略とオペレーションの考え方はどのように機能してきたのか。まずはプリウスから見てみよう。

プリウス
21世紀に向かって準備を始める

１９８０年代はトヨタの黄金期であった。バブル経済がピークを迎えた１９９０年には年産２５０万台に到達する。トヨタの幹部なら、売上と利益が高いときこそ不安を抱く。この好況はいつまで続くのだろうか？　トヨタは慢心してしまうのではないか？　次の不況に対して準備ができているのか？

経営幹部にとって、危機を人為的に作り出す好機だ。このときも例外ではなく、会長の豊田英二は1990年に取締役会に対して次の2つの挑戦的な質問をぶつけた。「今まで通りの車をつくり続けていいのか?」「今の研究開発体制のままで、21世紀も生き残っていけるのか?」という問いだ。この2つの挑戦がプリウスの開発につながり、21世紀に向けてトヨタを他社に先行させたのである。

初代プリウスの開発物語はライカーの『ザ・トヨタウェイ』(*30)を含め、さまざまな書籍で紹介されている。われわれは彼らの主要マイルストーンを表8-1に要約した。このハイブリッド車が大成功したのは累積販売台数からも明らかだ。2018年1月までにプリウス(全モデル)だけで600万台、ハイブリッド車全体では1100万台に達している。

好調な販売台数の底流を探り、われわれはプリウスの成功物語から学ぶべき3つの横断

表8-1 プリウス開発の歩み

時期		マイルストーン
1990年		日本でバブル経済がピークを迎える。豊田英二「21世紀に必要とされるクルマとは」を問う
1993年	9月	G21 プロジェクトチームが組織される
	11月	内山田竹志、G21 のチーフ・エンジニアとなる
1994年	1月	コンセプト開発チームが組織される
1995年	1月	G21 が正式なプロジェクトとなり、人員、予算、スケジュールが決まる
1997年	12月	日本で初代プリウス発売
2000年		プリウス、世界で販売
2003年		2代目プリウス発売
2008年		累計販売台数 100 万台
2009年		3代目プリウス発売
2010年		累計販売台数 200 万台
2012年		日本で4年連続最多販売車 カリフォルニア州で最多販売車
2013年		累計販売台数 300 万台
2015年		4代目プリウス発売
2017年	1月	プリウス累計販売台数610万台。トヨタのハイブリッド車全体の累計販売台数1,000万台

的な教訓を発見した。1つは長期にわたる戦略ビジョンであり、2つ目が中核的な能力構築に向けて段階を踏んだ学習、そして3つ目は、段階を踏んで徐々に進むアプローチがブレークスルー・ビジョンにつながるという意外な効果だ。

20世紀のうちに21世紀のビジョンを打ち出す——「21世紀に間に合いました」

豊田英二が問いかけたチャレンジがプリウスの成功物語のきっかけとなったのだが、そのチャレンジへの対応の仕方もまさしくトヨタ流であった。

1993年9月、トヨタの最上位の幹部が参画して、G21（21世紀に向けての車）という名のコンセプトづくりのチームが編成される。トヨタは戦略的に重要なこうした課題を中間管理職に丸投げするようなことはしない。上級幹部が自ら深く関与し、市場と社会と技術のトレンドを深く理解し、最初のコンセプトをつくるのだ。

このときのチームは、開発統括副社長の金原淑郎がリーダーとなり、開発部門の様々な部署からワーキング・グループの20人のメンバーを自ら選んだ。金原が主導するこのワーキング・グループは、次の2つの特性を特定する。これがプリウスとは何かを定め、続く開発の全プロセスにおいて貫かれていった。

- 環境に優しい
- 小型車でありながら、室内が広い

一見すると2つの特性は矛盾していた。小型車は室内空間を広くできない。しかし、トヨタウェイの精神では、チャレンジとは、当初は一見不可能であったり、少なくともできそうにないと感じられるようなものこそ「チャレンジ」なのである。後部座席の足元の空間が広いプリウスは、個人ユーザーだけでなくタクシー運転手にも魅力的で、それがこの車の決定的な特徴の1つになった。

トヨタでは、大きな開発プログラムを提案するとき、報告書とプレゼンテーションの言葉だけで済むことはまずない。取締役会への報告なら、取締役たちが自ら運転できるコンセプトカーを含めるのが通常のやり方だ。G21グループは何かを作りたかったが、時間は数カ月しかない。原寸の2分の1縮尺のコンセプト図と、燃費50%改善といった概略の仕様を提示することに落ち着いた。

環境に優しい車に目を向けたこのコンセプトは、後に正式に採用され発表されていくトヨタ全社の長期ビジョンともよく合致している。1996年、社長の奥田碩は「調和ある成長」に焦点を当てた2005年グローバル・ビジョンを提示した。地球環境、世界の経済と産業、地域社会とステークホルダーの間のさらなる調和の必要性を含めて提唱したものだ。

次いで2002年には、張富士夫社長が「未来のためのイノベーション」というメインテーマと、「地球への優しさ」「快適な生活」「世界をワクワクさせる」「全ての人の尊重」という4つのサブ・テーマを持つグローバル・ビジョン2010を発表した。ここからもわかるように、戦略的な将来ビジョン実現に向けて投資していくという長期的思考は、トヨタの伝統的な行動の仕方なのだ。

段階を踏んで進む学びが長期的な成功の礎を1つひとつ築いていく

1994年7月、後に「プリウスの父」と呼ばれることになる内山田竹志が、プリウス開発チームのチーフエンジニアに任命される。内山田はG21グループがつくったコンセプトに基づいて実際にコンセプトカーを製作した。そうした仕事ぶりを評価されてチーフエンジニアとして指名されたのだ。

これに一番驚いたのは内山田本人だったという。内山田は研究所で車両試験を担当してきた人で、生粋の製品開発育ちではない。彼自身、チーフエンジニアになる準備ができていないと感じていた上に、自身にとっても、チーフエンジニアはキャリア上の目標ではなかった。

しかし、もっと深く見ていくと、なぜ彼が選ばれたのかは明らかだった。内山田はそれまでに困難なチャレンジを懸命な努力と忍耐心で何度も克服してきた。彼はまた、トヨタの元チーフエンジニアの息子で、チーフエンジニアの職位の厳しさをよく理解していた。その後、彼はトヨタ創業以来唯一といっていい製品開発部門のゼロからの再編を主導している。研究開発の領域で部門横断的に多くの人を知っていた。実に優れたリーダーだったのである。

組織に関する内山田の知識が必要だったのと、開発組織のどこにプリウスを担当させるかを決める必要があったことから、彼は最初のG21グループのメンバーでもあった。このプロジェクトがトヨタの将来のためにいかに重要であるかもよく理解していた。

さらには、トヨタは21世紀に向けたクルマだけでなく、クルマを開発する新しい方法を求めていた。製品開発の経験がない内山田には、それをどのように行うべきかということに関して、先入観はない。不安を感じながらも、内山田はその職位を受けると決める。そうして、それまでと違うやり方で開発を進め、現在に続く製品開発プロセスに大きな影響を与えることになった。内山田は、この経験をライカーとの2002年のインタビューでこう語っている。

それまでのやり方では、企画段階でチーフエンジニアがコンセプトを作り、そのコンセプトを設計や企画の人たちと話し合って、議論の結果から具体的な計画を作っていきます。プリウスでは、最初の検討段階から様々な設計グループ、評価グループの専門家を集めたチームを編成して、私の隣に座ってもらいました。私の近くに座っていたのは、本物の専門家たちです。

私たちは1つのチームとして、リアルタイムで一緒にアイデアを練っていきました。このグループに参加したのは設計や技術の管理者だけでなく、生産技術からも管理者が参加して、一緒に議論しました。

今では「オオベヤ」と呼ばれますが、大きな部屋で一堂に会して議論したのです。議論をうまく進めるために、このプリウス用の部屋にはCAD端末も設置しました。それまでのやり方なら、会議では紙のハードコピーを使うところを、プリウスではインターネットとコンピュータを使ったのです。トヨタでは初のことでした。

プリウスを市場に出すために行った多くの意思決定、チャレンジ、達成した様々なことがらについて、内山田はさらに語ってくれた(＊31)。内山田は、プリウスが通常の新車開発プログラムよりもずっと複雑なものであることを理解していた。全く新しい技術を使い、電池をつくり、スイッチング回路をつくっていくには、複数の新設工場も必要だ。内山田は開発期間として3年と上申したが、2年間しか与えられなかった。

こうした強烈なプレッシャーがあったにも関わらず、内山田は非常に重大な決断を下す。

プリウスを構成するすべてのコア技術を内製化するという決断だ。電気モーター、過酷な使用に耐える電池、直流－交流変換に必要な様々なスイッチング回路といった部品から、ガソリンエンジンと電気モーターの使い方を最適化するコンピュータ・システム、機械エネルギーを電気エネルギーに変換して電池に充電するブレーキング・システムなど、複雑で前例のない「システム」レベルに至るまで、内製でいくと決めたのだ。

こうした技術の知識は社外のメーカーにもあり、そこへ外注することもできたが、内山田は敢えて外注を選ばず、重要な新技術はすべて社内で開発された。この内製決断の背後には、明快な意思があった。こうした技術が真に自動車産業の未来を決定するコア技術であるのなら、トヨタはそれらを自家薬籠中のものとしなければならない。

サプライヤーと力を合わせてよりよい仕事をめざすのはトヨタのお家芸だ。サプライヤーは単なる外注ではなく、クルマを一緒につくりあげていく緊密なパートナーとして遇される。しかしその一方で、トヨタはクルマ開発のすべてのコアコンピタンスを社内に持とうとする。そうしておけば、必要に応じて技術の方向性を主導できるし、トヨタの外で行われている技術開発にも目配りができる。

トヨタはこれらの技術開発を内製でうまく成し遂げた。唯一の例外は電池である。電池にはパートナーが必要だった。プリウスのニッケル水素電池のためにトヨタはパナソニックと合弁会社を設立し、株式の過半を所有した。パナソニックは電池の開発では何十年もの経験を持っているが、自動車用電池の経験はなかった。

トヨタとパナソニックは電池とその製造プロセスの開発に共に取り組んだ。後にパナソニックはこの電池事業会社の株式のほとんどをトヨタに譲渡したが、現在はテスラと協業して自動車電池事業に戻って来ている。パナソニックはまた、トヨタと組んで固体電池の開発にも取り組んでいる（＊32）。

固体電池はこの分野にブレークスルーをもたらすと考えられているテクノロジーである。この技術を主導していきたいと考えているようだ。固体リチウムイオン電池が現在のリチウムイオン電池に比べて、航続距離を伸ばし、充電も速く、低コストになることに関して、トヨタは楽観的な見通しを持っている。

初代プリウスは英雄的な努力の結果、予定通りのスケジュールで市場に出た（日本では「21世紀に間に合いました」というキャッチコピーが添えられていた）。実のところ、最終試験段階ですら、電池が過熱し、クルマがシャットダウンする（電源が落ちて動かなくなる）くらいの仕上がり具合だった。実際、トヨタの社長が試作車を試乗するために来たときにもそれは起きた。過熱の問題に対応するため、電池はトランクに収納された。

そうして1997年12月に製造ラインから出てきた最初の初代プリウスは、トヨタの基準では「バグの多い」状態だった。プリウス開発に携わったあるエンジニアは「量産車と言うより、検証が進んだ試作車と言ったほうがいいような状態のクルマだった」と言う。

レビューアーたちの多くは初代プリウスの外観に魅力を感じないと言った。しかしプリウスは販売予想を上回り、アーリー・アダプターたちに熱愛された。そして、「環境に優しいクルマ」の象徴となったのだ。プリウスのオーナーたちはクラブを作った。彼らは燃費をもっともっと改善しようと考えて、新しいコンピュータチップで実験まで行った。まるで次世代製品の設計を支援するためのベータ・テストのようだった。

2代目プリウスにはスタイリングと機能において大きな優位性があった。プリウスの販売台数を100万台に押し上げ、成功した車種としてのプリウスの評価を確かなものにしたモデルであった。3代目プリウスはさらに洗練されていた。販売台数は300万台に達した。4代目プリウスの時代になると、すでにハイブリッド車は普通の車として世の中に受け容れられていた。

ガソリン車からハイブリッド車への転換は静かに、しかし確実に起きていた。一般的に、車のユーザーはガソリンスタンドに行けば満タンにするものである。ガソリンタンクが小さければ、入れるガソリンも少なくなる。つまり、ガソリン代を節約できる。これはガソリン価格が高い日本やヨーロッパでは特に重要だった。2017年にはプリウスはフォードのモデルT以来最も重要な車の1つであると讃えられていた(＊33)。

トヨタはほとんどの車種にハイブリッドモデルを追加した。目標は、ハイブリッド車とガソリン車の価格差が無視できるくらい小さくなるレベルまで、コストを下げることだった。

2018年型カムリのハイブリッドモデルの価格は、ガソリンだけのモデルに比べて1000ドル高いだけだ。トヨタはこれまでに世界で累計1100万台のハイブリッド車を販売している。他社よりはるかに多い。そのうち600万台がプリウス（全モデルの類計）である。純粋な電池駆動の電気自動車の売上は全体の販売台数に比べれば小さいが、少しずつ増えている。2017年に米国で販売された1700万台の車のうち、プラグイン・プリウスを含めた電気自動車の販売台数は2万台（0・1％）に過ぎない（＊34）。

世間では、メディアによる増幅効果もあって、テスラのような新世代の電気自動車が、あっという間に自動車業界を支配するだろうという認識が広まった。しかしこれは、かなり非現実的と思われる。2017年には、トヨタは電気自動車で出遅れている、テスラ、GM、日産などの企業の後塵を拝しているとマスコミに批判されていた。あるジャーナリストはこう書いた。

「2000年代最初にハイブリッドで業界のリーダーになった後、トヨタは電気自動車革命をほとんど完全に見逃してしまった。確かに短距離走行できるプリウスが販売されているが、トヨタにはテスラのモデルSやGMのシボレー・ボルトのような長い走行距離のモデルがない」（＊35）

トヨタは歴史的にずっと保守的な会社であった。しかし同時にまた、非常にプラグマティックな会社でもある。トヨタの長期戦略ビジョンについてここまでに考察してきたように、トヨタの経営幹部は、自動車技術の「革命」は、大方の人が想定しているのよりもずっと長い時間がかかると見ており、次の時代を支配する技術はまだ定まっていないと信じている。

充電ステーションを探し回り、大きくて高価な電池の分だけコストを余計に負担し、長い充電時間を我慢して待ってくれる消費者もいるかもしれない。しかし、ほとんどの人はガソリンスタンドに立ち寄って数分でガソリンを入れるほうを好むだろう。ハイブリッドならこれが可能だ。プラグイン・ハイブリッドなら、電池走行の距離を増やしつつも、ガソリンスタンドで燃料補給という、われわれが慣れ親しんできたやり方を続けられる。

一方、水素燃料電池車にも潜在的利点がある。水素スタンドのインフラが整備された暁には、急速燃料補充と比較的小さな電池の良さが際立つ日が到来するだろう。

トヨタはこれまでずっと、段階を踏んで着実に進むアプローチを採り、未来の新技術を学びながら、そうした新たな技術を量産車に適用してきた。彼らの高い技術力と、製品とプロセスの両方を素早く開発していくシステムとをもってすれば、臨機応変に旋回し、電気自動車や水素燃料電池車はもちろんのこと、市場が求めるどんなものでも提供できるだろう。

ブレークスルーをめざすのに、なぜ段階的なアプローチを採るのか

豊田英二は、トヨタの売上や収益性にとってまだ必要がなく、他社に比べてかなり早い時期に大胆なビジョンを掲げた。彼はトヨタに21世紀に向けた準備を20世紀中にさせたか

ったのだ。それが世界初のハイブリッド車発売の契機になったのだが、同時に、とんでもなく難しい仕事の始まりでもあった。このチャレンジは後に大きな売上と利益につながったが、それだけではなかった。次のような効果もあったのだ。

●**実験を通した学び**　トヨタは、高性能電池、電気モーター、コンピュータによる最適化アルゴリズム、スイッチング回路など、21世紀のクルマに必要な多くのコア技術を開発し製造する能力を社内に構築した。GMをはじめとする他社が一気に電気自動車へジャンプしようとするなか、同社は段階を踏んで学習を続けたのだ。その結果、トヨタは4代目プリウスの開発を通してこうした技術を実地に試し、そこから学ぶことができた。

●**高性能電池の設計・製造で一歩先を行く**　この分野への進出の結果、固体リチウムイオン電池というブレークスルーを実用化する上で、今のところ、トヨタ・パナソニック連合が業界の先頭を走っているらしい。

東京工業大学教授の菅野了次によれば、トヨタがめざしている新しい固体電池は、液体電解液を使った電池に比べて2倍近くのエレルギーを蓄えることができ、その特性から発火しにくく、温度の影響も受けにくい。

「現在の電気自動車は、温度（外気温）が高すぎたり低すぎたりすると、走行距離が短くなってしまうのです。アイダホ国立研究所は、冬季のシカゴでは電気自動車の走行距離が25％短

くなってしまうことを発見しました」(＊36)

●開発の進め方の大変革　コンピュータを使ったコミュニケーションとオオベヤの活用は、トヨタの開発プロセスに革命をもたらした。この多くは初代プリウス開発チームのおかげといえる。

●状況に臨機応変に適応していく柔軟性の獲得　トヨタは段階を着実に踏みながら素早く進むアプローチをプリウスでも採った。しかし、これは、どんな観点から見ても大胆な方法だった。確かにビジョンは大胆だったったものの、大胆なビジョン実現のためのアプローチとして、彼らのお家芸である地道なやり方を貫徹するとは、逆にずいぶん大胆な、腹の座ったやり方に見える。

なにしろ競合他社のほとんどが環境に優しい車を研究室で検討している段階で、トヨタはそれを量産車として市場に出そうとしていたのだ。内山田は当初、電池技術の進み具合からして、完全電動式電気自動車は価格が高くなりすぎると思っていたが、その後、電池の開発のペースが予想より速いことに気づく。

トヨタは常に複数の代替案を探索し、研究してきた会社である。それゆえ、こうした予想外の展開にも柔軟に対応できるのだ。複数の代替案の開発を並行して進めるというやり方は、本質的にプラグマティック(実用主義。必要があるから、そうする。必要がなければ、やらない)である。

つまり、限られた知識に基づいて歩むべき道を早い段階で決めてしまう教条主義的な進め方よりも、結局はより早く、よりよい結果を得られるということだ。１つの「完璧なソリューション」にこだわるのではなく、複数の異なる技術のいいとこ取りをしたハイブリッド車そのものが、この思想を具現化したものだ。

●着実なイノベーション　トヨタは何十億ドルもの資金を、水素燃料電池車、先進的な電池の技術、自動運転の技術（たとえばＡＩ、最先端のセンサーシステム、ビッグデータを扱う能力の構築など）に投じている。トヨタは業界秩序の破壊者として華々しくメディアで取り上げられることはないけれど、驚くべき技術能力を、パートナーたちの協力も得ながら、主として社内に、着々と蓄積している。

●会社のエコシステムを進化させる　トヨタのプリウスとテスラの電気自動車のエコシステムを比較した興味深い記事をフォーブス誌の常連寄稿者が書いている。エコシステムとは、当該事業に影響を与える様々な産業と企業群の全体を見ていく概念である。

自動車業界のインフラとして重要なのは、保守部品の販売、修理、中古車販売、スクラップ、リサイクリングといった、車を売った後に必要になることがら（アフターマーケット）に関するものだ。実は、自動車産業の利益の大半は、このアフターマーケットから来ている。プリウスは、トヨタの既存のエコシステムにほとんど何の影響も与えないように設計されたクルマである。

これに対してテスラは自前のディーラーネットワークを新たに構築すると決めた。車の設計の仕方のみならず、ビジネスのやり方もまったく新しいやり方で進めていくというのだから、エコシステムのほとんどすべての部分の既存秩序を破壊するのは必定だ。この記事を書いたフォーブス誌の寄稿者は、こうした進め方がテスラの事業にものすごく悪い影響を与えるのか否か、自らの見解を明らかにしていないが、最後にこう書いている。

「トヨタの（プリウスでの）儲かる実験は、世界中のエコシステムのどの部分においても、それまでの仕事のやり方を大きく変えたり、高い代償を払ったりすることなく、エコシステムの大半の参画者にとっての社会的価値、ビジネス上の価値を高めることにつながった。

……一方、テスラは、エコシステムの大半の部分に対して、今までのやり方を一新せよと求めている。この要求は、その多くでプラスの価値を生み出さないかもしれない。今知っておくべきことは1つだけだ。つまり、テスラが大きくなるにつれて、彼らの『生産の地獄』がアフターセールス・チェーンの広範な領域に拡大する可能性があることは理解しておいたほうがいいということだ」（＊37）

何十年にもわたるハイブリッド技術におけるトヨタの経験は、電気自動車と燃料電池自動車の両方にとってコア技術となっていることから、今後トヨタが進んでいくためにも大いに役立つはずだ。内山田は、電池の進化が加速し、当初の想定よりも早い時期に電気自動車が重要な地位を占めるようになると見ているが、同時に彼はハイブリッド車の一種でもある燃料電池車にも重要な役割があると考えている。

水素 進むべき未来に向けて、道を整える

トヨタが未来に向けて電気自動車と並行して辿ろうとしている経路の1つが、水素燃料電池と水素燃料電池車だ。イーロン・マスクは、これを（燃料電池の英語表現「フューエル・セル」にひっかけて）「愚者のセル（フール・セル）」と呼ぶ。トヨタは水素が最も環境に優しい将来のエネルギー源であると信じているが、必要となる水素スタンドのインフラを整備するのに何十年もかかるということは認識している。

にもかかわらず、トヨタはこの分野を苦労して開拓し、現状の自社のすべての能力を足場にMIRAIの開発に10億ドル以上を投じてきた。このMIRAIは、これまでのところ、少量生産モデルという位置づけである。こうした取り組みはトヨタだけのものではない。同じ時期にホンダ・クラリティとヒュンダイix35 FCEVが発売されている。

興味深いことに、MIRAIは一種のハイブリッド車なのである。プリウスの技術を継承して、ガソリンエンジンを燃料電池に置き換えたものだ。ハイブリッドにせざるをえないのは、水素が非常に大きな容積を必要とするためだ。水素だけで走る車にしようと思え

ば、水素輸送車のようになってしまう。

このような事情から、MIRAIをはじめ近い将来の水素燃料車として想定されている乗り物は、電気技術と水素技術を組み合わせたものになると思われる。MIRAIの戦略的価値と、それがどう開発されたかを見てみよう。

MIRAIは「未来」

MIRAIは長期的戦略思考の究極の例と言えるかもしれない。大きなリスクを取るのは起業家精神に溢れた新興企業がやることで、成熟した巨大企業がやることではないという一般的な見方からも外れている。

水素燃料電池車が広く普及するか否かは今後の疑問として残るが、燃料電池そのものは新しい技術ではない。何十年にもわたって使われてきた。1950年代には米国の宇宙計画で大いに注目された技術である。

トヨタにおける燃料電池の研究は1992年に始まり、最初の燃料電池車が2002年にハイランダーを改修した研究車両として製作された。トヨタは数多くの実験を行い、膨大なデータを集め、幾多の改善をした後、燃料電池のコンセプトカーを2013年の東京モーターショーで披露した。

そして2014年、ロサンゼルスの自動車ショーで、ついに米国で披露されるに至る。

トヨタは２０１７年末までに約４０００台のＭＩＲＡＩを販売した。２０２０年までに３万台を販売するという野心的な計画を立てているが、10億ドルもの開発費を回収するにはまるで足りない。

しかし、初代プリウスと同じように、初代ＭＩＲＡＩは、大量販売するモデル、カネを稼ぐモデルになるようデザインされたクルマではないのだ。実際、販売が計画通り進む一方、ＭＩＲＡＩは日本だけで生産されており、専用の小さな組立ラインで、人の手でつくられていている。しかも、ごく少ない台数の生産を前提としたクルマとして設計されている。ＭＩＲＡＩの主眼は、その名の通り、「未来」への道を示すことにあるのだ。

燃料電池車には、ニワトリと卵のどちらが先かという問題がついて回る。今はまだ、水素スタンドはほとんどどこにもないのである。水素スタンドへの投資に見合うくらいまで燃料電池車が普及しなければ、エネルギー会社は投資しない。その一方で、水素スタンドが十分な数なければ、水素燃料電池車の販売台数は限定的だ。そこで、トヨタが音頭を取ることにした。まずは日本とカルフォルニアという限られた地域だけで水素スタンドに投資し、そこから学び、国民への啓蒙を始めようという動きだ。

当初からＭＩＲＡＩ開発チームは広く普及するには何年も、場合によっては何十年もかかる製品に取り組んでいることは分かっていた。ＭＩＲＡＩのチーフエンジニア、田中義和は、日本でのわれわれとのインタビューで「水素が急速に普及すると考えたことはありませんでした。このクルマによって、急に水素が普及するなどということはありません。

私たちは非常に長い目で考えていました。実際、あるべき姿のイメージをチームのみんなに持ってもらうために、しばしば『百年後』という言葉を使いました。私たちは、水素社会に向けた運動を始めるパイオニアになりたかったのです」

MIRAIをデザインする

MIRAIの開発は、リーマン・ショックの最中の2008年頃に本格化した。財務上の制約がかなりあったにもかかわらず、トヨタの経営陣は未来のための投資を続けると決めた。フォードのCEOだったムラリーと同じように、彼らは決然としていた。

電気自動車を新たに1つ開発するというような、単純な話ではない。開発チームは今まで誰もやったことのないものに挑戦しているのだった。したがって、車両そのものとプロセスの両方を開発していくのは圧倒的なチャレンジであり、トヨタの能力を真に試すものとなった。

設計における最も難しいチャレンジの1つは、燃料電池を従来よりはるかに小さくしながら、どこまで大きな出力を出せるかということであった。現行の(本書執筆時点の)MIRAIのFCスタック(燃料電池スタック)は2008年版の2・2倍超のエネルギー密度を持つ。このために厚さ1・34ミリのセルを370枚組み上げてFCスタックを構成するのだが、「未来のMIRAI」のためには、もっとずっとコンパクトな燃料電池が必要になるはずだ。

セルの設計だけでも難しいのに、量産できるように、ムダなく、安定して高品質でつくるのは、さらに困難なチャレンジだった。当然ながら、トヨタはこの生産を社内でやろうと考える。トヨタの設計チームと生産技術チームは、開発プロセスを通じて緊密に連携して働いていた。

セル面内での発電を均一化する3Dファインメッシュ流路はトヨタ車体の製品だ。トヨタ車体はMIRAIの開発と現行の生産の安定化に大きな役割を果たしたと言えるだろう。燃料電池システムをつくり、クルマとして仕上げていくには、圧倒的な高精度と品質のつくり込みが欠かせない。

MIRAIが成功するためには、動力源以外の何らかの「魅力」が必要だ。チーフエンジニアの田中はこれを十分に理解していた。

「燃料電池を使っているだけでは、市場で成功できません。魅力的で、運転するのが楽しく、そして何より安全でなければならないのです」

MIRAIのモーターは内燃機関エンジンのような振動を発生しない。MIRAIでは、モーターをゴム製のマウントなしにクロスプレート上に直接固定することになった。

また、炭素繊維の使用比率を増やし、補強材を追加した。こうした変更のおかげで、ねじり剛性が60%高まり、乗り心地とハンドリングが劇的に改善されたのである。われわれは豊田市のテストコースでMIRAIを運転する機会を得たが、確かに運転するのが楽しかった。

こうした技術を乗用車に適用するのは初めてだったことから、チームは安全性と信頼性に対する標準を新たに確立する必要があった。チーフエンジニアの田中はチームに「自分の家族を安心して乗せられるクルマを設計し、つくりあげよ」と指示した。チームメンバーは様々な条件で車両を高速で衝突させ、どんな場合でも内燃機関エンジン車に比べて安全性が高いことを確かめた。

そして最も過酷な条件で厳格な信頼性試験を行い、最悪の走行条件下でも確実に安全に、しかも高い走行性能を維持して走れるようにクルマをつくりあげていった。また、完成したクルマがあらゆる規制に準拠するよう、地域ごとのいくつもの許認可団体やグローバルな組織と共に働いた。

水素社会とインフラ

燃料電池車が生き残っていくには、信頼性が高く、誰もが使える水素供給のインフラを構築し、普及が加速する臨界点を超えるまで利用を増やさなければならないことをトヨタは理解している。ただでさえ難しい開発の仕事に、このことがさらに複雑性を加えている。

製品開発に際してエコシステム全体の構築ないし再編を視野に入れて取り組むことは徐々に一般的になってきているものの、われわれもこれだけの規模のケースは見たことがない。トヨタはこのチャレンジに対しても、他の製品とプロセスの開発でこれまでずっとやってきたのと同じように、周到に検討された小さなステップの検証を1つひとつ積み上げて大きな飛躍につなげようとしている。

燃料電池車を多くの人にとっての現実的な交通手段にするためには、インフラへの巨額な投資が必要になる。いかなる種類のものであれ、グローバルな規模で水素を製造し、輸送することは一見不可能に思えるチャレンジだ。どう見てもトヨタが単独でやれる範囲をはるかに超えている。

そこでトヨタは会社の外の世界に広く呼びかけ、様々な政府機関や競争相手を含む他の会社と協力し始めた。たとえばトヨタは日産やホンダを含む日本企業11社のグループを主導して、日本国内に2020年度までに、4万台の水素燃料電池車に燃料を供給できる160の水素スタンド建設を計画している。トヨタはまたインフラ構築の加速をめざして日本政府にノウハウを提供し、さらなる開発推進のために燃料電池に関する自社の特許をすべて公開した。

またトヨタはロイヤル・ダッチ・シェルと組んでカルフォルニアに7カ所の水素スタンド開設を進めている。これは、2024年までに100カ所の水素スタンドを設置するという同州の計画達成に一歩近づけるものだ(*38)。さらにトヨタは、2017年12月に、カルフォルニア州に世界最大規模の燃料電池発電所を建設し、住宅・ビルに送電するとともに水素スタンドに水素を供給していくと発表した。水素生成のためにはバイオマスが使われる（＊39）。

水素を広範かつ安全に供給するための巨大なインフラ投資は、自動車だけでは支えきれない。そのためトヨタは燃料電池式バスも開発しており、2020年には東京で100台の燃料電池バスが走ると想定している。また、トヨタは特に日本の多数の政府機関と協力して仕事を進めており、こうした取り組みが、誕生間もない水素社会というエコシステムを徐々に育み始めている。

- 日本の安倍首相は、特に日本が福島の原発事故以降大半の原発を止めている状況の中で、燃料電池の積極的な支持者になった。日本や米国の病院や大規模ビルを含む大型施設にはすでに水素燃料電池発電機が非常用電源として設置されている。
- 日本政府は家庭用燃料電池「エネファーム」を2020年までに140万台、2030年までに530万台設置する予定である（＊40）
- 東京都は2020年までに「水素社会」に巨額の投資をする予定だ。東京都が主催し、トヨタがキー・パートナーとなる2020年東京オリンピックの間、大いに宣伝されることになるだろう。
- 公共交通機関に水素の動力源を使う実験が、ロンドン、中国、韓国を含む各地で行われている。複数の水素フェリー（連絡船）がすでにノルウェーで運行しており、その他、水素駆動長距離船舶も開発中だ。

- トヨタは水素協議会（Hydrogen Council）の共同議長を務めている（エア・リキッド社との共同議長）。この協議会は13社のメンバーで2017年に結成されたもので、2018年現在、参加社は39社に増えている。

チャレンジは続く

トヨタが現状のパフォーマンスレベルに満足しているなどということは、めったにない。継続的改善はトヨタウェイの基本中の基本だ。その意味で、MIRAIの物語は終わりには程遠い。1例を挙げれば、現在の燃料電池車のコストはお世辞にも競争力があるとは言えず、大幅なコストダウンなしには最初の数千台という販売数を超えて次のステップに進むことはできない。

もちろんトヨタはそれをよく分かっている。このためトヨタは排ガスゼロの部品のコストを2020年までに半減し、2025年までにさらに25％下げ、合計で75％近くのコストダウンを実現すると宣言している。

MIRAIはいまのところ、燃料電池自動車の中で最も長い走行距離とベストの燃料効率を誇る。いま走っているどの電気自動車よりも長い走行距離だが、それでもトヨタはMIRAIの走行距離を劇的に増やすことに挑戦せよと関係者全員に求めている。

この取り組みの一環として、トヨタは今のMIRAIの走行距離を倍増したコンセプトカーを開発した（990キロへ延伸）。まだコンセプトカーだが、現在の技術の可能性と、トヨタが「もっといいクルマ」をつくるために常に難しい課題に挑戦し、現状の知識のフロンティアを拡げようとする意志の強さを示している。

チーフエンジニアの田中の次の言葉にもそれが表出している。

「私たちは大きな海の中の小石に過ぎないことは分かっています。成功の保証はありませんが、何もしなければ、最初の一歩を踏み出さなければ、何も起こりません」

ノーベル賞を受賞したニールス・ボーアは、こう語っている。

「予測は非常に難しい、特にそれが未来の予測の場合は」

かくの如く、われわれがモビリティの未来を正確に予見することはまずできないだろう。イーロン・マスクと彼の信奉者は全電動の電気自動車に一点賭けしている。結果的にホームランを打つかもしれない。

しかし、トヨタがやっているように、まず幅広く探索して、複数の案をつくっていくというアプローチが一点賭けよりも安全なのは確かだ。ひょっとしたら、より賢い進み方なのかもしれない。

水素が車の大きな駆動源にならなかった最悪の場合でも、トヨタは水素燃料電池の設計と製造に関して非常に多くのことを学び、その知識はトヨタグループ全体で製品・プロセス開発のシステムをもっとよくしていくのに大いに役立ち、自動車産業の未来をデザインしていくために使われていくはずだ。トヨタは、市場が求めるなら、すべての卵を電気自動車のバスケットに移す準備は十分にできているのだ。

この先の展開　本章でわれわれは長期的ビジョンと短期的な戦略が製品とプロセスの開発の方向性を与えると説いて来た。「オペレーショナル・エクセレンス」（日常的な仕事のやり方が卓越していること）は戦略ではなく、製品・サービスについてのよく練られた戦略からこそパワーが生まれるというマイケル・ポーターの指摘にわれわれは同意する。

トヨタは、ムダの少ないオペレーションと漸進的改善を愛するあまり、戦略やブレークスルー・イノベーションを軽視しているのではない。そうではなく、むしろトヨタは両者が違うものであるという認識を解きほぐしていく。

第3章で説明した陰陽の話を思い出していただきたい。戦略と実行を別のものと見る考え方はとても欧米的で、抽象的な区分けだ。トヨタは、2つをミキサーに入れて混ぜ合わせ、統合し、短期と長期の両方の観点から見て最も有用な方法を採っていく。

われわれは主張を明確にするために、トヨタとテスラのビジョンを対比してみた。トヨタのビジョンはテスラのものよりはるかに練られており、幅広く様々な側面が織り込まれている。テスラはすべての卵を電気自動車という1つの製品のバスケットに入れ、製造のビジョンは21世紀の高度生産であると彼が主張する自動化のみに拠って立つ。

一方、トヨタは、設計と生産のプロセスの中心に人を置き、製品の競争力とプロセスの競争力の両方を共に育み、複数の経路を同時並行で探索しながら未来のマーケットの進化に応じて素早く反応するというクイック・レスポンスの能力を、時間をかけて鍛えてきた。

水素燃料電池車については、自動車業界の多くの破壊的イノベーションと同じく、トヨタはその最初の段階におり、イノベーションを起こせる製品とプロセスを定義しているところだと言えよう。

あなたの製品・プロセス開発はトヨタに比べたら先進的ではないかもしれないし、あなたが望むイノベーションはトヨタのものほど革新的ではないかもしれない。しかし、第9章で説明するように、トヨタで起こっていることの多くは、大きな意味では、あなたの会社の中で起こすことができるものだ。

Your Reflection

あなた自身の振り返り

ビジョンをつくる

本章では、トヨタとテスラがそれぞれ自社の未来をデザインしていくアプローチを対比させ、戦略とオペレーショナル・エクセレンスの緊密な関係を説明した。LPPDは顧客に格別に高い価値をもたらす手法だが、それは「顧客に提供するユニークな価値提案は何か？」という自問から始まる。

戦略の大家の1人、マイケル・ポーターは、優れた戦略はオペレーショナル・エクセレンスに勝ると考えている。すなわち、競争相手の真似をして、同じようなモノやサービスをより安く提供するという価値提案は、競合企業同士が互いの技術と手法を食い合い、結局はすべての会社の利益率を下げる結果になるだけだ。企業はオペレーショナル・エクセレンス以外に自社を差別化する何かを必要としている。

しかしポーターは、戦略を実現するユニークなオペレーション能力を持つことは重要だとも指摘している。つまり、両者（戦略とオペレーショナル・エクセレンス）の間には密接な関係があり、切り離せないということだ。

本章でわれわれは、長期的ビジョンと漸進的学習で何世代もの製品を素早く開発し、そこから学んで（プリウスのハイブリッド技術のように）、学んだものを品質と信頼性と速さを実現するしくみ（オペレーショナル・エクセレンス）と組み合わせていくというトヨタのアプローチが、同社の勝利の方程式となったことを説明してきた。そしてこれは、トヨタにとって、この先もずっと、持続可能な競争力の源泉であり続けるだろう。

これとは対照的なのが、イーロン・マスクという1人の起業家から発せられるテスラの大胆だが幅の狭いビジョンである。テスラが本物の秩序破壊者になるためには、このビジョンを、ポーターが指摘するところの一連の「ユニークな」取り組みと組み合わせる必要がある。マスクもそれを認識しているようで、テスラを競争相手と差別化するために、自動車業界で最もコンピュータ化した工場に一点賭けしている。

人間は、彼のビジョンの中心には置かれていないようだ。非常に若い会社とはいえ、これまでのところ、テスラはビジョンを着実に実現していくだけの能力を、まだわれわれに見せてくれていない。

戦略はそれぞれのビジネスにぴったり合うものにする必要があるため、戦略についての一般的な見方を提示するのは難しい。しかしわれわれは、「優れた企業ならば次のことをする」とは言える。

1 競争相手と差別化できる、よく練られた戦略を策定する

2 そうして策定した戦略を、長期的な視点に立って、集中して、情熱を持って、事業が苦しくなっても倦まず弛まず、追求し続ける

3 ビジョンを、一連のユニークなオペレーションのやり方に結びつける。その「一連のユニークなオペレーションのやり方」あってこそ、卓越性を持ってそのビジョンを実現することができるのである

あなたの現状

1 トヨタのビジョンはモビリティの未来のリーダーになることだ。トヨタには、2050年までのモビリティの未来に関する具体的な戦略がある。あなたの会社のビジョンや戦略はどんなもので、それは何年先までのものだろうか？

2 トヨタは長期的ビジョンの追求を粘り強く続けてきた。不況も危機も何度もあったが、その間も決意は揺らがなかった。あなたの会社は危機に直面したとき、どれくらいビジョンに忠実に従ってきただろうか?

3 トヨタの革新的なクルマといえば、レクサス、プリウス、MIRAIであろう。これらのクルマは、イノベーションを追い求め、現状に安住することを嫌う企業文化を象徴している。あなたの会社は、製品・プロセス開発でその分野での限界を広げようと努力しているだろうか?

4 トヨタには、価値を顧客に届けるための非常にユニークな一連の取り組みがあり、「リーン・マネジメント」と呼ばれて世界中で真似されている。トヨタはオペレーションに関するコア戦略(いわゆる「トヨタのやり方」)からまったくブレない。そして、創業以来ずっと改良を重ねてきた。あなたの会社の「戦略」に結びつく「ユニークな取り組み」は何だろうか?

5 あなたの会社は、顧客や競争相手に既存秩序を破壊すると感じさせるような製品やプロセスを開発したことがあるか。できたのはなぜか? できなかったのはなぜか?

6 あなたの戦略は、あなたの開発の能力とどのくらい整合されているか?

7 あなたはビッグバンが到来するまで待つつもりか? あなたは次世代の技術を素早く学ぶための漸進的アプローチを持っているか? 一番いいのは、こうした戦略とオペレーショナル・エクセレンスを組み合わせて当該産業分野をリードしていくことだが、あなたはどうか?

行動する

1 小さな機能横断チームを集めて次の問いに答えさせよ。「われわれの業界でいま、ちょっとでも秩序を破壊できるチャンスがあるとしたら、それはどこにあるか？」「われわれの会社が業界のリーダーになるための戦略は何か？」

2 上記の問いへの答を踏まえて、市場が何に関心を持っているのかを定量的・定性的に把握し、前に進むために獲得ないし創出すべき知識が何であるかを知るために、ローコストでローリスクな実験をどうやって行うかを決めなさい

3「一連のユニークな取り組み」が戦略を実現するとはどのようなことか。図解しなさい

CHAPTER 9

あなたの未来を設計する

あなた自身の製品・プロセス開発の能力を変革する

Designing Your Future:
Transforming Your Product and Process Development Capability

ビジョンとは、単に何が可能であるかを示す絵ではない。ビジョンとは、内なる精神を呼び覚まし、こうしてはいられない、今以上の何かにならねばならぬという気持ちをかきたてる呼びかけだ

――ロザベス・モス・カンター

デボラ・ブラッグとスーザン・ヤングによる記事「人を優れたリーダーにするものは何か」に登場するカンターの言葉
（ハーバード・ビジネス・スクール同窓会ウェブサイト中の「ストーリーズ」より）

チェンジ・マネジメントの基本に立脚してLPPDの変革をめざす

最初の共著の刊行以来、われわれは様々な産業でいくつもの企業への支援を通してLPPD変革の始め方について多くのことを学んできた。そうした日々を過ごすうち、自分たちが学んだものをぜひとも他の人と共有したいと強く願っていたわれわれは、ある難問に直面する。われわれは、製品開発にピッタリくるチェンジ・マネジメントのモデルを新たにつくって、これまでに提唱されてきたチェンジ・マネジメントのモデルの列に加えるのがいいだろうと思い、そこから始めた。

ところが、変革の標準プロセスを描けば描くほど、その弱点が浮かび上がってくるように思えてならなかった。われわれが描いたモデルはどれも整然としていて、きれいなステップ・バイ・ステップのプロセスで進みましょうというふうに見えてしまう。

だが、われわれが実際に経験してきたプロセスはどうなのか。そんなふうに、すっきり、はっきり進むものではなかった。いつも使っているツールならいくつかあるが、会社や組織はそれぞれ違うし、その時々の状況もそれぞれに違う。あなたの会社の開発の能力をもっと高める方法は、おそらく、エンジニア1人ひとりがそれぞれに「こうすれば、こうなるはず」と思い定める数だけある。そこでわれわれは「よりよい開発のための、5つの箇単なステップ」といったテンプレートのようなものは示さないことにした。

組織変革をうまく進める方法について、強力かつ一般的なアドバイスが欲しいなら、ジョン・コッターの『企業変革力』（梅津祐良訳、日経BP）（＊1）、ロザベス・モス・カンターの『ザ チェンジ マスターズ——21世紀への企業変革者たち』（長谷川慶太郎監訳、二見書房）（＊2）、ノエル・M・ティシーとアンナ・デバンナの『現状変革型リーダー——変化・イノベーション・企業家精神への挑戦』（小林薫訳、ダイヤモンド社）（＊3）、ロバート・E・クインの『ディープ・チェンジ 組織変革のための自己変革』（池村千秋訳、海と月社）（＊4）といった書籍を読めばいい。

そこで本書では、チェンジ・マネジメントの新たな一般モデルの提示に代えて、われわれが手伝ったことがある企業でのLPPD変革に関する物語を紹介しようと思う。物語の紹介の後、既存のチェンジ・マネジメントのモデルに比べてわれわれのLPPDの旅路にピッタリくる教訓をいくつか、具体例のなかから抽出していく。

これに続いて、目下研究中の「製品主導の変革の協働的学習モデル」を紹介したい。設計の問題として組織変革を進めていく新たなアプローチを提唱するものだ。最後段では、変革について、政治的・文化的・心理学的な視点から考えることの重要性を考察する。しかしまずは、見過ごされがちな重要な要素である、「変革は組織のどのレベルからどのように始まるか」という面をよく考えるところからスタートしよう。

変革を始めるときのリーダーシップの関与

「大きな変革はトップから始めるべきだ」という言葉は、物理学におけるニュートンの運動の法則に等しい。無数の具体例がこの言葉の正しさを裏付けているのは明らかで、変革のモデルはどれもこれを前提に置いている。本書の随所で紹介してきたフォードの物語でもそうだ。

しかし残念ながら、フォードで起こったことは法則というより、むしろ例外である。大抵の企業には、LPPD変革を主導できるだけの経験があり、適切かつ強力に関与できるようなCEOと経営幹部は存在しない。そもそも、製品主導の変革を成功への唯一の道と認識しているCEOがいる企業なら、危機に陥ることはないだろう。大半の企業では、組織の下のほうの階層から変革への気運が生まれてくるものだ。

LPPD変革への取り組みが組織の中のどの階層から始まるかということは、あなたがこれからどのように進めていくかということにも、どの範囲まで変革を及ぼすことができるかということにも、大きな影響を与える。確かに、組織の下位階層から始まる取り組みでは、経営幹部主導の変革のような機能横断的で広範な影響を与えることはできそうにない。しかしそれは、あなたがいくら努力しようが、より大きな変革の機会につながる、意義あるポジティブなインパクトを与えることができないという意味ではない。これから紹介していく本章の具体的なケースを通して、その可能性を見出していただきたい。

トップダウンで進める

LPPD変革を始めるとき、この変革を率いる専任の経営幹部がいることは、当然ながら格別な重要事項である。なんとなれば、**(1)** この活動はもとより機能横断的なものだ。すべての組織機能を動かせる経営幹部が関与するのがベストな方法であるのは明白だ。**(2)** 新製品の開発は企業の戦略と直結していなければならない。したがって最上位の役員が方向を示すべきで、開発の進行に応じて彼らがプロジェクトへのコミットメントとサポートを自らきっちりやっていくべきだ。

そうであるなら、変革への動機を掲げ、しかるべき構えを備えて決然と始動するリーダーシップは、CEOと経営幹部チームから出発しなければならない。このCEOと経営幹部チームはLPPDとは何かをよく理解しており、自分たちの戦略計画にLPP

図9-1 トップが主導して全社でLPPD変革に取り組む理想的な姿

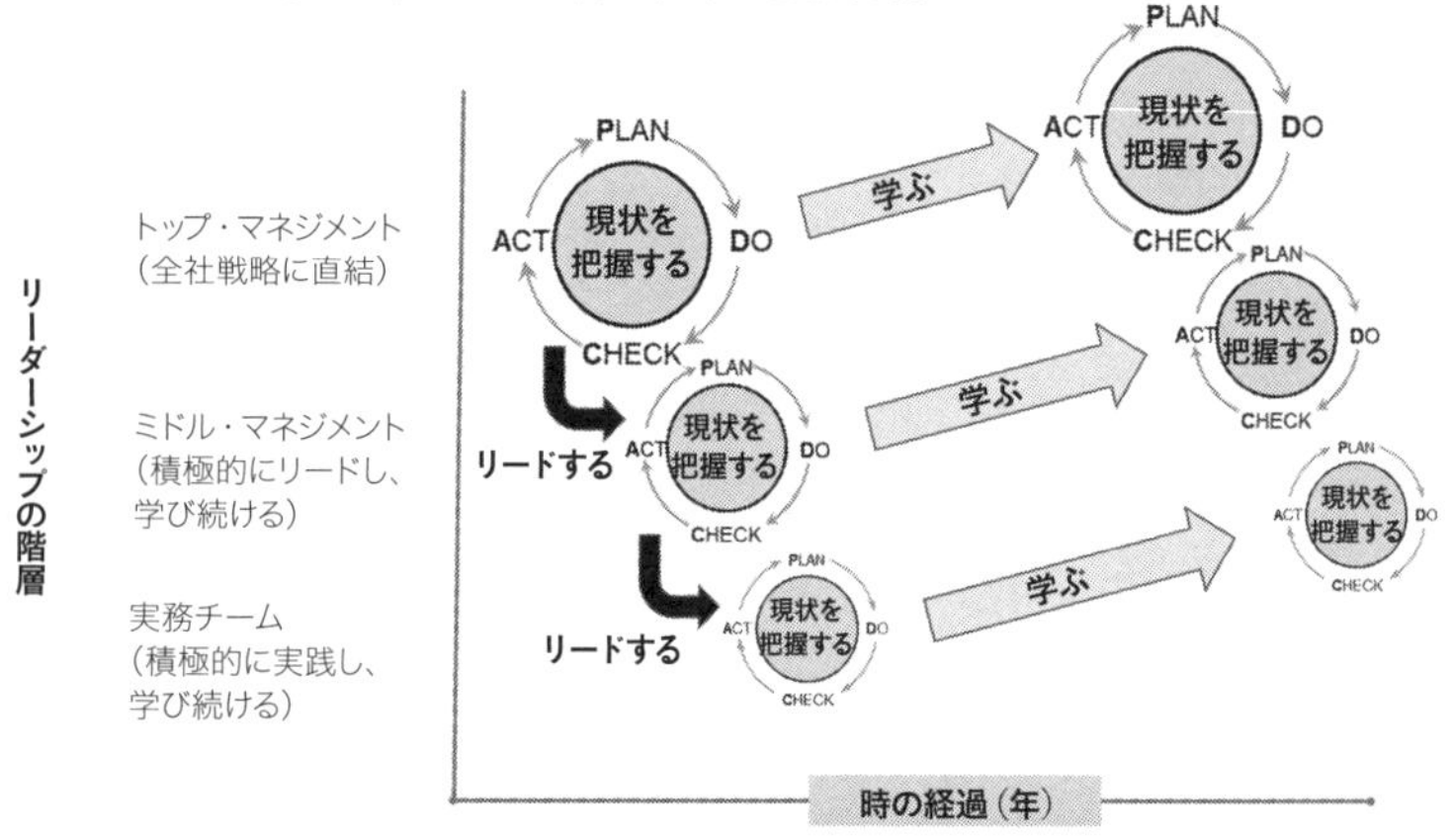

Dを組み込むことができる人たちである。このような変革の理想的な姿を描いたのが図9－1だ。

トヨタではどうやっているのか。マネジメント力の強化をめざして新しいプログラムを始めるとき、この会社がとるアプローチはいつも同じだ。まずトップから始めて経営幹部を訓練し、その後に、それぞれの統括下にある組織の活動を彼らが自ら主導していくのだ。たとえばトヨタが「トヨタウェイ2001」を打ち出したときは、初期訓練のプログラムをまず実施し、その後続けて具体的なプロジェクトを進めていったものだ。

最初の生徒は取締役である。その取締役たちが自分の直属の部下のコーチとなって部下を訓練し、順次階層の下へ向かって展開していく。「トヨタウェイ2001」に続いて間もなく、問題解決能力を高めるための「トヨタ・ビジネス・プラクティス」（TBP）が始まった。これまたトップの訓練からである。幹部1人ひとりに、ブレークスルー目標を掲げた大きなプロジェクトを主導する責任をきっちり担わせた。彼ら幹部の全員、1人ひとりに「自分のコーチ」が割り当てられ、コーチはそのプロジェクトが完了するまでずっと見守る。

プロジェクトは優に8カ月はかかる複雑なものだ。幹部たちは審査委員会への報告が義務付けられていて、大抵は審査員からやり直しや修正を命じられる。この訓練を経て初めて自分の部下の先生になったり、審査委員の1人となったりできる。このようにTBPもまた、上の階層から順次下の階層へと着実に展開されていった。

先に述べた通り、フォードの変革もトップダウン・ケースの典型だ。しかし、実に残念なことに、われわれの経験では、こういうことはごく稀にしか見られない。上級経営幹部が自社の製品開発の変革を支持し、活動を承認することはあっても、その責任はミドル・マネジメントに丸投げというケースが非常に多い。

フォードのケースには、普通とは違う、もう1つの側面がある。経営破綻の危機に瀕していたことだ。これが変革への強い動機となった。一般に、経営者たちは自社の内部の危機感のなさが大きな障害なのだとよく口にする。あまりにも頻繁に耳に入ってくる言葉なので、ムラリーが果たした数々の役割のうち、この側面にわれわれは興味を惹かれた。危機に直面していたフォードで、変革への動機づけはどのようになされたのだろう。

われわれは、ムラリー本人にたずねてみた。彼はボーイングとフォードで危機の渦中から危機脱出までの間、リーダーだった人である。危機の最中を主導するのと、危機を脱した後を主導していくのに、どのような違いがあったのか。ムラリーの反応は実に興味深く、ものすごくきっぱりしていた。

「危機に陥った会社を変革するのも、危機を脱した後にその会社を経営していくのも、違いはありません。全く同じです」

「危機の後の真剣さの違いはどうですか？」とわれわれは尋ねた。

「組織としての真剣さを、しかるべき水準で維持する能力こそが、優れた会社とそうでない会社の違いであると主張したいですね。フォードでわれわれは『ここに強力なマネジメント・システムがある。これを使って会社を救おう。お金が儲かるようになったら、こんなものはすぐに棄ててしまえばいいのだからね』などとは言いませんでした。そうではなくて、『われわれは170億ドルの損失を出している現状に立ち向かい、互いに協力して共に働くことで会社を危機から救わねばなりませんが、それだけではありません。利益を出し、成長し、繁栄している会社になるのです。そのためのプランをつくろう！』と言いました」

ムラリーは、フォードの舵取りをしていた間ずっと、「全員にとって恩恵が得られる成長」の実現のために、自ら信じてきた「共に働くマネジメント・システム」を採り続けたのである。

ミドルから上へ、横へ

見事なトップダウンの変革よりもずっとよくあるのが、技術部門のマネジャーたちのうち何人かがLPPDの考え方に惚れ込んで、熱心に勉強を始めるケースである。小さな企業なら製品開発の担当役員がその人かもしれない。

大企業ならビジネスユニット長や機能部門長だろう。経営幹部からのサポートが強くない組織でも、こうした個々のリーダーは自分たちの領域でかなりのことができる。われわれからのアドバイスは、自分の影響力が及ぶ範囲に集中して、できる限りのことをして、目に見える成果を出すことだ。

　そうして得られた成果こそ、LPPDの有効性を伝えるこの上ない宣伝になる。もちろん、成果を組織の上にも横にもしっかり伝える場をつくらなければならない。ミドル・マネジメントから始める方法はベストではないかもしれないが、われわれが手伝ったことのある会社のなかには、そこから出発し、後に全社に広げることに成功した会社がいくつもある。

　そのうちの1つが第2章で紹介したソーラー・タービンズ社だ。本章で詳しく説明していく。同社は中規模の会社である。1人の部長とプログラム・リーダーの熱意溢れるリーダーシップでLPPD変革が始まり、後に全社へ広がった。この過程を絵にしたのが図9－2だ。

実務レベルから上へ

　ボトムアップ・アプローチこそが理想の進め方なのだと考える人もいるだろう。社員への権限委譲はマネジメントの世界の流行り言葉になっている。トヨタは自社の組織図を普通とは逆

図9-2 ミドル・マネジメントがそれぞれ自分の配下の組織でLPPD変革を進めていくアプローチ

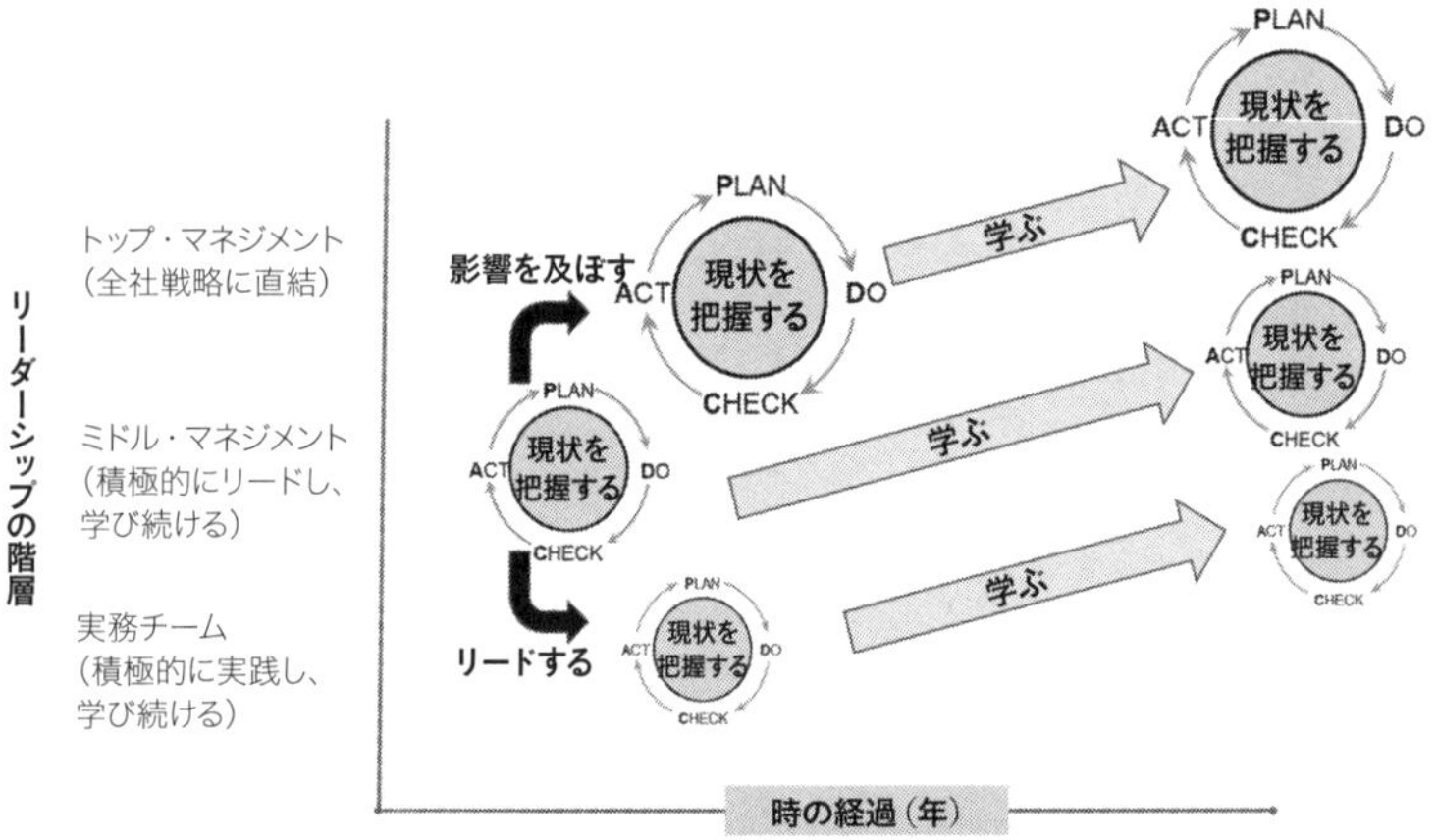

に描くことがある。第一線の実務部隊のメンバーを一番上に置いて、次に監督者、その下に管理者といったレイアウトで組織を描くのだ。しかし、実務レベルから始めるLPPDの変革は、成功させるのが最も難しい。

LPPDの変革は、本質的に企業全体の変革なのである。1つの技術部門の内部だけで頑張っても、大きな成功にはつながらない。それに、数ある新製品のアイデアのなかからどれを選んで開発に進ませるのかを決めるのは経営幹部だ。経営資源を割り当てるのも彼ら幹部である。営業も関係している。営業は、自分たちが「顧客が求めている特性はこれだ」と信じているものを強く主張するのが役割と心得ている節がある。製造もしかり。製造には製造の目的がある。すなわち、今日の生産がなにより大事。新製品の立ち上げのために開発の担当者が目指していることをサポートするなんて二の次なのだ。こういった現状を、実務レベルの社員がどうやったら変えられるというのだろう？　答は単純だ。平社員にはできない。

しかし、これが現状だとしても、見込みはゼロではない。尋常でない努力と粘り強さが必要だが、実務レベルから始めたとしても、トヨタ・プロダクション・システム・サポート・センター（TSSC）のシナリオを辿れば成功につながる可能性がある。TSSCはトヨタが設立した非営利組織で、TPS（トヨタ式生産システム）の原理原則を学んで自分たちのオペレーションに活かしたいと考えている企業と一緒に取り組んでいる。業種は問わない。TSSCがよくやる方法の1つは、「モデルライン」を1つ選んでそこから始めることである。

　モデルライン方式の根底にある考えは、１つの領域に深く入り込んで、かなりチャレンジングなゴールを設定し、そのゴールに向かってＰＤＣＡを繰り返しながら長期間にわたって（１年以上）一歩ずつ進み続けるというものだ。これはＬＰＰＤにも援用できる。

　すなわち、ＬＰＰＤの中核的な要素をまず自分たちの権限が及ぶ範囲でやってみる。そうすれば、この新たなやり方の活きた展示場を社内に持てることになる。ライブ展示には、そこで働いている人たちも含まれる。彼らが自分の仕事を自ら継続的に改善していくのをつぶさに見ることができるはずだ。

　モデルラインは教えるためにある。教えるのは、社内にチェンジ・エージェント（変革を主導する人）を育て、マネジャーたちのなかに信奉者を増やして、その人たちがこのしくみを社内に広げていけるようにするためだ。

　この過程でＴＳＳＣのコンサルタントは「何をやれ」「こうやれ」というようなことは一切言わない。ただチャレンジを与え、質問を投げかけ、次の段階に進むために必要なことだけを

図 9-3 リーン流の進め方をするファシリテーターがまず実務レベルでの LPPD 変革をリードし、全体へ広げていくアプローチ

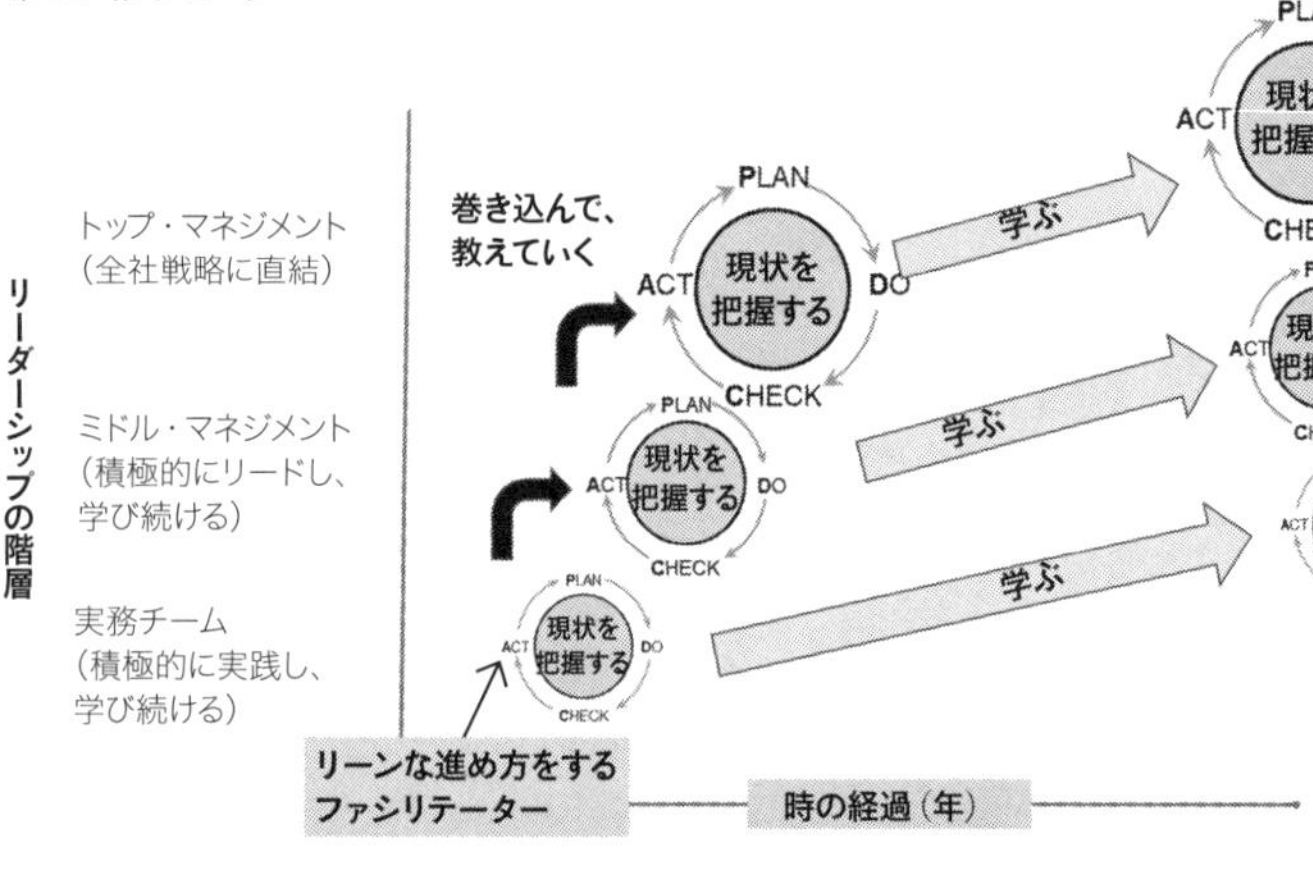

教える。並行してＴＳＳＣは経営幹部を巻き込み、彼らがモデルラインに自ら入り込んでそこから学ぶように仕向けていく（図９－３）。

これは長く困難な道のりだが、成功につながることがある。実際、ＴＳＳＣはこのアプローチで、かなりの確率でうまくやっている。これは実務レベルに焦点を当てながらも、現実には３つの階層のすべてを上手く巻き込んでいるからだ。ＴＳＳＣは経営幹部が自ら強いコミットメントを示さなければ指導に入らない。そしてモデルラインの現場に経営幹部と中間管理者の両方を呼び込んで積極的に巻き込んでいく。

そうはいっても、マネジャーであろうが外部のコンサルタントであろうが、相手を選り好みしたり、経営幹部のコミットメントを公然と要求する権限を持っている人などは普通はいない。マネジャーたちは、自部門内の変革に精魂を傾け、ベストを尽くしてリードしていくほかない。ものすごくチャレンジングな道程だ。

しかし、自分の部門の中でなら、成功することはできる。数年待てば、ＬＰＰＤをサポートし、その先の展開を引き受けてくれる経営幹部が現れるかもしれない。あなたの部門の外側での広がりは、あなたから見ればやや深みを欠くだろう。たとえそうだとしても、あなたは自部門での変革を通してとても大切なスキルを身に付けることができて、次の仕事でもそれを大いに役立てることができるはずだ。

LPPD変革の事例

本書では、LPPDに取り組んでいるトヨタ以外の会社をいくつも紹介してきた。フォード、ハーマンミラー、GE、キャタピラー、シリング・ロボティクス社、ソーラー・タービンズ社、テクニップFMCだ。本章ではLPPD変革の始まりの時期に特に焦点を当てて、タービン開発、医療における臨床、航空宇宙、建設といった分野においてとられてきた様々なアプローチを紹介していく。

リーン・トランスフォーメーションには様々な歩み方があることを理解してもらえると思う。各社がとったアプローチにはそれぞれ若干の違いがあるものの、どの会社もかなりの成功を収めている。

ソーラー・タービンズ社の物語

キャタピラーのグループ会社であるソーラー・タービンズ社については、本書で何度か取り上げた。ライカーは仲間のジョン・ドロゴスと一緒に、長期にわたってソーラー・タービンズ社を支援している。モーガンも同社の経営幹部と何度か会っている。ソーラー・タービンズ社はわれわれが今までに実見したなかで、中間管理職が主導した変革のベストな事例であり、また、最も長期にわたってうまく続いている取り組みだとわれわれは考えている（＊６）。

ソーラー・タービンズ社は、10年以上にわたって中間管理職主導のプログラムでＬＰＰＤ変革を支え続け、進化を続けてきた中規模組織の好例だ。既に第２章で最近の同社のＬＰＰＤの動きを紹介したが、そこで説明したのは「理解がかなり成熟した段階に至っている同社が、実行の卓越性を求めてＬＰＰＤをどう活かしているか」ということだった。彼らの変革物語の始まりの頃に遡ってみよう。

ソーラー・タービンズ社は、ＬＰＰＤに出会う前に既にチームワークとミーティング・ファシリテーションという強力なカルチャーを築いていた（ミーティング・ファシリテーションとは、会議をスムーズに進め、良いアウトプットを促す組織的なスキル。参加者に質問しながらアイデアをまとめて全員が納得できる結論を形成していく）。

キャタピラーが熱心にリーンを進めていたことからソーラー・タービンズ社も製造・組立部門でリーン生産に取り組むようになって、かなりの成功を収めた。リーンの考え方や行動の仕方を開発の領域で活かせるなら、コストとタイミングの目標達成をもっと上手くやれるようになるかもしれない。ソーラー・タービンズ社はリーンな製品開発への興味を強めていく。そして、ライカーと一緒に活動を始めたのだ。

まずは会社全体のリーダーシップに焦点を合わせ、ある１人のチーフエンジニアの価値基準をもってモデルプログラムを率いていくことにした。そうして、最初のモデルプログラムの１つとして、既存のタービンの性能向上に集中して取り組むと決めた。

取締役会のメンバーの眼前には、喫緊の課題があった。ソーラー・タービンズ社は昔からイノベーションの能力を活かしてクラス最高性能の製品を開発してきた。しかし、製品ラインの1つが大きな困難に直面していた。性能を改良した製品を、このクラスの市場にできるだけ早く出さなければならない。それがソーラー・タービンズ社のマーケット・ポジションを守る必須要件だ。問題は、性能改良のサイクルに2年以上かかっていたことだ。営業部門は「2年待って下さい」では顧客要求に適わないと強く言い、実のところ顧客に対してはもっと早い時期に改良版を出すと約束していた。顧客を満足させ、新製品をもっと早く市場に出すという切迫したニーズがあったのだ。

2008年5月にライカーがファシリテーター役を務めて3日間の「製品開発バリューストリーム・マッピング」(PDVSM)のワークショップを行い、プログラムが始動する。全部門から20人が参集した。メンバーの中には、試作に欠かせない鋳造品のサプライヤーもいた。20人は大所帯だったが、このプロセスの間中ずっと、メンバーは互いに力を合わせて頑張った。

集った人々はこれまでPDVSMをやったことはない。まずゲンバを回り、関係する部門を1つひとつ訪ね(他の部門に行ったのはこれが初めてという参加者も多かった)、続いて開発プロセスを「初め」「真ん中」「最後」と時期で区切り、3つのサブグループにわかれて現状を細かく描き出していった。

どのサブグループも、ものすごく熱心に、深く入り込んで現状を調べてくれた。このマッピングは、いわゆる「スイム・レーン」（水泳プールのコースのように見えることからこう呼ぶ）の表形式にまとめあげられた。開発プロセスの機能を縦に並べ、水平方向に時間軸を置くものだ。ローンチ（発売）の時期が一番上の段に示されている（図9-4）。開発プロセスのステップの1つずつが、ポストイット1枚に対応している。参加者は躊躇うことなく問題をどんどん顕在化していった。

彼らがまざまざと見たのは、いずれの部門も他部門の仕事に大きな影響を与え、また影響を受けているという実態だが、それは美しいものではなかった。「現状」は、明らかなウォーターフォール式（水が階段を流れ落ちていくような進め方）である。このプロセスは、新製品開発のエンジニアと購買部門の両方からスタートする。新製品開発のエンジニアは試作のエンジニアに受け渡したら任務完了（のはず）、購買は部品を買って生産準備に受け渡したら任務完了（のはず）である。

このプロセスは概念設計の段階にいるうちは比較的きれいでシンプルなのだが、次の部門へ、次の部門へと進むにつれて、どんどん複雑になっていく。というのも、仕事を受け渡された部門では、前工程の部門が下した判断の拙さから、手直しを余儀なくされるからである。このプロセスが生産技術に到達する頃には、どのスイム・レーンにもあまりにも多くのポストイットが貼られて、模造紙の中に収まらないくらいになってしまった。生産技術に到達した時点で（まだまだ先は遠いのに）、既にカオス・混乱・火消しだらけになっている。改善の機会が山ほどあるのは、誰の目にも明らかだった。

現状マップが出来上がると、再び1つの大きなグループに戻って次のワークを行う。今度は将来マップを描くのである。営業が顧客に約束した、野心的なまでに短い開発期間を実現するプロセスはいかなるものか。それがチームとしてのビジョンになる。すなわち、この性能改良プログラムを自分たちはどのように進めたいのかという意思を絵にするのだ（図9-5）。

画期的なアイデアが数多く集まったが、最大級の改革案のいくつかは、現状マップで明らかになった、重大かつ影響範囲が広い問題領域に焦点を当てたものだった。以下に概説しよう。

・フロントローディング　それまでの進め方では、経営幹部とマーケティングと営業がプログラム開始を承認すると、プログラム・マネジャーの下にチームが編成され、開発部門がそのプロジェクトの目標を満たすような製品コンセプトを描き始めるのだが、この間、他の機能の関与はほとんどないままコンセプトが創り上げられてしまう。

詳細設計が進むに連れて、経営者が「スコープ・クリープ」（要件の追加や変更）と呼ぶ上からの鶴の一声で設計に大きな変更指示

図9-4 ソーラー・タービンズ社の現状マップ：発電機の性能向上プログラム

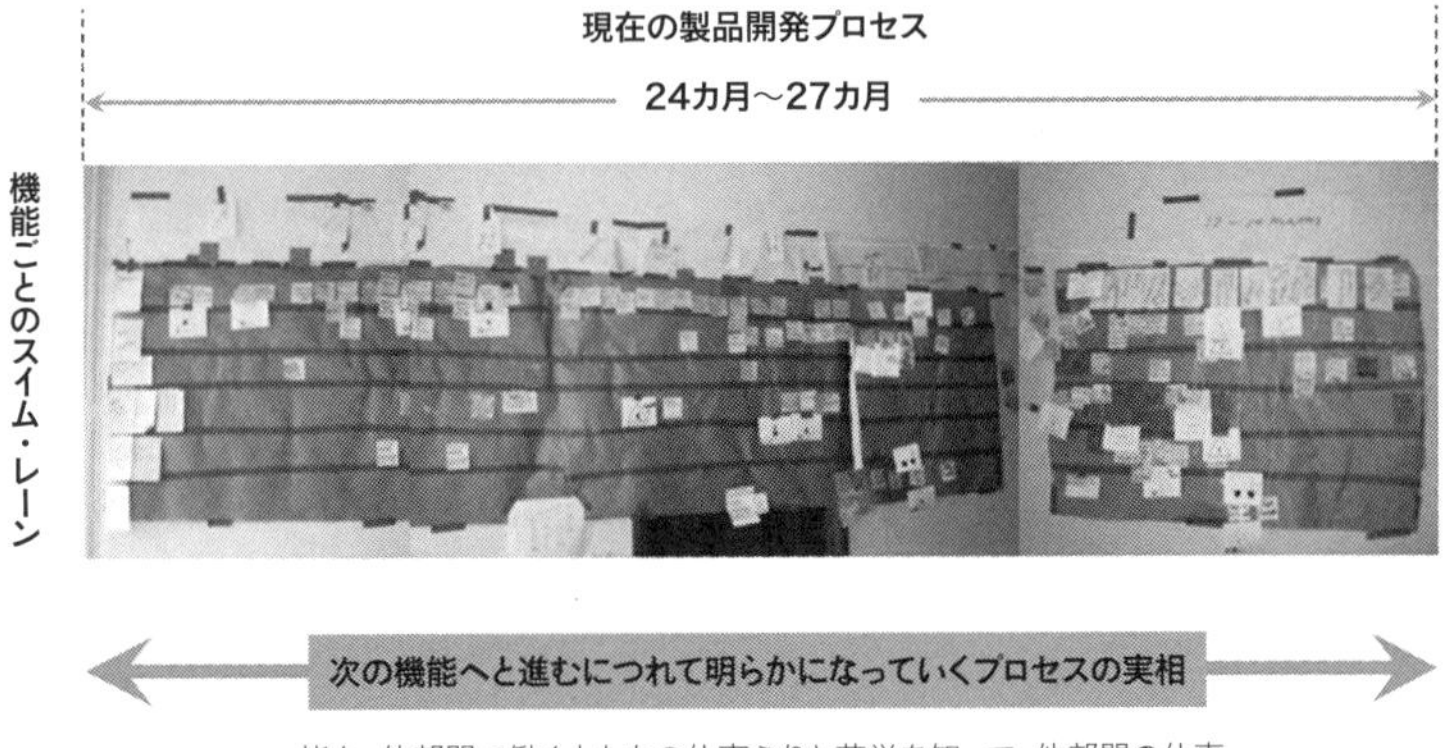
皆々、他部門で働く人たちの仕事ぶりと苦労を知って、他部門の仕事に思いをめぐらせながら、仕事の流れの全体を見通せるようになった

が入るのが常だった。その結果、何度も何度も手直しすることになる。

これに対し、将来マップでは、プログラム・マネジャーはチーフエンジニアのような動き方をしてコンセプト・ペーパーを作成することを期待される。これは、機能横断的な見方を含めて深く考え、練り上げたコンセプト・ペーパーが取締役会の承認を通ったのなら、後々まで延々と要件変更が続く現状を、ゼロとまではいかずとも、一定の範囲に収めることができるはずだと皆が考えたからだ。

加えて、チーフエンジニアは最も初期の段階で購買・金型設計・梱包・試験・営業・マーケティング・製造が参画する機能横断チームを編成して、コンセプト段階からサイマルテニアス・エンジニアリングで進めていく。

●まとめて仕事をするのは、できるだけ避けよう　開発プログラムにおける主なボトルネックの１つが金型の設計・製造だった。ＰＤＶＳＭで明らかになった現在の進め方では、金型の設計指示書が発注係のところで大きな塊になっている。一度にまとめ

図 9-5 ソーラー・タービンズ社の将来マップ：発電機の性能向上プログラム

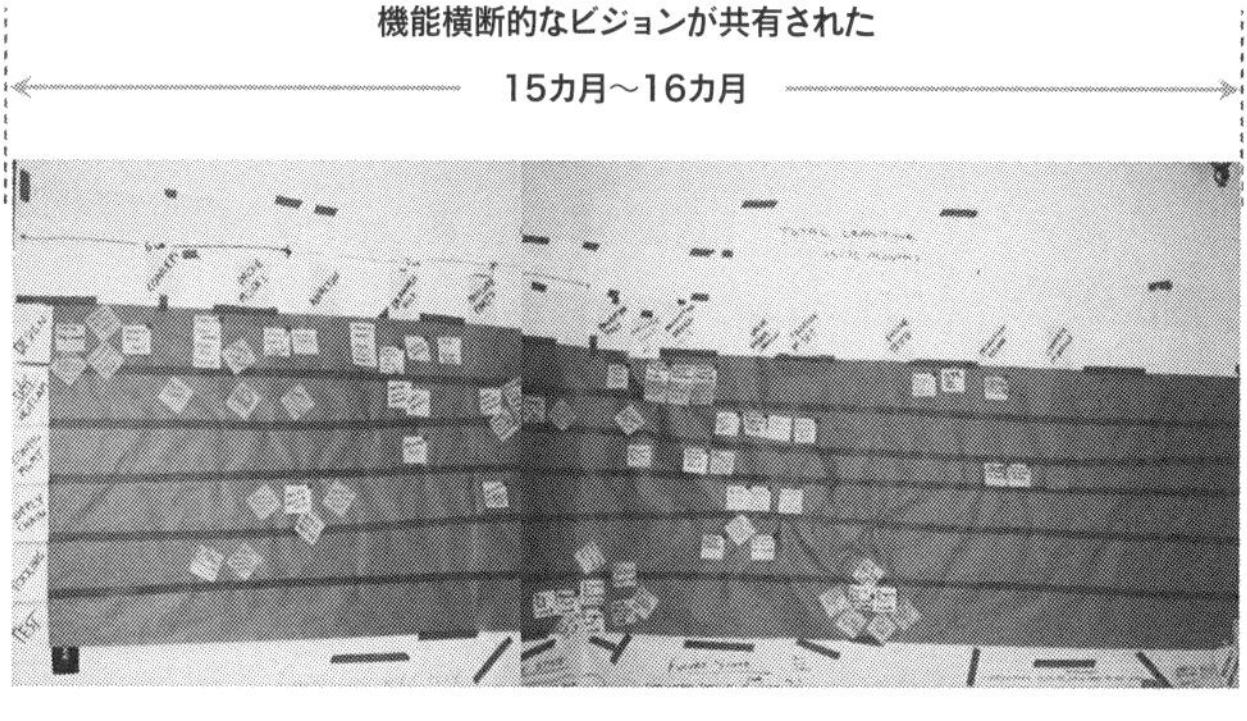

マッピングの協働作業を通して、参加者たちは「この新しいやり方で仕事を進めていこう」という合意に、だんだんと近づいていく

てオーダー・リリースされるせいで、金型設計グループの負荷に大きな山・谷が生じていたのだ。

将来マップでは、金型のオーダーが早い段階から少しずつリリースされていく。金型設計グループは、1個流しで金型を設計・製造する。こうすれば、バッチ作業のせいで生じていた待ちや停滞はなくなり、ボトルネックも解消されるはずだ。

●早い段階からサプライヤーに参加してもらう 現状の開発プロセスでは、製造と主要サプライヤーの初期段階での参画はない。彼らが最初に入ってくるのは、詳細設計がリリースされてからだ。ここまで来ると設計を直す時間的余裕はない。コストと製造性に関する改善提案が出されても「次のプロジェクトで」と先送りされるのが常だった。

将来マップでは、製造と主要サプライヤーのメンバーが最初から開発チームの一員になる。彼らの役割の1つは、コストと製造性のトレードオフを、基本構造の設計から詳細設計に至るまでの間に、設計の技術者たちに提供することだ。こうした重要なインプットは設計プロセスの早い段階に持ち込んでこそ、進行中の新製品開発に取り入れることが可能になる。

設計とプロセスを同時並行でつくっていくこのやり方は、「製造と設計技術が一緒になって設計図の前で働く」とマップに書き込まれた。この共創プロセスは、顧客の期待に応える性能向上を実現するだけでなく、多大なコスト削減と品質改善につながるはずだ。

●ラピッド・プロトタイピング　燃焼プロセスというものは、完全に予測することはできない。開発においては、テストと設計の手直しというループを繰り返すことは避け難い。テスト・ベイがボトルネックだった。

将来マップでは、リーンの考え方を活かしてテスト・プロセスを一新する。１個流しの流れをつくり、目で見る管理でテストの流れを可視化して、テストの予定に対して実績がどうなっているか、一目で分かるようにすると決めた。

こうしたアイデアのすべてを実践していくには、オオベヤで毎週チーム・ミーティングをやる必要があると皆の意見が一致した（図９-６）。このミーティングが軌道に乗ってからは、マップは徐々にプログラムの背景になっていき、壁に貼り出される情報も状況に応じて変わっていく。チームは非常に熱心に、真面目に、取り組んでいった。そうして実際に納期とコストの目標を達成したどころか、それを上回る結果を出し、性能を大きく向上させた新しいタービンは市場でヒットした。

しかし、順風満帆で来たのではない。当時参集した人々が一身

図９-６ 発電機の性能向上プログラムのためのオオベヤ。梱包、技術、購買、製造、鋳造メーカーといった機能別に必要な情報が貼り出され、全体と部分の両方の視点から仕事の進み具合や生じている問題がよく見えるようになっている

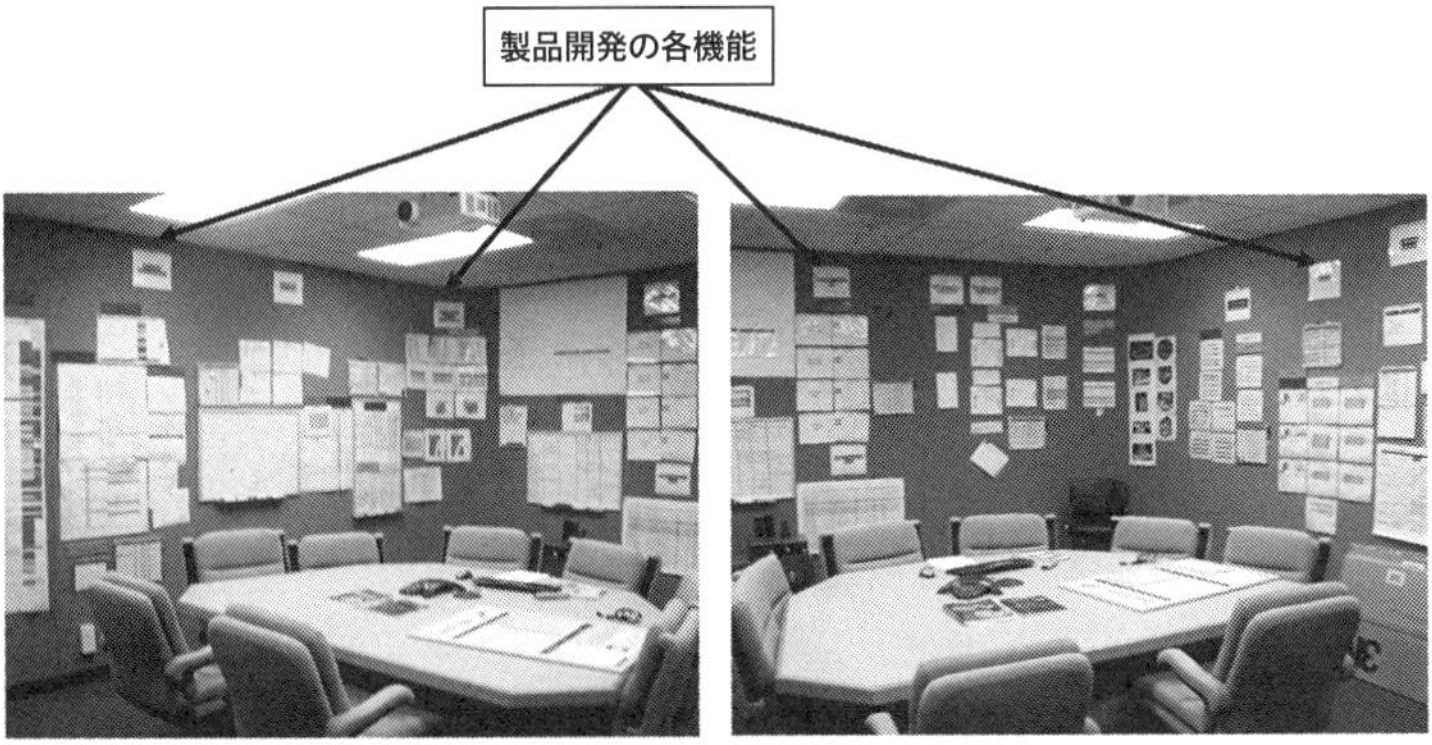

を投じて実に真剣に取り組み、障害を次々と克服したから乗り切れたのだ。この過程で生じてきた問題のなかには、数カ月分の後戻りを余儀なくされるものもあったのである。

このタービンの開発プログラムと並行して、第二のチームもLPPDのモデルプログラムを進めていた。燃焼システムの鍵となる部分、燃料噴射モジュールを一新しようというのだ。こちらのチームもタービンと同じくPDVSMプロセスを経て、オオベヤで実際のプログラムの進行状況を共有していった。燃料噴射モジュールのチームもタービンに負けず劣らず劇的な好成果をあげて、コストと納期の目標を達成した。

この数年、目標を立てては未達に終わるという悔しさを何度も味わってきただけに、これらのプログラムの成功は皆を実に爽快な気分にしてくれた。それに、この成功のおかげでLPPDは多くの支持者を得た。以来、すべてのプログラムはPDVSMのワークショップとオオベヤから始動するようになった。

ワークショップのファシリテーターは、ソーラー・タービンズ社の内部の人が務めている。仕掛り中の仕事を溜めないようコントロールし、プロセスとプロセスを直結して流れをつくり、リードタイムを短縮し続けるために、今までにない革新的なアイデアが製品開発のいたるところから湧き上がってきた。ブックス・オブ・ナレッジの作成（知識を蓄積してうまく使えるようにすること）、設計の標準化、リードタイム短縮においては、長足の進歩があった。

われわれとしては、多くの開発プログラムが成功し、多くのプロセスが改善されたことを証左として、LPPDは図9－2のような一直線の進化を続けてきたと言いたいところだが、残念ながら、現実にはこの図のようにはいかず、もっとずっと複雑な道のりだった。LPPDについて、全社にわたって首尾一貫した教育が行きわたるようにする必要があった。

LPPDのキーパーソンは、こうした進歩と利益を長く続けるためには、常にリーンを擁護していく必要があることに気づいた。擁護するとは、原理原則を大切に、人々が思い切って実践できる組織的な構えを準備して、続けていける環境を築くことだ。

ミドルから始まる主導は確かにチャレンジではあったが、活動は前進を続けた。リーンの信奉者は、水平方向にも、上の方向にもこのやり方を売り込んでいく。第2章で説明したように、ブレークスルーは2016年、当初からのLPPD信奉者の1人が、ある製品群（ガスコンプレッサー）全体の新製品開発を主導することになったときに起こった。この活動が始まってから10年が経過した2018年にも依然としてLPPDはソーラー・タービンズ社で力強く前進している。

ミシガン・メディシンにおける製品としての臨床治療プロセス

われわれの知る限り、ミシガン・メディシン（前身はミシガン大学医療システム）は、LPPDの原則と手法を医療機関での治療プロセスに適用した最初のケースである。ここには「臨床デザインとイノベーション（CDI、Clinical Design and Innovation）」チームがいる。

当初、彼らは製品設計の手法は自分たちの仕事には合わないと信じ、抵抗していた。確かに医療は独特な環境であり、治療のやり方をデザインし、改良していくというのは、とりわけユニークな仕事だ。しかしやがてＬＰＰＤ変革のやり方を受け容れ、自分たちの環境で活かすようになった。

その鍵は、治療プロセスを製品と見做して、物理的な製品に対してわれわれが推奨してきたのと同じような、敢えて厳格にした開発評価に晒すことだった。彼らの変革は、本書執筆時点で今なお進行中であるが、われわれはミシガン・メディシンの経験は医療分野での改善活動の強力なモデルとなり得るし、サービス・プロセスにおけるＬＰＰＤモデルの有効性を実証してくれると確信している。

マレンテット博士とモーガンがミシガン・メディシンの物語を他の医療機関に広めるにつれ、関係者が強い興味を示すようになっていった。われわれは、この分野には非常に大きな可能性があり、注目し続けたいと考えている。ラリー・マレンテット、ポール・パリアーニ、マット・ザイコとミシガンＣＤＩチームは、以下に紹介する彼らの取り組みの物語を書き上げるのを大いに助けてくれた。深く感謝する。

モーガンがフォードで働き始めて10年ほど経った頃、肉腫と診断され、ミシガン・メディシンで治療を受けることになった。この診断によって、モーガンは医療の専門家と患者が直面している課題に改めて気づかされた。彼は自身のガン治療の旅の道程で何人もの素晴らしい人たちと出会い、ミシガン・メディシンの患者中心型医療イニシアチブに参加して、昔からの友人との友情をさらに深めた。

古くからの友人の1人はジャック・ビリィ博士である。ミシガン・メディシンの医療事務担当バイスプレジデントであり、内科教授も兼任している。ビリィ博士は優れた医師であり教師であり、それればかりか、長きにわたってリーン・ヘルスケアで立派な実績を上げてきた人でもある。

モーガンとビリィ博士はそれまでにも何度もLPPDの医療への応用について話したことがあった。ビリィはミシガン・メディシンがリーン・マネジメントのやり方を活かしてどんなふうに進めてきたかを話してくれた。しかし彼はやるべきことは依然として非常に数多く残っていると認識していた。彼のなかでは、LPPDが自分たちの取り組みに役立つか否か、この対話の時点ではまだ判然としていない。モーガンは癌の治療から回復している最中で、時間を見つけてはビリィ博士と同僚たちと、臨床の現場で一緒に時を過ごした。

ビリィはモーガンをミシガン・メディシンの多くの人に引き合わせた。その1人で、当時チーフ・クオリティ・オフィサーであったスティーブ・バーンスタイン博士の勧めで、モーガンはラリー・マレンテットとポール・パリアーニと会って話すことになった。CDIの活動を主導している2人である。

CDIチームは当時すでにリーンのツールと進め方を臨床治療のプロセスに応用して大

きな成果を得ていた。たとえば「結腸直腸手術患者の再入院を減らすために回復期のケアを強化したプログラムを実施する」「患者ができるだけ入院せずに済むように、電気生理学の新技術を使った素早いフォローアップ診断が可能なクリニックを開設する」といった活動だ。

マレンテットとパリアーニは、リーンを応用して早い時期に成果を得られたのは幸いだが、改善活動への期待が高まれば高まるほど、自分たちの仕事はどんどん忙しくなるばかりという困った事態につながってしまったと語った。高まる期待に効率的に対応したいというのは絶好のチャレンジである。彼らがこの新たなニーズに適切かつ効率的に応えていくには、自分たちのプロセスを劇的に改善する必要がある。

この議論が契機となって、CDIチームとマット・ザイコとモーガンの間に素晴らしいコラボレーションが生まれる。マット・ザイコは後にCDIチームのLPPDコーチとしてチームの活動を支援していくことになるのだが、それはまだ先のこと。LPPDの原則を臨床治療プロセスのデザインに当てはめることができるのか、どう役立つのか、まずは探索が始まった。

トップに深く関与してもらう

彼らはまず、ミシガン・メディシンとリーン・エンタープライズ・インスティチュート（LEI）の両方から上級幹部に参加してもらってステアリング・チームを編成することから始めた。これは、活動中のCDIチームをうまくサポートしていくためだ。このステアリング・チーム の最初の仕事は、LPPDへの共通認識を確立すること、さらに「プロセスを製品としてとらえる」というコンセプトへの理解と合意を得ることだった。上位階層にいる人々からの支持を獲得するプロセスを、ここから始めようとしたのである。

ステアリング・チームは、LPPDの実験を一緒にやってみて、臨床治療のプロセスを製品として扱うことができるか否か、有効か否かを調べることにも同意した。ステアリング・チームは四半期に1回ミーティングを持ち、この取り組みの全体にわたってチームの進捗をレビューし、問題解決を助け、助言を与えた。

これは重要な一歩だった。なにしろミシガン・メディシンの幹部は超多忙である。そうした幹部をこのプロセスにうまく巻き込むためにも、CDIチームのやる気を引き出すためにも、大事なステップだったのだ。

製品開発のバリューストリーム・マッピング（PDVSM）――仕事を可視化する　CDIチームは有能で経験豊かなリーン・コーチ、エンジニア、プロジェクトマネジャーで構成されていた。彼らはバリューストリーム・マッピングならこれまでに何回も描いたことがある。臨床治療プロセスを開発するためにマッピングを使ったことはないというだけだ。そこで、ザイコとパリアアーニがファシリテーターとなって、新しい治療プロセスを開発する方法に焦点を当てたPDVSMワークショップをやってみようということになったのだ。

チームはまず、最近行った「頭部と頸部の外科手術の改善プログラム」でマッピングをやってみた。すると、改善できそうな部分がいくつかあることが分かった。まず、この改善プログラムは予定よりもトータルで6カ月長くかかり、当初やりたかったことの半分程度しか達成できなかった。さらに、PDVSMによって次のような改善可能性が明らかになった。

(1) プログラムの初期段階で予定より大幅に長い時間がかかったのは、第一にデータを手に入れること、2つ目は主な関係者とプロセスの責任者との会議の日程調整であった
(2) このプログラムの目標と狙いについて、主な関係者と十分に整合が取れていないのに、自分たちは仕事を早く始めすぎた
(3) 問題が生じたらすぐに見つけて手を打つべきだということは分かっているが、そのための手段がなかった

良い報せは、このワークショップを通してチームが「どこでどんなワークをやったのか」「遅れ・進みはどうであったか」ということの両方を「実際に見た」ことだった（図9-7）。

PDVSMを通して開発プロセスに対する新たな理解が得られたこと、LPPDのツールと仕事の進め方が自分たちの仕事にどう役立つのか見通しが立ったこと、そして自分た

図9-7 現状マップ：ミシガン・メディシンの臨床治療プロセスの開発

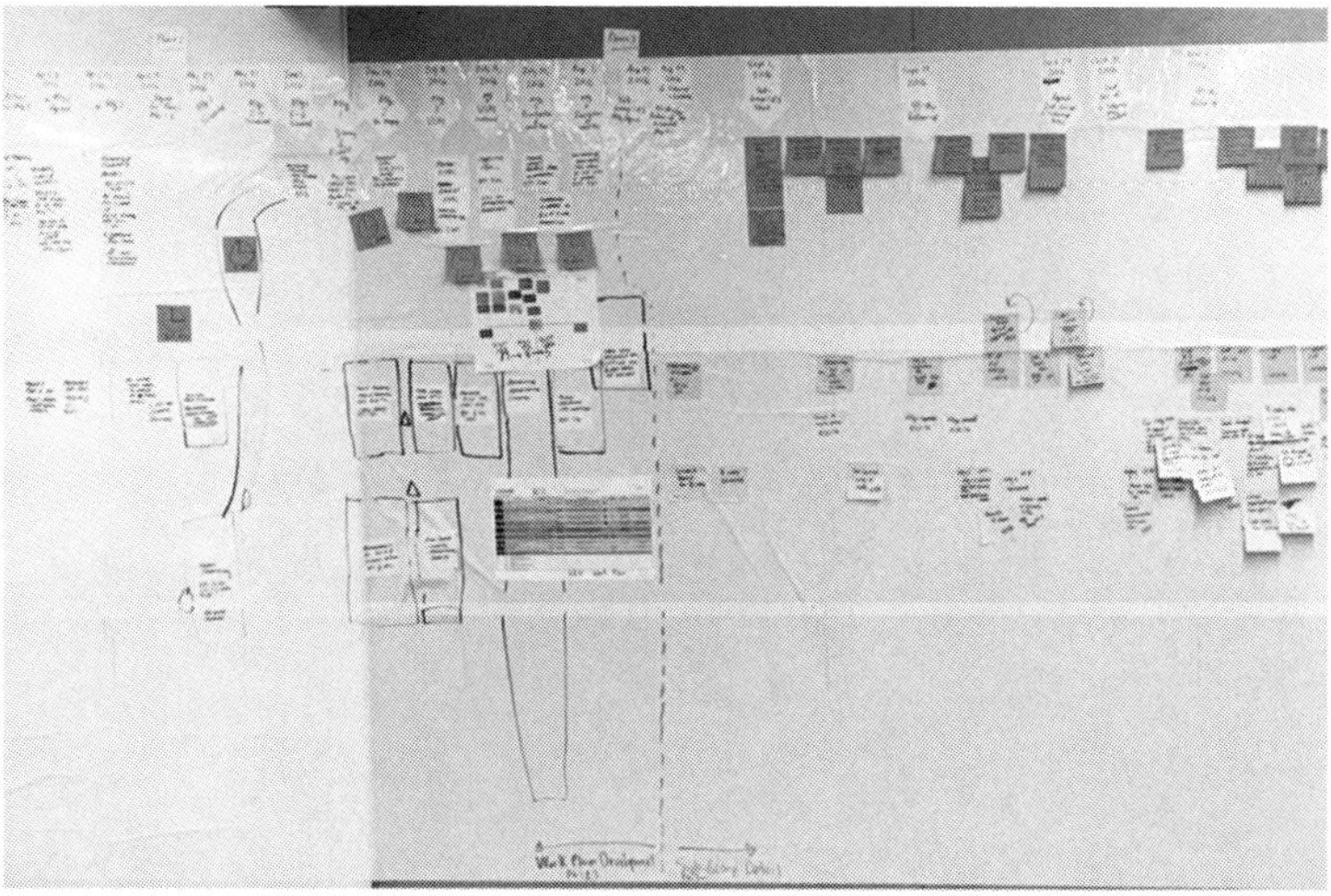

図9-8 将来マップ：ミシガン・メディシンの臨床治療プロセスの開発

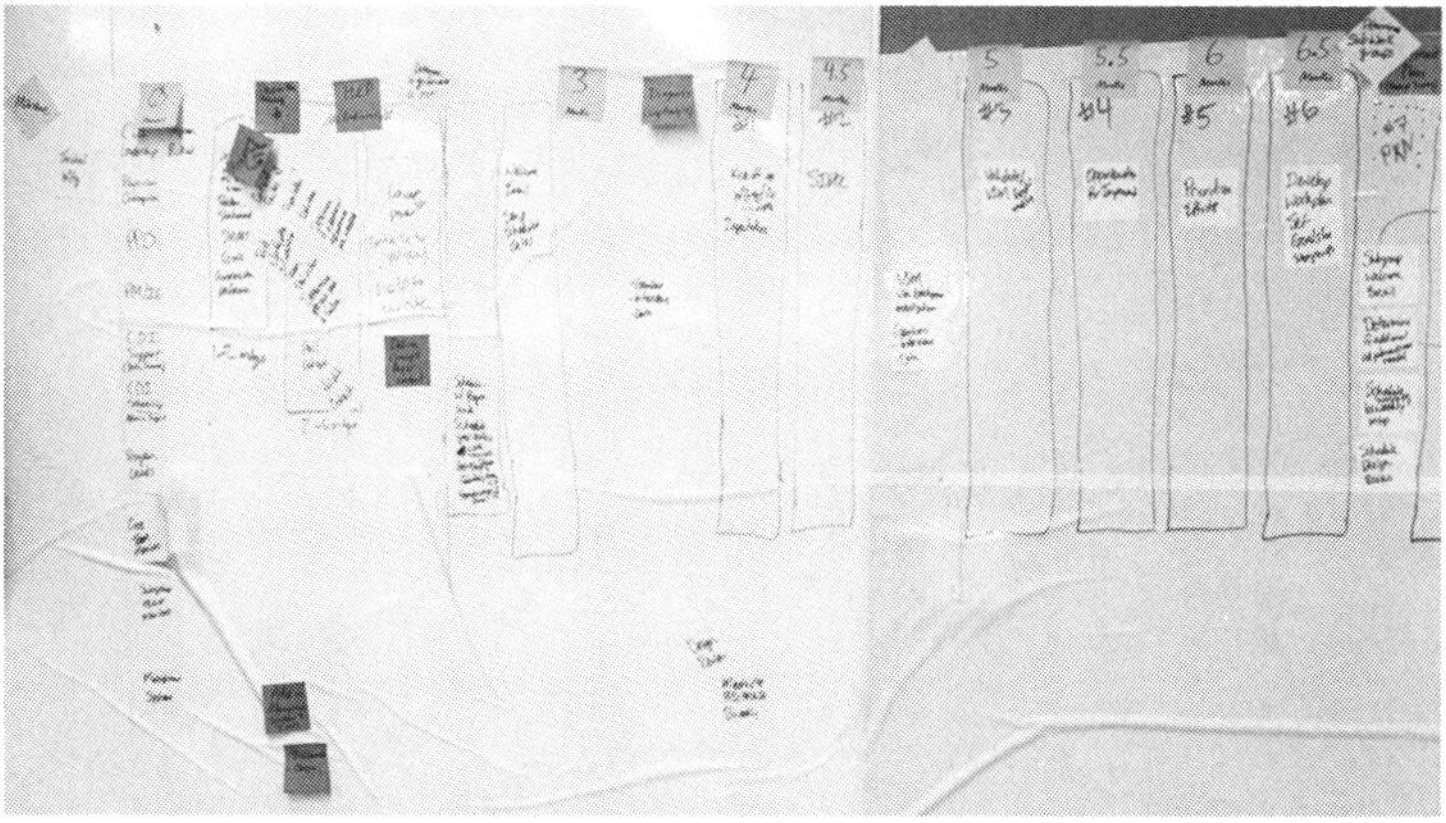

ちの未来を自ら描くチャンスを得たことで、CDIチームのメンバーは大いに活気づいた（図9-8）。

将来図では、開発に必要なワークを機能別に並べ（スイム・レーン）、臨床治療のデザインにどのように取り組むべきか、どれくらいの期間をかけるべきかという1つのモデルを描き上げた。

将来マップに描かれた未来のビジョンに向けて進むために、CDIチームのメンバーは次のような実験を行うことにした。

(1) どのプログラムの進行も共通のしくみ「オオベヤ・マネジメント・システム」と「有効性の高いマイルストーン」を使って管理していく。これによってコラボレーション、コミュニケーション、学習、プロジェクト・マネジメントをもっとうまくやれるようになるはずだ

(2)「検討の期間」を設けて関係者の関与を増やし、実験し、学びを深めて、開発プロセスの初期段階で様々なことを織り込めるようにする（フロントローディング）

(3) この「検討期間」のワークを通してコンセプト・ペーパーをまとめ、チームと主な関係者との整合性を高める

(4) デザイン・レビューと、目的をはっきりさせて対象を絞り込んだプロトタイピングによる実験を取り入れ、機能横断的に人々をもっと深く巻き込んでいく。これによって、問題解決能力を高め、より多くのイノベーションを生み出せるはずだ

秘密は管理できない――オオベヤ　ＣＤＩチームの心の奥に真っ先に響いたのは、「秘密は管理できない」（秘密にしておいたのでは、マネジメントはできない）というムラリーの言葉だった。スケジュールや大切な情報は、大抵はプロジェクトリーダーのパソコンの中に隠されていて、まるで見えない。だから、どの改善ペアもそれぞれ他のペアとは独立して動いていた。

自分たちへの期待ゆえに増えた仕事量をうまくこなしていくには、透明性を高め、プロジェクトを跨いだ学びを増やし、協力して働くことでリードタイムを短縮しなければならない。このチームにとっては切実なニーズだった。

透明性を高めれば、各プログラムが遅れているのか進んでいるのかを把握する助けになり、必要に応じて他のメンバーがやっているワークをリアルタイムで支援することだってできる。チームメンバーはザイコと一緒にオオベヤを設営し、手始めに現在進行中の複数のプログラムについて、日程表を書いてみることにした。

チームは週に１回オオベヤに集まり、４週間かけて６つの臨床治療プログラムの日程をつくった。自分たちの仕事をこんなふうに貼り出して「見る」のを皆がかなり気に入ったことが見て取れたので、さらに４つ、既に完了に近づきつつあるプログラムの日程も書いた。これで彼らのすべての仕事の負荷を「見る」ことができる。

プログラムの日程表を完成させた後、チームは週次の「立ったままミーティング」を試してみることにした。このミーティングではプロジェクトマネジャーが1人ずつ報告していく。10件のプログラムの報告を30分で完了するという目標を置いた。プログラム1件当たり3分だ。最初の数回は30分以上かかってしまった。

オオベヤ・システムの有効性を高めるため、2回に1回はミーティングの最後に振り返りを行って、このミーティング・プロセスを改善するアイデアを出し合った。進行速度を上げるため、司会者とタイムキーパーと書記を決めて進行するというルールも追加した。3分間のうち最初の2分は質問を受けずにプロマネだけが話す、続く1分を質疑応答の時間と決めた。

また、プログラムの報告は「赤」の項目に絞り込み、「赤」を「緑」に持っていくプランについてだけ短くコメントを加えるようにすれば、ミーティングの実効性が高まることを学んだ。「立ったままミーティング」を、問題を解決するための場と思うのはやめましょうということだ。

ミーティングの最後に、問題が生じて助けを求めているプログラムがあれば、その必要性を「やるべきことシート」に記録する。上に報告する必要がある重大な問題があれば、別の「あんどんシート」に記入することにした。

しばらくオオベヤ方式をやってみた後、CDIチームはモーガンと一緒にレビューを行った。チームのうち何人かはマサチューセッツ州ケンブリッジにあったLEIのオフィスを訪ねたことがある。LEIのオオベヤの壁には日程の他にも様々な重要な情報が貼り出されていた。そこでCDIチームは、自分たちの仕事の中で可視化するとよいと思われる日程以外のものを挙げていった。

新規プロジェクトを始めるときのために「CDIプロジェクトの6ステップ」を貼っておけば、新しい仕事に際して先を読む助けになるはずだ。さらに、ペイシェント・パスウェイ（患者にとっての最適経路。病院側の部門ごとの都合を超えて、患者にとってベストな流れをつくること）を開発するプロセスと、現在開発中のパスウェイの進捗状況を系統立てて掲示したらよいのではないか、進行中のプログラム1つひとつに対して、求められているデータは何か、そのデータは入手できているか否かを要約したものを掲示したら役立つはずだといったアイデアが次々と出てくる。最終的に、オオベヤの壁にできるだけ多くの進捗情報と状況のサマリ表を貼り付けて可視化するのがベストだという話になった。

このレビューでは、チームメンバーから「オオベヤ式は、今までのやり方よりも、ずっといいと思う。誰もが自分たちの仕事を『見る』ことができるのだから」「毎週やっている『立ったままミーティング』は、これまで座ってやっていた長々としたミーティングより速いし、実際に役立つ」という意見が出た。

チームメンバーがオオベヤ式を概ね好感をもって迎えたことが分かる。オオベヤ式のおかげで格段に透明性が高まり、より多くの関係者を巻き込むことができるようになって、CDIチームの内部でも、チームの外側の関係者やクライアントとの間でも、いずれも以前よりずっとうまく協力して働けるようになったとメンバーたちが感じていたからだ（図

9-9）。

マイルストーン――正常と異常を見極め、異常があればすぐに手を打つ

プロジェクトが予定通りに進んでいるのか否か、本当はどうなっているのかを知るために、ＣＤＩチームはマイルストーンにごとにイベント品質基準（QEC、Quality Event Criteria）をつくった。

まずマイルストーンの１つひとつに対して目的が何であるかをはっきり示す「目的記述文」を書いて、そこからＱＥＣを導出した。さらにマイルストーンごとに異常の兆候をつかむためのキー・インジケーター（主な指標）を定めた。マイルストーンをもっと細かいステップに分解し、ステップごとの遅れ・進みを示す先行指標をモニターして悪い兆候をできるだけ早くつかもうとするものだ。

マイルストーンをオオベヤ・マネジメント・レビューに組み込んだことで、チームメンバーが仕事の実際の進み具合を理解し、正常と異常を見極めてしかるべき手を打っていく上で大いに役立った。オオベヤ・マネジメントに加えてマイルストーンの使い方の改善を進めてきたからか、これまでのところすべてのプログラ

図９-９ オオベヤの壁の掲示：ミシガン・メディシンの臨床治療プロセス開発

ムが予定通りに進行している。以前ならよくあった計画からの逸脱は皆無だ。

チームが見つけ出したもう1つの問題は、自分たちが現状を十分に理解するために、また、関係するキーパーソンたちに参加してもらうために、もの凄い労力と時間をかけていることだった。この問題に取り組むために、臨床治療の開発プロセスを「検討段階」と「実行段階」に分けて見ていくことにした。

「検討のための期間」を設ける

この新たな見方は6つのステップで構成され、改善の言葉と医療の専門用語を関連付けて書かれている（図9－10）。「検討のための期間」を設けたことによって、患者について、プロセスのオーナー（ドクター、ナース、薬剤師、検査技師等々、個々のプロセスの当事者）について、プロセスを取り巻く環境について、そしてこうしたプロセスがいかにして価値をつくり出していくのかということについて、チームが深い理解を獲得することに集中できるようになった。

彼らは「急がば回れ」を標語にした。「準備のフェーズ」を使って同じような環境にいる他の医療機関が何をやっているのかを調べたり、鍵を握る幹部と会って自分たちの活動への支持を取りつけたり、取りかかるに際して皆々「現場に行ってよく観察する」のを、回数・かける時間・質のいずれも共に大幅に増やしたり、コア集団の人々（彼らの多くは通常はほとんど交流がない）を引っ張り出して、ギャップ分析に参加してもらったりした。

ギャップ分析にコア集団の人々を巻き込んだのは、その人たちが解決したいと願っている問題に対して、思い込みを排してゼロベースで考えるようになってもらいたかったからだ。チームは、このギャップ分析のキックオフの場を使って、参集した関係者と共に今後約1年かけて臨床治療のデザイン・プロセスの分析を行うと関係者全員に知らしめた。

彼らはまたメンロ・イノベーションズ社を訪問してハイテク人類学者の話を聞き、自分たちの観察と共感のスキルセットとツールに改良を加えた。さらにGEのFirstBuildからも学んだし、LEI主催の研修ツアーに参加してシリング・ロボティクス社で「最低限の忠実度の（つまり最も粗い）プロトタイピング」についても学んだ。こうした学びを基に、自

図9-10 臨床治療プロセス・デザインの6ステップ（ミシガン・メディシン）

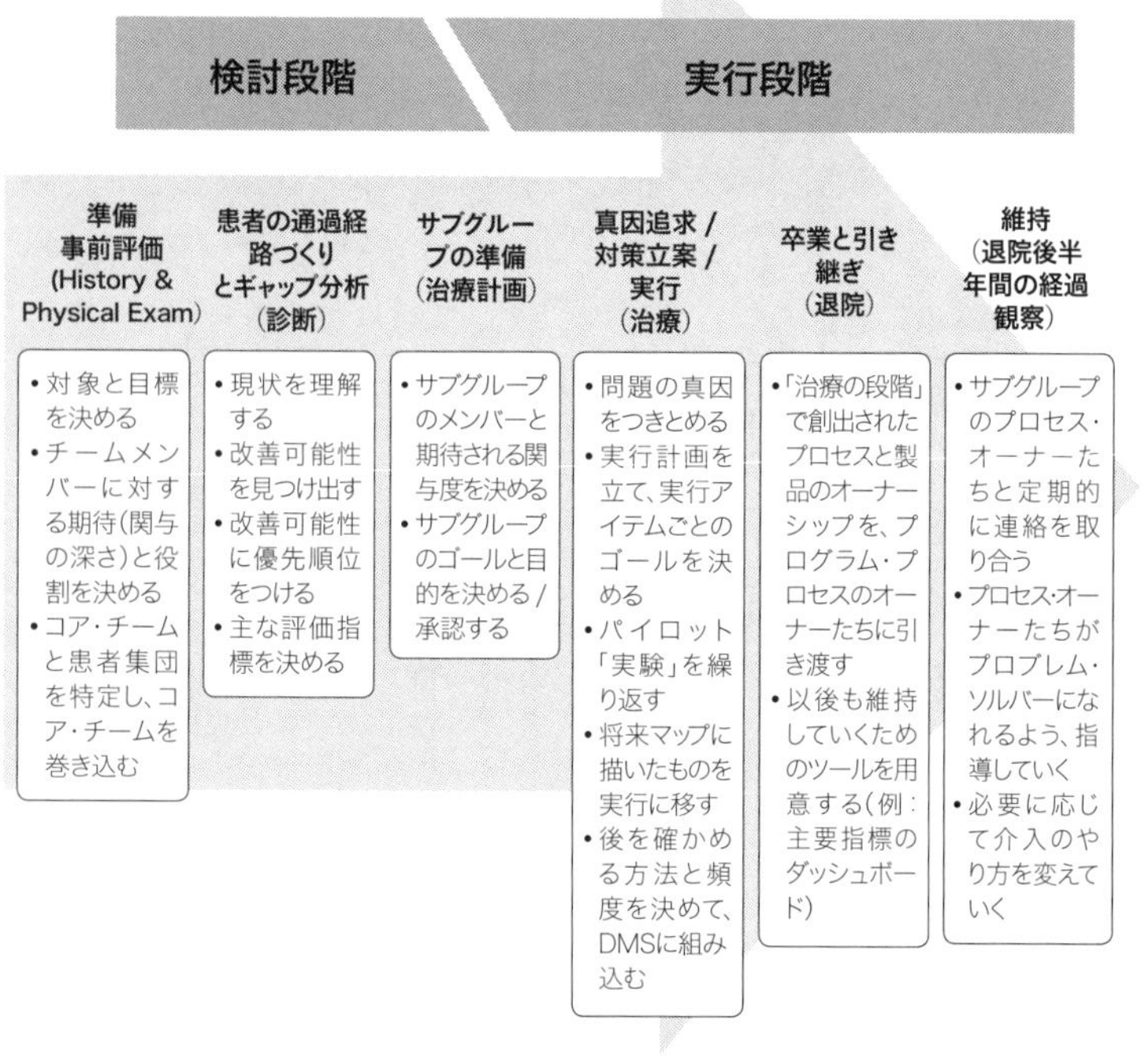

検討段階			実行段階		
準備 事前評価 (History & Physical Exam)	患者の通過経路づくりとギャップ分析 (診断)	サブグループの準備 (治療計画)	真因追求/対策立案/実行 (治療)	卒業と引き継ぎ (退院)	維持 (退院後半年間の経過観察)
• 対象と目標を決める • チームメンバーに対する期待(関与の深さ)と役割を決める • コア・チームと患者集団を特定し、コア・チームを巻き込む	• 現状を理解する • 改善可能性を見つけ出す • 改善可能性に優先順位をつける • 主な評価指標を決める	• サブグループのメンバーと期待される関与度を決める • サブグループのゴールと目的を決める/承認する	• 問題の真因をつきとめる • 実行計画を立て、実行アイテムごとのゴールを決める • パイロット「実験」を繰り返す • 将来マップに描いたものを実行に移す • 後を確かめる方法と頻度を決めて、DMSに組み込む	• 「治療の段階」で創出されたプロセスと製品のオーナーシップを、プログラム・プロセスのオーナーたちに引き渡す • 以降も維持していくためのツールを用意する(例:主要指標のダッシュボード)	• サブグループのプロセス・オーナーたちと定期的に連絡を取り合う • プロセス・オーナーがプロブレム・ソルバーになれるよう、指導していく • 必要に応じて介入のやり方を変えていく

分たちの目的に適う精度のプロトタイプをつくり（図９‐11a、b）、新たに体得した観察スキルとツールを用いて、主な関係者と共にそのプロトタイプを検証したのだ。

この段階で試されたプロトタイプにはいろいろなものがあった。ポケットカード、患者向けのケア概要の説明書、ソフトウェア・インターフェースのスケッチ（操作のイメージ図）、プロセス・フロー図など、他にも数多くあった。こうしたプロトタイプを使うことによって、チームはプロセスのユーザーたちと緊密に協力して取り組むことができたし、重要な変更が必要なら容易かつ迅速にプロトタイプを変えることもできるようになった。「検討の期間」と「目的を絞り込んだプロトタイプの活用」は、これまでにも既に、鍵となる洞察をいくつももたらしてくれたし、臨床治療デザイン・プログラムで以前は大量に生じていた手戻りを減らすのにも役立ってきた。

コンセプト・ペーパー　CDIチームがごく最近試してみたLPPDツールがコンセプト・ペーパーだ。２人のプロジェクトマネジャー、ハイディ・マコイとアンディ・スコットが「検討の段階」で自らやったことに基づいて、コンセプト・ペーパーづくりに取りかかった。これは自分たちの内なる論理を整理し、よりよいプロジェクト計画を作成するためだが、関係するキーパーソンたちとの整合を取るためという意図も強く込められている。

始めて間もない段階ながら、２人は、理解し、計画し、整合していく上でコンセプト・ペーパーが大きな効果を出していると実感している。今後のプロジェクトでもこのツール

図 9-11a ミシガン・メディシンの臨床治療デザインのプロトタイプ ― 追跡ボード

アイコン	どんな意味?	いつ使う?	説明
	プライマリ・トリガーがポジティブ	プライマリ・トリガーの後、2次検査が完了するまで	qSofa と SIRS の結果，敗血症が疑われる 例：qSofa =, SIRS=2, GCS, SBP, HR, PR
	敗血症のおそれ 臨床で確認	トリアージ検査がポジティブになった後、または、2次検査がポジティブになった後	敗血症の検査がポジティブ
	患者は敗血症の治療を受けている	プロバイダ$_1$がBPA$_2$を受諾、または敗血症オーダーセットを使っている	患者は敗血症の治療を受けている
	プライマリ・トリガー閉鎖	プロバイダ$_1$がBPA$_2$適用にノーを選択	プライマリ・トリガーの閉鎖

〔注〕
1 プロバイダ：この例では、担当医師。一般的には、専門知識・技能を持つ医療従事者
2 ＢＰＡ：Best-Practice Advisory

図 9-11b：ミシガン・メディシンの臨床治療デザインのプロトタイプ ― ポケットカード

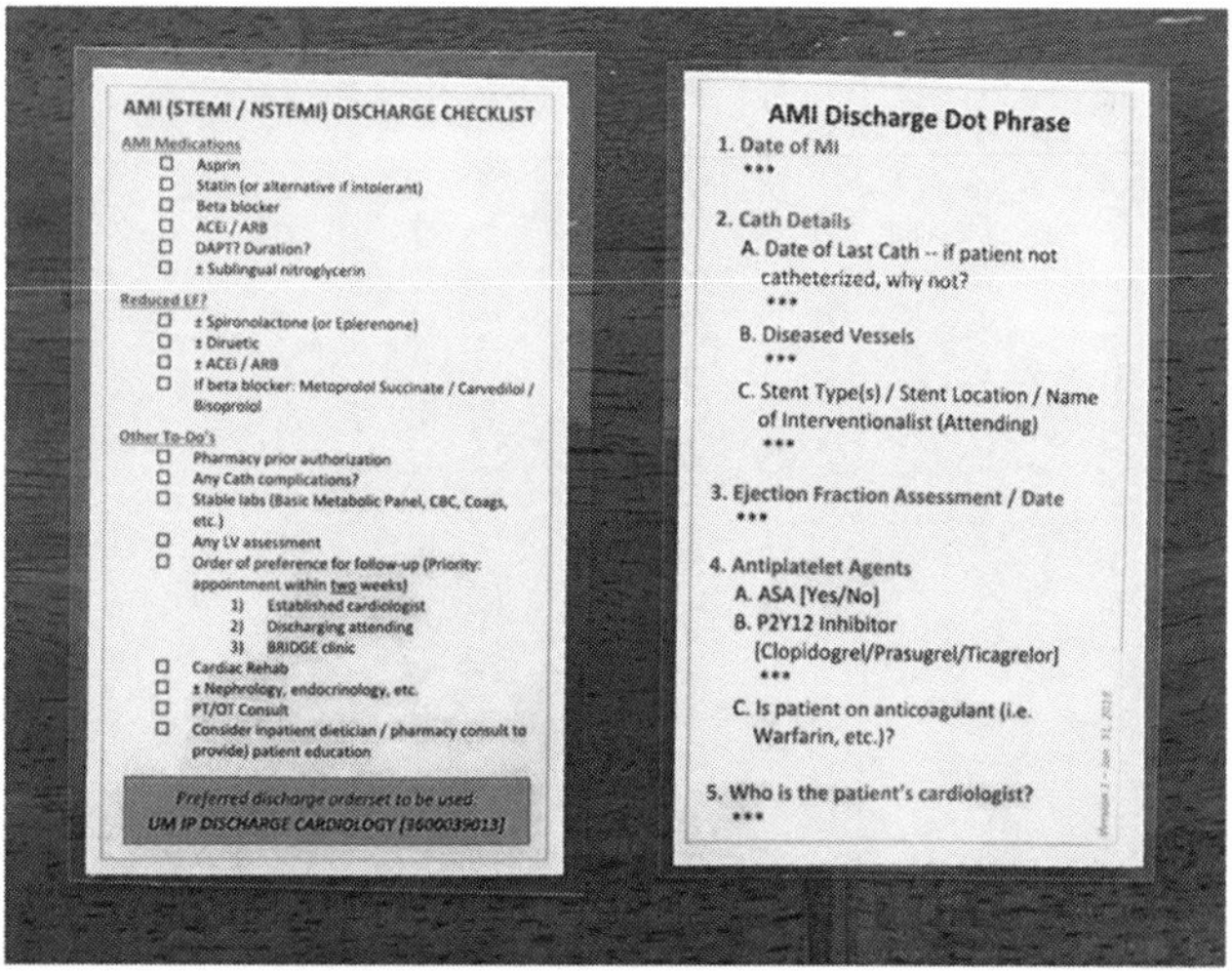

MICHIGAN MEDICINE
UNIVERSITY OF MICHIGAN

を使い、進化させていくつもりだ。

デザイン・レビュー　彼らは、サブグループと共に機能横断レビューを行っている。サブグループはCDIチームのメンバーが検討段階を終えて、問題と主なギャップ、関係する人々などについて十分に理解した後に編成された。各サブグループは新しい治療プロセスの特定の領域だけをレビューする。

臨床治療デザイン・プログラムには2種類のデザイン・レビューが設定されている。1つ目のデザイン・レビューはサブグループごとに行う「イノベーション・デザイン・レビュー」だ。どのサブグループも2週間に1回のサイクルで集まり、ここにはサブグループの全員が参加する。真因分析を行い、対策を考え出し、粗いプロトタイプをつくって実験を行う(図9－12)。

2つ目は「インテグレーション・デザイン・レビュー」である。複数のサブグループがどのように整合をとり、統合的に仕事を進めていくかに着目して何度か実施される。このレビューでは、このやり方をどのように実行に移していくかも扱う。これまでのところ、2種類のデザイン・レビューはいずれも問題の早期発見に役立ち、協働的な問題解決を慫慂してくれたのみならず、臨床治療デザイン・プロセスおけるイノベーションの可能性をこれまで以上に大きく広げてくれた。

図9－12で、上の囲みの左側にSG1、SG2、SG3…と書かれているのが5つのサ

ブグループである。どのサブグループも、責任を持って実行すべきタスクを持っている。これらのタスクは検討段階から出て来たものだ。こうしたサブグループが実際にプロトタイプを作成し、インテグレーション・デザイン・レビュー（写真の下の囲み部分）で様々なプロトタイプとその使い方が説明される。これらのプロトタイプは、患者、医師、看護師、プロセスオーナーたちによって検証されることになる。

ミシガン・メディシンのCDIチームがこうした取り組みを始めてからまだ1年も経っていないのだが（本書執筆時点）、チームと関係者はこれまでの成果に胸を躍らせている。ミシガン・メディシンでの成果は州内の医療分野の人々の注目を集めつつあり、他の医療機関の人々も「自分たちの組織にも展開できるのではないか」と考えてCDIチームがやっていることを調べ始めている。

図 9-12 デザイン・レビューで実験を行う（ミシガン・メディシンの臨床治療デザイン）

【テクニカル・デザイン・レビュー】
- 真因を徹底的に追求せよ
- 対策案を複数考え出せ
- 「製品（治療のプロセス）」を創出せよ
- プロトタイプを通した学びを共有せよ

【インテグレーション・デザイン・レビュー】
- 対策案を実行に移すためのプランを立てよ
- 「ローンチ・プラン」をつくれ（新たな治療プロセスへの移行計画）
- サブグループ横断的に「製品（治療のプロセス）」の方向を揃えよ

MICHIGAN MEDICINE
UNIVERSITY OF MICHIGAN

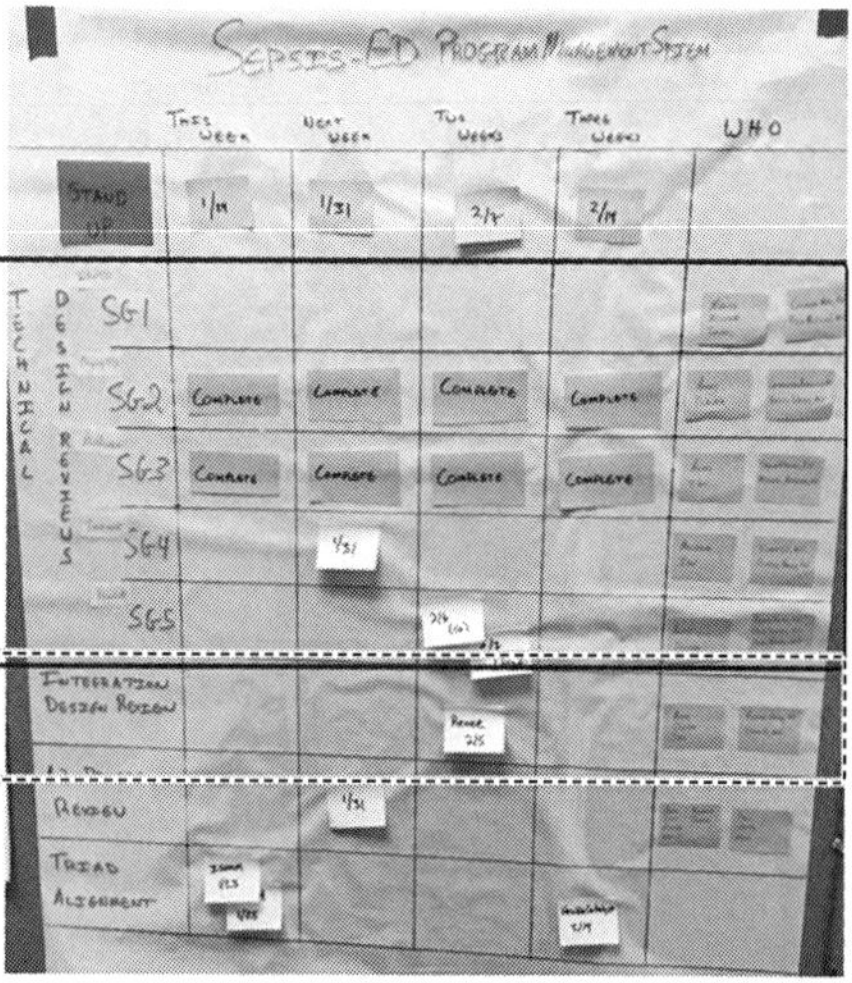

航空機メーカー・エンブラエルの定刻離陸

エンブラエルは製造現場だけでなく全社でリーンの旅路を始めた。全社にわたるその改革運動は、最上位のトップが自ら主導したものだ。間もなく、チームの最初の成果が製造現場での実践から出てくる。それなら製造でやったこと（電撃的改善活動）を製品開発に当てはめればよいではないかとなり、開発の領域で活動が始まった。しかし、エンジニアリングのコンテクストに製造と同じやり方を適用しようとしたことから、苦しんだあげく、望んだ結果を得ることができなかった。

後にエンブラエルの変革は大変うまくいくようになるのだが、製造の改善手法のおかげではない。関係者が粘り強く取り組み、必要な知識を獲得し、懸命に働き、学び続けたからである。もう1つの成功要因は、LPPDのコーチをすべてのプログラムチームに常駐で入れ込んだことだ。これができたのは、彼らが有能で尊敬される「コーチ」をしっかり育ててきたゆえである。彼らの物語をここで詳しく紹介できるのはわれわれの仲間であり、友人でもあるジョン・ドロゴスのおかげだ。深く感謝している（*7）。

エンブラエルはブラジルの航空機メーカーだ。ビジネスジェット、小型旅客機、軍用機を設計・製造し、年間売上約60億ドル。リーンへの旅路を2007年頃に始めて製造現場でかなり大きな成果を得た。同社の幹部には先見の明があり、製品開発部門を巻き込まないとリーン・エンタープライズとしての可能性を存分に発揮できないことをよく認識していた。

全社を巻き込むこのアプローチは、エンブラエル・エンタプライズ・エクセレンス・プログラム（P3E）と名付けられる。当初、リーン生産のツールと手法を製品開発に適用したものの、ほとんど成果は出なかった。それに、予想通りではあったが、製品開発部門の人々を巻き込むのにも苦労した。

そこでエンブラエルは選りすぐりの社内コーチをミシガン大学のLPPDの講義に派遣する。この講義はモーガンのトヨタ製品開発システムの研究に基づいて開発されたもので、製品開発能力を高めるための強力なツールと手法を教えていた。この講義がきっかけとなってわれわれがエンブラエルをミシガン大学の講師も務めるジョン・ドロゴスに紹介し、後には彼が同社のLPPDを支援していくことになる。

エンブラエルのLPPDの旅路の始まりは、次の3つの段階を経て進化していった。**(1)** カイゼン・イベント **(2)** モデルプロジェクトに組み込まれたコーチ **(3)** バリューストリーム・マネジメント

カイゼン・イベント　エンブラエルは、リーンへの旅路を製造部門でのやり方と同じように、まず製品開発部門の局所的な問題を解決するためのカイゼン・イベントを開催することから始めた。「素早い改善ワークショップ」とも呼ばれたこのイベントは、大抵は5日間の日程で行われる。プロジェクト・テーマを選び、チームを編成するといった準備がまずあ

り、それからチームとして現状を分析し、目標を設定し、できるだけ素早く変化を起こすよう精一杯頑張る。

企画と運営がしっかりしたイベントなら、その週の終わりには参加者は疲れ切っているものの、気分はとても高揚している。イベントの最後にまとめを上級マネジャーに報告して成功を祝う。時を経てイベントを重ねるうちに、エンブラエルはもっと短期間のイベントで成果の大部分を得ることができるのに気づいた。

早ければ1日だけのワークショップで、通常なら3日間のカイゼン・ワークショップで、成果を出せるようになった。プロジェクトの範囲が大きい場合は5日以上かけるときもあったが、チームメンバーはその間フルタイムでずっといるのではなく、必要に応じてやってきて活動する。

この時点でのエンブラエルのゴールは、製品開発の変革を始動して、LPPD変革の効果を人々に肌で感じさせることだった。すなわち、特定の問題を解決することを通して基本的なリーンのツールと技法を学び、「もっと大きなビジョンを描きたい、描けるはずだ」と思うくらいまで意識を高揚させるのが当面のねらいだった。そして、カイゼン推進室（KPO）がつくられた。カイゼン・イベントを企画運営し、社内の能力構築を進めていくのが彼らの役割だ。

KPOチームは製品開発プロセスの初期アセスメントを行い、自分たちの活動の指針と目標を設定した。彼らはこの方針と目標を用いて続く1年でカイゼン・イベントを次々と開催し、製品開発の人々の目の前でLPPDツールと技法に内在する可能性を実体化して見せた。しかし、しばらくするとカイゼン・イベントだけではLPPDの可能性のすべてを引き出せないことが、はっきりしてきた。次の段階へ進むべきときが来たとチームは思った。

モデルプロジェクト　カイゼン・イベントが局所的なパフォーマンス向上を実現し、LPPDの熱心な信奉者を増やしてきた一方で、開発プロジェクト全体を見渡せば依然ばらつきが大きく、往々にして改善が長続きしない。短期集中の急速な学びと実践は参加者を活気づけることはできるが、そのなかで彼らが達成できることや体験できることには限界がある。

KPOチームは人に焦点を当てて進めていこうと決意した。1つの開発チームが1つの大きなプロジェクトを担当するようにする。そして、すべての開発チームにそれぞれ1人の社内LPPDコーチを割当てると決めたのだ。

チームに組み込まれた専任のコーチはメンバーと共にLPPDのツールと技法を使ってそのプロジェクトの問題を解決していく。こうなれば、コーチはもはや単なるカイゼン・イベントのファシリテーターではない。なにしろ開発プロジェクトの最初から最後までずっとそこにいて、開発チームの一部として働くのだ。これは、プロジェクトチームが困っている様子をコーチが現場で直接見て、ジャスト・イン・タイムで助けることができるということだ。

コーチはまた、プロジェクトのリーダーとの間に力強い信頼関係を築き、真のコーチとして行動して、より好ましい振る舞い方に向けて変化を導くことができる。このアプローチは、過去に行われたカイゼン・イベントよりも、プロジェクトの全体的なパフォーマンスにはるかに実効性の高い結果をもたらし、ＬＰＰＤの原則を現在進行中のプロジェクトチームに埋め込むのにも役立った。

バリューストリーム・マネジメント　エンブラエルがＬＰＰＤ変革の旅を続けるうちに、会社として、もっと幅広いチャレンジに目を向けるようになっていた。これまでのカイゼン・イベントのアプローチや個別プロジェクトのレベルでは取り組むことができないものだ。上級幹部は、価値を顧客に届ける道筋に沿って自分たちの組織をつくる必要があると考えるに至る。

バリューストリーム全体を改善し、主要なトレードオフ決定を過去よりも一層機能横断的かつ総体的に行わねばならない。

また、「成功」の評価は機能や部門単位ではなく、全社を横断して行う必要がある。こうした考察の結果として経営陣は組織をバリューストリームに沿って再編し、継続的改善チームもこれに倣った。それぞれの製品開発バリューストリームを管理していくために「継続的改善マネジャー」という職位が新設され、その役割は「変革に向けたプランの策定」「実行のガイド」「結果の測定」を支援することと定められた。

流れをつくり、リードタイムを短縮して、KC貨物機プログラムを予定通りに完了する

KCプログラムは、エンブラエルでLPPDの取り組みからフルに恩恵を受ける最初のプログラムになった。KCプログラムは、エンブラエルが開発する初の多用途軍用輸送機だった。実際、エンブラエルがそれまでに設計・製造した中で最も大きく、最も複雑な飛行機だ。技術的に難しい課題が多く、新しい技術を素早く学ぶ必要があったのに加えて、チームは非常に野心的な開発日程に直面していた。

KC－390の開発バイスプレジデントのワディール・ゴンカルベスは、この開発プログラムのために包括的なLPPD実行プランを策定する。ゴンカルベスは、エンブラエルでLPPDが始まったときからずっと活動をサポートしてきた者として、また、製品開発を社会－技術システムとして考えてきたことからも、自身の戦略の中に「人」「プロセス」「ツール」というLPPDの3本柱を系統的に組み込んでいた。

第一ステップとして、ゴンカルベスは配下のリーダーシップ・チームと共に「KC－390製品開発チームの目的」を作成した。明確に定義された目的を掲げ、しっかりと伝えたおかげで、チームメンバーは皆仕事への参画意識が高まり、自分たちがやろうとしていることに誇りを持つことができた。ゴンカルベスの意見によれば、プログラムマネジメントにおける人の面に焦点を当てたこのステップは、プログラムの成功にとって最も重要な

ものであったという。

第二の重要なステップは、エンブラエルにおけるLPPDの最良の知見をKC－390の開発に活かすことであった。このためにゴンカルベスは、LPPDの最も経験豊かなコーチ、マノエル・サントスをKC－390の「エクセレンス・プラン・マネジャー」に任命した。彼の役割は、プロセスを体系化し、LPPDツールの適用をうまく進めてKC－390チームを支援することだ。

第三の重要なステップはオオベヤ・マネジメント・システムの導入である。このおかげでプログラムの進捗を効果的にモニターし、実効性の高いコミュニケーションと方向性の整合が実現できた。

製品のサブシステムごとに開発を担当する機能横断的な「モジュール開発チーム」が編成された。各チームには、製品開発、生産技術、品質、サプライチェーンのメンバーが参加する。『トヨタ製品開発システム』(＊8)を読んで学んだことをベースにして、モジュール開発チームは「目で見る管理」と「開発の初期段階では学びのサイクルを高速で回して幅広く探索し、具体的な開発の段階に入ったら正確無比に実行していくためのリーンの様々なツール」を組み合せて使い、自分たちの仕事をうまく進めた。各プロジェクトチームは自前のオオベヤで自分たちの担当する部分を管理していく。

プログラムレベルのチームは、プロジェクトの早い段階で素早く学習サイクルを回せるようにするために、前方胴体部をはじめ、機体のいくつかの部分の忠実度の低いプロトタイプ・モックアップを作成した。プログラムチームは顧客のパイロットや社内で経験を積んだエンジニアに来て貰い、設計に対する意見を直接聞き出した。製造も、狙いを絞り込んだ機能横断プロセス開発ワークショップ（3Ps）を通じていつもより早い段階で多くのインプットをエンジニアたちに提供することができた。

この活動の1つの成果は、部品点数と製造の複雑性を劇的に減らせたことだった。プログラムチームは、同様に主要サプライヤーにも意見を求め、サプライヤーのデザインをよりうまくKCのデザイン全体にわたって組み込むよう努めた。

このチームはまた、開発の早い段階で新しいシミュレーション技術を使って設計コンセプトをいち早く検証し、今までのどのプログラムよりも早い段階でバーチャルな飛行機を「飛ばせた」。振り返れば、コラボレーションの高さと、チームとしての組織的問題解決は、自分たちが入社以来経験したなかで最高の水準にあった。

E2プログラム――史上最速・予定通り・予算通り・当初構想を超える優れたスペック

E2旅客機プログラムは、2018年の時点でエンブラエルがLPPDを適用した最新のプロジェクトだ。このプログラムはエンブラエル史上最も野心的な短さの開発リードタイム目標を掲げ、同規模の他の旅客機の開発費よりも少ない予算で、このセグメントの旅客機として最も競争力の高いスペックの実現をめざして始動した。

プロジェクトのビジョンは壮大かつ挑戦的であった。同社の前世代機に比べてシステムの75%を刷新し、新たなサプライヤーも沢山参加する。新規ブレークスルー製品であり、それまでのエンブラエルのE－ジェットシリーズに単に小さな改良を加えただけの後継機ではないのだ。

E2プログラムが始まるとすぐに、プログラム・ダイレクター（担当役員）のフェルナンド・アントニオ・オリベイラをはじめとするE2プログラムのリーダーは、KC貨物機プログラムのカウンターパート（それぞれ同じ分野を担当する人。たとえば技術、調達、物流、生産技術等々）と会合を持った。これまでに得たあらゆる学びを集めてE2プログラムに活かしたかったのだ。

続いて、スペックを決めるための土台として、これから開発していくE2の「顧客価値提案書」を作成し、要件の目標を定める。これがE2の開発の全域にわたって展開され、モニターされていった。この間にも、用途に応じて様々な物理的なツール、オオベヤのようなバーチャルなツールが使われていく。

極端なまでに厳しいタイムライン・予算・スペックの水準を実現せよというのである。チームはバリューストリームの全体を隅々まで注意深く観察する必要があった。開発の初期段階で可能な限り多くのことを探索・学習して（フロントローディング）、実行段階のスピードを最大化する（手戻りなくすいすい進むようにする）ためには、まずは流れの全体をよく観察し、どんな改善機会も見逃さないようにしなければならない。

KCからもその他の過去のプロジェクトからも学びを得てE2に当てはめたことに加え、

チームはVSMプランニングの研究会を何回か行い、プログラムレベルでの仕事の流れを最適化する（簡単な言い方をすれば「まずはうまい日程表をつくる」）助けとなるクリティカル・チェーンの手法を適用することにした。

カイゼン・ワークショップも何度か行われ、価値提案をさらに掘り下げて明確にしたり、このプロジェクトをオオベヤでどのようにマネジメントしていくのかを定めたりした。リーダーはまた、「未然防止」こそ成功への鍵であり、目標を達成するには未然防止活動が不可欠だと考え、そうした活動を組み入れていく。

E2プログラムを完遂するために選ばれたこのチームの人々は、非常に経験豊かだった。もともとエンブラエルの開発プログラムのスピードは、（中小型ジェット機などの）直接的な競争相手のなかで最速である。そのおかげで、エンブラエルの技術者が経験できる開発プログラムの数は、同じ期間に他社の技術者が経験する数よりも多かった。たとえば、経験15年のエンブラエルの技術者は、それまでに、開発の開始から完了まで、3サイクルから5サイクルの開発プログラムを経験したことがあるのに対して、他の航空機メーカーでは、2サイクルから3サイクルの経験しかなかった（エンブラエルのこうした特徴は、１９８０年代に行われた日本車メーカーの新車開発サイクルが欧米メーカーに比べて短いのはなぜかという研究を思い起こさせる）。

彼らはさらに、プログラムのフロントローディングをもっと強め（つまり、初期段階でもっと数多く、よい仕事をする）、重大な知識ギャップを埋めることができる機会をいくつか見つけ出した。仮想現実と忠実度の低いモックアップを使えば、学びのスピードをかなり上げることができるはずだ。彼らは、エンブラエルの過去の開発プログラムから得られた知識の一部を再利用して学びの速度を速めることもできる。

サイマルテニアス・エンジニアリングにはものすごく力を入れた。主要なサプライヤーは早い段階から設計の真のパートナーとして参画した。早い段階で可能性を幅広く探索し、思考するフロントローディングによって、デザイン・インタフェースと製造可能性の両方ともを早い時期に劇的に改良することができた。

エンブラエルは組立容易性設計でもかなり頑張った。組立ラインを一種の「ハイブリッド・ライン」に再編し、新型Ｅ２を流しても現行機Ｅ１の納期に影響が出ないように工夫した。何度か３Ｐ（生産準備プロセス、Production Preparation Process）のワークショップを行ったおかげで、組立作業者が機体の組立を学ぶ速度を上げて、生産立ち上げのリードタイム短縮につながった。

２０１６年5月23日に行われた初飛行（図9-13）は、当初の予定より数カ月も前倒しして行われた。Ｅ２が史上最大級にさまざまな革新的技術を入れ込んだ航空機開発プログラムであることを思えば、これは驚くべきことだ。重量は目標通り、システムとしての動作も完璧だった。上空で主脚と前脚の格納試験とフラップの操作を行った後、最高高度（1万2000メートル）に達し、最高速度（マッハ０・８２）まで加速した（航空業界で報告された情報）。

この初飛行の間、ずっとフライ・バイ・ワイヤ・システムは通常モードで機能していた

（フライ・バイ・ワイヤとは、操縦桿をはじめ人の操作を電気信号に変換して航空機を運行させるシステムという意味）。離陸から3時間20分後に着陸したが、これはナローボディ機の初飛行としては最長記録であった。2回目の飛行はわずか2日後。50日後には大西洋を横断し、イギリスで開催されたファーンボロ・エアショーで展示された。

エンブラエルの経営幹部によれば、E2の開発プログラムの全体的な結果は、航空業界初と言えるものだという。E2は初飛行の段階で既に成熟度が非常に高かった。そのおかげで、一度の試験飛行で静的試験と加負荷試験の両方を実施することができた。この結果、試験の実効効率が全体で25%よくなり、試験スケジュールもプログラム全体のスケジュールも遅らせることなくこの試作機による営業キャンペーンのサポートが可能になった。

1年以上の遅延や10億ドルの開発費超過がめずらしくないこの業界でE2プログラムの結果が際立つのは、もとより史上最短の開発計画であったのに、その厳しい日程計画通りに完了したことだ。事業計画の承認から初飛

図9-13 エンブラエルE190-E2の初飛行

行まで、普通なら90カ月はかかるところ、E2は56カ月しかかかっていない。開発費は予算内に収まり、予定したスケジュール通りに完了した上に、当初想定していたスペック要件よりも実際に優れた航空機になったのである。

E190‐E2は、ブラジル民間航空局（ANAC）と米国連邦航空局（FAA）と欧州航空安全局（EASA）の3つの機関により認証を受けた。エンブラエルによれば、これはE2クラスの複雑さを持つ航空機が世界の主要認定機関3カ所から同時に認証される初のケースだったという。

エンブラエル社CEOパウロ・シーザーは「わが社の開発チームはまたもや素晴らしい結果を出してくれました。これは彼ら自身の創造性、献身、有能さによるものです。開発目標がすべて達成されただけでなく、燃費・性能・騒音・保守性などが当初計画していた要件よりも優れたものになりました」と語っている。

製品としての建物　建築におけるLPPD

LPPDの実践は見方によって「リーン・デザイン」「リーン・プロジェクト・マネジメント」「生産準備プロセス（3P）」といった別の名前で呼ばれることがあるが、基本的な原則と進め方は同じである。

建設業界はLPPD由来の原則と進め方の実験を始めて10年以上になる。そこで、オハイオ州アクロン市の病院建設に関する短い物語を紹介しようと思う。この物語が描き出すのは、他の業界でそうであるのと同じように、新しい建物を開発していくあいだに下される数々の決定が将来その建物で働く人々やその建物を訪れる人々の全員に影響を与えること、そして、LPPDの原則と進め方はそこにかなり大きな、ポジティブな影響を与えることができるということだ。リーンの見地から見ると、建設の分野はなすべきことがまだまだ数多くある新たな領域だとわれわれは確信する。

アクロン子供病院ケイ・ジュエラー・パビリオン

近年、新たに建物を建てて業務の実効性を劇的に改善しようという医療機関が増えている。アクロン子供病院もその1つだ。フロントローディングによって早い段階で利用者と主なステークホルダーからの意見を設計プロセスに取り入れることができる。そのおかげで、デベロッパー（開発事業者）は実験し、そこから学び、建物の完成後にはできない種類の改善を行うことが可能になるのだ。カタリシス（元セダ・ケアセンター・フォア・ヘルスケア・バリュー）がまとめた報告書「リーンな病院を建設する」（*9）を基に具体例を紹介しよう。

この新築ビルは7階建てで、総床面積は約3万4000平方メートル。新生児集中治療室、救急病棟、高リスク新生児分娩室、外来外科センターを擁する。2013年5月に起工し、その2年後から患者を受け入れている。

カタリシスによれば、アクロン子供病院はこの大規模開発のすべての段階にリーン・プロジェクト・マネジメントを応用したという。建設地探しから契約まで、デザインから施工まで、あらゆる段階で。こうして、すべてが完了した時点で、開院は予定より2カ月早く、建設費は予算を2000万ドル下回り（従来の方法による建設費見積と比べると、6000万ドル下回ったことになる）、病院としてのクオリティ目標を達成した。

アクロン子供病院は、明確に分けられた3段階のデザイン・フェーズを採ると決め、最重要ステークホルダーをプロセスの早い段階で巻き込んだ。カタリシスの報告によると、これら3つのフェーズは、次のようなものである。

1 概念設計　チームが現状をレビューし（患者数、流れ、ボトルネックなど）、改善された状態の特性を想定し、縮尺模型と紙の人形でレイアウトを検討した

2 機能設計　5100平方メートルのフロアを使って原寸大のダンボール製レイアウトで働いてみて、いくつかの医療の流れ（患者、家族、スタッフ、医薬、設備、補給品と情報）を検証した。チームは、テストの最初の結果に満足することなく、繰り返し何度も実験し、改善し続けるよう励まされた

3 詳細設計　チームはそれぞれの仕事の現場の詳細を最終的に決めるために、現場のモックアップを作った。モックアップはダンボール製の部屋の中に、スタッフが壁の電源コンセント、照明スイッチ、装置、紙タオルディスペンサーなどの位置に写真を貼り、実際のベッド、家具や医療装置を動かしてみて、そのレイアウトを確認した。この段階では、設計の決定は「ウ

ォンツ対ニーズ」の基準で評価された

チームは3つの設計段階の間にそれぞれ1カ月、プロトタイプを作って検証する期間が与えられた。建築家と技術者はプロトタイプを研究し、アドバイスを与え、建築の法規制や構造上の要件を満たすことを確認した。

適切な人々を設計の早い段階から巻き込むことに加えて、アクロンは契約から始まることのプロジェクトの全体をＩＰＤ（Integrated Project Delivery：最適な建物を建てるという共有目的の下、施工主、デザイナー、施工業者等の関係する人々がチームとして初期段階から協力し、最も有効な決定を共同で下していくことをめざす建設業界の新たなビジネスモデル）のコンセプトを用いてうまく管理し、目で見る管理、問題解決Ａ３、統合チーム会議といったリーンのツールをプロジェクトの随所で活用した。この建物は、職員と顧客の両方から好評をもって迎えられることになった。

われわれが製品主導の変革について学んだこと

ここで紹介した事例はいずれもそれぞれ固有の背景と経緯があり、やったこともそれぞれ違う。しかし、こうした様々なＬＰＰＤ変革の活動を振り返ると、複数の組織をまたいでチェンジ・マネジメントをうまく進めていく上で共通するテーマが見えてくる。

トップダウンとボトムアップが出会うと、力が解き放たれる

われわれもそうだが、多くの人々がフォードにおけるムラリーに関して、大変革を進めるリーダーとしてのダイナミックな役割を強調してきた。しかし、序章に続く「フォードの歴史的V字回復」で説明したように、実際にそれを成し遂げたのは、フォードの車体・プレス技術部門（B&SE）チームや、その他多くのチームの第一線の社員たちである。「CEOのリーダーシップ」と「組織の全域にわたる真剣な実践」の絶妙な組合せがフォードを成功に導いたのだ。変革は組織全体に鳴り響いた。

ムラリーはLPPDを導入するためにフォードに来たのではなかったが、新製品は彼の戦略の中心にあった。ムラリーのリーダーシップが共通の目標を持った「ワン・フォード」を創り出し、フォードの文化を変えて問題点を顕在化させ、問題を解決していったのだが、それはLPPD変革をサポートし、チームの力を解き放つ環境と道筋をつくることでもあった。正しいリーダーシップと知識と能力をうまく組み合わせることは、製品主導の変革の強い推進力を創出するのである。

あなたが得ることができる最も高い階層のリーダーから始めよ。しかしそれを超えるさらに高い階層を求めてはならない

結果志向であると同時に人を中心に考え、製品の卓越性に情熱を持つムラリーのようなCEOは、めったにいるものではない。われわれの仲間でトヨタ出身のベテラン、グレン・ウーミンガーは、トヨタ時代に多くのサプライヤーがTPSを学ぶのを助け、トヨタを離れたいまもそれを続けている。彼は、企業における変革の進め方を、内部に組み込まれた三角形のモデルを基に考えるという（図9－14）。

理想を言えば、最初から経営幹部レベルの強いコミットメントを得る、つまり大きな三角形全体を丸ごと変えたいところだが、なかなかそうはいかないのをウーミンガーは知っている。そこで彼は本物のコミットメントが得られる最高レベルを探し出す。ビジネスユニットでも、特定の部門でも、1つのプログラムでもいい（左下の小さな三角形。ここに焦点を当てる）。そして、そこだけに集中させる。彼がめざすのは、そこでの活動がうまくいって、上位幹部からなるべく大きな注目を集めることだ。これが組織の上方向へ、横方向へと影響を与えていく土台になる。大切なのは、鍵を握るリーダーをしっかりつかまえて（図中の★）、この小さな三角形の中の実践に巻き込み、会社にとって重要な成果を出すことだ。

この戦略がまさに実行されていく様をわれわれはソーラー・タービンズ社で見た。これがうまくいったのは、ソーラー・タービンズ社では製造部門でリーンを導入して成果を出

しており、製品開発部門の中にＬＰＰＤに熱心なキーパーソンたちがいて、活動の成果をうまく伝えるとともに、次々と活動プランを打ち出し、実践していったからである。

変革には理由が必要だ

率直に認めよう。変革は難しい。そして、大きな変革ならなおのこと、ものすごく難しい。惰性は強力である。今までやってきたことを継続するほうが、はるかに心地よい。だからこそ、変革には真に「よい理由」が要るのである。フォードでの必要性は単純だった。変革か退場かだ。

トヨタは業績が好調で何もかもうまくいっているように思える時期にあっても、実にうまく危機感を醸成する。豊田英二が21世紀に備える必要性を唱え、それがプリウスの開発につながったときのようにだ。困難なゴールに向かわせれば、開発チームは大いに沸き立つだろう。ただし、うまくいくようにするリーダーシップとツールがあっての話だ。

テクニップＦＭＣのケースはその好例である。パオロ・コートは、サブシー２・０のプロジェクトで配下のチームに挑戦を与え、チームは業界を一変させるような製品で見事に応えた。

図９-14 組織に埋め込まれた三角形モデル
（出典：トヨタの管理職であったグレン・ウーミンガー）

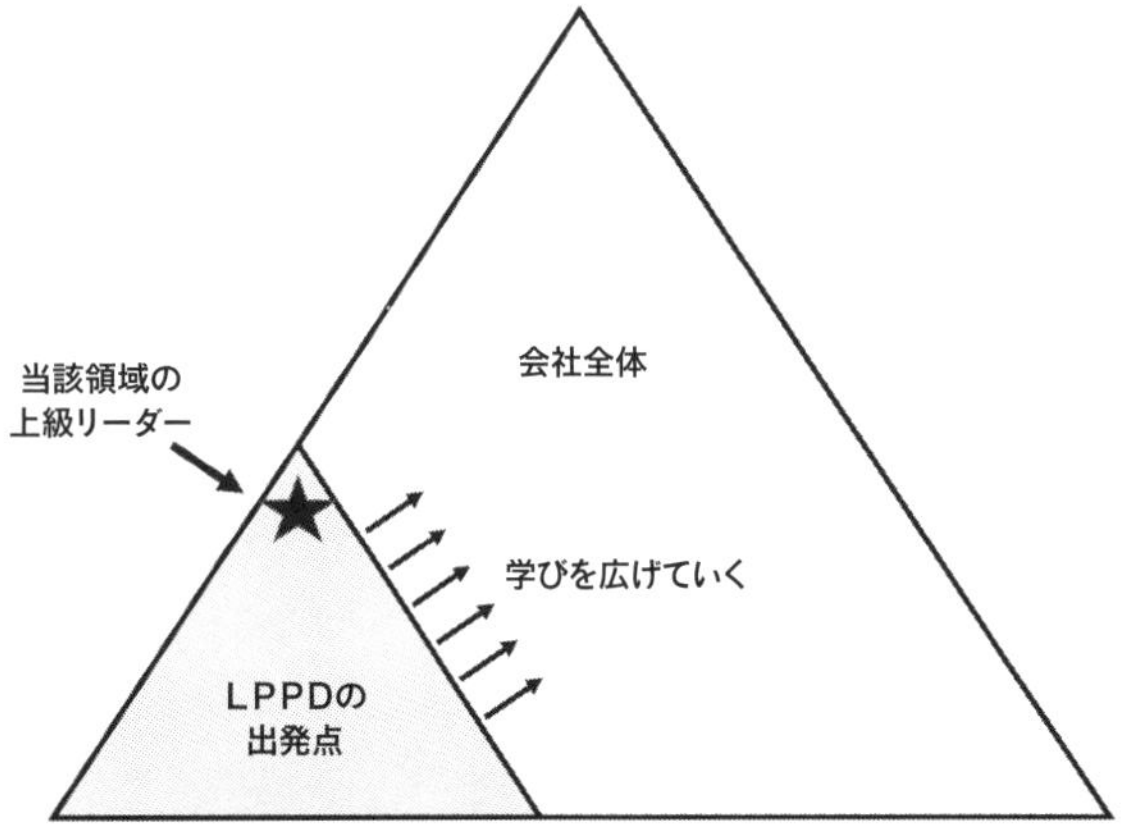

これは、プログラムのたびにどんどん目標が厳しくなったエンブラエル社でも明らかだ。経営危機でもないのに、設計チームは前のプログラムの成果を超えるべく、情熱を燃やした。

あなたの変革をブレークスルー製品の開発への挑戦を中心に進めることは、組織全体を巻き込むための有効な方法になり得るということだ。

最も重要な学び（と変革）は、ゲンバから始まる

本書で紹介した事例のいずれも、変革に向けた長時間の座学はやっていない。エンブラエルでは研修が重要な役割を果たしたが、それは社員たちが活動を始めるのに必要な基本的な知識を得るためのものに過ぎなかった。チェンジ・マネジメント・プログラムと称して社員が日常業務から離され、大きな部屋に座って、職場に戻ってから自分たちがどうやって仕事のやり方を変えるのかを話し合う光景を、われわれはあまりにも多く見てきた。しかし、こうした活動から大きな成果が出るのを見たことはない。

本書に登場してもらったケースはすべて、現実のプロジェクトから始まっており、実践を通じて学んでいく人々が出発点だった。トレーニングもあったが、すぐに使われる何かを教えるためだけに行われるのが常だった。

コーチたちは実際のゲンバで人々に教えるのに充分な経験を積んでおり、教わる人々は実際の開発プログラムで働いているのだから、結果として、抽象的な概念もたちまち現実

のものとなるのだった。

われわれはもちろん、ジョン・シュックの「意識を変えることで新たな行動様式に到達する」代わりに、「行動を変えることによって新たな意識に到達する」という考え方に賛同する。

素早い学習サイクルは欠かせない　素晴らしい製品をデザインし、つくり上げるためには、実験・学習・改良が必要だ。チームのメンバーは最善の設計解に収束していく過程で、素早いPDCAの学びのサイクルを通して働くのである。開発における学びのためには、こうしたサイクルが不可欠だ。このサイクルはまた、製品主導の変革にも欠かせない。

本章の後段で説明するように、LPPDの変革は設計上のチャレンジとみなすことができるし、LPPDのやり方の多くは変革を成功させる上で梃子として活かせるはずだ。そこには素早い学びのサイクルも含まれる。製品開発においてそうであるのと同じように、開発システムを進化させるためにも、実験し、学び、改良していく必要がある。

われわれが一緒に取り組んだどの会社も、最初の1回ですべてがうまくいったなどということはない。しかし彼らはそれをやり続け、学び、改良していった。そして、同じく重要なことは、彼らがそれを自分のものにしたことだ。何が役に立ち、何が役に立たなかったかを学ぶことで、LPPDの原則と行動の仕方を自分たちの状況や文化に適合させていったのである。

PDCAサイクルを通じて、役立ったことを自分たちの環境にうまく適応させ、役立たなかったことは捨てて、自らに固有なものを足していった。これはまさに必要なプロセスだったのだ。

懐疑的な人が良い体験ですっかり転向し、あなたの最強の支持者になる可能性がある

われわれが手伝ってきたすべてのケースで、当初は懐疑的だったものの、後に最強の支持者に転向した人が、それぞれ少なくとも1人はいた。たとえば、エンブラエルのK2プログラム・マネジャーは、自身が直接その効果を実感するまではLPPDが役に立つとは考えていなかった。しかし、ひとたび転向するや、まるで火がついたように、継続的改善のコーチからのプッシュがなくてもLPPDの原則を教え始めた。

シリング・ロボティクス社のジェミニ・プロジェクトのマネジャーは、オオオベヤ・マネジメント・システムを信じていなかったから、自分のパソコンの中で秘密の開発計画を管理していた。特に技術者は「疑いを持て」と訓練されて育つ。あるいは、こうした職種に多い性格ゆえかもしれない。彼らは技術志向であり、より優れたコンピュータ・ツールのような「技術的によいソリューション」に慣れている。

リーン・マネジメントの人の側面は、彼らにはまやかし物に映るらしい。しかし同時に、技術者は体験から素早く学ぶ傾向がある。その効果を実感できる立場に立たせ、うまくいった経験をさせると、疑い深い人が改宗者のようになる。懐疑を声高に口にする人ほど、

最も熱心な信奉者になるものだ。

とにかく顔を出し続けなさい

「私は1つ学んだ」とウディ・アレンは言った。「人生の80％は顔を見せることだ。家に籠ってベッドの中に隠れるほうが楽なこともある。私は両方やった」

われわれが一緒に取り組んだ会社はいずれも、どこかの時点でうまくいかず、苦しんだことがある。たとえば、出だしは好調でも、上級幹部が次のキラキラしたおもちゃに気を取られてしまったり、単純に他のことで忙しくなってリーン変革が停滞したり、といったことだ。

場合によっては、変革がトントン拍子に進んでいた会社で、経営トップが活動を支援する人からLPPDを信じない人に代わってしまうこともある。他にも、業績低迷のせいでLPPDのリソースを削ることだってある。おそらく、ある重要な実験で皆が考えていた方法が機能せず、活動の有効性を証明せよという圧力が強まっていたのかもしれない。

第5章でわれわれは「根性」(grit)と感情のレジリエンスが成功するリーダーの特性であると説明した。こうした特性は、変革を成功させる上でも同じく重要である。

成功する企業に共通する特徴の1つが「粘り強さ」だ。成功した企業は、端的に言って、あきらめなかったからうまくいったのである。状況が変わり、彼らの活動に再び支持が集まるようになると、それまでを反省し、LPPD活動を再始動した。一旦オフにして、また走り出したのだ。

トヨタにおいてさえ、TPSとトヨタウェイを絶えず活性化していく努力に終わりはない。友山茂樹は、トヨタがモビリティの未来に向かって進む過程で、TPSの基本をソフトウェア開発やライドシェア、ロボティクスといった新たなビジネスに適用する活動を開始すると発表した。友山はこう説明する。

「われわれが新しいビジネスモデルを作る上で、当社の強みを最大限に活かしたいと思えば、TPSをうまく当てはめることが必要になります。われわれは、社内外の人たちに、TPSが今もなおトヨタにとって中心的なものであることを示したいと思っています」(＊10)

LPPDは長期的な協調学習戦略であり、個別のプロジェクトでもイベントでもない

LPPDはカイゼン・イベントではないし、プロセス・リエンジニアリングの活動でもない。どんな活動であれ、どんなプログラムであれ、個々に費用対効果分析で判断したいという傾向は常に存在する。しかし、製品開発をよくする活動で測定可能な効果がすぐに出ることは稀にしかなく、効果が判然としないこともしばしばだ。

プログラムチームはコラボレーションと透明性というオオベヤ方式の定性的効果を即座に実感できるし、マイルストーンを使えばプログラムをもっとうまく管理できるようになる。

しかし、ＬＰＰＤの大きな効果が出てくるのは、何サイクルか開発プログラムを行った後だ。製品が予定通りに発売されたか？　性能とコストの目標を達成したか？　市場での製品の売れ行きはどうか？　その製品でどれくらい儲かったか？

そこで改めて問うべきは、「ＬＰＰＤをやっていなかったら、どうなっていたか？」である。実証実験のために並行して「何もしないプロジェクト」を実施する会社はまずないから、効果を確かめるには、過去の開発プロジェクトのデータと比較するしかない。

われわれはＬＰＰＤの手法やツールを使って驚異的な結果を出した多くの事例を紹介してきた。しかし、最も重要な成果は定量化することが難しいとわれわれは考えている。長期的成功に重要なのは、ある１つの開発プログラムを取り上げて費用対効果を分析するよりり、むしろ次の質問への答であろう。

「会社はどれくらい学習し、成長しているか？」

「次のプログラムは、今回よりもどれくらい良くなるのか？」

製品主導型変革のための協働型モデルの登場

フォードを定年退職したモーガンがリーン・エンタープライズ・インスティチュート

（LEI）と一緒に仕事をしないかという話になったとき、当初、コンサルティングの仕事をすることには、あまり気が進まなかった。過去にコンサルタントでよくない経験があったからだ。ムラリーがフォードに来る前のこと、苦境を脱したいと願ったフォードは、何社かの大手コンサルティング会社を入れていた。

しかし、うまくいかなかった。コンサルタントの分析の一部は参考になったかもしれないが、彼らが出ていったとたんに、モーガンのチームは「あれはまるっきり馬鹿げたもので、あれだけの時間とお金をかけて、大量の白いファイルが残っただけだ」と彼に言った。

フォードのチームはその体験を話し合い、コンサルティングの報告書の中には部分的に良いアイデアがあったかもしれないが、コンサルタントはフォードのチームを本当には巻き込んでいなかったという結論に達した。フォードの社員はコンサルタントの計画に、感情的にも知的にも投資していなかった。社員たちこそが最も知識と経験があり、計画を実際にやっていくのは彼らだったのだから、これは大きな問題だった。

結局、モーガンはLPPDに関して学んだことを人々と共有したいと思い、LEIと一緒に働くことにしたのだが、自身が過去に経験した方法とは違うアプローチを取りたいと考えていた。彼とLEIのチームは、相手方の企業がプロセスに十分深く関与してくれるだけの「支援モデル」を作らなければならない。LPPDを実践するのは、つまるところ、相手方の企業なのである。

プランに対して、感情的にも知的にも彼らに十分に関与してもらい、結果に対する当事者意識を持たせることが必要だと思った。ＬＥＩのチームと企業は、この活動を通して双方が学び合う真のパートナーにならなければ、事は成就しない。ＬＥＩがクライアント企業の世界や固有のチャレンジについて学び、クライアント企業はＬＥＩからＬＰＰＤの手法やツールを学ぶ。ゴールは真の学習パートナーシップを築くことだ。

学習パートナーシップ・モデルをつくる

ＬＥＩはモーガンのこの考えに深い理解を示した。実際、ＬＥＩは同じような学習パートナーシップ・モデルで複数の企業と何年も一緒に取り組み、うまくいった経験を持っていた。ジム・ウォーマック（ＬＥＩの創設者）とジョン・シュック（ＬＥＩの当時のＣＥＯ）が、コーチングの関係性についてのモーガンの考え方に完全に同意する。

新たなチャレンジは「製品・プロセス開発というユニークかつダイナミックな世界で」うまくいくモデルをつくることであった。ＬＥＩチームは、この活動への参加に早い段階から興味を示していた数社と一緒に取り組み始め、彼らのチャレンジ、懸念、ものの見方をさらに深く理解すべく努めた。そうこうするうち、こうした企業がいくつか実験をしてみることに合意して、変革の物語が始まったのである。

戦略A3を書くところから、パートナーシップのあり方の探索へ

どんな種類のパートナーシップであれ、成功への鍵は、共に取り組むことに相手が深く関与することだ。これは双方向の関係である。この考えは、宣伝しまくって、喜んでお金を出してくれる会社が見つかったらどんな相手でもよろしいといった類のものとはまるで違う。

実際、LEIチームは参加を希望するすべての会社を受け入れるのではないし、十分に貢献していない会社には退会してもらうこともある。それぞれのパートナーとの関係は、潜在的パートナーと一緒に歩き回り、話し合い、一緒に時間を過ごして、相手方の個々の状況と改善可能性をさらによく理解すべく努めるところから始まる。これは探索のステージなのであり、双方のいずれかが何かを約するのはその後だ。

探索には、ゲンバで学ぶこと、機能を跨いで人々と話し合うこと、データや仕事の出来栄えをよく見ること、解決すべき問題は何かという共通の理解に向けて一緒に活動することが含まれる。LEIは最初の訪問でこのアプローチを相手方の企業に教え、共に歩むよう仕向け、情報を提供し、質問に応える。

この訪問の結果、大抵はその企業に最もよく合うコーチをアサインして、まずは戦略A3を1枚、一緒に書いてみましょうということになる。この戦略A3が成長して、後々ま

でずっと進化を続けることになるのだ。肝心なのは、双方ともが共同で責任を担う自分たちのプランの実現に、深く関与していくことだ。

設計問題としての組織変革

こうして確固としたパートナーシップの土台が築かれると、モーガンは組織としての開発力を高めていく上で、もっとよく効く、新たなやり方の体系を確立したいと考えた。モーガンは、「LPPDのものの見方」からすれば、組織変革とは本質的に設計のチャレンジなのだと思い定めていた。

しかし、新しいスマートフォンや旅客機を設計・製造するのではなく、よりよい製品・プロセスを開発する「しくみそのもの」を設計・製造しようというのだ。これが新たなチャレンジなのは言うまでもない。これは組織変革の本質に迫る極めて重要な洞察であるとわれわれは確信している。

なぜなら、新製品開発プログラムと同じように、人を中心に据える複雑かつダイナミックな環境というものは不確実性に満ちているのであり、あなたはそうした「数多くの未知のもの」から始めざるを得ないからだ。

加えて、あなたのゴールは、過去に実現されたあらゆるものを超える価値をもたらす何ものかを創出することなのである。したがって、あなたは、「現状」「顧客」「チャレンジとリスク」「あなたが思い描く新しいしくみの主要な特性」を深く理解するところから始める他ない。

あなたは、この「検討」から出発して、自身の理解を深めるための「学びの実験」を行い、「1つのプラン」をつくって人々と共に進む方向を揃え、そのプランを実行していくのだが、その間も、透明性・機能横断コラボレーション・PDCAサイクルの大切さを絶えず強調し続ける必要がある。

1つのチャレンジから始める

新製品の開発がそうであるのと同じように、この仕事は、性能ギャップを明らかにして解決すべき問題を特定する、すなわち、競争優位性をつくり出す機会を探し出すところから出発する。これがあなたにとっての「なぜ」になっていく。しかし、ギャップを埋めようとする前に、まずあなたは現状を深く理解しなければならない。これこそ初期段階のアセスメントの本質であり、先に紹介した戦略A3の始まりである（A3用紙の左側上段を書き始める）。

この段階で、当該チャンレンジに関係する、製品別あるいは機能別の部門から上級幹部に参加してもらってステアリング・コミッティ（方向を決める諮問委員会のような集団）を確立することも大切だ。この集団は、組織を率いて当該チャレンジに向かわせ、指針を与え、障害に出会えば打ち砕き、挑戦を続けるための人・モノ・資金等々を確保する責任を担う。

上級幹部に変革に深く関わってもらう上でステアリング・コミッティはなかなか優れた

方法である。ステアリング・コミッティのメンバーは、積極的な役割を果たさなければならない。下から上がってくる質問に答えることを求められるのに加え、部下たちが学んでいくのと同じように、彼らも学び続ける必要がある。

初期段階における「検討期間」

ひとたび明確に定義されたチャレンジを持てば、優れた製品開発プロセスは、必ず顧客と現状を理解するところから出発するものだ。われわれは、個々の組織のニーズとコンテクストこそが重要なのであり、どのようなものであれ、決められたシステムに厳格に従うことよりも、はるかに勝ると信じている。

製品開発力を高めるために、どんな企業のどんな状況でも同じようにやれると言い、進め方に至るまでいちいち細かく指示して1つの「ソリューション」を押し付けるのをしばしば見かけるが、われわれはそういうやり方には反対だ。新たなやり方を思いついて実施に移すのは後のことであって、リーダーとコーチの役割として、まずは組織のニーズとチャレンジを理解しなければならない。

だから、最初から腰を据えて、ひるまずに現状を直視しなさいと言うのである。LEIの変革モデルは、出発点として役に立つ一連の質問を示してくれる。

1 われわれは、どのような問題を解決しようとしているのか？

2 われわれは、どうしたらその仕事を理解し、よりよくすることができるか？

3 われわれは、いかにして人を育てていくのか？

4 われわれは、自分たちのマネジメントのしくみを、どのように改善すべきか？

5 われわれの基本的な考え方は何か？　めざす変革の根底にある、われわれの根本的な前提は何か？

この検討期間に活用できるツールと手法は多い。バリューストリーム・マッピングのワークショップ、性能データの深い掘り下げ、「斜め切り」インタビュー（部門やグループごとに、異なる管理階層の人をインタビューし、少ないサンプルで組織全体の情報を得る手法）、スキルと組織の健全性評価など、この他にもいろいろある。調査は自社内だけにとどめてはならない。

優れたチーフエンジニアは、競合他社についても、製品が実際に使われる状況についても、実によく知っているものだ。だから、幅広く文献を調べ、自分たちの業界内の組織も業界の外の組織もよくベンチマークして、コーチを得て、学習グループに参加し、学会に参加せよと言うのである。その他にも、現状を徹底的に理解するためなら、どんなことでもやりなさい。

根底にある考え方は、自身の現状と何が可能であるかということを自ら深く理解し、それへの複数の対策案を考え出し、それらが実験と試行につながっていくというものだ。現場で実際に働くチームが対策に優先順位を付けた後（チームは、同時に試行できる以上の数のアイデアを考え出しなさいと指示される）、提案する実験のそれぞれに対して個々にA３レポートを書いて、試行のプランを立てる。

製品開発の初期に行うプロトタイピングと同じように、こうした実験は自分たちが知りたいことを素早く知るためにやるのだから、最低限の精度でよろしい。素早い学びのサイクルを創り出すことによって、後の実行の段階で使える知識を獲得すべく努めるのである。この「検討段階」の成果物は、コンセプト・ペーパーにも似た実行プラン、すなわち、説得力のあるビジョン、新たなシステムの主たる特徴、目的、アクション・プラン、誰がやるのかを明示したものである必要がある。

コンセプト・ペーパー

機能横断チームで新しいプロジェクトを始めようとするたびに、とりわけ変革を目指すなら不可避的に生じることではあるが、曖昧さが残っていたり、時に反対の方向に進んでしまったり、不整合があったり、深刻な思い違いが発生したりするものだ。それが後々大きな問題に育って最良の意図さえも台無しにしてしまう。

幸い、われわれはこうした事態に陥るのを防ぐ方法をすでに紹介してきた。第1章で説明した通り、コンセプト・ペーパーは、あなたが検討期間に学んだことを未来のありたい姿という魅力あるビジョンに変換し、新たなシステムの主要な特性を「固定」（必須）と「可変」（チームが工夫してもよい）の両方を含めて解き明かし、これらの要件を具現化する実現可能なプランを創り出す。

変革に不可欠であるにもかかわらず、往々にして欠けているのが全員の方向の整合である。コンセプト・ペーパーはこの整合をとり、全員をプロジェクトに巻き込むメカニズムとして機能し得る。

同時に「真北」(めざすべき方向)を示す文書をもたらすものでもある。チームが常に参照し、議論し、必要に応じて進化させていく文書だ。コンセプト・ペーパーは、人々に情報を伝えるものであると同時に、人を啓発し、やる気を引き出すものであるべきで、また、実行の土台を提供するものである必要がある。

実行に役立つ主なツール

オオオベヤ・マネジメント・システムを、全員へ展開するための告知板かつコントロールセンターとして、大いに活用せよ。新製品プログラムと同様に、オオベヤの壁には、コンセプト・ペーパー由来のさまざまな情報が掲示される。A3から発せられる重要な情報、特性の推移グラフ、スケジュールのマイルストーンが壁に貼られ、適切な間隔(少なくとも週に1回)でミーティングが設定されて、メンバーは立ったままミーティングに参加する。

チームは、おおまかなスケジュールを立て、異常を正常から区別するための主要マイルストーンを定める。チームはまた、デザイン・レビューを使って機能横断的な「技術上の問題」を議論し、解決していく。ステアリング・コミッティのチームは透明性とコラボレーションを最大化するというゴールを胸に刻み、定期的にこの部屋を訪れて、実務チームをサポートしていかねばならない(第4章参照)。

振り返りと学び　このプロセスの進化を経験するうちに、チームの学びのスピードは驚くほど高まる。自分たちの経験から学び、他の学習パートナー企業からも学ぶのである。こうして学んだものを記録し、それを自分たちの今の仕事や次の仕事に活かすことは、当然ながらものすごく重要だ。

しかし、１回限りの活動になってしまったら、失敗である。このアプローチはよくできているが、肝心なのは始めることであって、完了することではない。このやり方は、継続的改善の旅路のための強固な土台をもたらすものであるべきなのだ。この土台あればこそ、組織全体が１つの企業として考える方法を大きく変えることができる。

かくして組織は競争優位性を獲得し、過去には不可能と思えた目標さえも達成できるようになる。このアプローチには、もう１つの利点がある。人々がＬＰＰＤのシステムを構築しながら、それを活用するのに慣れていけることだ。

まだ始まったばかり　設計の問題として組織変革に迫ろうとするこのアプローチは比較的新しいものだが、希望が持てる成果が出始めている。本書でも紹介してきた通りだ。ＬＰＰＤのアプローチは、製品主導の変革に向けて、「固定と可変」という枠組みを提示する。この「固定と可変」の枠組みは、開発システムにおける人とプロセスと技術的要素、さらにはそれらの間の相互依存性をもよく見て、正面から取り組もうとするものだ。

ゲンバで学び、実験し、対策を素早く試すことによって、深く理解しようと頑張るのである。この枠組みは、明解に描かれたビジョン、プラン、実行の貫徹を、透明性とコラボレーションと共にもたらすものでもある。そうして、ＰＤＣＡサイクルを回してどこまでも学び、改善し続けることを通して、完全性を追求していくのだ。

しかしながら、初期の結果が希望を持たせてくれるものだとはいえ、組織改革という複雑かつ困難なこの仕事のためには、まだ学ぶべきことが非常に数多くある。それこそがわれわれのこれからのミッションと思っている。

それから、もう1つ

学びのコミュニティ　最後に、従来型のコンサルティングの関係性においてしばしば欠けていたのが、同じように困難な道を歩んでいる他の企業から学ぶ機会だ。大抵の企業は自社の製品開発に関する取り組みは秘密にしておく。カンファレンスでの発表は成功事例が中心である。公開の場で企業が自ら失敗事例を話すことはそもそもめったにない。この結果、抽象的なレベルを撫ぜるくらいがせいぜいで、具体的なことはあまり学べない。要するに、ほとんど役に立たないのである。

ＬＥＩチームは、競合関係にない企業を集めて、全社が機密保持契約を結び、定期的に自分たちの旅路を共有することを目指した。こうしたイベントでは、企業が最新の実験とその結果（成功でも失敗でも）、そこから学んだものを共有している。

イベントは年に2回開催され、会員企業が持ち回りでホスト役になる。包み隠さず情報を交換することで、参加者にとってより多くの学びにつながったのに加え、企業間の関係、特にトップどうしの関係が強固になった。さらには、イベントのときだけに留まらない、平素からの企業間コラボレーションを可能にしたのである。

変革における、政治的、社会的、心理学的な側面を考えよう

いろいろな意味で変革は変革であり、いずれにせよ、同じような力学が当てはまる。本章の冒頭でも説明した通り、変革における人の側面を扱った書籍は数多くある。そうしたモデルの説明をここで繰り返すつもりはない。しかし、LPPDのように全社にわたる変革をうまく進めていくには、政治的、社会的、心理学的な側面をもうまく扱っていかねばならず、多様なチェンジ・マネジメントのスキルが必要である。しかも、これらの要素は互いに深く絡み合っているのだ。それぞれを、ざっとおさらいしよう。

政治システムとしての組織

政治システムは、利害、権力、影響力に焦点を合わせる。国政や自治体はじめ企業内にも政治はあって、その中でわれわれはとりあえず「政治は悪いもの」と見做すのに慣れている。「あれは社内政治だ」という言い方は、会社をよくするためにではなく、自分の利益のためにシステムを巧みに操ろうとすることへの懸念や嫌悪を表している。

フォードに入ってきたムラリーが直面したのは、会社を潰しかけた悪い政治の例だ。しかし、ムラリーがフォードを倒産の危機から救ったのも、政治を活かしたからこそできたことなのである。彼はCEOとしてのオフィシャルな権力を行使し、持ち前のリーダーシップからくる影響力を活かして、「ワン・フォード」に向けて全員の方向を揃え、巻き込んでいった。

われわれが「企業のトップのコミットメントを得なければ」と言うとき、それは政治の話をしているのである。「自分が説得できる一番上の階層のリーダーからコミットメントを得て、そこから影響を及ぼしていこう」と言うときも、それは政治の話をしているのだ。政治を理解し、効果的に活用しなければ、大掛かりな組織変革はうまくいかない。

社会システムとしての組織

どのような種類の変化であれ、組織の中に本質的な変化を起こす上で、文化の話をせずに議論することは不可能だ。「この組織の人たちは、何十年もここで働いていて、無気力の文化に慣れ切っている」とか「決められた通りにきちんやるという文化がここにはない」とか「この組織の文化は『私』のことばかり考える自己中心的なもので、『私たち』という発想がまるでない」といった主張がなされることがある。こうした言葉は、少なくとも一番外側の目に見える部分においては真実であり、当該組織の文化の正確な診断と言えるかもしれない。

組織文化の専門家のエドガー・シャインは、「もっと深く掘り下げよ」とわれわれに呼びかける（＊11）。文化を読み解くには、表面的な事象の下にあるもの、人々が口にすることの根底にあって無意識に皆が信じている「彼らの前提」まで掘り下げて見なければならない。オフィスのレイアウトは事象だ。オオベヤもまた別種の事象である。人々が自分のことのみに関心を集中するような事態に至ったなら、それは文化に深く根差した何ものかが表に出てきた「症状」なのである。

たとえば、ムラリーが来る前のフォードの暗黙の前提は「『問題があります』と言えば『私が問題である』という意味になり、罰せられるのは私だ」というものであった。

こうした恐怖の文化は、様々なかたちをとって表面に出て来る。問題を隠蔽するとか、本来なら協力して共に働くべきなのに、他部門の言うことは外部からの脅威であり、脅威には防御壁を築くべきといった態度として、表面化してくるのだ。

ムラリーの「共に働くマネジメント・システム」は、新しい文化のビジョンをもたらした。しかし、文化に関して難しいのは、新たな事象や標語が登場しても、どれだけ情熱を込めた演説を聞いても、人々のなかにある根本的な信念を変えることはできないということだ。

別の言い方をするなら、文化というものは、表面は変わるように見えて、核は変わらないものなのだ。文化に対して確実に大きな影響を与えるのは、言葉よりも行動である。とりわけ、鍵を握るリーダーの行動の仕方の影響は大きい。彼らの行動は、新しい文化の信念と価値観にぴったり符合して一貫性を保つよう、よくよく考えた上でなされねばならない。

だが、それよりもさらに強い影響力を持つのは、リーダーが変えようとしている人たちの実際の行動である。リーダーから「皆で一緒に、共通の目標を目指して働こう」と言われたらうれしい。より高い目標に向かって共に頑張っている自分たちを、リーダーが真剣に支えようとしていることを行動で示してくれたら、もっと強力だ。

しかし、1人ひとりを共通の目標に向かって頑張るチームの一員として働ける位置に立たせ、実際に実りある仕事をやらせることこそ、本物の変革へつながるものだ。

本書を通じて説明してきたLPPDのテクニックと手法は、協力して共に働く活動に人々を巻き込むことを意図したものだ。その活動がめざすのは、卓越した製品、卓越したサービスを顧客に提供することを通して素晴らしい企業になるという、もっと上位のゴールである。機能横断チームに問題が見えるようにすれば、成功への最大級の障害を乗り越えるために、自ずと協力する機会が生まれる。こうした経験を何度も繰り返すことが、文化を深いところで変えていく唯一の道だ。

1人ひとりが違うニーズを持つ人々で構成されたシステムとして、組織を見る

われわれは「『そうはいっても、この活動は私にとってどんなメリットがあるのか？』という質問に、どう答えればよいのでしょうか？」という質問を、数え切れないくらい受けてきた。その根底には、文化的な前提がある。

「人は、新しい方法で働くことで自分自身に具体的なメリットがなければ、変わらない」という考えだ。あるいは、「人はパブロフの犬と同じ」という見方である。おすわりしたり、立ったり、ものを取ってくるように犬を躾けるには、おいしそうな肉を与える必要があるかもしれない。

動機には「内的動機」「外的動機」の２種類があるというのは、動機付け理論を単純化した見方の１つだ。外的動機なら、「私にとってのメリットは何か？」という質問に対して「これをやってくれたら、あれをあげる」と応じる。お金であったり、昇格であったり、両方であったりする。こうした報酬は、具体的で目に見えるものでなければならない。

人には確かにこのような傾向がある。そして、欲しがるものをあげて、利己心を満たすことが動機づけになることもあるだろう。少なくとも短期的には。しかし、人にはもう1つの側面がある。それは、自分の内なる使命に向かって努力し、自分が日々進歩し、成長していると実感することから来る内的動機だ。自分はものごとを変えることができるという思い、その変化の結果を常に見ることができるという自己効力感（self-efficancy、ある行動や課題を自分で達成できるという信念・自信）は、ものすごく重要なのである。

仕事をやること自体が報酬になるように、仕事の中身を豊かにする方法について、多くの研究がなされている（＊12）。ダニエル・ピンクは自著『モチベーション3・0』（大前研一訳、講談社＋α文庫）（＊13）で、外的動機は木材を同じ形状に何度も切るといった「結果が明確で内容が比較的単純、繰返し性の高い作業」に対して有効であり、「創造性と思考を要する複雑な仕事」には内的動機のほうが合っているという研究結果を紹介している。

当然ながら、われわれは、開発は創造的な仕事であってほしいと願う者だが、開発の仕事というのは、1つひとつの行動に対してその結果が見えるのは、ずっと後になってからである。自分のやっている仕事の出来栄えが良いのか悪いのか、その場ですぐには判然としないのだ。これは、内的動機をうまく引き出すのを難しくする理由の1つと言えよう。

本書でいままで話してきたことのすべては、内的動機に訴えるよう意図され、工夫されてきたものだ。仕事をもっと面白くする、他者との間に確かな絆を築く喜びを経験する、誰かのために大切な何かをつくりあげるといったことは、すなわち、それまでとは違う何かを生み出すことだ。オオベヤ方式をはじめ、ＬＰＰＤの個々の手法はシンプルなものだが、そこに参加する１人ひとりに、このような「違いをつくり出す経験」を日常的にさせることができる。

少なくとも週に１回は自分の仕事を認めてもらえるのだ。何カ月も先の主要マイルストーン・レビューを待つ必要はもうない。待ったところで、マイルストーン・レビューでは開発全体への１人ひとりの貢献は膨大な項目の中に埋没してよく見えないし、個々の項目も緑・黄・赤であっさり評価されるだけなのだから。

これはあなたの未来を創る旅路だ

ＬＰＰＤが関係者全員にとっていかに深遠な旅路であるか、いくら強調しても、強調し過ぎることはないとわれわれは思う。

改善のサイクルを何度か繰り返した後に、こんな意見が出る。

「信じられない体験だった」

「仕事としても、個人としても、何が可能で何が不可能かということについて、自分の考えが大きく変わった」

「われわれの会社がこれなしでどうやって生き残れるのか想像できない」

といった声だ。われわれが個人的に一番好きなのは、「会社に来るのがようやく楽しくなった」という言葉である。

製品・プロセス開発は、実に、あなたの未来そのものだ。あなたはいろんなことをあれこれやってみた挙句、「どうか明るい未来が来ますように」と祈ることもできるし、自ら主導して自分自身の未来を創ることもできる。われわれは、あなたがイニシアチブを取るためにできることのすべてをやるよう強く勧める。

Your Reflection

あなた自身の振り返り

ビジョンをつくる

変革をうまく進めていくのは、複雑かつ困難な仕事である。われわれは、従うべき標準的なステップがあるとは考えていない。その代り、われわれはLPPDを取り入れた様々な企業の事例を用いて、そこから得られた教訓を示した。

- トップダウンとボトムアップが出会うと、力が解き放たれる
- あなたが得ることができる最も高い階層のリーダーから始めよ。しかしそれを超えるさらに高い階層を求めてはならない
- 変革には理由が必要だ
- 最も重要な学び（と変革）は、ゲンバから始まる
- 素早い学習サイクルは欠かせない
- 懐疑的な人が良い体験ですっかり転向し、あなたの最強の支持者になる可能性がある

- とにかく顔を出し続けなさい
- LPPDは長期的な協調学習戦略であり、一過性の活動ではない
- 複数の企業を跨ぐ共同学習戦略には、多くの利点がある
- 戦略A3は、活動推進戦略を立案し、コンセンサスを得る上で大いに役立つ
- 製品主導の組織変革は「設計の問題」として捉えることができるし、LPPDの原則と手法を活かせる。その証拠もだんだんと増えつつある
- バリューストリーム・マッピング、オオベヤ方式、「リーンな」デザイン・レビューは、もののごとを可視化し、結果を出せる適切な方法で活動を始めるのに大いに役立つツールの典型である

あなた自身の経験と、本書に登場する事例からあなたが学んだことに基づいて、上記のチェンジ・マネジメントの教訓に対して、あなたはどのような追加・変更を行うだろうか？

最初のプラン

ここに至れば、現状を理解するより、あなたがどう始めるかを考えたほうが役に立つと思う。われわれは、LEIが使っている次の質問を自らに問うことを勧める。

1 われわれは、どのような問題を解決しようとしているのか？

2 われわれは、どうしたらその仕事を理解し、よりよくすることができるか？

3 われわれは、いかにして人を育てていくのか？

4 われわれは、自分たちのマネジメントのしくみを、どのように改善すべきか？

5 われわれの基本的な考え方は何か？　めざす変革の根底にある、われわれの根本的な前提は何か？

行動する

さあ、始めようではないか。いよいよ何かをするとき、何かにコミットするときが来たのだ。可能な限り高いレベルで機能横断チームを編成し、ソーラー・タービンズ社の例で見たように、LPPDを試してみるプログラムを決めなさい。これを通してあなたと同僚はその効果を目の当たりにするはずだ。現実の問題を解決し、基本的なリーンのツールや手法を学んでいく。胸が躍るあまり、思わずLPPDを広めてしまうようになる。

本書のチェンジ・マネジメントの教訓をもう一度よく考え、どうやって始めるか、最初の1年で何を実現できるか、大まかなプランをつくりなさい。ここではあなたの未来のことを話している。他社がやっている素晴らしいことを読んだのだから、今度はあなたの番だ。先人に続け！

謝辞

本書執筆に具体的に協力してくださった多くの皆さん、長年にわたって多くのことを学ばせてもらった全員に深い感謝を捧げる。全員の名前を挙げたいが、数百人にもなってしまう。あなたたちはわれわれとの関係をよくご存知と思う。心からの感謝を伝える。ここでは本書執筆に直接協力いただいた方々の名前を挙げ、御礼を申し上げたい。この人たちがいなければ、実際、ここまで来られなかった。

まず、アラン・ムラリーがこのプロジェクトのためにくれたアドバイス、意見、非常に長い議論に費やしてくれた時間に深く感謝する。全く凄いことだ！　彼はフォードでモーガンの最も重要なメンターであり、今でも親しい友人だ。

本書のプロジェクトでは新たに試みたこともあった。本書はマグロウヒル社とリーン・エンタープライズ・インスティチュート（LEI）と著者のわれわれという三者の初めてのパートナーシップの賜物である。このパートナーシップは、われわれに多大なサポートを与えてくれた。マグロウヒルのノア・シュワーツバーグの素晴らしい編集支援に加えて、LEI創設者のジェイムズ・ウォーマックとLEI会長のジョン・シュックのサポートも有難かった。

シュックは、われわれにトヨタウェイに関して何十年間も教え続けてくれている。彼はトヨタの部長代理だった時代にライカーの最初のトヨタ側窓口だった。後にトヨタを退職してミシガン大学の教員になり、われわれ2人のメンターとして、トヨタの歴史、哲学、考え方や手法に関する自らの深い知識を伝えてくれた。モーガンは一緒にLEIで働くなかで、今も彼から学び続けている。シュックは本書のすべての章を読み、貴重な修正や、厳しい質問をした。ジム・ウォーマックは常の如く期待通りに質の高い意見を述べ、「ああ確かにそうだ!」と考えさせる質問をしてくれた。原稿を読み、編集し、意見をくれたのはティム・オグデンとジョージ・タイネッズだ。タイネッズはすべての章を通じてわれわれにつきっきりで、われわれの書いた粗い文章を読めるストーリーに書き直してくれた。われわれのような技術系の人間がものを書くのを助けてくれた編集者たちに心からの感謝を伝えたい。

この原稿の早い段階の文章を読み、意見をくれた人のなかには、メアリー・モーガン、アンディ・ハウク、チャーリー・ベイカーがいる。あなた方の洞察はこのプロジェクトに大変役立った。メアリー・モーガンはジム・モーガンの妻だ。彼女はゼネラルモーターズで技術マネージャーやリーンのコーチとして長年働いた。彼女は貴重な洞察を与えてくれただけでなく、このプロジェクトのまとめ役になってくれた。本書を書き上げる上で、彼女の助けはとても大きかった。

モーガンのフォードでの同僚にも感謝したい。彼らは他の人には理解しにくい経験を共有してくれた。製品開発のみならず、それを超えてはるかに多くのことをモーガンに教えてくれたのは、ジョー・サムット、デイブ・ペリカク、テリー・ヘニング、デリック・クーザック博士、ジョー・

ヒンリヒス、ジョン・フレミング、ジェシー・ジョウ、ジョン・デイビス、エリック・フレビック、ヒロ・スギウラ、ランディ・フランク、スーザン・デサンドレ、アート・ハイド、ジェニファー・パルスグローブ、デボラ・ケラー、ブルーノ・バーセレミー博士、マット・デ・マース、ボブ・トレカペリ、ジェリー・フォード、スティーブ・クロスビー、その他にもたくさんの人々の教えがあった。

モーガンとTDM社は、同社が小さな試作品工場であった頃から、設計・プレス・組立を担う大きな工場となり、後にフォードに買収されるまで一緒に育ってきた。モーガンがリーンの意味を深く知るようになる前からそれを一緒に学んだTDM時代の友人にも感謝したい。ジョン・ラウリー、スティーブ・グイド、ネッド・オリバー、ビル・アングリン、スティーブ・モーテンス、ティム・ジャゴダ、スコット・ベイカー、ビル・ロバーツ、ビル・モリソン、ジェリー・ポトビン、その他多くの人たち。

今回もトヨタはわれわれにとって素晴らしいパートナーであり、先生だった。本書の執筆のためにわれわれが同社の最新の製品開発の進め方について再度インタビューを申し込んだ際もトヨタのチームは快諾してくれた。彼らはわれわれが望んだインタビューと拠点訪問のすべてをアレンジしてくれたのである。彼らは非常に長い時間、インタビューを通してわれわれに教え、質問に答えたり、車を運転したり、ゲンバを歩くのに費やしてくれた。われわれはミシガン州アナーバーのトヨタ・テクニカル・センターに何度も通い、米国人のチーフエンジニア全員にインタビューした。日本へも2回行き、日本のトヨタの人々にトヨタ・ニュー・グローバル・アーキテクチャ（ＴＮＧＡ）についての質問を次々と投げかけた。われわれはトヨタのハイブリッド車と電気自動車と水素燃料電池車についても学ぶことができた。なによりトヨタの方々は素晴らしいホストで、楽しく時間を過ごせた。日本訪問時に会いたい方々に会えたこと、彼らに貴重な時間を割いてもらったのみならず、温かな配慮をいただいたことに深く感謝している。

窓口役を務めてくれたトヨタの広報部の新実真木は常に対応が素早く、辛抱強く、いつも物事をちゃんと処理してくれて、笑顔で接してくれた。3年間にわたるサポートに心からの感謝を捧げる。われわれは2人とも、長年にわたってトヨタの人々からあまりにも多くのことを学んできたから、ここに1人ひとりの名前を挙げて感謝の言葉を書けないのを心苦しく思っている。とりわけ次の方々には私たちのこの数年のトヨタ研究において大変お世話になった。深く感謝申し上げる。

日本でインタビューさせていただいた皆さん（所属・役職は取材当時のもの。敬称略）

プリウス開発　豊島浩二（ＣＥ）、菅野伸介（主幹）、澤登治（主任）、金子將一（主査）

ＴＮＧＡ開発　森本清仁（常務理事）、朝倉和彦（室長）米田　啓一（主査）、
神谷元雄（主査）、小野雅重（室長）、増田健太郎（主査）

ＭＩＲＡＩ工場　石丸洋一（課長）、朽木泰博（室長）、南隆雄（主幹）

ＭＩＲＡＩ開発　田中義和（ＣＥ）、木崎幹士（ＣＰＥ）

水素社会推進 河合大洋（主査）
レクサス 澤良宏（常務役員）
C-HR開発 古場博之（主査）
生産技術 牟田弘文（専務役員）、石川達也（常務理事）、新美俊生（部長）、北代忠志（グループ長）、
井上真一（プロフェッショナル・パートナー）
製造（上郷工場）河合満（副社長）、斉藤富久（部長）、土屋久（室長）
生産技術（堤工場）吉田晴胤（部長）、小幡哲也（室長）
広報 早川茂（専務役員）、橋本博（部長）、酒井良（室長）、小金井勝彦（グループ長）、小川貴司、
野村理香、山岡正博（部長）、ジャニーヴ・ジョー（グループ長）、加久田莉朋

アメリカでインタビューさせていただいた皆さん（所属・役職は取材当時のもの。敬称略）

広報 ブライアン・ライオンズ（シニア・マネージャー、トヨタモーターノースアメリカ）
トヨタ・テクニカル・センター
モンテ・カー（カムリCE）、ランディー・スティーブンス（アバロンCE）、
グレッグ・バーナス（ハイランダーCE）、マイク・スウェアーズ（タンドラCE）、
アンディ・ルンド（シエナCE）、ドン・フェデリコ（車両評価ジェネラル・マネージャー）、
勝又正人（トヨタ自動車、カムリCE）、中尾清哉（プレジデント）

インタビューを受けてくれただけでなく、われわれを指導し、本の執筆にも協力してくれたのがトヨタのチーフエンジニアのランディー・スティーブンスである。
本書では多くの事例を取り上げた。事例に登場する人々は長年一緒に働き、学んできた友人であり、仲間だ。挑戦し、実験し、われわれと忍耐強く活動し続けた、学びのパートナー企業には、一緒に仕事ができて光栄だったと伝えたい。あなたたちが苦労して手に入れた学びを共有してもらってありがとう。われわれはあなた方を知ることができて、本当に恵まれている。

ハーマンミラー

マット・ロング、ボー・シーバー、ジェフ・フェイバー、ジョン・オルドリッチ、トム・ニエガース、ジョン・ミラー、リンダ・ミラノフスキー、テッド・ラーネッド、スコット・ベイコン

テクニップ・FMC

パオロ・コート、デビッド・マクファーレン、マイク・ティアニー、アラン・ラベス、ジョン・コールダー、ケリー・スタウト

シリング・ロボティクス

タイラー・シリング、アンディ・ハウク、スコット・フーレウィーダー、バレリー・コール、ゲアリー・エベレット、デビッド・ファーミッジ、ハナ・ワルデンバーガー

ミシガン・メディシン

ジャック・ビリィ博士、スティーブン・バーンスタイン博士、

GEアプライアンス　ラリー・マレンテット博士、ポール・パリアーニ、ジーン・ラーキン、ジーン・キン

エンブラエル　ケビン・ノーラン、サム・デュ・プレシス、アル・ハマード、マーシア・ブレイ、デリック・リトル、ダリル・ウィリアム、キラン・ホフ

ソーラー・タービンズ　マノエル・サントス、ワディール・コンサルベス、ウンベルト・ペレイア

ボーズ　ハワード・キンケイド、ウィリアム・ワトキンズ、マイク・パトリック、ショーン・ギャレット、ロバート・ムレット、カレン・ミルズ、マーク・ハインツ、マーク・セラーズ

リーン・エンタプライズ・インスティチュート　ジョン・ドロゴス博士、カトリーナ・アッペル、エリック・エシングトン、マット・ザイコ、ホセ・フェロー、ボアズ・タミール博士

メンロ・イノベーションズ　リチャード・シェリダン

原注

序章

1 Joann Muller, "Musk Thinks Tesla Will School Toyota on Lean Manufacturing; Fixing Model 3 Launch Would Be a Start," *Forbes*, February 16, 2018.
2 Kim Clark and Takahiro Fujimoto, *Product Development Performance: Strategy, Organization, and Management in the World Auto Industry*, Cambridge, MA: Harvard Business School Press, 1991.

フォードの歴史的V字回復

1 Bryce G. Hoffman, *American Icon: Alan Mulally and the Fight to Save Ford Motor Company*, Crown Business, New York, 2012.
2 Bill Vlasic, "Choosing Its Own Path Ford Stayed Independent," *New York Times*, April 8, 2009.
3 Gerhard Geyer, *Ford Motor Company: The Greatest Corporate Turnaround in U.S. Business History*, Create Space Independent Publications, June 2011.
4 "The World's Most Admired Companies for 2017," *Fortune*, February 16, 2017.
5 Hoffman, *American Icon*.
6 *Ford Annual Reports*.
7 https://marketrealist.com/2016/03/fords-product-mix-reflected -gross-earnings-margins.
8 Gale Business Insights: Global.
9 http://shareholder.ford.com/stock-information/historical-stock -price.
10 https://malmc.org/documents/2014Presentations/LaborAffairsRoleinRestructuringFord-MotorCo-MartinMulloy.pdf.
11 Michael Wayland, *Detroit News*, February 22, 2015.
12 前掲文書
13 http://www.fabricatingandmetalworking.com/2013/06/schuler-incorporated-wins-2013-automotive-news-pace-award/.

第1章

1 Leo Sun, "The 10 Biggest Tech Product Failures of the Past Decade,"The Motley Fool, June 1, 2017.
2 前掲文書
3 前掲文書
4 Gail Sullivan, "Lululemon Still Suffering from Sheer Pants Debacle. Founder in Warrior Pose," *Washington Post*, June 23, 2014.
5 Sam Becker, "15 Worst Product Failures and Flops from the Past 5 Years," *The Cheat Sheet*, December 7, 2017.
6 Jason Gilbert, "The 11 Biggest Tech Fails of 2012," *Huffington Post*, December 27, 2012.
7 Becker, "15 Worst Product Failures and Flops from the Past 5 Years."
8 Steve Musal, "F-35 Program Remains Late and Over Budget, but Doing Better: Pentagon," *Star-Telegram*, April 26, 2016, and Jared Keller, "The Navy's New $13 Billion Aircraft Carrier Has Some Serious Problems," *Task and Purpose*, Center for the National Interest, February 18, 2018.
9 Clayton M. Christensen, Taddy Hall, Karen Dillon, and David S. Duncan, "Know Your Customer's 'Jobs to Be Done,'" *Harvard Business Review*, September 2016.
10 James. M. Morgan and Jeffrey K. Liker, *The Toyota Product Development System*, Productivity Press, New York, 2006.（邦訳は、ジム・モーガン、ジェフリー・ライカー著、稲垣公夫訳『トヨタ製品開発システム』日経ＢＰ）
11 Bill Roberson, "Throttle Jockey: Harley Rolled Out New V-Twin Engine, so We Asked Bill Davidson All About It," *The Manual*, September 21, 2016.
12 Jim Morgan worked with Pericak at Ford and interviewed him for this book.
13 Patrick Rall, "Ford Mustang Completes Shutout of Camaro, Wins 2015 Sales Title by $44k+," *Torque News*, January 5, 2016.
14 Chris Woodyard, "Ford Mustang vs. Chevrolet Camaro Leads the Top 7 Auto Sales Battles," *USA Today*, January 4, 2018.
15 Kinsey Grant, "Ford Mustang Sales Are Plunging in America, but Surprisingly Accelerating Hard Overseas," *The Street*, July 30, 2017.
16 Phoebe Wall Howard, "Top 10 Dream Cars," *Detroit Free Press*, January 11, 2018.

17 リチャード・シェリダンへの個人的なインタビュー

18 This is an interesting application of the set-based innovation principle (see Chapter 6 of *The Toyota Product Development System*) これはセットベースで革新的製品を生み出すための原則の興味深い応用である（『トヨタ製品開発システム』第6章を参照されたい）。

19 Jeffrey K. Liker, *The Toyota Way: 14 Management Principles from the World's Greatest Manufacturer*, McGraw-Hill Education, New York, 2004.（邦訳は、ジェフリー・ライカー著、稲垣公夫訳『ザ・トヨタウェイ』上・下、日経ＢＰ）

20 Alan Ward, Jeffrey Liker, Durward Sobek, and John Cristiano, "The Second Toyota Paradox: How Delaying Decisions Can Make Better Cars Faster," *Sloan Management Review*, Spring 1995, pp. 43-61.

21 Mike Rother, *Toyota Kata*, McGraw-Hill, New York, 2009.（邦訳は、マイク・ローザー著、稲垣公夫訳『トヨタのカタ 驚異の業績を支える思考と行動のルーティン』日経ＢＰ）

22 Eric Ries, *The Lean Startup*, Crown Business, New York, 2011.（邦訳は、エリック・リース著、井口耕二訳「リーン・スタートアップ」日経ＢＰ）

第２章

1 Herman Miller, hermanmiller.com.

2 Paul Adler, "Building Better Bureaucracies," *Academy of Management Perspectives*, 13, no. 4, 1999.

第３章

1 Ford Motor Company, http://www.ford.com.

2 James M. Morgan and Jeffrey K. Liker, *The Toyota Product Development System*, Productivity Press, New York, 2006.（邦訳は前掲書）

3 著者たちへの個人的なインタビュー

4 日本の豊田市での個人的なインタビュー

第４章

1 Ed Catmull, "How Pixar Fosters Collective Creativity," *Harvard Business Review*, September 2008.

2 Richard Sheridan, *Joy, Inc.*, Portfolio/Penguin, New York, 2013.（邦訳は、リチャード・シェリダン著、原田騎郎他訳『ジョイ・インク——役職も部署もない全員主役のマネジメント』翔泳社）

3 "The Toyota Way 2001," Toyota Motor Corp. トヨタ自動車の社内文書

4 Keisuke Saka（坂 啓典）, *Karakuri: How to Make Mechanical Paper Models That Move*, St. Martin's Press, New York, 2010.

5 この部分の多くは、ライカー＆マイヤー著、稲垣公夫訳『トヨタ経営大全１ 人材開発』上・下、日経ＢＰ）に初出。

6 Alan M. Webber, "Why Can't We Get Anything Done," *Fast Company*, May 31, 2000.

7 Kelsey Gee, "Colleges That Prioritize Internships," *Wall Street Journal*, September 26, 2017.

8 Kiyoshi Suzaki, *The New Manufacturing Challenge*, Simon & Schuster, New York, 1987.（洲崎清著『JIT（ジャスト・イン・タイム）革命の衝撃—世界の経営システムを変えるトヨタ生産方式』ダイヤモンド社）

9 "Apple Awards Corning First Advanced Manufacturing Fund Investment," Apple Inc., May 12, 2017.

10 Brian McHugh, "Best Truck Brands for 2018," *U.S. News & World Report*, January 18, 2018.

11 Kelly Pleskot, "2018 Ford F-150 Earns IIHS Top Safety Pick Award," *Motor Trend*, October 20, 2017.

12 Brian Brantley, "Ford F-150 Is the 2018 Motor Trend Truck of the Year," *Motor Trend*, November 27, 2017.

13 Benjamin Zhang, "These Are the Best Cars, Trucks, and SUVs to Buy in 2018," *Business Insider*, February 23, 2018.

第５章

1 Sam Sheridan, *A Fighter's Heart*, Grove Press, New York, 2008.（邦訳は、サム・シェリダン著、伊達淳訳『ファイターズ・ハート——世界の格闘技を旅した男』白水社）

2 グレンデルとは10世紀頃の作とされるイギリスの叙事詩「ベオウルフ」に登場する残忍な怪物。一族と共に沼地に住む。王城の警備に就いていたベオウルフによってグレンデルと母は退治され、人々は恐怖から解放される。

3 Jocko Willink and Leif Babin, *Extreme Ownership*, St. Martin's Press, New York, 2015.

4 映画「マスター・アンド・コマンダー」ピーター・ワイヤー監督、21世紀フォックス、ミラマックス、ユニバーサルピクチャーズ、サミュエル・ゴールドウィン・フィルムズ、2003.

5 Joe Sutter and Jay Spencer, *747*, HarperCollins, New York, 2006.（邦訳は、ジョー・サッター著、堀千恵子訳『７４７ジャンボをつくった男』日経ＢＰ）

6 Bryce G. Hoffman, *American Icon: Alan Mulally and the Fight to Save Ford Motor Company*, Crown Business, New York, 2012.

7 前掲書

8 James. M. Morgan and Jeffrey K. Liker, *The Toyota Product Development System*, Productivity Press, New York, 2006.（邦訳は前掲書）

9 Told to authors by John Shook, executive chairman of the Lean Enterprise Institute and former Toyota executive. ジョン・シュックが著者たちに語った言葉。ジョン・シュックは元トヨタの幹部で、リーン・エンタープライズ・インスティチュートの会長（本書執筆時点）

10 Clarence L. "Kelly" Johnson and Maggie Smith, *Kelly: More Than My Share of It All*, Smithsonian Institution Press, Washington, D.C., 1985.

11 Rafaella Sadun, Nicholas Bloom, and John Van Reenen, "Why Do We Undervalue Competent Management?," *Harvard Business Review*, October 2017.

12 Luis E. Romero, "The Ultimate Guide to Team Synergy," *Forbes*, December 1, 2015.

13 Alan M. Webber, "Why Can't We Get Anything Done," *Fast Company*, May 31, 2000.

第6章

1 Peter Senge, *The Fifth Discipline*, Doubleday/Currency, New York, 1990.（邦訳は、ピーター・センゲ著、守部信之訳『最強組織の法則―新時代のチームワークとは何か』徳間書店）

2 Chris Argyris, *On Organizational Learning*, Blackwell Publishers, Malden, MA, 1992.

3 Ikujiro Nonaka, *The Knowledge-Creating Company*, Oxford University Press, New York, 1995.（野中郁次郎、竹内弘高著、梅本勝博訳『知識創造企業』東洋経済新報社）

4 Takahiro Fujimoto, *The Evolution of a Manufacturing System at Toyota*, Oxford University Press, New York, 1999.（邦訳は、藤本隆宏著『生産システムの進化論――トヨタ自動車にみる組織能力と創発プロセス』有斐閣）

5 Robert E. Cole, "Reflections on Learning in U.S. and Japanese Industry," in Jeffrey K. Liker, W. Mark Fruin, and Paul S. Adler, eds., *Remade in America: Transplanting and Transforming Japanese Production Systems*, Oxford University Press, New York, 1999, chap. 16.（邦訳は、ジェフリー・ライカー他著、林正樹監訳『リメイド・イン・アメリカ―日本的経営システムの再文脈化』中央大学出版部）収録のロバート・E・コール「米日産業界における学びを振り返って」から。

6 Jeffrey Pfeffer and Robert Sutton, *The Knowing-Doing Gap*, Harvard Business School Press, Boston, 2000.（邦訳は、ジェフリー・フェファー、ロバート・サットン著、長谷川喜一郎監修『なぜ、わかっていても実行できないのか――知識を行動に変えるマネジメント』日本経済新聞出版社）

7 Jeffrey Pfeffer, "Why Can't We Get Anything Done?," *Fast Company*, May 31, 2000. Fast Company の雑誌に掲載された記事「なぜ私たちは実行できないのか?」。

8 Ben Rich and Leo Janos, *Skunk Works*, Little, Brown, Boston, 1994.（邦訳は、ベン・リッチ他著、増田興司訳『ステルス戦闘機―スカンク・ワークスの秘密』講談社）

9 Fred E. Weick, *Aircraft Propeller Design*, McGraw-Hill, New York, 1930.

10 Clyde E. Love, *Differential and Integral Calculus*, Macmillan, New York, 1947.

11 Clarence L. "Kelly" Johnson and Maggie Smith, *Kelly: More Than My Share of It All*, Smithsonian Institution Press, Washington, D.C., 1985.

12 Richard Sheridan, *Joy Inc.*, Portfolio/Penguin, New York, 2013.（邦訳は前掲書）

13 これについては、次の書籍で論じた。Jeffrey K. Liker and Gary L. Convis, *The Toyota Way to Lean Leadership*, McGraw-Hill, New York, 2011.

14 Mike Rother, *The Toyota Kata Practice Guide*, McGraw-Hill, New York, 2017.

15 James P. Womack, Daniel T. Jones, and Daniel Roos, *The Machine That Changed the World*, Rawson Associates, New York, 1990.（邦訳は、ジェームズ・ウォーマック他著、沢田博訳『リーン生産方式が、世界の自動車産業をこう変える。――最強の日本車メーカーを欧米が追い越す日』経済界）

16 Chronicled in Jeffrey K. Liker and James K. Franz, "Transforming How Products Are Engineered at North American Auto Supplier (with Charlie Baker)," *The Toyota Way to Continuous Improvement*, McGraw-Hill, New York, 2011, chap. 11.（邦訳は、ジェフリー・ライカー他著、稲垣公夫訳『トヨタ経営大全3 問題解決』下巻、日経BP）の「北米の自動車部品メーカーにおける製品開発の変革」に時系列に沿って描かれている

17 John Shook, *Managing to Learn*, Lean Enterprise Institute, Cambridge, MA, 2008. 邦訳は、ジョン・シュック著、成沢俊子訳『トヨタ式A3プロセスで仕事改革――A3用紙1枚で人を育て、組織を動かす』日刊工業新聞社）

18 Daniel Kahneman, *Thinking, Fast and Slow*, Farrar, Straus and Giroux, New York,2013.（邦訳は、ダニエル・カーネマン著、村井章子訳『ファスト&スロー』上・下、ハヤカワ・ノンフィクション文庫）

19 Mary Morgan, "Lean Thinking and Information Flow," *The Lean Post*, Lean Enterprise Institute, October 30, 2014.

20 Allen C. Ward and Durward K. Sobek III, *Lean Product and Process Development*, 2nd ed., Lean Enterprise Institute, Cambridge, MA, 2014.（邦訳は、アレン・ウォード他著、稲垣公夫訳『リーン製品開発方式――トヨタが実践する価値創造の確かな進め方』日刊工業新聞社）

21 A. Ward, J. K. Liker, D. Sobek, and J. Cristiano, "The Second Toyota Paradox: How Delaying Decisions Can Make Better Cars Faster," *Sloan Management Review*, Spring 1995.

22 James. M. Morgan and Jeffrey K. Liker, *The Toyota Product Development System*, Productivity Press, New York, 2006.（邦訳は前掲『トヨタ製品開発システム』）

23 Nassim Taleb, *The Black Swan*, Random House, New York, 2007.（邦訳は、ナシーム・タレブ著、望月衛訳『ブラック・スワン――不確実性とリスクの本質』上・下、ダイヤモンド社）

24 Kahneman, *Thinking, Fast and Slow*.（邦訳前掲書）

第7章

1 James P. Womack and Daniel T. Jones, *Lean Thinking*, Simon & Schuster, New York,1996.（邦訳は、ジェームズ・ウォーマック他著、稲垣公夫訳『リーン・シンキング』日経BP）

2 Robert M. Pirsig, *Zen and the Art of Motorcycle Maintenance*, William Morrow and Company, New York, 1974.（邦訳は、ロバート・M・パーシグ著、五十嵐美克訳『禅とオートバイ修理技術』上・下、ハヤカワ文庫NF）

3 Thomas J. Peters and Robert H. Waterman, *In Search of Excellence*, Warner Books, New York, 1982.（邦訳は、トム・ピーターズ著、大前研一訳『エクセレント・カンパニー』英治出版）

4 Richard Sennett, *The Craftsman*, Yale University Press, New Haven, CT, 2009.（邦訳は、リチャード・セネット著、高橋勇夫訳『クラフツマン――作ることは考えることである』筑摩書房）

5 Peters and Waterman, *In Search of Excellence*.（邦訳前掲書）

6 Donald A. Norman, *The Design of Everyday Things*, Basic Books, New York, 1988.（邦訳は、ドナルド・ノーマン著、野島久雄訳『誰のためのデザイン？――認知科学者のデザイン原論』新曜社）
7 Walter Isaacson, "How Steve Jobs' Love of Simplicity Fueled a Design Revolution," *Smithsonian*, September 2012.
8 前掲文書
9 "Jonathan Ive, Celebrating 25 Years of Design," Design Museum, 2007.
10 Jonathan Ive, *Innovation Excellence* post, which accompanied "Jonathon Ive, Celebrating 25 Years of Design."
11 Robert Waugh, "How Did a British Polytechnic Graduate Become the Design Genius Behind ?200 Billion Apple?" *Daily Mail*, March 19, 2011.
12 Sennett, *The Craftsman*.（邦訳前掲書）
13 Matthew B. Crawford, *Shop Class as Soulcraft*, Penguin Press, New York, 2009.
14 katrinafurnitureproject.org.
15 Phoebe Wall Howard, "Consumer Reports: Toyota Tops for Reliability?and Cadillac Is Last," *Detroit Free Press*, October 19, 2017.
16 Thomas A. Stewart and Anand P. Raman, "Lesson's from Toyota's Long Drive," *Harvard Business Review*, July?August 2007.
17 "Consumer Reports' Reliability History: A Look Back at Our Survey Results over the Years," *Consumer Reports*, updated October 2017.
18 James. M. Morgan and Jeffrey K. Liker, *The Toyota Product Development System*, Productivity Press, New York, 2006.（邦訳前掲書）
19 Tatsuhiko Yoshimura, *Toyota Styled Mizenboushi Method*—GD3 Preventative Measures—How to Prevent a Problem Before It Occurs, JUSE Press Ltd., Tokyo, 2002.（吉村達彦著『トヨタ式未然防止手法ＧＤ３――いかに問題を未然に防ぐか』日科技連出版社）
20 前掲書を基にした吉村自身のプレゼンテーション；トヨタとのディスカッション；James McLeish and William Haughey, "Introduction to Japanese Style Mizenboushi Methods for Preventing Problems Before They Occur," a white paper published by DfR Solutions.
21 Mark Dolsen, Eric Legary, and Murray Phillips, "Mizen Boushi in Mass Production," IEOM Society International, September 2016.
22 Jim Womack, "Jim Womack Drives the Toyota MIRAI and Talks Lean and Green," *Planet Lean*, June 28, 2017.
23 Travis Hoium, "The 5 Best-Selling Electric Cars of 2017," The Motley Fool, Yahoo! Finance, December 30, 2017.
24 "COMEX Hyperbaric Experimental Centre," Comex SA, 2004.
25 "World Total Primary Energy Supply（TPES）by Fuel; 1973 and 2015 Fuel Shares of TPES," Key World Energy Statistics, International Energy Agency, September 2017.
26 Extracted from Tudor Pickering analyst report upgrading TechnipFMC stock, dated November 29, 2017.

第８章

1 Jay Ramey, "Here's What a 'Teardown' Expert Has to Say About Tesla Model 3 Build Quality," *AutoWeek*, February 6, 2018.
2 Craig Trudell, "Musk's Spotty Predictions Muddle Tesla's Assurance on Cash," *Bloomberg News*, April 4, 2018.
3 Edward Niedermeyer, "Tesla Veterans Reveal Fires, Accidents, and Delays Inside Elon Musk's Company," *The Daily Beast*, June 5, 2018.
4 www.forbes.com/sites/joannmuller/2018/05/01/no-way-to-run-a -factory-teslas-hiring-binge-is-a-sign-of-trouble-not-progress/#58 ebc6cf350d.
5 Jay Ramey, "Tesla Is Burning Through $8,000 a Minute as Model 3 Production Crawls Along, Report Says," *AutoWeek*, November 27, 2017.
6 https://www.cnbc.com/2018/04/13/tesla-sending-flawed-parts -from-suppliers-to-machine-shops-for-rework.html.
7 "Inside Tesla's Model 3 Factory," *Bloomberg Businessweek*, June 8, 2018.
8 Michael Porter, "What Is Strategy?," *Harvard Business Review*, November?December 1996.
9 Jeffrey K. Liker, *The Toyota Way: 14 Management Principles from the World's Greatest Manufacturer*, McGraw-Hill, New York, 2004.（邦訳は前掲書）
10 初代レクサス、初代プリウスの開発に関する議論については前掲『ザ・トヨタウェイ』を参照。
11 Csaba Csere, "It's All Your Fault: The DOT Renders Its Verdict on Toyota's Unintended-Acceleration Scare," *Car and Driver*, June 2011.
12 "Tesla in Fatal California Crash Was on Autopilot," BBC News, March 31, 2018, http://www.bbc.com/news/world-us-canada-43604440.
13 "Toyota to Halve Costs of Fuel Cell Cars' Core Components," *Nikkei Asian* Review, January 19, 2018.
14 Michael Martinez, "Electrification, Autonomy Won't Gain Widespread Adoption for Decades, CAR Study Says," *Automotive News*, February 21, 2018.
15 Jonathon Ramsey, "Toyota Creates World's Most Thermally Efficient 2.0 Liter Gas Engine," *Autoblog*, Yahoo! Finance, February 28, 2018.
16 Tesla（TSLA）Q4 2017 Results?Earnings Call Transcript, Seeking Alpha, February 7, 2018.
17 Joann Muller, "Musk Thinks Tesla Will School Toyota on Lean Manufacturing; Fixing Model 3 Launch Would Be a Start," *Forbes*, February 16, 2018.
18 Tesla（TSLA）Q4 2017 Results.
19 前掲文書
20 http://www.businessinsider.com/elon-musk-says-model-3 -production-using-to-many-robots-2018-4.
21 https://www.cbs.com/shows/cbs_this_morning/video/FMN4XL 5kYziyfOOgz_QcK-ARo7NWm0Gsf/tesla-ceo-elon-musk-offers -rare-look-inside-model-3-factory/.
22 https://www.bloomberg.com/news/articles/2018-02-04/toyota-s -way-changed-the-world-s-factories-now-comes-the-retool.
23 Toyota Environmental Challenge 2050, Toyota Motor Corporation.（トヨタ環境チャレンジ２０５０に関しては、トヨタ自動車の公式ウェブサイトにて閲覧可能。サステナビリティ・レポート等を参照されたい）
24 前掲文書

25 Naomi Tajitsu, "Toyota Pursues Petrol but Sees Electric Potential in New Technology," Reuters, February 26, 2018.

26 Charles A. O Reilly III and Michael L. Tushman, "The Ambidextrous Organization," *Harvard Business Review*, April 2004.

27 Bansi Nagji and Geoff Tuff, "Managing Your Innovation Portfolio," *Harvard Business Review*, May 2012.

28 Tesla（TSLA）Q4 2017 Results.

29 Jeffrey Liker, "Tesla vs. TPS: Seeking the Soul in the New Machine," The Lean Post, Lean Enterprise Institute, March 2, 2018.

30 Hideshi Itazaki, *The Prius That Shook the World*, Nikkan Kogyo Shimbun, Ltd., Tokyo, 1999.（板崎英士著『革新 トヨタ自動車―世界を震撼させたプリウスの衝撃』日刊工業新聞社）

31 初代プリウスの開発プロセスのデータの多くは、上掲の板崎氏の著作「革新 トヨタ自動車―世界を震撼させたプリウスの衝撃」による

32 Norihiko Shirouzu（白水徳彦）, "Toyota Scrambles to Ready Game-Changer EV Battery for Mass Market," Reuters, October 27, 2107.

33 http://www.businessinsider.com/toyota-prius-is-most-important -car-last-20-years-2017-12.

34 Jonathan M. Gitlin, "2017 Was the Best Year Ever for Electric Vehicle Sales in the US," ARS Technica, January 4, 2018.

35 Travis Hoium, "Will 2018 Be Toyota Motor Company's Best Year Yet?," *The Motley Fool*, January 23, 2018.

36 Sean McClain, "Toyota's Cure for Electric-Vehicle Range Anxiety: A Better Battery," *Wall Street Journal*, July 27, 2017.

37 Marty Anderson, "Tesla Cars Are Great?Their Ecosystem Strategy Not So Much," *Forbes*, January 27, 2018.

38 Craig Trudell, Yuki Hagiwara, and John Lippert, "Shell and Toyota Partner on California Refueling Stations," *Bloomberg*, February 2017.

39 Yuichico Kanematsu, "Toyota Seeks Fuel Cell Breakthrough with California Hydrogen Plant," *Nikkei Asian Review*, December 2, 2017.

40 "Japan Is at Odds with Elon Musk," *Bloomberg*, February 2017.

第9章

1 John P. Kotter, *Leading Change*, Harvard Business School Press, Boston, 1996.（邦訳は、ジョン・コッター著、梅津祐良訳『企業変革力』日経BP）

2 Rosabeth Moss Kanter, *The Change Masters: Innovation for Productivity in the American Corporation*, Simon & Schuster, New York, 1983.（邦訳は、ロザベス・モス・カンター著、長谷川慶太郎監訳『ザ チェンジ マスターズ――21世紀への企業変革者たち』二見書房）

3 Noel Tichy and Mary Anne Devanna, *The Transformational Leader*, Wiley, New York, 1986.（邦訳は、ノエル・M・ティシー他著、小林薫訳『現状変革型リーダー―変化・イノベーション・企業家精神への挑戦』ダイヤモンド社）

4 Robert E. Quinn, *Deep Change: Discovering the Leader Within*, Jossey-Bass, New York, 1996.（邦訳は、ロバート・E・クイン著、池村千秋訳『ディープ・チェンジ――組織変革のための自己変革』海と月社）

5 http://www.tssc.com.

6 この事例は、私たちの仲間で優れたLPPDコーチであり、ソーラー・タービンズ社と共に働いたジョン・ドロゴスから提供された

7 この事例は、私たちの仲間で優れたLPPDコーチであり、エンブラエル社と5年間共に働いたジョン・ドロゴスから提供された

8 James. M. Morgan anc Jeffrey K. Liker, *The Toyota Product Development System*, Productivity Press, New York, 2006.（邦訳は前掲書）

9 "Building a Lean Hospital," Catalysis, August 2016.

10 Kevin Buckland and Neo San, "Toyota's Way Changed the World's Factories. Now the Retool," *Bloomberg*, February 4, 2018.

11 Edgar Schein, *Organizational Culture and Leadership*, Wiley, 2016.（邦訳は、E・H・シャイン著、梅津裕良他訳『組織文化とリーダーシップ』白桃書房）

12 Frederick Herzberg, "One More Time: How Do You Motivate Emplcyees?" *Harvard Business Review Classics*, July 14, 2008.

13 Daniel Pink, *Drive: The Surprising Truth About What Motivates Us*, Riverhead Books, 2001.（邦訳は、ダニエル・ピンク著、大前研一訳『モチベーション3・0――持続する『やる気!』をいかに引き出すか』講談社）

著者略歴

ジム・M・モーガン（James M. Morgan）

リーン・エンタープライズ・インスティチュート上級コンサルタント。製品開発の専門家で、フォード時代にはムラーリCEOの下でグローバル・エンジニアリング・ダイレクターを務めた。著書に『トヨタ製品開発システム』（ライカーとの共著、日経BP）

ジェフリー・K・ライカー（Jeffrey K. Liker）

ミシガン大学名誉教授。トヨタ生産システム、リーン生産システムの世界的権威。著書に『ザ・トヨタウェイ』、『トヨタ　危機の教訓』。最新刊に『ザ・トヨタウェイ　サービス業のリーン改革　上下』（共著、以上日経BP）。

訳者略歴

稲垣公夫（いながき・きみお）

グローバリング代表取締役。東京大学工学部卒業、ミシガン大学大学院修士課程修了。NEC製造管理部担当部長、NECアメリカ副社長、ジェイビルサーキット・ジャパン社長などを経て現職。著書に『深く、速く、考える。——「本質」を瞬時に見抜く思考の技術』、『トヨタ式A3プロセスで製品開発』など。訳書にライカー『ザ・トヨタウェイ』、モーガン&ライカー『トヨタ製品開発システム』、ライカー&ロス『ザ・トヨタウェイ　サービス業のリーン改革』（共訳）など。

凄い製品開発　テスラがトヨタに勝てない理由

2020年3月30日　第1版第1刷発行

著　者　ジム・M・モーガン
ジェフリー・K・ライカー
訳　者　稲垣公夫

発行者　村上広樹
発　行　日経BP
発　売　日経BPマーケティング
〒105-8308　東京都港区虎ノ門4-3-12
https://www.nikkeibp.co.jp/books
デザイン　鯉沼恵一（ピュープ）
製　作　アーティザンカンパニー
印刷・製本　中央精版印刷株式会社

ISBN978-4-8222-8880-8

本書籍に関するお問い合わせ、ご連絡は左記にて承ります。
https://nkbp.jp/booksQA